생의 마지막 단계에서의 존엄성

군나 두트게 · 신동일 편

세창출판사

Human Dignity at the End of Life

Edited by

Gunnar Duttge(Göttingen) Dongyiel Syn(Seoul)

2016

Sechang Publishing Co.

서 문

PREFACE

임종을 앞둔 마지막 단계의 인간은 의학과 윤리, 법, 그리고 영적인 문제를 함께 제기한다. 집중의료가 도입된 오늘날 중증 질환은 성공적으로 치료되고 있지만 최신 의료기술의 도움으로 단지 생명만 유지하는 경우도 생긴다. 여기서 생명 연장이 '인간의 존엄성'에 일치할 수 있을까에 대한 의문이 생긴다. 연명의료가 환자에게 극심한 고통을 주게 되고 행위 능력을 감소시켜서 결국 의식 없는 상태(코마 내지 식물인간 상태; 심한 치매상태)로 만들게 될 때는 더욱 그렇다.

인간의 공포심은 여기서 분명히 중요한 역할을 한다. 인간적으로 무기력한 상태, 죽음에 이를 정도의 육체적 기능의 쇠락, 정신적인 능력의 손실로 인해 대형병원의 중환자실에서 '기계적 의료장치'에 의존하여 생명을 연장하지만, 사회적이고 인간적인 상태를 다시 회복하지 못하게 되는 경우는 우리 모두에게 두려움의 대상이다. 이런 경우 어쩌면 잠시라도 의식을 찾는다면 담당 의사들에게 극단적인 요구를 할 수 있을지도 모른다. 현대 집중의료에서 근무하는 의료진들은 환자의 의사를 진지하게 숙고하지 않고 단순히 환자의 요구에 따라 조치를 내리기 쉽다. 그렇기 때문에 법-의료윤리적인 관점에서 환자의 '자기결정권'의 기능은 기존 법질서와 사회질서에 맞지 않을 수 있다. 환자는 죽음의 공포 때문에 자신이 처한 상황을 명확하게 이해하여 결정하기 어렵다. 오늘날 전문적 의료 영역과 일상적 삶의 경험 사이에서 '의료의 도구적 대상이 되지 않을 권리'를 지키는 것이 무엇보다도 중요해졌다.

인간이 더 이상 살아갈 비전이 보이지 않을 때 삶에 대한 의심을 하고 극단적 결정을 하게 된다. 소위 ‘노년 자살’(Alterssuizid)은 많은 사회에서 점차 중요한 문제가 되고 있다. 네덜란드, 벨기에, 룩셈부르크(베네룩스 국가들)에서는 적극적 안락사(승낙에 의한 살해)를 법적으로 허용한다. 안락사는 해결책이 아니다. 그렇지만 현실적으로 법률로 ‘자연적 죽음’을 강제하기란 불가능할 것 같다. 다만 인간적으로 존중되는 생명과 죽음의 사회적 여건을 만드는 것에 희망을 가져 볼 수 있다. 이 책에서 다루는 주제는 하나의 방향이나 분야가 아니라 복합적이다. 여기 묶인 글들은 죽음에 대한 사회적 인식과 의학적인 이해, 법적인 제도와 죽는 사람을 돌보는 일에 대한 실제 경험 등을 담고 있다. 각 사회의 문화적 결과는 그 사회의 행동과 결정에 영향을 준다. 우리는 한국과 독일의 비교문화적 관점에 따라 같은 문제에 대한 공통점과 차이점을 보여 줄 수 있기를 기대한다.

이 책은 2013년 점차 한국사회에서도 증가하는 연명의료 중단에 관한 문제점을 토론하는 기회에 제안되었다. 편집인들은 다른 생명윤리 사항들과 유사하게 연명의료 중단 논의에서도 외국의 현실을 정밀하게 파악하지 않거나 어느 부분에서는 왜곡시키는 현상도 발견할 수 있었다. 그래서 논쟁이 비교적 먼저 진행된 독일의 학자들이 직접 참여하는 계기를 만들어 보고자 시도하였다. 독일에서는 윤리 신학 분야에서 본 대학의 울리히 아이바하 교수, 의학적 관점에 보쿰 대학의 한스 요아힘 트라페 교수, 사회학적 관점에 켐니츠 대학의 스테판 드레스케 박사, 법률적 관점에 괴팅엔 대학의 군나 두트게 교수가 기고를 했다. 한국은 윤리 신학에 가톨릭 대학교 정재우 교수, 의학에 서울대학교 의과대학 김중곤 교수, 2009년 대법원 판결에 대한 평론으로 김찬진 변호사, 법이론과 환자 연명의료결정법에 대한 분석으로 이영애 변호사와 한경대학교의 신동일 교수가 참여하였다.

편집인들은 이 기회에 독일과 한국에서 공동으로 학자들이 책을 출간하는 일이 생각보다 어렵다는 것을 알게 되었다. 그래서 생각보다

시간도 많이 걸렸고, 처음 계획이 충분히 성취되었는지도 의문이기는 하다. 그동안 여러 분들의 도움은 편집인들의 무거운 짐을 덜어 주었다. 특별히 이 책의 집필에도 참여하신 김찬진 변호사와 이영애 변호사께 감사 말씀을 전한다. 두 분의 귀한 글과 함께 정신적 · 재정적 도움이 없었다면 이 책은 세상에 나오지 못했다. 2012년 출간된 「초기 인간생명 보호를 위한 제언」에 이어 다시 한 번 어려운 출판을 결정해 주신 세창출판사의 이방원 사장님과 까다로운 독일어 교정 때문에 유난히도 무더웠던 2016년 여름을 더 뜨겁게 지내셨을 임길남 상무님과 실무 직원분들께도 저자들을 대표하여 진심으로 감사드린다.

2016년 9월

군나 두트게/신동일

차 례

CONTENTS

제1부

제2부

제3부

제 1 부

제1부 한글번역: 신동일

존엄하게 죽는다는 것!
죽음에서 자기결정과 인간의 존엄

울리히 아이바하

한동안 독일에서 '적극적 안락사'에 대한 열띤 논쟁이 있었다. 이웃 베네룩스 국가들에서는 환자 요청에 의한 죽음이 허용되고 법적으로 규정되기도 했다. 논쟁에서 독일은 당시 죽음을 돕는 것을 법적으로 허용하자는 요구에 반대 목소리가 높았다.[1] '인간존엄성'에 기반한 죽음은 사기 스스로 '인간존엄에 부합하는' 죽음의 고통을 겪는 사람을 기준으로 결정되어야 한다는 주장이 있었다. 모든 사람이 존엄하게 죽기 위하여는 생명연장 조치를 거부할 수 있고 완화의료를 선택할 수 있다는 것으로는 충분하지 않다. 반드시 자신을 위해 어떤 생명이 인간의 존엄에 부합하는지를 결정해야 한다. 여기서 '인간의 존엄'은 극단적으로 주관화된다. 관련자들의 주관적 생각에만 부합할 뿐 아니라 다른 사람들이 따르고 평가할 수 있을 정도로 객관적이려면, '인간의 존엄에 부합하는' 죽음을 어떻게 해석해야 하는가에 대한 추가적 설명이 필요하다. 이하의 글은 이 문제를 다룰 것이다. 나는 30여 년간 병원에서 종교상담을 했다. 이 경험을 근거로 그리고 기독교 인류학과

---

1) U. Eibach, Von der Beihilfe zum Suizid zur Tötung auf Verlangen? In: Th. S. Hoffmann/M. Knaup(Hg.): Was heißt: in Würde sterben? Wider die Normalisierung des Tötens, Heidelberg 2015, 189-213.

윤리학을 근거로 설명하도록 한다.

I. 안락사 논쟁의 문화적 배경에 대하여

안락사에 대한 오늘날의 논쟁은 특별히 요즘 들어 사람들이 너무 많은 질병의 고통으로 시달리기 때문에 발생하는 것은 아니다. 왜냐하면 의학의 발달로 인하여 오늘날처럼 적은 신체적 고통만 겪을 수 있는 시절은 없었기 때문이다. 중세시대 마티아스 그륀발트는 다음과 같은 성화를 이젠하임의 안토니터 병원에 그린 바 있다. 심각한 고통이 지속되어 산 채로 '썩어 들어가는' 맥각중독증(Mutterkornvergiftung)[2) 환자를 간호하며 고해성사를 해주는 모습이다. 성단 앞에서 제대로 된 마취도 없이 썩어들어가는 사지를 절단하는 모습이 묘사되어 있다.[3) 오늘날 논쟁의 근본적인 원인은 생명과 가치관념을 개인적이고 세속적인 데에서만 찾으려 하기 때문이다. 인간은 '저승'이 아니라 오직 우리가 사는 '이승'만을 생각하고 있다. 그래서 우리가 왜 고통스럽게 죽을 때까지 삶을 유지하는지 이해 못한다. 그리고 인간은 더 이상 자신의 생명이 신으로부터 받은 것이라고 믿지 않기 때문에 생명도 자신의 다른 물건과 같은 재물 정도로 생각하게 되었다. 이러한 가치의 변화에 따라 자율성이 도덕과 법적으로 중요개념이 되었다. 많은 사람들은 자기결정권을 기본법 제1조의 인간의 존엄성을 구성하는 중요 내용이라고 믿는다. 인간은 자살할 수 있는 실정법적 권리와 타인에게 자신

2) 영여로는 ergotism이라고 하며 자낭균이 호밀과 같은 식물에 기생하다가 독성 알칼로이드를 만들어 사람이 독성에 의해 중독증세를 일으키는 질병이다. 중세에는 호밀을 주식으로 하여 이러한 질병이 많았다. 보통 외과적으로 사지를 절단하는 수술이 시행된다.[역자]

3) S. Kettling, Das Evangelium des Malers Matis. Betrachtungen zum Isenheimer Altar, Wuppertal 1985.

을 죽여달라는 권리와 같은 생명에 대한 무제한의 처분권이 있는 것처럼 생각한다. 왜냐하면 생명의 보호만이 아니라 자율성의 보호도 상위의 헌법이 보호하는 원칙으로 보이기 때문이다. 이를 통해 우리는 인간을 ―베네룩스 국가들처럼― 자신의 생명을 '자연적' 죽음이냐 인간의 손에 의한 죽음이냐를 결정할 수 있다고 믿게 되었다.

이러한 자기결정권에 대한 믿음은 자신의 바램에 따라 생명 자체에 대한 계획이 가능하다는 생각 또는 그에 따라 '운명의 거부'(Abschaffung des Schicksals)[4]라는 허구를 발생시킨다. 원하지 않은 어려운 삶을 '자연적으로' 죽을 때까지 지속해야 한다는 숙명은 거부된다. 만일 의학이 더 이상 회복을 '만들 수' 없기 때문에 생명력의 소멸과 죽음을 회피할 수 없고, 생명유지가 점차 '의미없는' 것으로 되면, 사람의 손에 의해서 가능한 경우 최소한 가장 빠른 수단으로 종료되어야 한다. 생명이 계획가능하다는 생각은 고통 없는 삶을 요구하는 것과 관련된다. 이 요구는 다시 그 삶이 더 이상 스스로 영위할 수 없고 너무 많은 고통이 수반된다면, 자살이나 타인에 의한 죽임을 통해 고통에서 '벗어나는' 권리를 포함한다. 죽음에 직면한 삶은 '의미 없는' 경험이다. 왜냐하면 인간에게 점차 자신의 자율성을 앗아가고 '자연' 내지 '운명'의 처분에 내맡겨지며 생명을 궁극적으로는 아무것도 아닌 것으로 만들기 때문이다.

자살권을 주장하는 모든 사람들은 대부분 이러한 요구를 다음과 같이 정당화한다. 자기의 생명이 다시 활성화되기란 더 이상 기대하기 어렵고 무가치하기 때문에 살아 있는 상태에 직접 개입해야 한다는 것이다. 이미 발생된 상태를 죽음으로 끝내야 할 뿐 아니라, 확실한 개연성이 있는 경우 미리 적당한 시기에 죽음으로 삶을 마감해야 한다. 인간은 자신의 생명이 '인간의 존엄에 부합'하는지 그리고 언제 그런지

4) G.Maio(Hg.), Abschaffung des Schicksals? Menschsein zwischen Gegebenheit und medizintechnischer Gestaltbarkeit, Freiburg 2011.

를 판단할 권리를 가지고 있으며, 언제 자신의 삶을 마칠 것인지를 판단할 권리도 가지고 있다고 한다.

프리드리히 니체[5]는 대략 150년 전 자율성과 무가치한 생명을 논의하였다. 그는 신의 죽음을 선언하면서 인간은 스스로 자기에 대한 신이 되어야 한다고 말한다. 그 결론으로서 "적당한 때에 죽어라!"는 주장도 나온다. '썩은 과일'(fauler Apfel)을 바람이 떨어 뜨릴 때 까지 기다리면서 너무 오랫동안 나무에 매달려 있도록 하면 안 된다. 우리는 '자연에 의한 죽음이라는 바보같은 생리적 사태'를 '도덕적인 필연성'으로, 자유의 행위로 만들어야 한다. '자연'이나 '신'이 원하기 때문이 아니라 "내가 원하기 때문에 나는 나에게 자유로운 죽음을 선사한다." 삶이 나에게 자유를 뺏아가서 단순한 '식물인간상태'로 만들기 전에 스스로 죽을 수 있어야 한다. 미국의 윤리학자 조셉 플레처[6]는 다음과 같은 단순한 공식을 제안한다. "죽음의 통제(즉 죽을 시점의 자기결정)는 출생의 통제와 같이 인간의 존엄을 가능하게 하는 것이다. 이것 없이는 인간은 자연의 꼭두각시"일 뿐이고, 이러한 인간은 "존엄하지 않다." 그러면 스스로 얼마나 자신의 삶을 살고, 언제 생을 종료할 것인가를 결정해야만 인간은 존엄한 것인가?

II. 자율성과 '운명'으로서의 죽음

많은 사람들은 촉탁 승낙에 의한 살인을 금지하는 것을 인간의 자유를 제한하고 이를 통해 인간을 궁극적으로 자유롭게 하는 종교적인 금기로 생각한다. 이에 따라 자기결정을 통한 죽음은 건강하고 스스로

5) Also sprach Zarathustra(짜라투스트라는 이렇게 말했다), Werke in 3. Bde., hrg. Von K. Schlechte, Bd.II, 1964, 333 이하.

6) The Patient's Right to Die, in: A.B.Downing(Ed.): Euthanasia and the Right to Death. The Case of Voluntary Euthanasia, 1969, 61 이하.

세련되었다고 믿는 사람들에게 선호된다. 그러나 이들은 다음과 같은 질문을 해봐야 한다. 과연 그의 생명이 끝나는 때까지 '삶의 지배자'로 증명해 줄 자율성을 갖고 죽음을 맞이하는 것이 현실적인가?

1. 모든 적극적 가능성의 끝인 죽음!

건강한 사람들이 죽음에 대한 공포는 없지만 '어떻게' 죽을까에 대해서는 걱정하는 말을 자주 듣는다. 그런데 왜 아무 회복 가능성도 없이 단지 고통스럽게 죽음을 연장할 뿐인 연명장치에 의존해서 생명을 유지하는 사람들은 그렇게 많을까?

죽음은 모든 것으로부터 격리되어 아무것도 아닌 것으로 되는 것에 대한 두려움이다. 이러한 두려움은 인간이 경험할 수 있는 가장 심각한 두려움에 속한다. '아무것 없이 소멸'되는 것이 죽음에 대한 두려움의 근원이다. 이러한 두려움은 인간으로 하여금 죽음을 극복하는 것에 의심하게 만들고, 그저 최소한의 의학적인 수단으로 죽음을 지연시키는 시도만 하도록 한다. 그리고 "두려움의 사기술을 통해"(키에르 케고르) 인간의 자유권은 무기력해진다. 완화의료조차 의미 없어진 한 환자는 나에게 이렇게 말한다. "내가 고통 속에서 밤을 지새우게 되면, '악마의 얼굴'(Teufels Fratze)이 생생하게 보입니다. 나는 매일 밤 무슨 힘으로 밤을 지세울 수 있을지에 대해 물어보곤 합니다. 그렇게 버티는 것은 의미 없음을 알고 있어요. 왜냐하면 '악마' 앞에서 무기력할 수밖에 없기 때문이죠." 죽음은 그 깊은 곳에서 종교적 신념을 잃어버리게 한다. 왜냐하면 신은 피상적으로 바뀌고 죽음의 공포에 의해 그 존재가 없어진다. 그래서 사람들은 더 이상 신이 존재하지 않는다는 느낌을 받게 된다. 죽음에 직면하여 어떻게든 피해보려는 노력은 소용없다. 인간은 자신의 종말, 그의 삶을 '떠날 것'을 요구받고 있다. 그는 자기를 위해 마련된 텅빈 무덤을 보면서 어디론가 떠날 준비를 하게 된다. 그는 ─브레히트의 말[7])을 빌리자면─ 다른 "모든 동물들처럼"

소멸되는 것이고, “그 후엔 아무것도 아닌 무(無)”가 된다?

죽음에 대한 저항은 어떤 면에서 모든 의료적 수단을 동원하는 것이나 다른 면에서 자살이나 촉탁에 의해 살인이나 모두 같은 것이다. 두 가지 모두 그 깊은 내면에서 죽음의 압도적 의미에 굴복하여 인간적 두려움과 의심 속에서 행위하는 것이다. 도움을 받아야 하고 어쩔 수 없이 다른 사람들에게 부담을 주어야 하고, 심각한 고통을 자기 혼자 감내해야 한다는 두려움이 여기서 매우 중요한 역할을 한다. 게다가 환자는 무엇 하나 바라질 못한다. 예를 들어 자기 생명을 예측하거나 스스로 죽음과 같은 문제에 뭘 어찌 해볼 수도 없다. 그래서 많은 환자들이 자기 생명을 결정하기 어려워서 자기 스스로나 다른 사람에게 부담을 주거나, 또는 자기 생명을 미리 ‘질서 있게’ 정돈했어야 했고, 자기가 미리 결정하거나 신의 목소리를 듣지도 못한다. 그 사람은 갑자기 연명치료의 대상이 된다. 이를 통해 더 이상 효과가 없을 치료장치에 자신의 생명을 맡겨 놓고 있을 뿐이다. 죽음을 부담스럽게 만드는 것은 대부분 신체적인 고통이 아니라 정신 · 심리적 부담이다. 죽음에 대한 공포 그 자체는 문제가 아니다.

죽음은 삶의 마지막 시간만은 아니다. 죽음은 ‘소멸되는’ 힘을 마지막으로 생명에 부여한다. 종종 다소간 육체적이고 정신적인 고통을 가져오고 그의 인격과 자유를 점차 약화시키게 된다. 죽음은 신이 창조할 때 계획하지 않았거나 신의 의지와 무관한 것 같다. 신이 존재함에도 불구하고 무기력하게 소멸되기 때문이다. 인간이 자기 손으로 죽든 아니면 남의 손에 의해 죽든 간에 죽음은 모든 인간 활동 가능성의

---

7) Brecht의 작품 Hauspostille(가정기도사)에 나온 표현으로 원문은 Gegen Verführung(유혹에 반하여) 마지막 구절이며 다음과 같은 문장으로 구성된다: “Lasst euch nicht verführen zu Fron und Ausgezehr! Was kann euch Angst noch rühren? Ihr sterbt mit allen Tieren und es kommt nichts hinterher.”(노역과 착취를 당하지 않게 하소서! 무엇이 너희를 불안에 떨게 하느냐? 모든 동물들처럼 너희도 죽는다. 그리고는 아무것도 없는 것이다.)[역자]

종국적인 종말이다. 이러한 과정에서 인간의 자유는 찾을 수 없다. 두려움 때문에 인간은 생명에 대해 의심하고 자기 스스로 또는 남의 손에 의해 죽으려고 한다.

[사례 1] 환자 B(약 65세)의 딸은 나에게 상담을 신청하였다. 그녀의 어머니는 '치료 불가능'하며 아주 짧은 시간만 살 수 있었다. 그녀는 자신이 어머니를 계속 돌볼 수가 없다고 했다. 사는 곳이 멀었고 일을 하고 있어서 더 이상은 불가능했다. 그녀는 나에게 어머니의 생을 마칠 수 있게 도와줄 수 있는 곳이 없겠냐고 물어 왔다. 나는 그녀에게 병원장과 어머니의 상태를 상의해 보자고 제안했다. 환자 B에게 치료로는 더 이상 회복될 수 없다는 것을 전달했다. 나는 이런 이유로 환자 B에게 마지막을 좀 더 잘 돌보아 줄 수 있는 그녀 딸의 거주지 근처에 있는 완화의료 전문시설로 옮길 것을 제안했다. 환자는 다음과 같이 답했다: "나는 그 제안을 받아들일 수가 없어요." 나는 물었다. "왜 안 됩니까?" 그녀의 대답은 "거기는 사람들이 죽는 곳일 뿐이고, 그렇다면 나도 거기서 죽을 꺼 아니예요!" 나는 물었다. "그러면 당신이 혼자 집에 머물기만 하면, 당신은 계속 살 수 있을까요?" 그녀는 대답했다. "거기서도 다른 치료방법이 있어야 하는데, 없기 때문에, 난 죽을텐데요!" 어떤 의사 한 명이 마지막 치료수단이 남아 있는데, 기다려 보아야 하며, 암의 경우는 30% 정도의 치료가능성만 가지고 있다고 말해 주었다. 환자 B는 말했다: "그렇다면 나는 그 치료를 받겠어요!" 나는 말했다. "여사님, 의사가 말하지 않았지만, 그 의료기술이 개발되려면 상당히 오래 기다려야 합니다. 그래서 당신의 경우는 해당되지 않을 수 있습니다." 그녀의 딸은 말했다. "완화의료시설이 현재로는 좋은 해결책이예요." 환자 B는 "나는 싫습니다. 거기 가면 나는 끝이예요." 나는 다시 물었다. 어떻게 했으면 좋겠냐고. 그녀는 "나는 치료를 받을 거예요. 언제 시작할 수 있죠?"

죽음은 대부분 그 사람의 의지에 반하여 생명을 박탈한다. 여기서 죽음은 인간의 존엄성에 대한 의심을 만든다. 또는 죽음으로 모든 인간적 가능성이 종료되는지에 대한 물음도 제기된다. 만일 죽는 것이 인간이 자신의 자율성을 지키기 위한 노력이라면 그렇다. 그런데 실제로는 도움이 필요한 상태에 있다면 그 생명은 존엄하지 않게 죽음을 맞이한 것처럼 보일 수 있다. 분명히 죽는 사람이 자신의 생명을 끝까지 유지할 수 있다. 그러나 모든 생의 가능성을 전부 다 시도해야 하는 것은 아니다. 삶의 종료는 —세속적인 생명 자체와 같이— 오직 신에 의해서만 가능하다. 생명의 약함과 도움의 필요성은 죽음에서 명확하게 드러난다. 인간은 여기서 자율성을 요구하기보다는 신과 다른 사람들에게 자신을 내맡기려 한다. 타인이 그를 도와주지 않는다면, 그는 생명을 잃게 된다. 스스로 자살을 하는 경우도 마찬가지이다.

죽음은 사람에게서 모든 가능성을 빼앗는다는 점을 부정할 수는 없다. 죽음은 생명보다 우월한 지위에 선다. 이 현실에서 인간은 고통스러운 삶을 해소해 달라는 기도를 한다.[8] 그 해결은 인간이 못한다. 그가 스스로 목숨을 끊더라도 해결되는 것은 아니다. 상황이 발생하기 전, 언제 자신의 생명이 '인간의 존엄성에 반'할지를 미리 평가한다면, 이것은 신학적으로 볼 때 그에게 생명을 부여한 신을 부정하는 것이거나, 고통스러운 상황에서도 유지하는 '일상적 힘'을 부여한 신을 믿지 못하는 불신과 오만이다. 신학적인 관점에서 이와 같은 생명의 가치에 대한 '예측판단'은 역시 죄악이다. 왜냐하면 인간은 스스로 자신을 생명의 유일한 척도로 여기고, 이런 근거로 종국적으로 '살 가치가 없는' 생명으로 평가하고 이 평가에 따라 죽음을 결정했기 때문이다.

만일 우리가 심각한 고통에 처해도 자신의 생명이 인간의 존엄에 맞는지 아니면 살아갈 가치가 없는 것인지를 미리 구분해 놓지 않는다면 이처럼 말할 수 없다. 그리고 이미 시작된 고통 때문에 '구원'을 '기원'하고, 언제 생명이 가치 있는지 판단할 척도를 숙고하지 않는 한 마찬가지로 그런 말을 해서는 안 된다. 생명이 이러한 '비극적' 상황에서 무기력과 절망감에 의해 지배되고 '정신적 우울함'이 어둡게 내려 앉

8) 사도 바울의 로마서 8장 19-39절.

아 '신의 우울함'으로 보이게 되어, 인간 스스로 '해결'을 위한 탈출구를 찾아야 된다고 믿게 된다. 그렇게되면, 이제 인간을 통해 신의 도덕적 판단을 하는 것은 중단해야 한다. 이제 우리는 신에게 모든 판단을 다시 맡겨야 한다. 그동안 신을 믿어 왔던 사람은 이러한 죽음의 방식도 '신의 사랑'이라고 생각해야 한다.[9)]

2. 죽을 때의 신앙?

의학은 오늘날 치료가 불가능한 질병을 위하여도 많은 일을 해줄 수 있다. 어떤 측면에서 죽음과 맞서게 해준다. 다른 측면으로는 인간을 사랑으로 배려해 주고, 정신적으로는 스스로 심한 고통을 극복할 수 있는 신앙을 강화시켜 줄 수도 있다.

심리학자 빅터 프랑클은 자신의 수용소 시절의 경험을 토대로 니체의 말이기도 한 "살아야 하는 이유를 아는 자는 그 길을 찾을 수 있다."(Wer ein Warum zum Leben hat, erträgt fast jedes Wie)를 설명해 준다. 고통스러운 인생의 의미를 묻는 이 왜라는 질문은 대답하기 어렵다. 그러나 우리는 다음과 같이 말할 수 있다: 고통 속에서 스스로에게 물어서 인생이 '어디로 갈지' 아는 사람은, 적어도 고통 너머의 '열린 천국'을 보게 될 것이고, 그는 신이 그에게 고통만이 아니라 그 같은 극심한 고통을 견딜 수 있는 능력도 주었다는 말을 믿게 될 것이다. 그는 이를 통하여 죽음을 위한 투쟁에 대비할 것이고 또한 죽음의 질병 속에서도 신에 대한 믿음을 강화시키는 과제와 시간을 준비할 것이다. 앞에서 언급한 이젠하임 병원의 그뤼네발트 성화[10)]는 이를 잘 묘사하고 있다. 이 그림은 평일에는 환자들에게 예수가 십자가에 박혀 있는 장면을 보여주고, 일요일에는 양쪽 화폭을 닫으면 십자가 그림은 사라지고 고통과 죽음의 승화로서 그리스도의 부활을 표현하는 영원한 삶

---

9) 사도 바울의 로마서 8장 35-39절; 시편 73장 23-28절; 시편 139장 5-12절.

10) Kettling, 주 3.

이 그려져 있다. 고통받는 그리스도는 현재 환자들과 함께 고통받고, 모든 자신들의 죄악과 질병을 받아들이고, 자신들과 함께 동일한 경험을 하는 예수 그리스도와 동일시하게 만들어 줌으로써 그들의 고통을 감내하고 극복하게 한다. 동시에 자신들의 고통을 예수 그리스도의 고통과 죽음과 같은 것으로 생각하게 해준다. 그 극복의 순간에 죽음을 넘어선 평온과 희망을, 그리고 신에 의한 생명의 구원과 완성을 겪게 만든다. 두 그림은 죽음과 직면하여 믿음을 지키려는 자들을 도와준다. 그들은 눈앞에 펼쳐진 죽음의 황폐한 현실과 다른 믿음의 확신을 얻는다. 죽음으로조차도 우리는 신과 신의 사랑으로부터 떨어져 나가지 않아서 죽음과 사망 안에서도 신의 품 안에 놓여 있다고 믿게 된다. 많은 병실과 병원에 걸린 십자가는 바로 이러한 기능을 한다. 믿음을 강하게 만든다. 이미 죽음을 극복한 신의 권능을 통해 마지막 생의 끝을 확인하고, 신께서 주도하셔서 생의 마지막 장이 열리게 된다.

[사례 2] 66세의 여성환자 M은 암 진단을 추정받았다. 그녀는 상담을 요청했다. 그녀는 나에게 꿈이 있다고 밝혔다. 그녀는 집에 체류했지만, 의료진에 의해 자택에서 치료받고 있었다. 분명한 진단 결과는 나오지 않은 상태였다. “저를 물가로 데리고 가서 가라앉혀 주세요. 그러면 어떤 분이 저를 물에서 건져내서 그의 어깨에 메고 나를 강 건너편으로 건네줄 거예요. 저는 그분이 예수님일 거라고 믿어요. 저는 깨어서 그분에게 말할 거예요. 그러면 그분은 다음과 같이 말하겠죠. “나를 봐라. 너는 아무 걱정하지 말라. 결코 나쁜 일이 아니니라!” 나는 그 환자에게 물었다. “이게 당신의 뜻인가요?” 그녀는 대답했다. “아니요, 그렇기 때문에 당신께 상담하는 거예요.”

그 꿈은 그 후로도 많은 상담의 주제였다. M 여사는 그녀의 꿈은 신에게 자신을 맡기는 것이고, 그를 통해 자신의 죽음으로의 힘든 여정을 다하고 예수 그리스도에 의해 생명의 ‘강 건너편’으로 인도될 것으로 믿었다. 산부인과 의사인 아들은 그녀에게 의료적인 수준에서 최선의 조치를 할 것을 약속하기도 했다. 여러 차례 그녀는 나에게 그녀가 죽음을 받아들이며 자신의 꿈이 이루어지길 희망한다는 것을 글로 표현하였다. 그녀는 신에 의해서 부름을 받았고 그를 감당할 수 있는 경험이 있었다. 며칠 후 그녀의 아들이 새로운 치료를 시도하려고 했지만, 그녀는 모두 거부했다고 나에게 편지를 썼다. 왜냐하면 그녀는 "곧 나의 구원자이신 그리스도가 강건너로 데려가실 것"이라고 분명히 느꼈기 때문이다. 그녀는 두려움이 없어 보였고 신에게 자신의 꿈에 대해 감사하고 있었다. 내가 보기에도 그녀는 그 희망에 대해 충분히 이해하고 있어 보였다. 한 달 정도 지나 그녀는 정말로 '강 건너편으로' 갔다. 그녀는 세속적인 삶을 신을 통해서 마치겠다는 기대를 성취하였다.

마틴 루터는 "죽음을 준비하는 설교"(1519)에서 죽음에서 죽음 자체만을 보지말고 신에게 버림받고도 우리를 위하여 고통을 견뎌내고 그 죽음으로부터 다시 부활하여 극복하신 그리스도를 보라고 말했다. 그의 '못박힘', 또한 신으로부터 버림받아 무기력하게 죽는 것을 예수는 받아들였다.[11] 죽음을 앞둔 환자가 자신의 치유불가능성 또는 죽음을 알게 되면, 그는 무기력하게 죽음의 공포 속에서 삶을 마감하게 된다. 이것이 루터의 신앙과 자유에 대한 관점이다. 그의 글 "기독교인의 자유에 관하여"에는 다음과 같은 핵심적인 문장이 있다: "오직 신앙만이 진정한 기독교적 자유이다."[12] 신앙 속에서 인간은 신에게 다가갈 수 있고, 신과의 관계 속에서 그 자신과 그의 가능성을 벗어난다. 내가 누리는 가짜 자유가 아닌, 신앙 속에서 계속 새롭게 벗어나서 신과 하나로 결합되며 그의 곁에 있게 되는 그러한 진정한 자유를 말한다. 신앙은 인간의 무능력함에서도 신을 믿는 것을 가능하게 만들어주고 인간을 그만큼 자유롭게 해준다. 루터에게도 그랬지만 오늘날의 어느 누구에게도 죽음의 순간만큼 신앙이 진실한 때는 없다. 우선 신앙은 죽음의 길에 머물지 않고 비참하게 죽는 것에 대한 두려움을 없애줄 때 가장 진가가 나타난다. 그리고 또한 죽음으로 아무것도 아닌 것으로

---

11) 고린도전서 15장 55절; 로마서 8장 38-39절.

12) Luther, Die Werke Martin Luthers, hg. Von K.Aland, Bd.2, Göttingen 1981, 256.

되는 것과 흔히 죽음에서 경험하듯이 신의 법정 앞에 서지 못할 것에 대한 두려움을 제거해 줄 때 확실해진다.

그래서 키르케고르의 다음과 같은 말[13)]은 죽음에서 명백해진다: "우리는 완벽해지기 위하여 신을 필요로 한다."(Gottes zu bedürfen ist des Menschen höchste Vollkommenheit)란 말은 키르케고르가 당시의 계몽되고 이상적인 인간의 관점에 따라 인간이 더 이상 신에 의존하지 않고 스스로 그리고 독립적으로 살아갈 수 있어서 인간은 더 이상 신이 필요 없는 자율적 존재라고 하는 관점들을 비판한 말이다. 키르케고르는 강조하기를 인간은 자신이 아니라 다른 존재와 함께 있을 때, 즉 신과 있을 때 '그 자신'(Selbst)이 된다. 인간은 자기 자신의 신과 창조자가 아니고, 자기 자신을 위한 심판자와 구원자도 될 수 없다. 니체[14)]가 말하는 이상적인 인간상의 완성은 불가능하다. 이상적인 관점에서 죽음에 대한 승리가 가능하다. 왜냐하면 니체의 신은 죽었기 때문에 인생에서 신은 존재치 않으며 신의 형상을 따른 완성태도 없다. 진정한 신이고 그 때문에 죽음의 지배자여야 하는 신이 존재하지 않아서 그에 의해 창조된 자들의 죽음이 모든 것의 끝이어야 하면, 인간은 죽음을 그 자체로 겪어내야만 한다. 즉, 죽음의 파괴적인 힘에 복종하고, 그가 —피상적으로— 자신의 생명에 대한 마지막 결정을 하는 것으로만 최소한 죽음에 대한 '작은' 승리만 성취할 수 있다. 생명은 인간 스스로 부여한 것이 아니기 때문에 신이 인간에게 생명을 '빌려준 것'으로 믿는다면, 질병에 의해서나 심지어 스스로 목숨을 끊더라도 결국 신에게 생명을 되돌려주는 것이다. 생명을 주고 다시 회수하는 것이 신이기 때문에 죽음에서 생명은 없어지는 어떤 것이 아니라, 그 자체 진정한, '영원한' 생명으로서 신에게 다시 돌아가는 것이다.

---

13) Vier erbauliche Reden(1844), in: Gesammelte Werke 13. U. 14 Abt., Düsseldorf 1964, 5.

14) 주 5.

3. 죽음에서 도움이 필요한 경우

키르케고르의 말은 아동이나 생명력이 쇠잔해진 경우 다음과 같이 보완되어야 한다: "인간은 신과 이웃의 도움으로 가장 완벽해진다." 이 말은 루터가 인간은 신앙으로 신에게 다가가며, 동시에 사랑을 통하여 이웃들과 교류하고 자신도 그들을 진심으로 돕는 존재가 된다는 말과 일치한다. 다른 사람의 도움에 의존해야 할 시기가 와도 그의 삶은 비참해지지 않는다. 그를 위하여 가장 도움을 줄 수 있는 이웃들이 그리스도를 대신한다. 게다가 비참해진 인격체의 배후에서도 신의 사랑을 받는 모습을 볼 수 있다. 그의 존엄성은 질병과 생명 에너지의 쇠락, 도덕적인 비난을 통해서도 사라지지 않는다. 왜냐하면 그 존엄성은 인간의 능력이 아니라 오로지 신이 허용한 인간에 대한 사랑에 근거하기 때문이다. 세속적인 삶은 신에 의해 표명되고, 신과 함께 하는 영원한 생명에서 신의 완전한 형상을 완성하여 '초월적' 존엄성이 생의 시작과 죽음까지 유지된다. 인격이 황폐해지는 경우에도 그 불안한 인격 '안에서' 그리고 그 '뒤에서' 신에 의해 배려받는 인간을 보게 되고 자각하게 된다. 그는 변함없는 존엄성을 이렇게 유지한다. 어떤 인간도 비참하고 '삶의 가치가 없는' 생명이 아니며, 그렇게 죽음을 맞이하지도 않는다.

신앙과 사랑 속에서 인간은 홀로 살아가는 것이 아니라 사랑으로 맺어진 관계 속에서 살아가는 것이 분명하다. 그 안에서 생명은 이루어지고 사랑이 없이는 존재하지 못하며 무엇을 이룰 수도 없다. 우리 삶에서 삶의 근원은 우리 자신의 자기결정으로가 아니라 우리를 다른 사람에게, 즉 신과 사람들에게 내맡기는 사랑으로 유지된다. 대부분 예측불가능한 생의 시작과 끝에서조차도 이 토대에서 '나'라는 주체가 발전될 뿐 아니라, 그 안에서 삶이 지속된다. 그 자체로 삶은 신의 배려[15]와 보호에 의존한다. 이 안에서 신의 지속적이지만 인간이 경험으로 알 수 없는 인간의 존엄성에 대한 배려는 황폐해진 인격성의 경우도 신앙에서 깨닫게 되고 자각할 수 있어야 한다. 의존과 도움의 필요가 인간을 존엄하게 만드는 것이 아니다. '고통스러운 자기'의 포기할 수 없는 존엄성을 보다 더 깨닫게 만들고 도움이 필요한 인간을 이 존엄성에 걸맞게 취급해야 한다는 요구를 제시한다.

도움을 못 받고 가족들에게 부담이 될 두려움은 자살을 생각하게 되는 흔한 동기이다. 이들 중에는 특히 독립적으로 다른 사람에게 의존하지 않았던 사람들이 많다.

[사례 3] M은 퇴역 장군으로 병원에서 악성 종양으로 진단을 받았다. 그는 상담이 시작되자 곧 다음과 같이 말했다. "목사님 저를 위해 고생하실 필요 없습니다. 너무 늦기 전에 저는 명예롭게 떠나겠습니다!" 나는 말했다: "다른 사람의 도움은 필요 없습니까?" 그는 "네 맞습니다. 그게 옳겠습니다. 사람은 다른 사람에게 부담이 되면 안 되지요!" 잠시후 나는 그의 말을 중단시키고 다음과 같이 말했다. "그러면 당신의 부인이 암에 걸린다면 그녀가 다른 사람의 도움을 받기 전에 명예롭게 포기하라고 하시겠습니까?" M은 확신이 없어 보였다. 그리고 한동안 생각한 후 답했다. "나는 진심으로 그녀를 돌볼 것입니다."

그 대답은 스스로 죽음을 선택하겠다는 생각에 명백한 모순이었다. 나는 대화에서 도움을 못받을까 봐 두려워해서 '스스로 죽는 것'을 선택하는 것이기는 하지만, 그것이 결코 자유롭게 선택하는 것이 아니라 오직 두려움 때문이라고 말했다. 두려움에 의해 선택한 결정은 이 두려움으로부터 도망칠 자유로 보일지언정 진정한 자유는 아니다. 덧붙여서 나는 그에게 다른 사람에게 도움을 받는 것은 삶을 비참하게 만드는 것이 아니고, 그가 자신의 부인을 정성스럽게 간호하는 것과 같아서 그녀를 '비참하게' 만들지 않는다고 말했다. 그렇기 때문에 그가 자기 아내와 다른 사람의 사랑과 배려에 의존하

---

15) D. Bonhoeffer, Ethik, München 1967, 238 이하.; U. Eibach, Das Leben als Gabe und Aufgabe. Ethik der Gabe im Kontext einer Ethik der Fürsorge, in: G. Maio(Hg.), Ethik der Gabe. Humane Medizin zwischen Leistungserbringung und Sorge um den Anderen, Freiburg i.Br., 232-270.

는 것은 그의 삶에서 존엄성을 박탈하는 것이 아니라 사랑으로 가득찬 간호로서 존엄성을 지켜주는 것이다. 진정한 자유는 인간이 자신의 존엄성이 훼손될 것에 대한 두려움으로부터 자유로워져서 자신의 생명을 신과 다른 사람의 손에 맡기고, 신과 이웃의 돌봄을 받아들이는 것이다. 그가 해야 할 일은 사랑을 받아들이고, 자율성을 사랑 밑에 두어서 존엄성을 훼손할 두려움을 떨쳐내는 것일지 모른다. 퇴원 후 일주일 정도 지나서 그는 나에게 "늦기 전에 명예롭게 떠나겠다"는 생각을 그만두었다고 알려 왔다.

우선 사람은 사랑에 의해 확정된 관계 안에서 살아야 존엄성을 지킬 수 있다. 그 안에서 포기할 수 없는 존엄성은 새로워지고 타인의 돌봄을 받는다. 특히 그 대상이 완전한 능력을 갖추고 있지만 도움이 필요한 존재로 취급되어야 한다. 더 나아가서 그의 자율성을 존중할 뿐 아니라 그에 따라 대해야 한다. '도움을 주는 자'는 도와주는 사람과 현실적인 관계에 있어야 한다. 도움의 '대상'이 아니라 이성적이고 자율적 주체이며 언제나 또는 특정한 시기 존중과 배려가 필요한 존재로 인식되어야 한다. 만약 그가 의식을 잃은 상태[16]라면, 그의 의식에 의한 자율적 몸짓을 감안할 뿐 아니라 그의 몸이 보여주는 표현과 능력, 그리고 그의 다른 사람에 대한 의존성을 직접 감안하여 배려해야 한다. 전반적인 범위에서 의료적인 조치와 도움, 그리고 근본적인 육체적(영양공급과 배변관리, 거동성은 물론이고)이고 정신적인 필요, 특히 안정과 편안함의 충족을 말한다.

이러한 관계에서 도움이 필요한 사람을 위해 대신 결정하고 행동하며, 그 안에서 그를 위해 대리결정을 하는 사람은 너무 가부장적으로 행동하면 안 된다. 인간의 존엄성을 오해하지 말아야 하며, 그의 의사를 넘어서는 결정을 하지 말아야 한다. 오히려 타인을 주체로서 인격으로서 돌보고 그의 필요와 의사에 따라 행위해야 하며 전체적인 행

16) B. Waldenfels, Das leibliche Selbst Vorlesungen zur Phänomenologie des Leibes, hg. v. R. Giuliani, Frankfurt a. M. 2000.

복이 언제나 도움의 새로운 기준이 되도록 노력해야 한다.[17] 여기서 무엇보다도 이와 같이 사랑 속에서 배려를 받는 누구도 자신의 윤리와 양심에 일치할 수 없는 것, 예를 들어 자살을 도와주는 것 같은 요구는 금지된다.

존엄하지 않은 생명이란 없다. 그러나 죽음에서 고통을 느끼고 환경 때문에 비참한 취급을 받을 수는 있다. 우리는 이러한 여건을 개선하고 신앙을 강화시키기 위해 완화의료와 요양 조치를 재구성할 것이 요구된다. 고대, 중세 그리고 근대의 의료인과 병원들은 이와 같은 다양한 과제를 수행할 수 있도록 노력해 왔다. 오늘날은 가능한 한 모든 사람이 가치 있는 여건에서 돌봄을 받다가 생을 종료할 수 있고 그 좌절감에서 자살하지 않도록 만드는 환경을 만들어 주는 것이 문제이다. 완화의료는 여기서 효율적인 수단을 중세적인 호스피스 케어로부터 발전시키고 있다. 모든 사람에게 이러한 도움을 줄 수 있게 되면 존엄하게 죽음을 맞이하게 만들어 주고 자살과 같은 선택은 중단되도록 규범적으로 윤리적이며 법적인 토대를 구성해야 한다.[18]

[사례 4] 오랫동안 임종이 가까와진 중환자에 대한 완화의료를 담당했던 여의사 한 분에게 나는 얼마나 많은 환자들의 자살 또는 요청에 따른 죽음에 관여했었냐는 물음을 한 적이 있다. 그녀는 다음과 같이 답했다. "한 명도 없었죠!" 나는 오랫동안 병원의 상담역을 했기 때문에 이런 질문에 그녀는 어떻게 대답할지 물어본 것이었는데 그녀의 대답은 다음과 같았다. "자살에 대해 진지하게 고려해 본 사람들은 아예 우리에게 오지 않고, 우리가 그들을 위해 죽는 순간까지 도움을 주는 것을 경험하고 우리의 조치를 믿게 되는 사람들은 그런 요구를 하지 않죠."

---

17) Eibach, 주 15.
18) Eibach, 주 1.

4. 고통과 죽음에서 신앙을 유지하기 위한 도움

디트리히 본회퍼[19]는 자살에 대한 글에서 다음과 같이 썼다: "살 수 없는 사람에게 살아야 한다는 명령은 더 이상 도움이 되지 않는다. 오히려 새로운 정신, '새로운 삶을 살라는 것'만 의미있다." 죽음은 언제나 인격을 황폐화시킨다는 것을 부정할 수 없다. 여기서 죽음은 신이 원하고 창조하신 것이 아니며, 신의 창조를 단순히 부정하는 것이라고 말할 수 있다. 그리스도의 신앙은 그렇다면 두려움을 가지고 그러한 생명을 비참한 것으로 여기며 '적극적 안락사'와 같은 자살권을 원하는 사람들에게 '신념'을 요구할 수 있는가?

이젠하임 성화와 근대 초기까지의 문학 "죽음의 기술"은 모두 신앙에 반대하여 의심을 갖게 되는 것을 예방하기 위한 것이다. 이러한 예술과 문학에서 나타나는 고통 신화는 진지하게 고려해 봐야 한다. 특히 그 고통이 그리스도의 고통을 묘사하고 그 안에서 신의 역사를 묘사하는 것이라면. 이러한 고통의 신화는 그리스도 신앙이 고통 속에서 이를 극복하는 힘이 아니라, 고통스러운 능력이라는 점에서 타당하다.[20]

수학자이자 철학자인 블레즈 파스칼[21]의 누이에 따르면 그는 19세부터 39세에 사망하기 전까지 단 하루도 고통을 겪지 않은 날이 없었다고 한다. 그런 그는 항상 '질병의 기도'를 올렸다. 파스칼은 자신의 병은 신의 뜻이 아니라, 신이 고통스러운 자신의 육체를 구원해 주기 위한 은혜라고 믿었다. 그리고 인간이 신의 정신을 '위로'로서 받아들여야만 이 질병을 감당할 수 있다고 믿었다. 그렇기 때문에 그는 신에

19) Ethik, München 1967, 180 이하.

20) 바울, 로마서 5장 2-5절; Eibach, Umgang mit schwerer Krankheit: Widerstand, Ergebung, Annahme, in: G. Thomas/I. Karle(Hg.), Krankheitsdeutung in der postsäkularen Gesellschaft. Stuttgart 2009, 335 이하.

21) 불어의 독일어 번역과 서문, 그리고 설명은 Paul Wolff, Regensburg 1976(인용은 번역본에 따름).

게 기도했다: “자연적 고통이 당신의 정신을 통한 위로함이 없이 전달되지 않도록 하소서 … 나는 그것이 세속적 삶의 현실이 아니고, 영원한 영광 속에서의 삶이기 때문에 위로를 받으려고 하지 않겠나이다. 자연의 고통을 감내하는 것은 당신의 정신적 위로를 당신의 고귀함을 통해 경험하는 것과 같사옵니다 … 이것만이 (현실 세계에서) 그리스도의 진정한 현존이기도 합니다.”(XI, 72)

질병과 그를 통해 겪는 다소간 엄청난 육체적, 정신적, 영적 고통이 없는 삶이란 현실 세계에서 생각하기 어렵다. 그런 한에서 인간은 오늘날 고통 없는 죽음을 기대할 수 없고 이를 요구하는 것도 불가능하다. 완화의료는 육체적인 고통을 견딜 수 있도록 해줄 뿐이다. 그러므로 고통이 없는 죽음은 없다. 그리고 심적·정신적 고통이 사라질 가능성은 더욱 없다. 인간은 자신의 생명력이 쇠잔해지고, 도움이 필요해지며, 이제 생생하게 다가오는 죽음에 직면하고, 이제 죽음의 공포와 마주해야만 한다. 그는 이 두려움을 다소간 효과적이지만 의심하면서도 극복하고자 노력할 수 있다(사례 1). 그러나 이 두려움은 지속적으로 다시 찾아온다. 자살, 죽음의 도움, 그리고 본인 요구에 따른 죽음은 외면적으로는 이와 같은 생명을 끝내는 유일한 길처럼 보인다. 특히 이 방법을 법으로 허용하거나 자유롭게 선택할 수 있도록 한 경우는 더욱 그렇다.

그리스도 신앙은 —파스칼이 경험했듯이— 육체와 정신의 힘이 두려움이 솟구쳐 올 때 더 강해지고 그분이 “너는 우리를 언제나 따뜻하게 구원하시는 신의 손 밖으로 떨어져 나가지는 않을지어다.”22)라고 하셨듯이 확신을 준다. 이를 통해 죽음의 두려움은 그 세력을 잃고 받아들일 수 있게 된다. 그러나 심각한 질병이 더 이상 파괴적이지 않다거나 치료된다는 것은 아니다. 질병에 대한 저항이 포기되는 것은 더욱 아니다. 질병은 더 이상 파괴적이고 삶을 지배하는 것도 아니며

22) Arno Pötzsch, Evangelisches Gesangbuch, Lied 533, Str.1.(독일교회찬송가 533)

삶을 황폐하게 만드는 것도 아니다. 그냥 질병을 견딜 만하고 참을 수 있게 되는 것 뿐이다.

[사례 5] 기업인 M은 40세이며, 6세에서 12세 사이의 3명의 아이가 있는데 그는 2년 전 암 제거 수술을 받았다. 그 암이 다시 재발했다. 그는 첫 번 수술 후 화학요법과 방사능 치료로 인하여 굉장히 괴로웠던 것을 떠올렸다. 견디기 힘들지만 끔찍한 고통을 겪은 그는 어느날 저녁 신에게 기도했다. 그를 이 고통에서 구해 달라고. 그가 다음 날 깨었을 때 두려움은 사라졌고 다시 찾아오지 않았다. 그리고 암의 재발도 두렵지 않았다. 그는 신에게 매우 감사했으며 그를 새롭게 태어나게 만들었다. 그는 이 병 때문에 죽을 것을 알고 있다. 그래도 그에게 분명한 것은 신에게 감사할 38년간 자신의 삶이 훌륭했다는 점이다. 그는 ―특히 자신의 아이들 때문에― 비록 신이 짧은 생을 주셨어도 감사히 여겼다. 그렇기 때문에 그는 감당할 수 있는 정도로 화학치료를 받았다. 그는 세속적인 삶이 끝나는 날까지도 두려움 속에서 살아가지 않아도 되었다.

이러한 신앙의 치료효과와 공동체에서 신과 함께 삶을 완수시키겠다는 믿음을 갖는 것이 기독교 간병인의 의무이다. 이 의무는 죽음의 두려움으로부터 사람들을 벗어나게 하고 스스로 죽으려는 자들을 포기시켜야 한다. 이를 통해 일시적 생명연장이나 죽음만 연장시키는 장치는 스스로 거부할 수 있도록 한다(사례 2). 이로써 신께서 그를 일상에서 도우시며 그에게 도와줄 사람을 보내셔서 생의 마지막 단계가 왔을 때 스스로 목숨을 끊지 않도록 만들 수 있다. 이러한 포기는 신앙 안에서 가능해지는 자기결정과 신에 대한 믿음, 그리고 함께 사는 사람들의 사랑을 근거로 하는 도움을 통해 가능하다.

[사례 6] 60세의 여성환자 F에게서 복부에 큰 암덩어리를 제거했다. 이는 기적이었다. 그녀는 후유증도 없었고 이후 잔여 암세포도 발견되지 않았기 때

문이다. 3년 후 작은 종양이 재발해서 재수술을 받았다. F는 화학치료를 거부했다. 의사였던 그녀 남편의 경우를 보아서 그 치료는 전혀 받을 만하지 않았기 때문이다. F 여사는 "신께서 내게 수술 후 3년 동안이나 좋은 삶을 허용해 주셨어요. 저는 죽음이 가까이 왔으며 신께서 죽음을 당당하게 맞이할 수 있을 용기를 주실 것이라 믿습니다."라고 말했다. 그녀의 죽음은 매우 힘겨웠다. 그래서 집에만 머물 수 없어서 병원에 입원하게 되었다. 그녀에서 신앙은 고통스러운 과정에서 '견디게 하는 동아줄'같은 것이었다. 어느 날 그녀가 임종할 시점이 왔을 때 간호사는 F 여사가 현재 의식불명 상태이며 움직임이 없다고 말했다. 경험으로 그러한 말은 믿을 만하지 않다는 것을 알기 때문에 나는 병실로 들어가서 F 여사에게 말을 건넸다. 그녀는 나를 신뢰하고 있었기에 한 손을 그녀의 손에 얹고 다른 손은 그녀의 이마에 대고 기도하기 시작했다. 나는 시편의 한 구절로 시작했다: "여호아는 나의 목자이시니." 그때 나는 그녀의 손이 움직이는 것을 느꼈다. 나는 그녀가 내 목소리에 반응하는 것을 알았다. 나는 겔러르트의 시[23]에서 나오는 한 구절로 기도했다. "예수는 나를 사랑하시고, 나 또한 그를 사랑하네, 죽음이 나에게 닥치는 곳에서도 나를 죽음으로부터 구원하시며. 나를 빛으로 인도하시며 나에게 믿음 되시도다." 그러자 그녀는 내 손을 잡고 마지막 기도문에서 눈을 뜨고는 낮지만 아주 명료하게 다음과 같이 말했다. "나도 그 빛이 이제 보입니다." 몇 분 후 그녀는 다시 의식불명상태가 되었다. 내가 다음날 방문했을 때 그녀는 두 시간 전 운명했다. 아주 편안해 보였던 그녀의 얼굴이 모든 것을 말해 주었다.

5. '인간의 존엄에 부합하는' 죽음이란 무엇인가?

지금까지 '인간의 존엄에 부합하는' 죽음이란 자기 스스로 결정하는 죽음이 아니라는 것을 설명했다. 자기결정의 명확한 우월성은 개인적인 인간상에 부합한다. 그 안에서 인간의 존엄은 대체로 또는 홀로이 스스로 (자율적인) 결정을 할 수 있는 그런 인간상을 말한다. 사람이 자기 의식을 가지고 그 안에서 스스로 결정을 하는 것은 매우 제한

23) 찬송가 115, 1절.

적이거나 더 나아가서는 아예 그럴 수 없기도 하다. 삶의 실제 상황은 근본적으로 '인간의 존엄에 부합하지 않는' 그리고 '삶에 가치 없는' 생명으로 등급화되고 더 이상 그 생명에 대해 인간의 존엄에 부합하는 조치를 요구할 수 없게 만든다.[24] 그렇게 되면 결국 이러한 상황에 준비 없이 처하게 되고 더 이상 어떤 조치를 요구하지 못하게 될 때, 가능성이 없어진(예를 들어 사전의료의향서를 작성한) 사람은 더 이상 생존할 수 없을 것이다. 그리고 그의 생명은 다른 사람에 의해서 '적극적' 죽음이 아니라 영양공급과 같은 기본적인 필수조건을 제거함으로써 그의 의사에 반하더라도 끝나게 된다.[25] 이로써 승낙하지 않은 죽음의 문이 열리게 된다. 이 결론에는 전제가 있다. 그 전제란 인간의 존엄은 자율성에서 나오며, 이를 위해서는 경험적으로 사고와 질병, 생명력의 훼손을 통해 상실하게 되는 자율성 손상의 정도를 측정할 수 있어야 한다. 이러한 조건에서는 당사자가 스스로 자신의 능력을 손상시킨 경우 자율성 기준이 인간의 존엄성에 부합하는 기준이라고 말하기 어렵다. 예를 들어서 객관적으로 '식물인간'(apallisches Syndrom)이 되거나 또는 중증 알츠하이머-치매에 걸렸을 때는 본인이 미리 이를 결정하지 않았다고 인간의 존엄에 부합하지 않고, 반대로 그의 결정으로 내린 판단이라고 존엄하다고 보기 어렵다. 결정적 변환점은 인간의 존엄을 경험적인 삶의 가치에 결부시켜 존엄성이 있거나 상실했다고 확정하는 경우와 이러한 근거에서 인간은 자기 삶을 인간의 존엄에 맞게 하거나 그렇지 않게 할 수 있는 권리가 있는 것처럼 생각하는 경우만이다.

우리가 인간의 존엄성을 비경험적인 것으로, 즉 —최소한 유대·기

---

24) Eibach, Autonomie, Menschenwürde und Lebensschutz in der Geriatrie und Psychiatrie, Münster 2005, 9 이하.

25) 예를 들어 N. Hoerster, Sterbehilfe im säkularen Staat, Frankfurt 1998, 70 이하; P. Singer, Leben und Tod, Der Zusammenbruch der traditionellen Ethik, Erlangen 1998.

독교적인 관점으로— 모든 생명의 시작에서 죽음까지 신에 의해 주도되는 '초월적인' 존엄으로 파악하면,[26] 인간이 살아 있는 한, 존엄성은 박탈되지 않고 그 한에서는 '존엄성을 잃은' 생명이나 '비존엄적인' 생명이란 있을 수 없다. 게다가 존엄성은 개별적 생명, 육체에 전체로서 의미있다.(육체와 정신, 몸과 마음) 그리고 삶의 수준(예컨대 자기의식)이나 그 자체가 필수적인 경우에는 하나의 조직(뇌와 같이)에도 해당한다. 그렇기 때문에 존엄성을 인정하려면 우선 인간이 전체 육체, '육적인 자아,' 전체-육체적 필요성에서 구체적으로 타인에게 의존적인 존재라는 사실을 자각해야 한다(사례 3). 인간은 언제나 삶이 황폐해질 때를 걱정하여 도움을 줄 사람들을 걱정하고 그에 맞는 말이나 행동을 하고 산다. 그래야만 존엄성을 잃지 않고 도움을 주는 사람도 그에 맞추어 행동하고 그의 생명이 다른 사람에게 의존되기 때문에 독립적으로 가치 있거나 무가치한 것으로 판단되지 않게 된다(사례 3). 인간의 존엄에 부합하는 배려는 도움이 필요한 사람에게 다른 사람에게 단순한 짐이 되는 것으로 생각할 걱정과 두려움을 없애주는 것부터 시작이다. 이것은 도움이 필요한 사람과 도움을 주는 사람 양측이 상호적인 사랑과 존중 관계에서 살고 있다는 사실을 명확하게 인식해야 가능하다. 다른 사람에게 의존하고 도움을 받는 삶에서만 존엄성은 평가될 수 있다(사례 3).[27] 타인과 돕고 사는 의존성은 인간의 기본이고 삶의 시작과 끝에서만 지켜지는 것이 아니라 전체 삶을 관통하여 유지된다.[28] 삶을 위한 필수적인 타인 의존성과 '배려'란 그 근거가 본성에

---

26) U. Eibach, Medizin und Menschenwürde, Wuppertal 1997, 82 이하; W. Härle, Ethik, Berlin/New York 2011, 185 이하.

27) Eibach, 주 15; M. Mühling, systematische Theologie: Ethik, Göttingen 2012, 245 이하.

28) Vgl. M. Buber, Das dialogische Prinzip, Heidelberg 1973; E. Lévinas, Humanismus des anderen Menschen, Hamburg 1989; P. Ricoeur, Das Selbst als ein Anderer, München 1996; A. McIntyre, Die Anerkennung der Abhängigkeit. Über menschliche Tugenden, Hamburg 2001.

기인한다. 또한 생물적 생명의 존재 조건이기도 하다. 무엇 보다도 창조적인 목적성과 죽음은 그와 함께 질병이나 생명력의 상실에도 불구하고 유지될 수 있게 한다. 인간이 '신앙이 없는' 인간으로 신의 손에서 멀어지지 않는다면, 죽음은 자연적 결과이고, 운명이며, 영원한 상실이라 할지라도 인간은 존엄함을 잃지 않는다. 죽음의 고통은 피할 수 없는 운명이지만 인간의 삶을 황폐하게 만드는 것이 아니라[29] 우리가 다른 사람의 사랑만 아니라 신의 사랑도 필요한 존재라는 것을 깨닫게 만들어 준다. 그렇다. 이러한 도움과 사랑을 우리는 받고 또 다른 사람과 나누면서 인간의 "최상의 완전함"(die höchste Vollkommenheit)(키르케고르)에 다다르게 된다.

이러한 조건에서 죽음에 직면한 모든 생명도, 우리가 죽어가는 그들을 위해 그들이 죽음의 힘듦을 견뎌내기 위한 의학적, 필요한 간호와 도움 모두를 어떻게 해주는가에 따라 '인간의 존엄성에 부합'될 수 있다. 근본적으로 죽음을 맞이한 사람들에게는 항상 새롭게 그가 현실식으로 존엄하게 존중되고 인간의 가능한 한계에까지 배려를 받고 있으며 그는 스스로 타인이 자신을 어떻게 대하고 자신은 어떻게 갚아야 하는가를 파악하는 사랑의 마음에서 정해진다. 그 한계는 죽어가는 사람은 결국 혼자 죽음을 맞이할 수밖에 없고 어떤 사람도 다른 사람 대신 죽을 수는 없다는 것이다. 그럼에도 불구하고 인간은 혼자 외로이 죽어가는 것이 아니라 주변 사람들은 그의 죽음에 곁을 지키고 정신적인 도움을 준다.[30] 정신적 도움의 의무는 다른 사람의 배려가 자기나 다른 사람에게 부담이 아니고 죽음에 의해 삶이 모두 사라지는 것이

---

29) 제1장 주 5와 6.

30) Vgl. Gemeinschaft Evangelischer Kirchen in Europa, Leben hat seine Zeit, Sterben hat seine Zeit. Eine Orientierungshilfe des Rates der GEKE zu lebensverkürzenden Maßnahmen und zur Sorge um Sterbende, Wien 2011; N. Feinendegen u.a. (Hg.), Menschliche Würde und Spiritualität in der Begleitung am Lebensende, Würzburg 2014.

아니라 신에게 다시 돌아가는 것이라는 확고한 믿음을 갖고 죽을 수 있도록 도와 주는 것을 말한다. 고통 없이 평화롭게 죽는 원인은 죽는 사람이나 그를 도와주는 사람들에 의한 것이 아니다. 죽음은 여전히 하나의 거대한 문제다. 그래서 인간이 이러한 문제에 닥쳐서 황폐화되고 의심스러워 한다고 그가 존엄성을 잃는 것은 아니다. 누구도 죽음 앞에서 자신 스스로와 자신의 주변 사람들 그리고 다른 사람들, 심지어 신까지도 그가 강하고 자율적이며 자기 스스로 결정하여 죽는다는 것을 증명할 필요는 없다. '죽음'은 결코 인간을 성장시키는 어떤 것이 아니다. 또한 다른 사람의 손에 의해 죽음을 당하는 경우에도 '자연적 죽음'을 벗어나게 할 수 없다. 죽음은 언제나 신의 '사역'일 뿐이다. 그렇기 때문에 우리는 모든 사람을 사랑하는 마음에서 그가 다른 사람의 손에 죽지 않도록 만들고 죽음 안에서도 그 삶을 끝까지 누릴 수 있게 만들어 줄 수 있다.

III. 사회적 관점과 교회의 임무

우리 시대 교회는 이전처럼 모든 삶을 계획하고 이로써 '운명을 개척'하고 건강하고 고통없는 삶을 영위할 수 있는 '능력'을 부여해 줄 수 없다.[31] 현시대의 교회는 삶이란 자기 자신의 희망에 따라 계획되는 것이 아니지만 죽음 앞에서 '무기력한 것'이 아니며 어떤 경우도 질병없고 고통없는 죽음이란 존재하지 않는다는 것을 인식할 수 있도록 도와 주는 새로운 임무를 가진다. 인간의 존엄을 유지하면서 산다는 것은 고통을 극복하는 능력을 가진 인간으로 즐거움과 행운을 누려야 한다는 말이다. 인간답게 사는 것은 병원의 환자들을 돌보고 노인과 죽어가는 사람을 인간의 존엄에 맞게 배려하는 것이다. 우리가 의료적

---

31) 주 4.

인 방식 이외에 질병과 싸우고 고통을 경감시킬 방법을 알고 있다면, 그리고 우리가 인간의 고통을 감내하는 능력을 강화시키고 의료적인 조치 이외에 다른 수단을 통해 이를 절대로 필요로 하는 임종 환자들을 돌봐 줄 수 있다면 그 역시 이들을 위해 사용해 보아야 한다. 불치병에 걸려서 죽음을 맞이하게 되는 환자는 비참하게 취급될까 하는 공포 때문에 스스로 목숨을 끊고, 누군가의 도움을 통해 죽거나 이를 부탁하는 것이다. 어떤 경우는 이 두려움 때문에 자신이 동의하지 않은 방식으로 죽게 되기도 한다.

건강이 최고라는 생각은 건강하지 않고 누군가의 도움으로 살아야 하는 불편한 삶을 '인간의 존엄에 반하거'나 '살아갈 가치가 없는' 삶으로 바꾸어 버린다. 건강과 아름다움, 능력있음, 이성적임, 그리고 자율적이라는 인간의 높은 능력들에만 집착하는 인간상은 그렇지 못하거나 더 이상 그럴 수 없는 인간의 생명을 보잘 것없는 것으로 만들어 버린다. 여기서 그의 인간의 존엄성이 의심받는다. 고통 없고 어려움 없는 존엄한 죽음이란 이상적인 상황이 지나치게 강조되긴 하지만, 현실적으로 죽음은 순탄한 과정이 아니다. 이런 의미에서 바라지 않은 자살을 하거나 타인에게 자신을 죽여달라고 요구할 위험성도 있다. 그들의 삶이 위와 같은 이상적 죽음 형상과 부합하지 않으며 자신의 삶을 이상적인 상황에서 마치지 못할 것 같기 때문이다. 어떤 사람들은 완화의료 기관과 호스피스, 그리고 완화의료를 시행하는 의료시설에서 생을 마칠 것이다. 의료가 아무리 발달하더라도 인간은 언젠가 건강을 잃고 병을 앓다가 죽는다. 대부분은 다소간 큰 질병과 정신적인 고통을 겪게 될 것이다. 죽음은 죽어 가는 사람이 자신 또는 타인, 신 앞에서 고차원적인 '죽음의 기술'을 입증하는 장소가 아니다. 그리고 그가 자신의 존재형상을 '자율적인 인간' 또는 그에 걸맞은 지위를 가졌다는 것을 확인하는 그런 장소도 아니다. 오히려 인간이 죽음이란 전능적 현상 앞에서 능동적 가능성의 종말과 무기력에 빠짐없이 이를 극복하고 자신을 정립할 그런 장소인 것이다. 그래서 우리는 죽음의 과정을 미리 준비해 두어야 한다. 죽음은 적극적 '행동'을 통해 피할 수 없다. 의사나 간병인들뿐 아니라 죽음에 관계된 모든 참가자들, 호스피스 케어 봉사자들과 정신적인 도움을 주는 자들 모두가 인식해야 한다. 스스로 죽음을 선택하거나 그렇게 요구하는 것은 죽음의 압도적인 위엄 앞에 스스로 선택할 자유를 가지고 있다고 뻔한 속임수를 쓰는 것에 불과하다. 그래서 의료기술적으로 더 이상 '무엇을 할' 수 없는 경우, 여전히 '할 수 있는 것'을 찾는다. 즉 생명을 더 빨리 중지시킬 것을 여전히 '할 수 있다.'고 믿는 것이다.

우리 사회는 이제 불치병에 걸린 사람의 고통을 그의 생명을 중단시키는 '어떤 행동을 하지' 않고 그리고 죽음의 전능함 앞에서 무기력한 자신을 이러한 방식으로 속이지 않고 도와줄 수 있을 때 인간적으로 존속할 수 있다. 의료와 간병, 그리고 타인을 도와주는 것뿐만 아니라 신앙이 중요한 것이다. 신앙은 한편으로는 질병과 죽음에 맞설 수 있게 하고, 다른 한편으로는 질병의 고통과 죽음을 받아들이게 한다. 또한 신앙은 병든 사람을 도와주고 그들을 지켜주며 질병과 죽음에 투쟁하게 만들고 이를 받아들일 수 있게 만든다. 죽음에 대한 의심스러운 투쟁에서도 신앙은 그 의미를 잃지 않는다.

집중치료의 윤리: 현대 의학으로 무엇이 가능한가? 성공적인 치료부터 죽음의 원조까지

한스-요아킴 트라페

I. 들어가며

"Media vita in morte sumus"(우리는 죽음 안에서 살아 가고 있다). 죽음은 모든 생명체의 분명한 소멸이고 가족이나 친한 사람들이 죽었다는 것은 매일같이 들리고, 인간적인 삶에서는 피할 수 없는 일이다(25). 자신의 마지막을 알고 죽음을 받아들이기 전, 모든 사람들은 다른 사람의 죽음에 참여하게 된다(26). "그래서 죽음은 우리에게는 아무것도 남지 않는 가장 끔찍한 해악이다. 우리가 죽으면 그 동안의 삶은 아무것도 아니고, 죽음이 오면 우리에게는 아무것도 남지 않는다. 그렇기 때문에 죽음은 살아 있는 자에게나 죽은 자에게 관심이 없다. 왜냐하면 이미 그들이 속한 곳에는 죽음은 없으며 그들은 이미 더 이상 아무것도 아니기 때문이다."라고 그리스 철학자이자 에피쿠로스 학파의 창시자인 사모스의 에피쿠로스(B.C. 341년경 사모스에서 태어나서 B.C. 271 내지 270년경 아테네에서 사망)가 말한 바 있다(28).

현대 의학에서는 의사와 간호사들은 매일같이 살아는 있지만 거의 죽음의 문턱을 넘어선 환자들과 마주한다. 응급의학적인 조치들은 이와 같이 수년 전에는 치료가 불가능하다고 여겼던 중환자들을 어떤 측면에서는 치료하거나 그 상태를 유지시킬 수 있다. 그런데 다른 측면에서는 이 환자들의 고통과 죽음을 본질적으로 장기화할 위험성도 있다(15, 31, 38). 급박한 심정지가 있거나 심각한 질환(암이나 뇌출혈)으로 인하여 심정지가 야기된 환자들에게는 항상 다음과 같은 문제가 제기된다. 응급 심폐소생술을 그 환자가 '거부할 수 있는 것'인지 아니면 그것이 적극적 안락사로 평가될 수 있는지의 여부이다(2). 최근 중환자를 다루는 일은 적극적 안락사에 대한 고민을 언제나 수반한다. 특히 벨기에와 네덜란드와 같이 아예 적극적인 안락사를 법률로 허용하는 국가들의 경우는 더욱 그렇다. 룩셈부르크 역시 적극적 안락사와 조력 자살에 관한 법률이 통과하였다(1, 8, 12, 40). 그렇기 때문에 이 글에서는 집중치료 윤리에서 생각해야 하는 안락사에 대한 임상의학의 특별한 의미 가능성과 한계를 논의하고자 한다.

II. 의학의 발전: 생명의 연장인가 인간을 위한 재앙인가?

현대 의학은 놀라울 정도로 발전되었다. 특히 '고도의 기술집약적 의료'로 종종 거론되는 집중의료 분야는 더욱 그렇다(9). 많은 사람들은 치료가 어렵고 장기간에 걸쳐 이루어지더라도 집중적 치료를 통해 생명을 연장하고 있다. 의학의 많은 다양한 분야에 대한 과학적인 지식과 많은 연구가 집중의료에 기여하고 있다. 그럼에도 불구하고 그 긍정적인 의료 효과에는 또다른 위험이 결합된다. 그리고 의사와, 간호사, 관련자들 또는 법관을 삶과 죽음의 지배자가 되게 만들 가능성도 있다. 집중의료는 놀라운 방식으로 환자들을 오래 살릴 수 있다. 그래서 동시에 다음과 같은 어려운 질문이 제기된다. 모든 의료적 조치를 제공하는 것이 언제나 필요한가라든지, 그러한 치료적 조치를 포기해야 하는 특별한 상황에서는 이러한 최선의 노력을 포기하는 것이 적절하지 않은가와 같은 질문들이다. 우리는 단순한 생명 연장을 거부할 수 있는가? 생명의 마지막 단계와/또는 생명이 위태로운 상황에서 환자에게 이러한 갈등은 생길 수 있으며, 특히 안락사에 대한 물음이 중요하게 거론될 수 있다(38).

III. 현대 의학의 가능성: 심정지부터 보조심장박동기 – 의학적 관점에서의 집중의료와 죽음의 도움 사이의 긴장관계

이미 과학은 세계와 상호적으로 변화되면서 서로 깊은 영향을 미치고 있다. 그 능력은 지금까지의 한계를 지속적으로 초월한다. 과학은 수세기간 거칠 것이 없는 비약적 발전을 거듭했다. 모든 새로운 발명은 새로운 문제를 야기했고 또한 새로운 해결책을 찾았다. 과학은 언제나 또다시 새로운 영역을 개발했으며 또한 그 영역을 정복했다(3, 24). 그러나 모든 진보와 성취에도 불구하고 이제 집중의료와 죽음의 도움 문제에서 명확히 드러나듯이 과학 지식의 문제점들은 분명하다. 다음과 같은 의료적 사례가 이러한 문제점을 좀 더 확실하게 보여줄 것이다.

[사례] 77세의 남성은 2005년 좌심실세동과 울혈성 심부전증을 동반하는 심근경색증을 겪었다. 집중의료적 조치를 통해 그는 생명은 구했을 뿐 아니라, 좌심심실 구출률(EF)이 초기 20%(정상치>55%), 퇴원 직전에는 44% 정도로 호전되기도 했다. 관상동맥조영술은 전강지동맥 혈관의 90% 정도가 협착되는 심각한 관상동맥의 질환을 발견했다. 대략 80% 정도의 복부 동맥(관상동맥 시작점)과 우측 관상동맥의 협착도 있었다. 환자는 이에 대한 수술을 받았고 3가지의 우회술 시술을 했다. 수술 후 환자는 사후 출혈로 인해 집중치료실에서 조치를 받고, 그에 따라 정중흉골절개술(Rethorakotomie)이 요

구되었다. 새로운 집중치료가 병원을 퇴원했던 환자의 생명을 구하기 위해 다시 시도되었고 4주의 회복을 위한 노력을 한 후 심장에 다른 문제없이 생명을 유지할 수 있었다. 5년 후 좌심실 박동기능에 일부 장애가 생겨서 모든 약물적 처방에도 불구하고 심박기능은 30% 수준으로 다시 좋아지지 않았다. 환자는 (구형) 심장재세동기 장치(ein bivetrikuläres Defibrillatorsystem, CRT-D)를 부착한다. 이 시기에 환자는 NYHA-stadium III 수준의 심장기능장애[1])로 허혈성 심근병증 단계에 들어선다. 2011년과 2013년에 걸쳐 심빈박을 이유로 모두 5번의 삽입형 제세동기로 교체하여 환자는 제세동기 조치의 기술적인 발전에 의해서 생명을 유지할 수 있게 되었다(Abb. 1.a,b). 2014년 심장이상으로 인하여 NYHA-Stadium IV 단계까지 악화되기도 하여 전체 25kg 정도 체중감소가 있었다. 흉부 CT에서 아주 작은 폐암세포가 발견되었고, 복부 CT에서는 간과 뼈의 종양이 관찰되었다(Abb. 2. 3). 폐의 종양제거 수술이 시도되었고 이후 방사능 치료는 효과가 없었다. 환자는 모든 사항에 대해서 설명을 들은 후 제세동기가 자신에게 안정감을 줄 수 있다고 의사표현하였다. 제세동기의 비활성화나 안락사에 대해서는 논의되지 않았다. 그에게 생명은 모든 병증에도 불구하고 너무 소중한 것이었다.

IV. 의학, 윤리, 그리고 법에서 의학적 발전과 갈등영역

집중의료는 점차 인간을 더 생존할 수 있게 도와주고 있지만 간혹 예상하지 못한 상황을 만들기도 한다. 기술한 사례에서와 같이 단지 식물인간 상태로 남을 수밖에 없는 경우도 모든 치료적 조치를 받아야 하는지 결정하기 어려운 경우에는 더욱 그렇다. 우선 단지 생명을 연장하는 것에 대한 환자의 거절이 필요한가에 대하여 논의해 보아야 한다. 제세동기술은 일정기간 인간의 생명을 연장시킬 수 있는 분명한

---

1) New York Heart Association(NYHA)의 심장기능장애에 대한 기준으로 1단계의 환자가 인지하지 못하는 미약한 수준에서 4단계의 완전한 기능장애까지의 분류를 말함.[역자]

방법이다. 이 기술은 장기이식술(29, 32, 33, 34)과 같이 일시적 생명유지를 위한 의료 조치로 개발되었다. 이 기술을 단순히 생명연장을 위해 사용할 수 있는가는 분명하지 않다. 우선 이러한 관계에서는 환자의 자기 결정권을 존중하여 의료적 조치를 중단할 수 있는가를 논의해 보아야 한다. 환자에게 더 이상 효과가 없는 치료를 종료하여 사망한다면, 그 죽음은 원인이 되고 있는 질병의 결과로 보아야 하고 의사의 행위결과로 봐서는 안 된다. 그러나 이와 관련해서 다른 치료수단이 있을 수 있었다는 불명확성이 문제될 수 있다(7, 10, 20). 일상 의료에서는 집중의료의 중단, 예를 들어서 인공호흡기를 부착할 것인가 또는 수혈을 중단할 것인가는 언제나 중대한 논쟁거리이다. 많은 연구에 따르면 의사와 법률가들은 허용된 생명연장 치료수단과 허용되지 않는 안락사의 실질적 차이점을 분명히 알지 못한다는 것을 말해 주고 있다(17, 19).

V. 고통과 죽음: 언제? 어디서? 어떻게?

중환자들을 돌보고 죽음의 과정을 도와주는 일은 지난 수세기 동안 대체로 개인들, 가족들, 이웃, 그리고 친밀한 공동체에 맡겨졌다. 그러나 지난 세기동안 같은 집단들이 그와 같은 행위를 준비할 가능성은 분명히 줄고 있다(16, 18). 죽는 것과 죽음, 슬픔을 금기시하고 익명화하려는 사람들은 얼마전부터 존재하지 않는다. 가족과 노인양로원, 병원, 또는 공동체의 관계자들이 이들을 집중적으로 돌봐주는 것으로 변화되고 있다(27). 그들 중 많은 사람들은 발전된 호스피스 운동을 적극 지지하기도 한다. 가족과 친지들이 보는 앞에서 집에서 죽음을 맞이하는 전통은 이제 드물다(16, 18). 많은 사람들은 병원이나 호스피스시설에서 죽음을 맞이한다.

VI. 죽음의 도움: 적극적, 소극적 안락사 또는 조력자살?

죽음을 돕는 것과 처리에 대한 논의는 독일만 아니라 다른 유럽국가들에서도 그동안 매우 세심하게 진행되었다. 죽음을 돕는 것은 여기서 일상언어로 한 사람에게 더 이상의 생명연장 조치를 하지 않고, 의료전문가들에 의한 조치를 통해 죽음의 과정이 수행되거나 유래되는 것을 의미한다. 많은 경우 죽음을 돕는 것은 예를 들어 암환자와 같이 치료가 불가능한 질병의 마지막 단계에서 수행되어야 하는 행위로만 보기 어렵다. 오히려 죽음을 도와달라는 의사표시를 스스로 하지 않은 심각한 장애나 코마상태의 사람, 그리고 알츠하이머가 지속적으로 심화된 환자들에 대한 행위를 포함한다. 죽음을 돕는 것을 언급할 때 오늘날 '적극적 안락사', '소극적 안락사', '간접적 안락사', 그리고 '조력자살'과 같은 다양한 표현들이 쓰인다(13). 죽음의 도움에 대한 다양한 개념들은 먼저 간략하게 정리하고 임상 의사들의 행위 관점에서 논의해 보기로 한다.

1. 적극적 안락사

적극적 안락사는 한 사람의 실제적이거나 추정적인 의사를 근거로 한 행위를 통해 죽음을 야기하는 것이다. 적극적 안락사는 사람의 의도적인 죽음을 의미하여 독일에서는 금지되어 있다(형법 제216조). 그리고 형법적으로 기소될 수 있다. 환자의 명시적인 동의가 있더라도 마찬가지다. 적극적 안락사는 세계적으로 보면 네덜란드, 벨기에와 룩셈부르크에서만 허용된다(35). 적극적 안락사는 진통제, 안정제, 마약제재, 근육이완제, 인슐린, 칼륨주사, 또는 이의 복합제제 등을 과다하게 투약하여 야기한다. 관련자의 의사표시가 없는 상태에서의 죽음에 개입하는 것은 통상적으로 적극적 안락사라고 하지 않고 모살[2]이나 고살[3])로 취급한다. 의료인에게 의학공부를 시작할 때부터 의무는 어려운 상황에 처한 환자의 생명을 유지시키고 질병을 치료하는 것이다. 그렇기 때문에 적극적 안락사는 절대로 인정될 수 없으며 의료행위의 근본원리에 반한다. 이미 그리스 코스 출신 의사인 히포크라테스(기원전 460년 그리스의 에게해 섬 코스에서 태어나 테살리움의 라리사에서 기원전 370년 사망)는 수세기 전에 다음과 같이 말했다: “모든 의술에서는 두 가지를 명심해야 한다: 치료하거나 최소한 해를 입히지 말아야 한다.”[4])

2. 소극적 안락사

소극적 안락사는 인간 존엄에 부합하는 죽음을 위해 의도되었다. 이러한 형태의 안락사는 생명을 연장시키는 조치들의 부작위 또는 중단이다(예를 들어서 영양공급, 인공호흡 또는 혈액투석, 항암제의 투약 등의 중단). 이러한 개념은 세계적으로 정립되어 있음에도 불구하고, 많은 사람들이 오해하고 또한 잘못 알고 있다. 사람들은 흔히 소극적 안락사 개념을 그냥 ‘죽게 내버려 둔다’로 보고 있다. 소극적 안락사는 환자의 승낙을 전제로 법적 그리고 윤리적으로 허용될 수 있다. 일상 의

---

2) Mord(모살)은 독일 형법상 의도적인 살해를 의미한다.[역자]

3) Totschlag(고살)은 독일 형법상 약한 고의와 과실 살해를 모두 포함한다.[역자]

4) “Ein intelligenter Mensch muss es verstehen, so zu leben, dass die Gesundheit möglichst erhalten bleibt, und sich durch eigene Kenntnis zu helfen, sobald sie bedroht ist. Das müsste doch einleuchtend sein. Gibt es denn ein wervolleres Gut als die Gesundheit? Der Arzt soll sagen können, was vorher war. Er soll erkennen, was gegenwärtig vorliegt. Und er soll vorhersagen, was künftig sein wird. Diese Kunst muss er üben. Auf zweierlei kommt es nämlich bei jeder Behandlung an: Zu nützen – oder wenigstens nicht zu schaden …”[현명한 자는 건강을 가능한 한 유지해야 하고 건강이 상했을 때 어떻게 도와줄 것인가를 알고 있어야 한다. 이는 확실히 해야 한다. 건강보다 더 높은 가치가 있겠는가? 의사는 무엇이 원인인지 알려줘야 한다. 의사는 지금 무슨 일이 발생하고 있으며, 앞으로는 어떻게 진행될 것인가를 예측할 수 있어야 한다. 그리고 의사는 필요한 의술에 대해 숙련되어야 한다. 그리고 이 의술을 적용하여야 한다. 모든 의술에서는 두 가지를 명심해야 한다. 치료하거나 최소한 해를 입히지 말아야 한다(원문 번역은 역자)].

료에서 소극적 안락사는 심각한 질병에서 취할 수 있는 의료행위에 속한다. 예견할 수 없거나 희망 없는 상황들에서 환자 자신을 위한 치료수단의 제한은 그가 죽음을 맞이하는 데 도움이 되기도 한다. 그러나 소극적 안락사의 모든 형식은 해당 조치를 취하는 의료진과 간호인들에게 스스로 논란의 대상이 된다. '찬성'과 '반대' 관점은 신중하게 서로 비교해 보아야 한다. 소극적 안락사는 한 개인이 '고독하게 결정'해야할 대상은 결코 아니다.

3. 간접적 안락사

간접적 안락사는 죽음의 단계에 들어선 환자에게 약물, 예를 들면 통증 완화제 등을 주어 그 속도를 다소 증가시키는 것을 말한다. 말기 암환자의 마지막 단계에 몰핀을 투여하는 것은 병원에서 허용된다. 의견이 일치되고 있는 것은 의사는 이 경우 형사법적으로 면책되어야 한다는 점이다. 다수의 견해는 의사의 행위는 긴급피난과 정당화적 의무충돌의 결합으로 볼 수 있어서 정당화된다고 한다. 이를 통해 의사는 필요한 주의 없이 허용된 위험성의 범위에서 행위하는 것이다. 간접적 안락사는 그래서 의사들의 기본 의무인 생명을 유지시키고 고통을 줄여주는 것 사이의 균형을 맞추어 법과 윤리적으로 이를 허용할 수 있게 한다. 보통은 의학적으로 인정되고 증세에 따라 치료적으로 적용된다. 기대하지 못했거나 놀라운 의료적 조치가 시행되는 것은 아니다.

4. 자살 조력('의사의 조력 자살' 또는 '자살관여')

형법 제216조의 구성요건은 타인에 의해 주도되는 살해행위를 대상으로 하는 반면에 스스로 결정하여 자살하려는 자를 단순히 돕는 것은 형사법적으로 문제 삼지 않는다.[5] 자살을 도와준다는 것은 자살하

---

5) 이는 독일형법의 경우이고, 한국은 자살관여죄(형법 제252조 제2항)로 처벌한다[역자].

려는 자에게 그 수단을 제공하거나, 그를 가능케 해주고, 또는 좀 더 쉽게 해주는 것을 말한다. 자살은 오직 자살자가 그 마지막 단계를 스스로, 소위 그 현상에 대한 행위지배를 해야만 한다. 타인이 마지막으로 죽음을 야기시키는 행위를 담당한다면, 자살이라고 할 수 없다. 이 경우 독일에서는 예를 들어 형법 제216조를 근거로 형사처벌이 가능할 수도 있다. 단순히 자살을 돕는 것은 독일에서는 원칙상 형사처벌하지 않는다. 왜냐하면 행위의 가벌적인 기여는 제한적 공범 원칙에 따라 고의적이고 위법한 본범의 행위를 전제로 하기 때문이다. 자살은 '다른' 사람에 대한 것이 아니어서 형법 제211조의 의미인 살인이 되지 않는다. 그래서 그 도움을 주는 행위가 가벌적 행위가 되지 못한다. 자살자에 대해 약물을 제공하는 것도 약사법에 위반되지 않는다. 그렇지만 의료인의 입장에서 보면, 자살하는 자에 대한 모든 형태의 도움은 결코 의료행위로 보기 어렵다! 의사는 생명을 구하고 질병을 고치고 설령 고치지 못하는 질병이라도 '자연적인' 죽음이 다가올 때까지 돌보아야 한다. 모든 환사들에게 마찬가지다. '자살 원조'란 의료행위의 근본원칙에 반한다. 의사들은 시행하면 안 되는 행위이다.

VII. 안락사: 의사와 환자는 언제나 동일한가?

생명의 과정은 모든 환자들의 경우 죽음으로 가는 과정 또한 형성한다. 독일에서는 언제나 빈번하게 적극적 안락사에 대한 요구가 제기된다. 우리 사회는 좋은 복지 혜택과 높은 생활수준, 그리고 고연령까지 건강유지 프로그램이 국가에게 의무로 되어 있다. 게다가 의학의 눈에 띄는 성과로 인하여 질병 회복이나 고통의 완화, 또는 새로운 장기에 의한 생명연장의 기대감이 월등하게 높아지고 있다. 질병과 죽음, 사망에 대한 생각과 요구들은 다음과 같이 개념화되어 이해되고

있다:

- 모든 사람은 생존할 수 있으며 생명을 가지고 모든 원하는 것을 펼칠 수 있다.
- 도움의 필요성, 곤궁함, 슬픔, 고통, 그리고 괴로움은 우선 주변인들, 특히 의사들에 의해서 해결되어야 한다.
- 영원히 살 수 없지만 생명의 자연적 한계는 새롭게 계속 연장되고 있다.
- 의학의 대단한 발전에도 불구하고 죽음은 먼 훗날의 일이거나 금기처럼 여겨진다. 다른 측면에서 모든 죽음의 극복은 명확하고 분명히 인간의 전능을 의미한다.
- 21세기에 죽음을 극복하는 것은 인간에게 단지 어려울 뿐이다. 그렇기 때문에 죽음이 다가오지 않도록 하는 노력이 발전되고 있다.
- 인간의 존엄은 삶과 죽음에서 존중되어야 하고 환자들은 수단이 되어서는 안 된다. 의사와 환자의 신뢰가 죽음의 단계까지 유지되어야 한다.

VIII. 자율성과 자기결정

자살과 죽음을 돕는 문제에는 항상 자율성 내지 자기결정권의 개념이 중요하다. 인간의 행위는 자의나 극단적인 권위에 의해서가 아니라 인간의 자유와 이성에 따라 결정되어야 한다(6, 23). 이성 자체에 따라 인정되고 승인되지 않은 어떤 요구도 구속력이 없다. 이성은 스스로에게 구속력을 부여한다. 이러한 자율성은 주관적 자의와 방종과 같은 규범과 다르다. 자율성 개념에서 상호 승인과 판단을 위한 개별 요소들은 상호 연관되어 있다. 자율성은 인간의 이성과 자유만 행위의 척도 기준이라고 보지 않는다. 인간은 홀로 독립적으로 살아갈 수 있는 존재가 아니다. 모든 자유와 자기결정을 생각하기 위하여는 질병과 생명을 위협받는 상황에서 도움을 구할 수 있는 타인의 존재가 전제되어야 한다. 사전의료의향서 정책을 비판하는 입장은 제세동기 장착 환자의 경우에서도 개인으로만 묘사된 환자의 관점에만 있으며, 개별적 사례에서 유사하고 필요한 경험을 한 다른 사람의 예들과 비교해보지 않는다는 것을 지적한다(36). 인간은 홀로 존재하지 않는다. 그렇기 때문에 그는 자신의 생명을 혼자 지배하지 않는다. 왜 적극적 안락사가 인정되지 않으며, 앞으로도 그럴 수 없는가에 대한 결정적인 근거이다. 특히 인간은 죽을 수도 있지만 반면에 그 상황에서 생존할 수 있다는 것, 그리고 결정할 수 있는 인식가능성이 있을 경우와 인식능력이 없어진 경우를 생각해 보면 더 분명해진다. 그래서 자율성은 무언가를 결정할 수 있는 건강한 사람 뿐만 아니라 오히려 병이 들고, 약한 사람 그리고 결정을 할 수 없는 사람들에게도 인정해야 한다. 약한 사람들에게 자율성 개념을 적용하는 시도는 결코 그의 권리를 보호해 주지 못한다.

IX. 죽음에 대한 도움 2016: 어디로 갈 것인가?

적극적 안락사를 요구하는 배경에는 근원적인 고통과 예측불가능하게 길게 지속되거나 의학기술상으로는 해결이 안 될 죽음에 대한 인간적인 공포가 놓여 있다. 제세동기장치 부착 환자에게는 죽음의 과정이 너무 길어지고 감당할 수 없는 고통만이 지속되기만 하는 끔찍하고 고통스런 공포가 존재할 수 있다(39, 41). 환자에게 의미없이 괴롭고 과다한 비용이 드는 의료장치에 의존해서 생존만 시키는 것이 올바른 일인지 확신하기 어렵다. 그러나 적극적 안락사는 절대 안 되고 어떤 환자도 스스로 죽음을 원하지 않는다는 확신이 환자 또는 의사가 생명 연장에 대한 모든 수단을 사용해야 한다는 의미는 아니다. 생명 연장의 의무에도 일정한 한계는 있다. 가정이나 병원에서 완화의료적 조치에 따라 진통제를 처방하는 것은 널리 인정된다. 이는 생명을 종료시키기 위하여 약물을 투여하는 것과 완전히 다른 평가를 받는다(18). 완화의료적 조치는 응급 상황이나 지속적 상황에서 마찬가지로 평가되고, 임종이 가까운 환자뿐 아니라, 이미 심각한 질환으로 고생하지만 임종기에 이르지 않은 환자에 대한 케어에도 적용될 수 있다(18). 완화의료적인 조치로 약물을 투약하는 것은 생명을 조기에 종료시키려는 의도로 볼 수 없다. 이러한 조치가 중환자의 인식과 의사에 따른 요청으로 이루어지더라도 달라지는 것은 없다. 이러한 희망을 명확하게 밝힌 자기결정가능한 환자의 죽음도 역시 법으로는 금지된다는 사실은 분명하다(형법 제216조).

적극적 안락사는 독일에서 승인될 수 없고 형법적으로 금지된다는 것을 형법 제216조가 규정하고 있음에도 불구하고, 자살과 자살원조는 형법상 금지대상이 아니다. 2011년 의료적 임종에 대한 연방의사협회의 원칙에 따르면 환자가 스스로 죽으려는 경우에 의사는 이를 막을 '의료적 의무'가 없다는 점을 밝히고 있다(27). 그런데 독일에는 생의 마감에 대해 의사들이 어떻게 해야 하는가에 대하여 매우 적은 자료들만 있다. 그래서 의료계의 내부에서 이 주제에 대해 신중한 토론을 할 필요성이 분명히 있다(18).

X. 의학적 관점에서의 안락사

환자의 사전의료의향서의 가치는 분명히 존재한다. 환자와 의사간의 긴밀한 의사소통을 가능하게 만들어 준다. 특히 환자가 현실적으로 의사에게 의사를 표현하기 어려운 경우 더욱 그렇다(6). 사전의료의향서의 개념에 대하여 수년간 열정적으로 논쟁이 지속되었다. 입법자는 민법 제1901조a를 통해 환자의 '사전의료의향서'의 법적 개념을 의사결정이 가능한 성인이 자신의 의사무능력을 감안하여 미리 의사를 확정한 서면이라고 규정하고 있다. 게다가 사전의료의향서는 서면으로 환자가 특정한 치료 또는 의료적 조치에 대해 동의하거나 거부할 수 있도록 한다. 그렇지만 누구도 환자의 사전의료의향서를 작성할 것을 강요할 수 없다. 사전의료의향서에선 죽음의 과정에 대해 미리 정할 수 있다. 그래서 사전의료의향서는 관계자와 환자를 돌보는 사람, 담당 의사에게는 매우 큰 도움이 될 수 있다. 여기서 인간적이고 의료적인 도움에 대한 추가적인 이해가 필요하고, 윤리·법적으로 허용된 의료적 죽음의 도움 형식이 무엇인가에 대한 설명이 요구된다. 어떤 사람도 병에 걸렸을 때의 조치에 대해 미리 의사표시로서 모두 결정한 것을 언제나 유효하다고 주장할 수 없다(4, 6). 서류에 표시한 의사는 실제 상황이 시작되는 경우에서의 생각과 같을 수 없다. 이 경우 관련자들의 의사를 추정하는 것이 결정적이다. 환자가 무엇을 원하고 있을까? 보호자들과 지인들 또는 제3자의 의견은 여기서 아무 역할도 할 수 없다. 그렇지만 의사에게는 환자의 사전의료의향서가, 특히 죽음의 경우 매우 큰 의미가 있다. 왜냐하면 이 서류는 윤리적이고 법적인 구성요소를 포함하기 때문이다. 의사들은 계약에 의한 내용을 근거로 '행위한다.' 만일 환자가 의료적인 필요조치에 대해서 침묵한다면 의사의 이를 수행할 권능은 중단된다. 이런 방식으로 민사 또는 형법적인 문제를 회피할 수 있다.

XI. 치유가 불가능한 제세동기 부착 환자: 장치를 끄는 것은 적극적 안락사인가?

이 글의 초반부에 심장의 재활성화를 위한 제세동기장치(ICD)를 장착하고 폐 암 등을 앓고 있는 치유불가능한 환자의 사례를 언급한 바 있다. 이 장치의 차단을 안락사로 볼 것인가는 우선 항상 그렇다고 말하기 어렵다. 많은 문헌들에서 이 문제를 논의하고 있다(2, 7, 20). 우선 제세동기 치료술은 심실세동(VF)을 위한 치료적 조치라는 것을 강조하고 싶다(32. 34). 또한 ICD 장착 환자들은 매일같이 사망한다. 년간 사망률은 11-17% 정도로 알려져 있다(30). 대부분의 환자들은 심장결함으로 사망한다. 그러나 암이나 심장마비 등 다른 사망원인이 복합적으로 나타나기도 한다. 제세동기 이식 환자들에 대한 확실한 진단과 결정은 거의 불가능하다(5, 30). 많은 ICD(또는 CRT-D) 부착 환자들은 생의 마감과 죽음의 과정에서 많은 심장마사지를 받게 되며 고통스러운 마지막 순간을 경험하게 된다. 사망한 ICD 환자들의 복합적인 사망원인들을 보면, 단지 15/55의 환자들(27%)만이 마지막 단계에서 고통스러운 심정지를 경험한다. 반면에 39/55의 환자들(71%)은 심실부정맥과 쇼크를 경험하지 않는다. 어떤 환자들의 경우(2%)는 별로 필요하지 않았던 ICD 교체를 경험하기도 한다(11). 공포와 진지한 고려에도 불구하고 자기결정권은 기본적으로 존중해야 한다. 동시에 환자는 여전히 의료적 조치를 거절할 수 있는 권리가 있다. 환자가 더 이상 효과가 없는 제세동기 치료술을 중단하고 스스로 죽음을 맞이한다면, 원래 원인이 된 질병에 의해 사망하는 것이고 이를 중단한 의사의 행위에 의해 사망하는 것은 아닌 것으로 볼 수 있다(2). 언제나 제세동기 장치를 끄는 것이 소극적 또는 더 나아가 적극적 안락사로 보아야 한다는 설명은 윤리적 관점에서 보면 오해일 수 있다. 여기서는 환자의 의사에 따를 수밖에 없는 치료거부로 보아야 한다.

참고문헌

1. Bosshard G, Broeckaert B, Clark D, Materstvedt LJ, Gordijn B, Müller-Busch HC: A role for doctors in assisted dying? An analysis of legal regulations and medical professionals positions in six European countries. J Med Ethics 2008; 34:28-32.
2. Carlsson J, Paul NW, Dann M, Neuzner J, Pfeiffer D: Deaktivierung von implantierbaren Defibrillatoren: Medizinische, ethische, praktische und juristische Aspekte. Dtsch Ärztebl 2012; 109:535-541.
3. De Michaeli A: Cardiology was born with the modern medical science. Arch Cardiol Mex 2015; 85:150-153.
4. Duttge G, Schander M: Kommentar II zum Fall: "Mutßmaßlicher Widerruf einer Patientenverfügung?" Ethik Med 2010; 22:345-346.
5. Engelfried U: Vorsorgevollmacht und Patientenverfügung: Wollen Arzt und Patient immer das Gleiche? Frankfurter Forum 2014; 10:28-35.
6. Englund R, England T, Coggon J: The ethical and legal implications of deactivating an implantable cardioverter-defibrillator in a patient with terminal cancer. J Med Ethics 2007; 33:538-540.
7. Epstein AE, DiMarco JP, Ellenbogen KA, Estes NA, Freedman RA, Gettes LS: ACC/ AHA/HRS 2008 guidelines for device-based therapy of cardiac rhythm abnormalities. J Am Coll Cardiol 2008; 51:e1-e62.
8. Erdek M: Pain medicine and palliative care as an alternative to euthanasia in end-of-life cancer care. Linacre Q 2015; 82:128-134.
9. Fisher C, Karalapillai DK, Bailey M, Glassford NG, Bellomo R, Jones D: Predicting intensive care and hospital outcome with the Dalhousie Clinical Frailty Scale: a pilot assessment. Anaesth Intensive Care 2015; 43:361-368" !15.
10. Fromme EK, Lugliani Steart T, Jeppesen M, Tolle SW: Adverse experiences with implantable defibrillators in Oregon Hospices. Am Hosp Palliat Care 2011; 28:304-309.

11. Goldenberg I, Moss AJ, McNitt S, Zareba W, Andrews ML: Defibrillator discharge at the time of terminal events in Madit II. HRS annual meeting 2007; AB 14-6. www.ab-stracts2view.com/hrs.php?nu=HRS7L_20075088.
12. Grosse C, Grosse A: Assisted suicide: Models of legal regulation in selected European countries and the law of the European Court of Human Rights. Med Sci Law 2014(ehead of print).
13. Höfling W: Recht auf Sterben, Beihilfe zur Selbsttötung, Tötung auf Verlangen: Was steht im Gesetz? Frankfurter Forum 2014; 10:18-27.
14. http://juris.bundesgerichtshof.de/cgi bin/rechtsprechung/document.py?Gericht=bgh&Art=en&Datum=2010-6&Seite=1&nr=52999&pos=49&anz=313.
15. Monzon Marin JL, Saralegui Reta I, Abizanda I, Campos R: Treatment recommend at the end of the life of the critical patient. Med Intensiva 2008; 32:121-133.
16. Maessen M, Veldink JH, Onwuteaka-Philipsen BD, de Vries JM, Wokke JH, van der Wal G, van den Berg LH: Trends and determinants of end-of-life practices in ALS in the Netherlands. Neurology 2009; 73:954-961.
17. Mueller PS, Swetz KM, Freeman MR, Carter KA, Crowley ME, Severson CJ, Park SJ, Sulmasy DP: Ethical analysis of withdrawing ventricular assist device support. Mayo Clin Proc 2010; 85:791-797.
18. Nauck F, Alt-Epping B, Benze G: Palliativmedizin – Aktueller Stand in Klinik, Forschung und Lehre. Anästhesiol Intensivmed Notfallmed Schmerzther 2015; 50:36-44.
19. Oorschot B, Simon A: Aktive, passive oder indirekte Sterbehilfe? Über subjektive Definitionen und Klassifikationen von Ärzten und Richtern in Entscheidungssituationen am Lebensende. Psychologie & Gesellschaftskritik 2008; 32:39-53.
20. Padeletti L, Arnar DO, Boncinelli L: European Heart Rhythm Association expert consensus statement on the management of cardiovascular electronic devices in patients nearing end of life or

requesting withdrawal of therapy. Europace 2010; 12:1480-1489.

21. Paul NW: Klinische Ethikberatung: Therapieziele, Patientenwille und Entscheidungsprobleme in der modernen Medizin. In: Junginger T, Perneczky A, Vahl CF, Werner C(Hrsg) Grenzsituationen der Intensivmedizin: Entscheidungsgrundlagen. Springer-Verlag, Heidelberg, 2008:19-36.
22. Paul NW: Clinical ethics counseling: therapeutic goals, the patient's will and decisionmaking problems in moderrn medicine. Formosan Journal of Medical Humanities 2010; 11:19-36.
23. Roser T: "Freundschaft mit dem Tod" ist keine Haltung für Angehörige, Ärzte, Pflegende und Seelsorger. Frankfurter Forum 2015; 11:6-11.
24. Sadahiro T, Yamanaka S, Ieda M: Direct cardiac reprogramming: progress and challenges in basic biology and clinical applications. Circ Res 2015; 116:1378-1391.
25. Sahm S: Selbstbestimmung am Lebensende im Spannungsfeld zwischen Medizin, Ethik und Recht. Etik Med 2004; 16:133-147.
26. Sahm S: Der Streit um den guten Tod. In: Diehl V(Hrsg) Medizin an der Schwelle zum einundzwanzigsten Jahrhundert. Verlag Urban & Schwarzenberg 1999:57-66.
27. Schildmann J, Dahmen B, Vollmann J: End-of-life practices of physicians in Germany. Dtsch Med WSchr 2015; 140:e1-6.
28. Schuster J: Selbstbestimmt leben, in Würde sterben. Die Bedeutung existentieller und spiritueller Fragen in der Sterbebegleitung. Frankfurter Forum 2014; 10: 10-17.
29. Sherazi S, Daubert JP, Block RE: Physician's preferences and attitudes about end-of-life care in patients with an implantable cardioverter-defibrillator. Mayo Clin Proc 2008; 83:1139-1141.
30. Thibodeau JB, Pillarisetti J, Khumri TM, Jones PG, Main ML: Mortality rates and clinical predictors of reduced serviva after cardioverter defibrillator implantation. Am J Cardiol 2008; 101:861-864.

31. Trappe HJ, Gaber W: Stellenwert automatisierter externer Defibrillatoren 2014: Was haben wir erreicht, was nicht? Intensiv- und Notfallbehandlung 2014; 39:109-120.
32. Trappe HJ: Rhythmusstörungen bei Intensivpatienten: Was tun? Medizinische Klinik - Intensivmedizin und Notfallmedizin 2012; 107: 350-355.
33. Trappe HJ: Dreißig Jahre Defibrillatortherapie in Deutschland(1984-2014). Kardiologe 2014; 8:125-137.
34. Treczak S: Der Palliativpatient als Notfallpatient. Med Klin Intensivmed Notfallmed 2015; 110:278-286.
35. Van Bruchem-van de Scheur GG, van der Ared AJ, Spreeuwenberg C, Abu-Saad HH, ter Meulen RH: Euthanasia and physician-assisted suicide in the Dutch homecare sector: the role of the district nurse. J Adv Nurs 2007; 58:44-52.
36. Walzik E: Ergebnisse einer repräsentativen Befragung zur Sterbehilfe: Geringes Wissen in der Bevölkerung. Frankfurter Forum 2015; 11:30-35.
37. Westerdahl AK, Sutton R, Frykman V: Defibrillator patients should not be denied a pieceful death. Int J Cardiol 2015; 82:440-446.
38. Wiese CHR, Vagts DA, Kampa U: Palliativpatienten und Patienten am Lebensende in Notfallsituationen. Anaesthesist 2011; 60:161-171.
39. Wu EB: The ethics of implantable devices. J Med Ethics 2007; 33:532-533.
40. Ypma TD, Hoekstra HL: Assessment of euthanasia request by SCEN physicians. Ned Tijdschr Geneeskd 2015; 159:A8135.
41. Zellner RA, Aulisio MP, Lewis WR: Should implantable cardioverter-defibrillators and permanent pacemakers in patients with terminal illness be deactivated? Deactivating permanent pacemakers in patients with terminal illness. Patients asutonomy is paramount. Circ Arrhythmia Electrophysiol 2009; 2:340-344.

참고자료

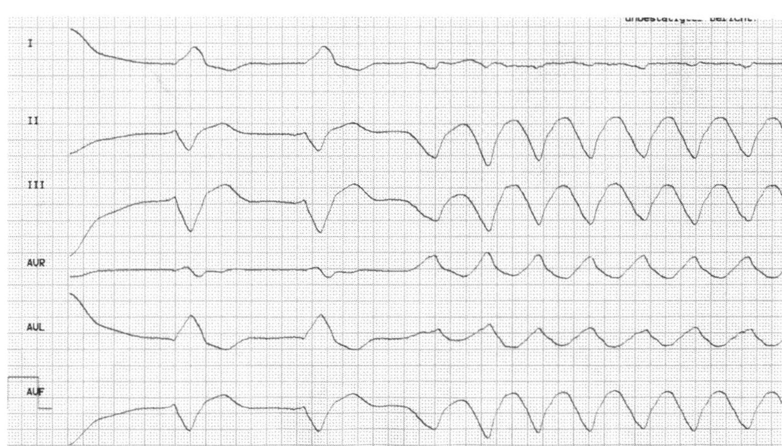

그림 1a: 환자에게 부탁된 ICD가 표시하는 EKG 반응. 우리는 이 환자에게서 ICD를 제거하면 곧 사망할 수 있다는 심각한 정맥류 빈맥(199/m)이 발견했다.

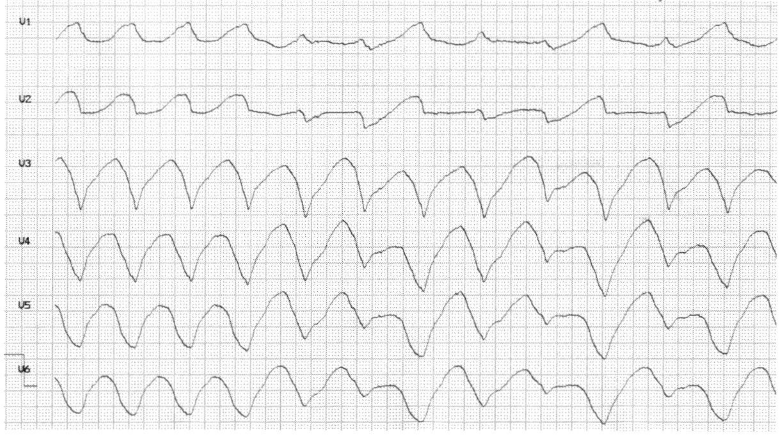

그림 1b: 자동 ICD 부착 환자(그림 1a와 동일 환자)의 V1에서 V6까지 흉부 EKG 반응. 우리는 이 환자에게서 ICD를 제거하면 곧 사망할 수 있다는 심각한 정맥류 빈맥

(199/m)이 마찬가지로 확인된다.

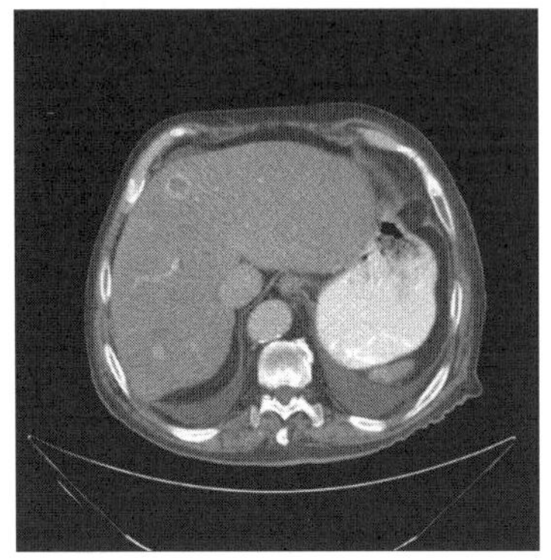

그림 2: 복부 CT에서 나타난 초기 암종의 모습. 간의 일부에도 전이가 되었음을 확인할 수 있다.

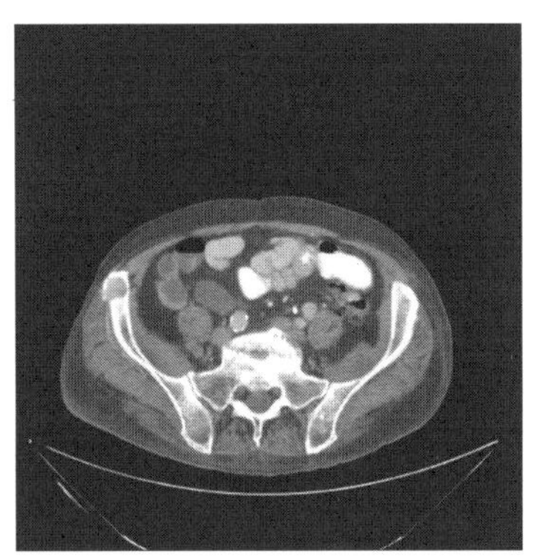

그림 3: 복부 CT에서 나타난 초기 암종의 모습. 우측 돌창자 끝부분 골간 일부에 전이되었음을 확인할 수 있다.

죽는 것의 제도화
호스피스와 완화적 돌봄의 사회학적 고찰

스테판 드레스케

I. 죽는 것과 죽음의 사회학적 의미

1. 통과의례로서의 죽는 것[1)]

사람이 죽으면 존재가 없어진다. 그의 기능과 지위, 역할은 보상되거나 대체된다. 사회적 관계는 언제나 새롭게 조직되고 그때그때 맞춰서 새롭게 재편된다. 그런데 죽음이란 생명의 중요한 기관의 해체 내지 회복할 수 없는 기능상실만은 아니다. 그리고 개별적 인간이 죽는 것은 —생물학에서 정의하듯이— 사망에 이르는 육체적인 와해과정으로만 볼 수 없다. 삶의 일부분으로 죽음은 사회-역사적인 조건에 포함되고 삶으로부터 죽음까지의 여정으로 사회적 과정에 투사된다. 이러한 과정을 통해서 사회적 관계는 종료되고, 또한 죽은 사람의 사회적 역할과 지위도 다른 사람으로 대체된다. 죽은 사람이나 그가 속한 공동체가 유명하면 할수록 그의 사회적 역할에 대해 재구성하려는

---

1) 드레스케(Dreßke) 교수는 'Sterben'과 'Tod'를 구분하여 기술하고 있다. 여기서는 번역을 Sterben은 '죽는 것'의 의미에서 상태의 변화를 중심으로 하고, Tod는 '죽음'으로 번역하여 사망한 상태 자체를 중심으로 하는 것으로 번역한다. 다만 문맥상 필요가 있을 때는 두 가지를 구분 없이 사용토록 한다.[역자]

노력이 커진다. 죽음은 또한 새로운 사람의 필요성과 사회적 승계를 통해서 사회적 변화를 가져온다. 그래서 죽는 것과 죽음은 사회적 절차로 규정되고, 조절되며, 구성된다. 그 절차 안에서 불확실함은 최소화하고 기대가능성을 높여서 사회적 변화와 변동이 발생할 수 있도록 한다. 죽는 것과 죽음이 사회적 현상으로 표현되는 영역은 대체로 법적 규정들과 국가적인, 특히 사회복지국가적 조치들, 가족과 공동체의 이별과 슬픔을 배려하는 제식, 그리고 의학적이고 간병을 위한 제도들 내지 매스미디어의 보도 안에서이다. 사회학, 정확하게는 죽음의 사회학(Thanatosoziologie)은 죽는 것과 죽음을 대상으로 하는 행위와 죽는 것과 죽음의 사회적 의미, 그리고 그 규범적인 의미를 사회학적으로 분석한다. 이러한 작업은 질병으로 죽어가는 것과 외부적 폭력으로 죽는 것, 그리고 환경재앙, 기술적인 사고, 전쟁에서 죽는 것과 살해와 자살을 통해 죽는 것을 세분화한다. 죽는 것과 죽음에는 명확한 것이 없다. 단지 관련 행위자들의 이해관계에 따라서 서로 갈등하는 타협과정으로 조직화되어 간다.

죽음과 죽는 것은 원하지 않지만 동시에 피할 수도 없다. 그래서 사회적 현상으로서 죽는다는 것은 사회적 조정과 해석을 다양하고 상호 모순적으로 만든다(Feldmann 1990, Glaser/Strauss 1968, Seale 1998). 죽음을 원하지 않는다는 것은 적어도 자기가 스스로 어쩔 수 없는 죽음을 피하더라도 결국 죽는다는 것인데, 이를 통해 살아 있는 동안 생명을 최고의 가치로 평가하게 만든다. 죽지 않으려고 하는 것은 의료의 본질적인 목적이 된다. 마찬가지로 죽음에 대한 투쟁과 생명을 구하기 위한 모든 조치와 위험통제 역시 중요한 의미를 가진다. 그러나 모든 사람의 예외없는 죽음은 이러한 투쟁이 부질없다는 것을 말해준다. 그래서 결국 이 생각을 완화시켜야만 한다. 죽음의 시점은 가능하면 신속하게 지나가야 한다. 죽음의 과정은 고통스럽고 어쩔 수 없다. 이를 심리적으로 조절하고자 하는 필요성 때문에 죽음을 '자유로워지는 것'이나 '형벌', '불법' 등과 같은 개념으로 해석하고 있다. 사회구성원의 임종은 슬픈 장례식을 통해서 남은 자들 서로의 연대감을 확인하고 다시 사회적 네트워크의 공백을 메우게 된다. 죽음 전후의 과정에서 분리된 사회적 관계는 다시 연결된다. 죽은 사람 또는 죽어가는 사람의 역할은 누군가로 대체되고 다시 회복된다.

2. 죽는 것의 역사

죽음을 회피하고자 하는 것과 죽음을 미리 예방하는 것의 긴장관계, 원하지 않는 것과 피할 수 없는 것 간의 긴장관계는 역사적으로 변화되고 있다. 아리에스(Ariès 1976)는 유럽의 죽음에 관하여 자세히 연구한 바 있다. 19세기까지 지배적인 생각은 죽음은 피할 수 없고 운명적이다. 어떤 시점에 그리고 모든 시기에 발생될 수 있는 죽음에 늘 준비해야 한다. 죽는 자를 위한 행위가 준비되어야 하고 따뜻한 위로의 말이 제공되고, 모두가 다른 세상으로 갈 준비를 해야 한다. 죽는 것은 일상적인 현상이다. 공개적이고 사회적인 삶에서 발생한다. 죽음을 믿는 것은 사회적-자연적 질서를 신앙을 근거로 승인하기 때문은 아니다. 그보다는 죽음은 일상적이고 예기치 못하게 일어날 수 있기 때문에 늘 준비해야 하는 일이다. 18, 19세기에는 점차 죽음에 대한 문화가 보편화되기 시작한다. 남겨진 사람에게 죽은 사람의 인생이 이전되는 상속유언의 의미로 축소되고 죽어가는 사람에게는 점차 자신의 죽음을 어쩔 수 없는 것으로 받아들이게 된다. 사랑과 신뢰라는 낭만적인 이념은 중요한 가족구성원의 손실을 받아들이는 가족들의 감정적인 추도식과 장례식으로 집약된다. 상징적으로 도시와 부락의 공동묘지가 공동체의 생활영역 외곽에 설치되는 것으로 삶과 죽음의 구분이 분명해진다.

20세기가 되면서 죽는 것은 점차 통제되기 시작한다. 이제 죽음은 점차 나이가 많은 사람들에게 발생되는 사건으로 이해된다. 젊은 시기에 죽는 것은 사회적으로 덜 발생된다. 그래서 일찍 죽는 것에 대한 사회적 의미해석이 필요하지 않게 되었다. 또한 대중들 생각도 젊은 사람의 죽음은 피해야 하는 것으로, 그리고 젊은이가 죽더라도 스캔들이나 사고와 같은 것 때문에 일찍 생을 마친 것으로 여기게 되었다. 20세기가 되면서 임종은 점차 병원에서 이루어진다. 이전의 사적인 죽음은 이러한 현상에 통합되어 제도화된다. 죽음이 가족을 넘어서 공동체에게 영향을 미치는 경우 더욱 그렇다. 죽는 사람은 공적인 영역에서 격리되기 때문이다. 죽음은 죽어가는 사람에게 비밀이고, 죽는 것의 제도적 과정에서 오는 감정과 교란은 최소화되며, 반복되는 일상에서는 실제로 더 이상 죽음을 생각하지 않게 된다. 죽음은 하나의 과정이 아니라 생명의 끝이다(Elias 1982). 역사적으로 가장 중요한 죽음에 대한 인식의 변화는 아이의 죽음에서 나온다. 아이의 죽음은 오늘날 가장 격한 감정의 대상이다. 반면에 나이가 많아서 죽는 것은 기대된 일상적인 규범이다. 그럼에도 불구하고 (또는 아마도 그것 때문에) 죽음에 가까운 나이가 되어도 죽음을 —19세기 유행한 사망부(ars moriendi) 같은 형태로조차— 사회화하지 않는다. 육체적으로 힘든 경우조차 바로 죽음을 연상하지 않는다.

3. 죽음 방식의 변화

죽음에 대한 생각은 인구 변화 이전에 변화되어야 한다. 즉, 질병률과 사망률이 변하기 때문에 그에 따라 사회 구조가 변화되는 것이다(Dinkel 1994). 20세기 초반까지 높은 치사율의 감염에 의한 사망률은 18세기, 19세기 산업화와 도시화, 그리고 의료제도의 영향으로 둔화되었다. 무엇보다도 영유아와 아동의 치사율이 높게 나타나는데 그 이유는 당시의 함께 높아진 출생률과 관련된다. 반면에 성인 사망률도 이와 유사하게 높았다. 19세기 말부터 20세기 중반까지 만성퇴행성 질환에 의한 사망원인은 연령이 높은 인구군과 관련되기 시작한다. 출생 당시의 기대수명은 출산율의 감소와 관련하여서도 높아졌다. 기대수명은 20세기 말 매우 많은 나이까지 올라갔다. 이러한 현상에 따라 고령 인구는 저연령 인구에 비해 상대적으로 증가하였고(인구학적인 고령연령에서), 노년 사망은 정상적인 사태로 여겨지게 된다.

2013년 독일에서는 893,825명(전체 인구 8천백만 명 중)이 사망했고, 그중 754,309명(전체 사망자의 84.4%)은 65세 이상이며 602,580명(전체 사망자 중 67.4%)이 75세 이상의 연령이었다[연방통계청(Statistisches Bundesamt) 2014a]. 당시 중년층에서는 아동기에 부모의 죽음을 경험한 사람들이 많았다. 연구대상자 중 46%는 주변에서 함께 지내던 사람의 사망을 경험해 본 적이 없다고 했으며, 특히 18-30세의 경우는 71%가 주변인의 사망을 경험하지 못했다(Hahn/Hoffmann 2007).

죽음은 대체로 만성적이고 퇴행적인 질병이 원인인 것으로 집중되고 있다. 두 가지의 중요 사망원인은 순환기질환과 당뇨합병증이다. 전자의 경우는 2013년 354,493명(전체에서 39.7%)이 이와 관련하여 사망했고, 후자의 경우 같은 해 사망자 중 230,840명(25.8%)이 해당한다(연방통계청 2014a). 심각한 합병증에 따른 질환의 경우 병원에서 치료를 받는 경우가 많은데 2013년 독일 내에서는 417,290명이 이에 해당한다(전체 사망자의 46.7%, 연방통계청 2014b). 이러한 비율을 보면 지난 15년간 이전의 가족들에 의해 전적으로 이루어지던 간병과 간호가 노인요양시설과 노인보호시설로 상당히 이전되었다는 것을 볼 수 있다(Schneekloth 2006). 분석에 따르면, 요양 및 보호시설에서 20% 내지 30%가 사망하는 것으로 나타난다. 비슷한 비율의 사망자들은 자택에서 운명한다(Bickel 1998). 시설 내의 여성거주자 68%의 연령은 80대이며 평균 연령은 82세이다. 연령이 높아지면서 요양보호소에 들어가는 비율도 높아진다. 그래서 79세 이상의 14%의 연령그룹은 이와 같은 시설에서 생활한다(Schneekloth 2006).

1950년대 이후로 공식적 내지 사회과학적으로 죽는 것과 죽음에 대해서 논의하는 것은 매우 제한적이고 거의 금기로 여겨졌다. 사실 오늘날 현대 사회에서 죽는 것은 모든 사람에게 직접적인 일상사는 아니다. 이제 죽음이란 현상은 사회적인 세분화된 절차에 따라 논의되어야 한다. 죽음과 같이 복잡한 문제들을 그에 적합하게 전문화된 조직에 위임하고, 인구학과 역학적인 관점들을 감안하여 처리하는 것이 필요하다.

II. 호스피스와 완화적 돌봄

1. 병원에서의 죽는 것에 대한 비판

그동안 의학은 죽음에 대해 전적인 권한을 가진 분야가 되었다. 의학은 육체적인 기능저하를 막기 위해 모든 수단을 동원하여 투쟁한다. 의사들 관점에서 죽음은 질병과의 투쟁에서 패배하는 것이다(Glaser/Strauss 1974, Streckeisen 2001, Sudnow 1973). 공동체 내에서 죽음과의 투쟁과 죽어가는 사람의 구출은 병원, 의료적인 기관에서만 이루어진다. 이 역할을 다른 기관에서는 할 수 없다. 병원들은 환자의 간호와 치료는 동의하지만 죽어 가는 사람의 간병만 하는 것은 구조적인 이유로 반대한다. 죽음은 '더 이상 아무것도 해줄 수가 없을 때' 예견된다. 이처럼 무기력한 상황에서 사람들과 환자들에게 할 수 있는 일이란 육체적 고통을 덜어 주는 것뿐이다. 고통과 진통제가 투여되고 더 나은 지식에 반하여 간호를 위한 수단만이 제공된다. 분명히 마지막 희망과 통증을 완화시키는 모든 수단이 동원될 것이다. 이러한 상황은 분명히 1960년대의 연구에서 나타나지만 독일 병원에서 제공되는 정상적인 간병절차에서도 최근까지 발견된다(George et al. 2013, Dreßke 2008, Göckenjan/Dreßke 2002).

1980년대 독일에서는 영국 제도를 따라 죽음을 좀 더 편하게 하는 운동이 전개되었다. 그리고 죽음에 특화된 호스피스 제도가 도입된다. 여러 제도들 중에서 호스피스는 완전히 새로운 제도이다. 호스피스는 1967년 런던에서 처음 시작되었다. 독일의 첫번째 호스피스는 1986년 아헨(Aachen)에서 생겼다. 지난 15년에서 20년까지 이 제도는 '좋은 죽음'을 위한 보건의료제도로 받아들여졌다. 그러나 호스피스는 비록 무엇을 하고 있는지 분명하기는 하지만 단순하게 설명할 수 있는 제도는 아니다. 결국 ―기능적으로 보아서― 죽음을 관리하는 제도로 볼 수 있다. 호스피스는 '명확한' 제도로서 설명할 필요가 있다. 서양 사회에서는 어느 정도 활동적이고 건강한 자는 죽음과 무관한 삶을 산다. 죽는 것은 사회적 삶에서 예외이다. 모든 사람들의 생각은 더 오래 그리고 건강하게 사는 것을 목표로 한다. 죽음은 회피할 수 없기 때문에 최대한 미룰 수밖에 없다. 문제는 죽음을 야기하는 적극적 행위이다. 죽는 과정에 어떤 노력을 하는 것은 항상 죽음을 유발시킬 위험성이 있다. 그렇기 때문에 이런 일을 하는 조직은 죽는 사람을 위한 조치가 죽음을 유발시킨다는 의심을 없애는 노력을 해야 한다.

언제나 호스피스는 좋은 죽음이라는 이념을 유지하고 일반인의 생각에서는 좋은 평가를 받고 있다고 보인다. 호스피스는 보건의료제도에서 시도하기 어려운 조치들을 발전시켜서 이념과 그 형상에 따라 의학적인 특별영역, 즉 완화의료로 나타난다. 죽는 자들을 도와주는 호스피스 케어는 1960년대 병원에서 사망하는 것에 대한 비판 ―의학적 비판의 측면에서(Illich 1977)― 유래된 것이다. 그 비판에는 '죽음의 고통'(Elias 1982)이 더 강화되고 불필요한 연명의료 내지 치료가 죽음의 마지막 단계까지 투여되는 것을 포함한다. 수없이 많은 진통제들이 처방된다. 여기서는 부실치료와 과잉투약이 문제되기도 한다. 직접적인 임종 단계에서는 죽음에 이르게 되는 진통제 투약마저 동원된다. 그리고 임종은 대체로 의식불명 상태에서 맞이한다. 비판은 개별적인 의료절차에 있는 것이 아니라 그 실존적인 영역에 대한 것이다. 요구는 단순하다. 죽는 사람에게는 인간성과 존엄성을 부여해 주고, 죽는 사람의 인격과 그의 의지는 반드시 존중되어야 한다.

2. 호스피스 이념

이러한 비판은 의학이 독점하고 있던 죽음을 개선하자는 생각에서 제안된 해결책을 제시한다. 1970년대 북미와 1980년대 독일에서 엘리자베스 퀴블러-로스(1969)의 죽음의 심리적 의미 연구가 주목받았다. 죽는 것은 장기의 기능정지와 같은 육체적인 끝이 아니라 죽는 사람의 감정과 관계되는 인격적 성숙과정이다. 죽는 사람의 성숙은 갈등에서 해방되어 생의 마지막을 경험하며, 자기의 인생을 의미있게 돌아보고, 다른 사람과 이별을 고하고, 평화롭게 자신의 죽음을 스스로 받아들이고, 눈을 감을 수 있을 때 ―죽음에 대한 투쟁에서 벗어나― 최종적으로 달성된다. 죽음이 성숙함이라는 생각은 생명사상을 통해 죽음의 공포감을 대체한다는 측면에서 반향을 불러왔다. 죽음으로의 과정에 대한 새로운 모토는 이제 더 나은 죽음 운동을 주도했던 시실리 샌더스의 유명한 말 "모든 것을 다 이룬 삶"(Leben bis zuletzt)으로 표현된다(Saunders/Baines 1983).

1960년대부터 형성된 더 나은 죽음이론의 방향은 우선 비제도적이고 비전문적이다. 의학과 병원의 현실은 성숙과정과 '다 이룬 삶'을 방해한다. 집에서 편하게 임종을 맞이한다는 생각이 현실화되어야 했다. 1980년대 새로운 생각은 독일에서도 죽음을 준비하는 시민사회운동을 촉발시켰다. 보통 신학자들의 주도로 시작된 중소 도시들의 호스피스 활동은 제도적으로 정착되기 시작한다. 제도적 호스피스의 목적은 자원봉사 회원들의 참여와 좋은 죽음과 같은 시민활동으로 나타났다. 원래 시설이 아닌 집에서 죽음을 맞이한다는 취지의 운동이 새로운 제도로 정착되기 시작했다. 그냥 죽음을 위한 제도가 되었다! 결국 죽음의 방식에 대한 비판은 다시 제도화되고 직업적으로 형성된 새로운 해결방식을 제시하고 있다.

그러나 정치권과 병원들, 그리고 복지기관들은 이를 거부하기도 했다. 독일 주교단 위원회는 연방 아동 가족 건강부의 요구에 따른 자문(Seitz/Seitz 2002: 293 이하)에서 1970년대와 1980년대 은밀한 '죽음의 시설'(Sterbeghetto)과 '안락사로 가는 절차'에서 나타난 현상이 '임종의료시설'(Sterbeklinik)에서도 나타난다고 지적한다. 그럼에도 불구하고 새로운 호스피스 유형이 실현되고 보건의료정책이 그에 따라 변화되었다는 사실은 생명에 관한 사상이 변화된 것을 말해준다. 새로운 생명사상은 적극적인 안락사와 죽는 사람을 소외시킨다는 우려에서 벗어나 있다. 호스피스는 최소한의 수준에서 제도화될 수 있는 비병원적 대안을 발전시켰다. 호스피스는 후원금으로 유지되었고, 2000년 초반부터는 사회보험 체계에서 제외되었다. 호스피스는 보편 의료제도로 확대되지는 못했다. 보통은 4-5개의 병상을 가진 시설에서 출발하여 가정집이나 교회의 일부 시설을 이용하여 운영되며, 현재 10-16 병상의 시설 정도의 수준이다.

호스피스는 병원에서 죽는 것에 대한 문제점 지적을 제도적으로 해결코자 시작한 것이다. 호스피스는 의료행위를 최소화하고 지금까지의 시설내 죽음의 과정에서 의료의 일부를 생략하는 것이다. 다른 수단을 통해 대체된다. 일부 의사들은 비판을 긍정적으로 받아들여서 병원 안에 호스피스를 도입시켜 소규모로 완화의료를 시도하기도 했다. 우선 1980년대와 90년대 호스피스는 일반적인 질병간호와 다른 새로운 모델로 시도되기도 했다[연방보건부(Bundesministerium für Gesundheit) 1997]. 이러한 현실적인 노력에서 호스피스는 간호체계로 통합되었다. 수사학적으로 호스피스 사상으로 인하여 초기 형태의 완화의료도 좋은 죽음이라는 관념과 부합될 수 있었다. 그동안 호스피스는 좋은 죽음을 이끄는 등대와 같은 역할뿐 아니라 점차 확대되는 완화의료를 의학에서 주도적인 것으로 만드는 데 기여를 하기도 했다.

2014년 독일 호스피스와 완화적 돌봄 연맹의 수는 214개로 성인들에 대한 호스피스 시설은 2,140 병상으로 늘었고, 그 기간 동안 3만 명 정도의 환자들에게 적용되었다. 게다가 14개의 아동과 청소년, 그리고 나이가 많지 않는 젊은 환자들을 위한 14개의 호스피스 시설이 새로 생겨났고 여기서 근무하는 직원도 1,500명에 달한다. 2013년까지 8,200명의 의료인이 완화의료를 위한 교육을 이수하였으며 10만 명이 넘는 인원이 자원봉사, 시민참여, 그리고 정식 공적 근무로 간호와 간병업무를 하고 있다. 더 나아가 270개가 넘는 전문 완화의료(SAPV) 팀(http://www.dhpv.de/service_hintergruende.html, 2015년 5월 22일 정보)이 현재 활동 중이다. 독일 완화의료협회는 2014년 306개 기관으로 늘어났다(https://www.dgpalliativmedizin.de/images/stories/Entwicklung_Palliativ_und_Hospiz_station%C3%A4r_1996-2014.JPG 2015년 5월 22일 정보). 호스피스와 완화의료는 이동형과 시설형으로 제공되고 있다. 그러나 죽는 사람의 10%(대략 8만 명 이상) 정도가 특별한 완화의료를 필요로 한다고 할 때 관련 인원은 여전히 부족하다고 말할 수 있다.

3. 의미론적인 갈등

호스피스를 도입하는 것이 죽음의 과정을 조직화하는 것이라는 비판에 대한 논의를 다음과 같이 요약할 수 있다. 1970년대와 1980년대에서 형성된 호스피스에 대한 노력은 죽어가는 사람에 대한 간병방식을 개선해야 한다는 것 −이에 대해서는 누구나 동의하지만− 에만 국한되지 않는다. 문제는 새로운 간병형식의 평가에 달려 있다.

(1) '임종의료'에서 우선 '호스피스 케어'로 명칭이 바뀌어 죽는다는 것을 그 표현에서 생략하였다. 수사학적으로 여전히 죽는 것은 제도화하지 않겠다는 의지를 보여준다. 이런 이유로 결국 호스피스 시설은 언제나 일상적인 자원봉사 단체에서 비롯되고 조직화되고 있다.

(2) '마지막 단계의 배려'에서도 현실적으로 기본적인 간병을 제공한다. 의사는 점차 의료적 행위를 줄이고 환자와 의사소통을 통해 완전히 그 조치를 중단한다. 포괄적인 '완화조치'는 그에 반하여 환자의 요구에 따라 완화적 조치, 즉 통증완화 조치만을 시도하는 것이다. 이러한 조치들은 의료영역에서 1970년대까지는 그다지 환영받지 못했다. 왜냐하면 치료 패러다임에 따를 때 환자에게 완치될 수 있다는 희망을 포기시키기 때문이다. 호스피스는 삶의 질을 감안하여 통증완화를 긍정적으로 보는 것이다.

(3) 통증의 감소는 특히 고통과의 투쟁을 위한 것이다. 고통은 전통적인 의료에서 환자가 완치를 위하여 감내해야 하는 것인데 죽음의 단계에서는 그 자체가 치료로 간주될 수 있다.

(4) 잘못된 간호와 의료적인 무책임에 대한 투쟁개념으로서 완화요법은 환자들의 마지막 상태까지 의식을 갖추고 싶다는 희망과 고통에서 해방되고 싶다는 요구 사이의 균형을 맞추려는 현실적 방안이다. 그 극단적인 통증완화 조치는 안락사라는 관점에서 볼 때 죽음을 도와주는 것으로 보일 수도 있다. 견딜 수 없는 고통이 있을 때 통증이나 호흡곤란을 돕기 위한 마지막 수단이 제공된다. 여기서는 원하지 않은, 그러나 생명을 단축시키는 조치가 결국 고통감소와 관련될 수밖에 없다.

(5) 정말 중요한 것은 호스피스 케어가 의료진과 교회, 그리고 복지단체들이 원하던 적극적 안락사를 포기시키는 것을 호스피스 운동으로 실현시킬 수 있는가이다. 호스피스 케어는 마지막 단계에서 죽는 사람의 곁을 지키고 도와주며 간병하는 것이지만 절대로 죽음을 야기시키는 것은 아니다.

기존의 문제가 많았던 현실과 그 지속을 변화시킴으로써 호스피스는 지난 10여 년간 새로운 간병제도로서 1990년대부터 다른 대안적 간병제도가 있었음에도 불구하고 제도화되었다. 호스피스와 완화의료는 만일 치료노력이 더 이상 효과적이지 않을 때, '더 이상 아무것도 할 수 없을 때' 대안적으로 시도된다. 의사와 간호진이 더 이상 은밀한 영역에서 이를 노력하지 않게 하기 위해 분명한 개념과 승인된 규정들, 특히 통증을 완화시키기 위해 규정들이 마련되어야 한다. 특별히 죽는 사람들을 돌보는 것은 복잡하지 않아야 하고 병원들이 치료에 집중할 수 있도록 여기서 해방시켜 주어야 한다.

III. 좋은 죽음의 돌봄 현실

1. 죽는 과정의 연구

호스피스도 다른 사회적인 제도와 마찬가지로 엄밀하게 분석해야 한다. 우리가 생각해 볼 사항은 바로 죽음 개념이다. 간병인과 의료진에게 공동으로 적용될 죽음 개념은 죽음에 이르기까지 보호하고 돌보며 간호하기 위한 수단과 기술을 동원하여 목적을 충족시키기 위해 필요하다. 호스피스 환자는 죽음을 앞둔 사람으로 그에 맞게 존중되어야 한다. 이미 환자를 담당하는 기관들은 이를 받아들여야 한다. 환자들은 호스피스 기관의 일상화된 조치와 요구사항이 제시하는 조건에 익숙해져야 한다. 호스피스에는 대상을 다른 환자나 간병이 필요한 사람과 약간 다르게 평가하는 독자적인 인식이 필요하다. 죽어가는 사람의 도덕적 지위는 그의 인격에서 비롯된 동일성과 역할지위에 의해 작용하는 상호성을 감안하여 결정한다. 죽어가는 사람은 그에 맞는 간호와 의료를 집중적으로 받는 것이다. 죽음은 비가역적인 육체적인 쇠락으로 평가되므로 인격의 정체성으로부터 격리되는 것은 육체로부터의 격리와 같은 것으로 파악된다. 그에 따라 좋은 죽음은 육체적인 상태를 감안하여 결정되어야 한다.

아래에서는 호스피스 케어의 현실에 대한 사회학적인 평가 연구를 소개한다(Dreßke 2005). 연구는 호스피스 케어를 두 그룹의 참여자들을 통해 14 내지 16 병상 시설에서 2주간 관찰하였다. 두 호스피스 시설 모두 주로 담당하는 인원들은 간호인력과 자원봉사나 시민단체, 그리고 견습생과 같은 자발적 참여자들이었다. 의료진은 완화의료 과정을 특별히 이수한 의사들에 의해서 제공되었다. 대부분 환자들의 케어 기간은 2주 미만이고 몇 명의 환자들은 운명하기 전 2개월 이상 시설에 체류하는 경우도 있었다. 관찰기간 동안 단지 4명의 환자만이 집으로 퇴원했다. 시설의 운영주체(한 호스피스 기관은 교회에서 운영되었고, 다른 기관은 독립적인 시설로 종교적인 시설이 아니었다)는 케어 과정의 구성을 위하여는 별다른 역할을 하지 못했다. 중요한 것은 오히려 호스피스 이념에 따른 케어방식을 참여자들이 준수하는가였다. 6개의 추가적인 호스피스 시설에 대한 활동과 케어에 대한 인터뷰에서 호스피스 케어의 의사소통과 의료적 조치들이 점차 유사해진다는 인상을 받았다. 다른 조사연구들은 세 개의 병원에서 시행되는 일상적 호스피스 케어와 네 개의 완화의료시설을 조사하여 전체 호스피스 연구결과를 통합하였다. 자료들 분석을 통해 파악된 것은 환자들이 호스피스 시설 체류기간 동안 관계자들과 환자들 간에 인간적인 상호작용이 중요했다는 점이다. 간병인과 의사가 어떻게 좋은 죽음을 유도할 것인가를 고민할수록 환자들은 그에 대해 더 만족감을 느낄 수 있었다.

2. 새로운 적용문화

호스피스에서는 좋은 육체적 상태 관리가 환자들에게 긍정적인 기분과 상태를 만든다는 생각이 지배적이다. 목욕, 피부관리, 마사지와 같은 것은 위생과 피부에 좋다는 관점에서뿐만 아니라, 환자의 안정적인 마음유지를 위해서도 중요하다. 친밀함과 감정적인 편안함에 있는 것은 환자의 상태를 유지하고 그에 따라 맞추어진다. 간병은 대화에 따라 제공되고 환자의 기분이나 상태, 느낌에 대해서 케어하는 사람들과 지속적으로 의사소통이 이루어진다. 그래서 무엇보다도 일상적으로 작은 일들이 배려 대상이다. 좋은 음식과 두발관리 또는 흡연 등이다. 의사소통의 필요성은 환자의 삶의 경험과 현재 상태를 감안하여 판단하게 된다(Eschenbruch 2007). 이상적인 경우란 그의 죽음 이후에도 그의 인격으로의 정체성이 유지되도록 대화하고, 그가 생을 떠난 후 그가 좋은 삶을 살았다고 믿을 수 있도록 그에게 신뢰감을 주는 것이다. 간병인과 환자들의 여건은 '구조적으로 친밀함'을 함께 느낄 수 있어야 한다. 간병은 인격적인 것이어야 한다(Pfeffer 2005: 181). 이러한 상호적 친밀함은 보통 병원에서 제공되기 어렵다. 육체적 상태는 언제나 그 의사소통에서 중심을 이룬다. 왜냐하면 건강 악화와 그에 맞게 진행되는 간병은 죽음이 임박하면서 더욱 중요하게 된다. 간병을 통해 환자가 그의 마음과 건강 상태에 '적응'될 수 있는 '안정감'(Identitätskorsett)이 제공된다. 죽음이 점차 다가 오면 이전의 모습을 유지하는 것이 불가능해지지만 이를 적극적으로 포기시키지 않는다. 육체적 편안함에 대한 희망과 욕구 수준은 무엇 보다도 환자가 점차 약해지고 더 이상 스스로 원할 수조차 없는 경우에 더욱 중요해진다.

3. 평화로운 죽음 — 사례연구

예를 들면 죽음의 과정은 어떤 특성이 있다. 이를 통해 죽음은 준비되고, 그에 따라 이러한 특성들을 감안하여 더 나은 죽음을 생각할 수 있게 만든다. 슈만 씨는 63세이며 호흡기에 암이 발생했다.[2] 그는 보조성음기(Sprechkanüle)를 통해서만 겨우 의사소통할 수가 있었다. 그는 두 달간 호스피스에 머물고 있었으며 그의 상태는 점점 나빠졌다. 그는 병상에 누워서 체액주사를 통해 영양제와 수액을 공급받았

2) 원래의 병명은 밝히지 않음.

다. 지속적으로 심한 통증이 있었고 체액이 폐로 들어가면 다시 이를 뽑아내는 작업이 수행되었다. 의사는 그가 곧 운명할 것이라고 언급했다. 환자는 미리 극심한 통증이 오면 진통제를 처방해 달라고 요구하였다. 실제로 죽음의 과정은 3주간이나 지속되었다. 환자는 불안했고 간병을 받으면서 극단적인 공포감에 사로잡혔다. 그렇기 때문에 밤까지 계속 누군가 옆에 있어야 했으며 그는 계속 진통제와 신경안정제를 맞고 있었다. 그의 상태는 아주 낮은 수준으로만 잠시 안정적일 뿐이었다. 관계자들, 그의 형제들과 가족들은 환자에게 더 나쁜 일이 생길 때마다 그에 대해 통보를 받았다. 모든 방문은 마지막이 될 것처럼 보였다. 슈만 씨의 마지막 희망은 자신의 개를 보는 것이었다. 그의 형은 이를 진지하게 받아들이지 않았다. 호스피스 병동의 간호사 한 명이 그의 형에게 이를 요구하고, 어느 날 형은 개를 호스피스에 데리고 왔다. 의사가 그의 임종을 예견한 지 2주차에 다음과 같은 간병기록이 작성되었다:

슈만 씨 형이 방문했다. 이 방문은 그가 곧 잠들었기 때문에 매우 짧게 이루어졌다. 호스피스를 떠나기 전 간호사 산드라를 복도에서 마주쳤다. 그녀는 그에게 말했다. “동생분이 자고 있다니 다행입니다. 환자가 잠들길 바랬거든요.” 그의 형은 약간 기분이 나빴다. 왜냐하면 그는 미리 전화로 동생의 상태를 문의하지 않고 왔기 때문이다. 그는 간호사 산드라에게 의사에 대해 투덜대기 시작했다. “의사는 24시간 내에 운명할 것이라고 말했습니다. 그런데 그는 지금 아직도 살아 있고. 이 말을 의사는 10번이 넘게 말한 거 같아요.” 간호사 산드라는 형을 달래며 말했다. “슈만 씨는 강한 심장을 가지고 있어요. 사람들은 그걸 잘 모르죠.” 형은 침착해져서 개를 데리고 올 때는 이틀 전에 미리 연락하겠다고 말했다. 나중에 슈만 씨는 간호사 산드라가 이를 말해 준 것을 듣고 매우 기뻐했다. 방문은 그렇게 종료되었다.

간호사와 관계자들 간의 협력은 죽음의 과정에서 매우 중요하다.

우선 간병인이 환자를 수면시키는 것을 정당하게 해준다. 그리고 환자가 '원하면', 그를 깨워줄 수 있기도 하다. 그 때문에 환자가 수면과 휴식을 하게 만드는 진통제 처방에 대해서는 논외로 할 수 있다. '수면'은 환자의 상태와 원하는 죽음의 모습에 대한 은유적 표현이다. 슈만 씨는 가능하면 평화롭게 '잠을 자면서' 죽음을 맞이하길 바란다고 했다. 그는 지속적으로 나빠지는 병세로 인하여 평화로운 안식을 바라고 있었다. 슈만 씨는 개인적으로 개와의 추억을 떠올리면서 자기 개를 다시 보고 싶다고 했다. 감정적으로 중요했던 경험이 가능해지면 생을 지속하고 싶은 희망이 다시금 생긴다. 이제 그는 개를 다시 보게 되었고 매우 기뻐했다. 그는 다른 환자들이 자주 말하듯이 이제 생을 '떠날 수' 있었다. 그는 스스로 죽을 날이 며칠 남지 않았음을 예견했다. 이런 방식으로 공포스러운 죽음을 초월할 수 있어서 좋은 죽음을 맞이한다. 이 경험은 결국 환자의 결정에 달려 있다. 어떤 육체적인 훼손을 받아들이느냐, 희망을 어떻게 포기하느냐, 그리고 어떻게 가족들과 간병인들의 도움을 받아들이느냐는 전적으로 슈만 씨에게 달려 있다. 그렇기 때문에 좋은 죽음을 위한 모든 것은 그에게 달려 있다.

그렇지만 좋고 평안한 죽음은 단순하지 않다. '강한 심장'을 가지고 있다는 표현은 간호사가 관련인들에게 환자가 언제 운명할지 모른다는 불확실성을 언급하는 방식이다. '강한 심장'이란 비록 죽음을 막지는 못하지만 점차 환자가 예측이 불가능한 상태에 있다는 것을 의미한다. 그의 육체적 건강함 때문에 환자가 심리적-정신적 고통을 더 겪을 수 있고, 잘 균형잡힌 과정을 유지시키기 어렵게 만든다. 그리고 생명이 연장되면 생각치 못한 고통이 함께 수반된다. 간호사는 환자의 육체적 상태 전체를 고려하기 어렵다. 내적 출혈 또는 암의 위험성이나 외관상의 변화는 주목하지 못한다. 그 대신 슈만 씨의 현실적인 임종가능성만을 말해줄 뿐이다. 환자의 의지를 강조하고 육체적인 쇠락 과정에 집중하는 것은 전문적인 호스피스의 외형적 전략에 속한다. 공식적으로 알려야 하는 경우라도, 즉 모든 당사자들이 환자가 곧 죽음에 이를 것이라는 것을 통보받아서 모인 상황에서도 일반인들이 문제 삼을 관점들은 언급하지 않는다. 그럴 수 있다는 의견만 있을 뿐이다. 그렇기 때문에 전문 간병인들의 실제 어려움을 확인하기 위하여는 그 직업의 맥락을 면밀하게 살펴보아야 할 필요가 있다.

4. 죽음과정의 체계화

간병인들은 점차 상태가 나빠지는 환자의 예상된 임종시점에 따라 반응한다. 그 안에서 그들은 반드시 요구되는 경우 필요한 조치만을 하게 된다. 땀을 닦아 준다든지 입술에 물을 적셔 준다. 위생적인 요구들은 생존 기대가 줄어들수록 그에 맞추어 제공된다. 육체적 배려는 점차로 줄어들게 되는데 환자의 약한 상태가 지속되고 예상된 시점에 죽음이 도래하지 않으면 어떤 한계에 다다르게 된다. 기본적으로는 환자에게 목욕을 제공할 시점이 있다. 이에 따라 병상 시트나 다른 용품들이 교환되고 환자는 그 때문에 움직여야 한다. 슈만 씨의 경우 더 어려움이 있었다. 그의 암은 목부위에 있어서 조금만 움직여도 출혈이 생길 수 있기 때문이다. 그의 죽음은 일상적 간병을 통해서도 초래될 수 있었다. 그래서 그의 간병인에게 내려진 주의사항은 다음과 같았다: “환자를 돌려 눕히는 것으로도 사망할 수 있음.”

죽음의 과정은 이러한 간병과정에서 조절되어야 하고 가능한 한 문제영역과 복합적인 상황이 최대한 제한되어야 한다. 통증의 완화는 중심적인 조치이다(Nauck et al. 2007). 이 과정은 환자의 육체와 정신적인 고통을 분명하게 조절해 준다. 그의 활동반응, 육체적 징후, 비수면시 증상, 고통과 호흡곤란 등과 공포와 우울함 등의 상태는 환자의 건강이 나빠지는 특징이고 다양한 신체적 기능이 악화되고 있다는 것을 말해 준다. 환자가 더 이상 의사소통이 불가능하고 상호적으로 표현을 할 수 없게 될 위험성은 투약방식을 최적화시키면서 지연시킬 수 있다. 그러면서 환자가 졸립거나 약한 정도의 투약으로도 해당 증상이 완화된다는 인상을 받는다면, 진통제의 투약도 줄일 수 있다. 이런 목적은 환자가 의식이 있을 경우 증상이 없어졌다는 것을 동시에 알게 된다. 슈만 씨의 경우 진통제 처방은 그가 이를 이해하고 있었기 때문에 소량으로 조절될 수 있었다. 환자의 의사를 대리인이 표명할 수 있는가에 대해서는 호스피스 케어팀 사이에서 다양하게 토론되었다. 슈만 씨는 언급했듯이 '죽음을 수반하는 어떤 것'도 하지 말라는 의사표시를 했다. 환자에 의해 진통제 투약의 정당성은 확인된다. 그리고 동시에 간병인들이 의식을 확인하기 어려운 상태에서 환자가 개인적으로 표시하는 몸짓에 따라 처방을 할 수 있는 행위의 여지가 생긴다. 슈만 씨는 위에서 소개한 에피소드가 있은 후 4일 후 고통 없이 운명했다. 결국 간병팀은 그와 작별을 고하게 되었다. 그러나 우리는 이러한 이별이 결코 단순하지 않다는 점을 알아야 한다.

슈만 씨를 간병한 사람들도 그의 죽음에 많이 슬퍼했다. 그를 위하여 해야 할 것들이 모두 수행되었고, 죽어가는 과정도 미리 준비된 절차에 따라 진행될 수 있었다. 호스피스는 적극적인 행위가 동원되는 수단이다. 그래서 죽는 것을 쉽게 방치하지 않는다. 호스피스는 환자가 자신을 '자기 죽음의 주재자'(Regisseur)로 여기도록 자의적이고 갑작스럽거나 환자의 의견을 무시한 결정을 하지 않는다. 슈만 씨의 경우를 보면 죽는다는 것이 매우 다양하고 많은 경우가 있어서 평화로운 죽음을 위한 조절이 어렵다는 사실을 보여주고 있다. 육체와 정신의 약화는 동시에 진행되는 것이 아니라서 갈등을 만들기도 한다. 완화의료를 지향하는 병원에서는 육체적인 쇠락과정에 따르고 자연사와 거의 유사하게 이를 수행하는 것을 시도하기도 한다(Streckeisen 2001). 이는 그대로 호스피스에서도 적용된다. 다만 호스피스에서는 육체적인 경과와 함께 환자의 의식을 고려하고 환자의 요구를 존중하는 것이다.

호스피스가 병원과 요양원에서 죽음을 맞이하는 것의 대안이긴

하지만 비의료적인 과정으로 오해되어서는 안 된다. 호스피스에서도 역시 죽음의 과정은 의료적으로 통제된다. 통증을 완화시키기만 하는 것이 아니라 진통제와 안정제를 통해 어떤 상태를 유지시켜야 한다. 1970년대와 1980년대 의료계의 비판은 모든 환자가 연명장치에 의존하여 죽는 것에 대한 것이었다. 이는 적어도 오랜 기간에 걸쳐 천천히 나빠지는 질병에 대해서는 적용되지 않는다. 그럼에도 불구하고 호스피스에서는 죽음의 의료화가 가능하다. 병원보다 더욱 강력하게 현실이 될 수도 있다. 그러나 '좋은' 의료는 인간의 존엄성에 합당한 죽음을 —간병을 통하여— 가능하게 한다. 완화의료와 환자를 존중하는 간병, 이 두 가지를 포함해야만 호스피스에서 새로운 죽음의 문화를 만들 수 있다.

IV. 조화로운 프로그램으로서의 죽음

결국 위의 예는 호스피스 케어에서 비록 환자의 육체적인 상태와 그의 정체성, 그리고 사회적 관련성이 점차 그리고 지속적으로 나빠지는 자연적인 과정으로 생각되기는 하지만, 결코 죽음과정은 인위적으로 조절되지 않는다는 것을 말해 준다. 발터(Walter 1994)에 따르면 죽음에 대한 우리의 생각을 죽음의 과정에 맞추어 다시 전통적인 죽음과 개인적인 죽음, 그리고 의학적으로 정립된 죽음으로 구분하여 설명할 수 있다고 한다.

1. 전통적인 죽음: 사회와의 이별

호스피스의 이념은 19세기부터 비롯되는 전통적인 죽음관(Ariès 1976)에 따르던 1950년대와 1960년대의 병원에서 사망하는 관행에 대한 비판에서 비롯되었다. 그 중심에는 가족들이 운명하는 사람 곁에 모여서 환자와 이별을 하는 전통의 부활이 있다. 임종과 장례는 호스피스의 구성부분이다. 호스피스 관련자들도 임종에 초대되고 대기실이나 환자의 침실에서 같이 밤을 지새우기도 한다. 어떤 상황에서는 간병인들이 중요한 관계자들 또는 가족을 대신해 주기도 한다. 호스피스에서 환자들은 혼자 임종하지 않는다. 특히 임종 시에는 관계자들이 참석하고 간병인들이 죽는 사람의 곁을 지킨다. 죽는 사람과 이별을 하고 조문을 하며, 장례식에 참석하는 전통적인 장례 풍습은 그대로 유지된다.

공동체는 호스피스를 공개적이고 공적인 제도로 만드는 것을 지향한다. 예술전시회와 축제에 초청받는 것과 같다. 호스피스는 교육기능을 한다. 학생들과 교사들이 호스피스에 초청되어 치료와 간병을 스스로 경험해 보기도 한다. 여기서 중요한 것은 호스피스가 비일상적인 문제상황을 대처하는 데 기여하는 인간적인 사랑의 제도로서 이해되는 것이다. 죽는 것과 죽는 사람을 돌보는 것은 특별한 것이고, 죽음의 실존성이 언제나 강조된다. 이러한 공적인 예식은 사회적으로 죽는 사람에 대한 배려가 어떤 특정 영역에서만 국한되지 않는다는 점을 말해준다.

2. 개인적 죽음: 자신과의 이별

전통적인 죽음에 대한 생각은 이념적이다. 그 안에서 개인적인 죽음에 대한 생각이 자리 잡는다. 호스피스는 성찰적인 근대사회를 말해주는 정체성의 규범이다(Beck/Lau 2005, Giddens 1991). 개인들은 언제가 자신의 마지막인가를 주장할 수 있고, 자신의 정체성을 확립하고, 어떤 상황에서는 '창조'한다. 그래서 호스피스는 환자의 개성을 강조하고 구체적인 간병을 통해 이를 존중한다. 호스피스에서는 늘상 특정한 개인사를 가진 인간이 죽음을 맞이하는 것이다(예를 들어 Student 1993). 환자들은 자신의 인격을 드러내지만 이것으로 끝나지 않는다. 그들은 자신들의 슬픔과 우정, 그 희망과 두려움을 표현한다. 호스피스는 하나의 고유한 의사소통문화로 발전하여 감정적이고 도덕적인 입장으로 관찰하고 논의하며, 그리고 시행한다. 죽는 것은 마지막이고 중요한 정점이 되며, 생은 그에 다시 결합된다.

이러한 생각은 특히 정신분석학자 엘리자베스 퀴블러-로스가 정리한 죽음의 단계에서 잘 나타난다(Kübler-Ross 1969). 죽는 것은 내면적인 성숙으로 가는 인간적인 발전단계이다. 종교적인 배경에서 나온 이러한 정화와 시련의 동기는 비밀스런 인식영역과 통합된다. 주관적 경험과 개인이 죽음을 어떻게 받아들이는가에 대한 해석이 중심에 있다. 육체적인 표상들이 덧붙여서 검토된다. 죽는 것은 생의 단계 중 하나로 되고, 각자가 스스로 설계를 해야 하는 최종 단계로 정의된다. 생명이 다하는 것을 환자 스스로 조절하고, 끝까지 자신의 생명주권을 행사하게 된다. 환자들은 이러한 발전의무를 혼자 부담하지 않는다. 그들 스스로 해야 할 일을 한다는 자율적 의무에서 죽는 사람은 호스피스를 통해 도움을 받게 된다.

3. 의학적으로 정립된 죽음: 육체와의 이별

'삶의 정리'는 환자가 수면 중이거나 의식이 없는 상태에서도 할 수 있다(Jonen-Thielemann 1997). 그러나 새로운 죽음의 규범에는 무엇보다도 환자 자신의 의식이 필요하다. 비록 육체가 점차 약해져서 죽음에 이르게 되어도 그 환자는 죽음을 피할 수 없다. 의학적으로 신경쓰는 내용은 고통 없이 임종하는 것이다. 이를 위하여 환자의 육체적 상태가 면밀히 관찰된다. 그에 따라 정당한 영양이 공급되며, 배변, 신체상태, 호흡, 의식상태를 관리한다. 육체적 외관을 보면 죽음이 의료적으로 조절되어 임종했다는 것을 알 수 있다.

죽음을 의료적으로 체계화하기 위하여 완화의료가 존재한다. 완화의료는 간호를 중심으로하는 전통적인 임종의학의 문제점을 극복하고 이를 전문화시킨 것을 말한다. 특히 임종의학은 그동안 환자가 죽음의 단계에 오면 치료포기를 하고, 그가 임종할 때까지 아무것도 하지 않고 기다리기만 하는 잘못된 관행으로 비판받았다(Dreßke/Strauss 1974, Göckenjan/Dreßke 2002, Wehkamp 1999). 완화의료는 새로운 치료적 방식을 도입하여 광범위하고 철저한 기본 간호, 특히 호흡보조장치와 영양공급, 그리고 집중적인 수액관리와 투약을 통해 전문화되어 있다. 환자를 끝까지 집중관리하는 새로운 간병과 처우는 요양원과 호스피스 시설에서 적용가능하다. 치료포기가 아닌 다른 치료방식으로 변한다. 의학적 관점으로 완화의료는 의료적 처우의 지속을 의미한다. 그 과정 안에서 의학적으로 건강상태에 따라 점차 수준을 '감소시키는' 것이다. 완화의료는 임종의료에서는 결국 통증완화 이외에는 유지할 수 없어서 종국적으로 치료거부로 변하는 방식이 아니라, 의료 자체를 보다 수준에 맞게 완화된 절차로 이행하는 것을 의미한다. 완화의료는 분명히 전통적인 죽음에 대한 의료방식과 다르며 이전에는 '아무것도 할 수 없는' 과정을 의료적 절차로 발전시킨 것이다.

4. 죽는 것의 사회적 문제를 위한 해결책으로서의 호스피스

죽는 것은 사회정치적인 문제다. 왜냐하면 죽음의 과정은 길고 복잡해서 그 안에는 너무 많은 변수가 발생하며 점차 좋은 죽음에 대한 기대치도 함께 올라가기 때문이다. 그동안 가족들은 이 과정을 혼자 감당하고 있으며 기존의 임종의학으로는 해결이 불가능하다. 그렇기 때문에 호스피스와 완화의료를 통한 죽음의 체계화는 사회 문제를 기능적으로 다양화하는 현대 사회의 문제해결 방식 중 하나이다. 호스피스는 필요하다. 왜냐하면 성공적으로 좋은 죽음을 이념형으로 만들고 이를 더 발전시켜서 실제로 실현시킨다. 사람들은 죽음을 자연적으로 이루어지는 사회적이고 의사소통을 담당하는 육체의 소멸로 생각한다. 그래서 생명을 지향하고 죽음을 바라지 않는다. 죽음은 임무와 활동성, 권리와 의무가 함께 고려되는 현상이다. 죽음은 어려운 일이고 시기적으로 정해져 있다 그리고 죽음은 이에 관련되는 자, 죽는 사람의 가족친지들, 그리고 이를 특별히 도와줄 사람이 필요하다. 구체적으로 죽음은 의학의 문제다. 의학은 예견가능한 만성적 질병에서 죽음의 과정을 체계화한다. '치료가 더 이상 불가능해서' 환자 죽음을 지연시키고 그 생존시간만 연장시키는 것은 의학적으로 무력감을 줄 뿐이다. 완화의료는 이러한 무력감을 새롭게 해석하고 절차화하여 전문적인 문제해결을 가능하게 만든다. 죽음의 과정은 다시 의학적으로 다루어지고 다른 전문가들에게 위임되지 않는다.

죽음을 위한 특별한 제도는 생명과 죽음이 일정한 한계가 있다는 점을 감안하면 어떤 장점이 발견될 수 있다. 의학이 발전하여 죽음의 과정이 지나치게 길어지면 이 경계점이 불분명하게 된다(Lindmann 2002, Schneider 1999). 의학은 생존기간을 확정할 수 있고 의료적 개입과 사회적인 조치와 임종을 위한 가족들의 소집을 위한 시점을 결정할 수 있다. 공개적으로 이 경계가 잘 제도화될 수 있다. 여기서 '정확한' 사망시점이 중요하다. 생명을 '인위적으로' 늘리지도 않고 그 이전에 종료시키지도 않아야 한다. 둘 다 자연적인 죽음을 방해하는 것이어서 비록 전자는 제한적으로 받아들일 수 있지만, 후자의 경우는 살해금지원칙에 반한다. 호스피스와 완화치료는 생명을 늘리고 죽음의 시점을 앞당기는 자의성을 약화시키는 의미의 영역에서 사망과정에 의료적으로 개입하는 절차이다. 이렇게 확립된 체계적 이해를 통해 의학은 죽음의 시점에서 힘든 고통을 줄여 주고 그를 통해 어느 정도는 생명이 다소 단축될 수 있음을 인정하게 된다. 여기서 법적 결단은 이 과정이 생명을 종료시키는 것으로 보지 않는 것이다. 의학적으로 죽음에 개입하는 내용은 죽음 자체가 아니라 그 과정의 고통스러움이다. 그 개입으로 생명이 단축되는 것은 어쩔 수 없다. 그 때문에 완화의료는 허가와 명령으로 구성된다. 살해금지원칙은 개별적으로는 지켜지지 않는다. 그러나 관련자들은 이념적으로 확정한 생명에 대한 생각과 구체적인 죽음에 대한 설명을 통해 이 평화로운 과정에서 법적으로 문제될 수 있는 위험성을 제거해 보려고 하는 것이다. 호스피스는 오랜 시간 지속되는 죽음에서 발생되는 불확실성을 제거하고 동시에 전체 사회의 영역에서 살해금지원칙을 상징적으로 더 강하게 만들어 준다.

V. 결론: 죽음을 통제하는 문화와 사회적 기술

생의 마지막 단계의 생명도 존중해야 한다.[3] 두 가지 테마는 여기서 이분법적인 관계에서 이해되어야 한다. 그 안에서 빈번히 갈등과 모순, 그리고 긴장이 발생한다. 이러한 테마들에서 일반적으로 다음과 같은 특징을 확인할 수 있다. 즉 생명의 측면에서는 살해금지와 생명연장, 죽음의 측면에서는 그 종료, 그리고 사회적 관계에서는 죽음을 통해 다른 사회구성원들과의 격리와 그로 인한 결손의 발생 등이다. 사회성 또는 질서, 연속성과 지속적 기대감은 그의 죽음을 통해 모두 끝난다. 그러나 죽음은 그 자체로 다시 사회적 관계로 지향되는 기대이기도 하다. 그 때문에 삶과 죽음의 복잡한 상호관계는 사회적 실천, 대화, 관습, 그리고 제도로 해결되어야 한다. 논의되어야 할 것은 죽음의 관리와 삶과 죽음의 경계 확정을 위한 조치들이다.

죽음의 체계화에 대한 사회공학과 기술이 필요하다. 죽음에 대한 실제 조건들은 죽음에 대한 규범적 논의를 촉발시킨다. 구체적이고 논란의 여지가 많은 죽음을 돕는 일이나 사형, 불치병, 장묘문화, 낙태, 강제 영양공급, 진통제 처방, 간병방식의 연구 또는 사망보험 등과 같은 세부적인 문제들이 빈번하게 토론되는 이유이다.

---

3) 이 절의 내용은 "Ars moriendi heute?"(다니엘 쉐퍼 등 편역)에 실릴 "Ars moriendi nova — 죽음을 통제하는 문화와 사회적 기술"의 일부이다(2012). 이를 사용할 수 있게 해준 편집진들에게 감사를 전한다.

1. 살해금지와 죽음의 관리

살해금지는 인간 상호 간에 지켜져야 하는 중심 원칙이다. 살해금지를 예외적으로 허용할 때는 오직 특별한 상황과 조건이 전제되며, 그 시기와 이를 할 수 있는 사람과 그룹이 한정되어야 한다. 그에 대한 위반은 강력하게 처벌된다. 시민사회의 발전에 따라 국가는 살해권을 독점하기 시작했으며 죽음의 관리를 위임받았다. 이런 의미에서 죽음은 국가에 위임된 영역이며, 또한 사람과 정치에 의해 관리되는 사항이다. 그렇기 때문에 결코 권력관계와 이익조절을 위하여 죽음을 논의해서는 안 된다. 현대 민주주의 국가는 그들의 시민들을 보호하고 생명의 최적화와 생명기간의 최대 배려라는 의무를 진다. 죽음의 관리영역에서 낙태나 조력자살, 죽음개념의 확정과 같은 논쟁적인 문제들이 발생한다. 인간을 통해 야기되는 폭력적인 죽음은 반드시 피해야 한다. 죽음은 의료에 의해 처리되고 법으로 조절되어야 한다.

2. 생명의 연장과 생명의 평가

죽음은 환영받지 못하는 사건이다. 모든 사회체계는 생명을 유지하고 오래 지속시키며 죽음을 피하기 위해 노력한다. 이는 국가의 임무만은 아니다. 생명은 가장 높은 가치이며 피할 수 없는 위험을 피해서 생존할 수 있는 안전요구의 조건이 되기도 한다. 사회적 발전의 표지로 기대수명을 논의하기도 한다. 그사이에 노인들의 죽음은 정상적인 것으로 여겨졌다. 죽음은 누구도 원치 않으며 죽는 사람과의 의사소통은 고통을 수반하는 것이다. 그래서 이러한 행위를 하는 사람들을 낮게 평가하고 극한적 직업으로 여긴다. 그런 일을 하는 사람들로부터 많은 것을 배울 수 있다는 모토도 이 태도를 쉽게 바꾸지 못한다.

생명을 보존하는 과학의 중심에 의학이 있다. 의학은 죽음을 건강과 질병의 맥락에서 발생하며, 그 육체적인 결과로 파악한다. 육체의 최적화가 문제된다. 현재 연명장치로 죽음을 다소 연기할 수 있고, 의료기술의 발달로 생명과 죽음의 경계가 점점 애매해진다. 죽음의 과정이 체계화되면서 죽음은 점차 생활세계의 이익과 제도적인 전문가들의 판단 대상이 되고 있다. 단지 죽는 것이 아니라, '죽게 놔두는 것'(sterben gelassen)이라는 사실은 비록 무의미하게 생명을 연장시키지 않고 이제 자연사 개념을 극복하여 죽음을 사회화할 수 있는 행위유형의 개입을 요구하게 된다.

3. 생명의 유한성과 죽음의 구체적 경험에 대한 지식

우리는 비록 생명을 지지하지만, 생명은 계속 그 끝을 향해 간다. 이로부터 죽는 사람을 배려하기 위한 일반적 상호규범이 나타난다. 왜냐하면 자신도 죽을 것이고 다른 사람의 도움을 받아야 하기 때문이다. 생명에는 끝이 있다는 인식은 일상생활과 생명을 가진 존재들에게 모두 적용된다. 평화로운 말년의 죽음과 시간이 흐르면 자신의 세대도 그렇게 죽을 것이라는 기대에 대해서 적어도 젊은 세대들도 스스로 자신의 죽음에 대해 미리 진지하게 생각해 볼 필요가 있다. 젊은 세대들에게 죽음은 흔하지 않고 사회적으로 기대할 만한 구체적인 현실은 아니다. 이들이 죽음을 부정하거나 무시하는 것은 문제가 아니다. 문제는 노령의 죽음과 세대적 서열에 따른 죽음이 아닌 죽음에 대해서 우리가 어떤 평가기준을 갖고 있지 못하다는 점이다. 특히 젊은 시절의 죽음에 대해서 사회적 대책이 없다. 가족들만이 강한 감정적인 부담을 짊어질 뿐이다.

우선 죽음에 대한 대책은 높은 연령대에서 나타나야 한다. 죽음에 대한 인식은 질병에 걸리고 건강상의 손실을 경험하며, 가까운 사람들이 사망하는 경험을 통해서 구체화되면서 추상적인 것에서 벗어난다. 죽음의 준비란 삶의 짧음과 자신의 종말을 생각해 보는 것, 그리고 '죽음 뒤의 삶'에 대해 고민해 보는 것이다. 죽음의 준비는 그에 대한 본인의 의료의향서를 작성하고 유언을 남기며, 장례식 준비나 잊고 있던 일들을 확인하는 것을 의미한다. 예를 들어 죽음의 상황이 발생했을 때 이를 처리해주고 혼자 감당하기 어려울 때 체계화시키는 전문가들과 제도들이 존재한다는 사실을 재확인한다.

4. 공백을 메울 필요성과 재편

죽는 사람은 사회적으로 그 공백을 알린다. 담당하던 지위의 공백은 일반적인 과정의 장애를 만든다. 공동체의 삶에서의 의미가 클수록 그리고 그 역할이 중요했을수록 그 역할과 지위의 공백이 지속되면, 공동체생활에 문제가 발생한다. 죽음에 대한 예견이 정확하면 사회 연속성의 유지와 사회 생활의 질서를 갈등 없게 하는 과정도 중요하다. 여기서 현대 사회는 문화적으로 발전했다. 노인의 죽음은 예견가능하다. 그래서 미리 그 후임을 정해 놓을 수 있다. 그리고 그 죽음에 적응할 수 있다. 죽음은 사회 전체에 장애를 만들지 않는다. 가족들의 감정적인 부담만 있을 뿐이다. 노인의 죽음은 감정적으로 부담스럽지 않다. 왜냐하면 오랜 기간 동안 고통을 겪었기 때문에 이를 벗어났다는 생각으로 변환될 수 있다. 노동과 적극적 가족생활에서 벗어나면서 점차 사회 생활에서도 벗어나게 된다. 그렇기 때문에 죽음에 대한 부담은 죽음에서 비롯되는 생의 종말 자체가 아니다. 질병과 같은 것을 통해 생명은 있지만 정상적인 사회적 생활을 못하게 되는 현상에 대한 두려움이다. 죽음에 대한 대비는 사회적 공백을 메우고 죽는 사람을 한계상황으로 몰아 넣는 위험을 기능적으로 조절할 수 있게 한다. 개개인은 가능하면 빨리 지나가는 죽음을 바란다. 갑작스러운 죽음의 경우 남겨진 사람들은 죽은 사람과 이별을 못했다는 것이 감정적으로 부담이 될 수 있다.

죽음에 대한 문화기술은 처리는 사회적으로 존재하는 죽음의 시나리오와 이해관계, 그리고 그와 같은 작용에 대한 견해를 만들어 줄 수 있다. 죽는 것은 본질적으로 제도적이다. 일상과 생활세계는 이를 담당하는 전문가의 논리적 결정에 따른다. 그 반대는 불가능하다. 이런 의미에서 죽음의 기술은 모든 사람들을 위하여 어떤 제도로 향하게 만드는 기술을 말한다. 이 제도는 육체적인 상실과 정신적인 유약함을 처리해주는 기술과 같은 방식으로 나아가는 행위 기술을 의미한다.

참고문헌

Ariès, Philippe(1976): Studien zur Geschichte des Todes im Abendland. München: Hanser.

Beck, Ulrich, Lau, Christoph(2005): Theorie und Empirie reflexiver Modernisierung. In: Soziale Welt(56): 107-135.

Bickel, H.(1998): Das letzte Lebensjahr. In Zeitschrift für Gerontologie und Geriatrie(31): 193-204.

Bundesministerium für Gesundheit(1997): Palliativeinheiten im Modellprogramm zur Verbesserung der Versorgung Krebskranker. Baden-Baden: Nomos.

Dinkel, Reiner, H.(1994): Demographische Alterung. In: Baltes, Paul B., Mittelstraß, Jürgen, Staudinger, Ursula, M.(Hrsg.): Alter und Altern. Berlin: de Gruyter: 62-93.

Dreßke, Stefan(2005): Sterben im Hospiz. Frankfurt a.M.: Campus.

Dreßke, Stefan(2008): Identität und Körper am Lebensende. Die Versorgung Sterbender im Krankenhaus und im Hospiz. In: Psychologie & Gesellschaftskritik(32, Heft 2/3): 109-129.

Dreßke, Stefan(2012): Ars moriendi nova－eine Kultur- und Gesellschaftstechnik der Sterbekontrolle. In: Schäfer, Daniel, Müller-Busch, Christof, Frewer, Andreas(Hrsg)(2012): Ars moriendi heute? Diskussionen um eine neue Sterbekultur. Stuttgart: Franz Steiner: 191-194.

Elias, Norbert(1982): Die Einsamkeit des Sterbenden. Frankfurt a.M.: Suhrkamp.

Eschenbruch, Niklas(2007): Nursing stories. New York: Bergman.

Feldmann, Klaus(1990): Tod und Gesellschaft. Frankfurt a.M.: Lang.

George, Wolfgang(Hrsg.)(2014): Sterben in stationären Pflegeeinrichtungen. Gießen: Psychosozial-Verlag.

George, Wolfgang, Dommer, Eckhard, Szymczak, Viktor R.(Hrsg.)(2013): Sterben im Krankenhaus. Gießen: Psychosozial-Verlag.

Giddens, Anthony(1991): Modernity and self-identity. Cambridge: Polity Press.

Glaser, Barney G., Strauss, Anselm(1968): Time for dying. Chicago: Aldine.

Glaser, Barney G., Strauss, Anselm(1974): Interaktion mit Sterbenden. Göttingen: Vandenhoeck.

Göckenjan, Gerd, Dreßke, Stefan(2002): Wandlungen des Sterbens im Krankenhaus und die Konflikte zwischen Krankenrolle und Sterberolle. In Österreichische Zeitschrift für Soziologie(27, Heft 4): 80-96.

Hahn, Alois, Hoffman Matthias(2007): Einstellungen zu Krankheit und Tod. Vortrag auf der Jahrestagung der Görresgesellschaft am 1. 10.2007 in Fulda.

Illich, Ivan(1977): Die Nemesis der Medizin. Reinbek b. H.: Rowohlt.

Jonen-Thielemann, Ingeborg(1997): Die Terminalphase. In: Aulbert, Eberhard, Zech, Detlev(Hrsg.): Lehrbuch der Palliativmedizin. Stuttgart: Schattauer: 678-686.

Kübler-Ross, Elisabeth(1969): On death and dying. New York: Macmillan.

Lindemann, Gesa(2002): Die Grenzen des Sozialen. Zur sozio-technischen Konstruktion von Leben und Tod in der Intensivmedizin. München: Wilhelm Fink.

Nauck, Friedemann, Jaspers, Birgit, Radbruch, Lukas(2007): Terminale bzw. palliative Sedierung. In: Höfling, Wolfram, Brysch, Eugen (Hrsg.): Recht und Ethik der Palliativmedizin, Münster: Lit: 67-74.

Pfeffer, Christine(2005): “Hier wird immer noch besser gestorben als woanders” Bern: Huber.

Saunders, Cecily, Mary Baines(1983): Living while dying. Oxford: Oxford University Press.

Schneekloth, Ulrich(2006): Hilfe- und Pflegebedürftige in Alteneinrichtungen 2005. Schnellbericht zur Repräsentativerhebung im Projekt “Möglichkeiten und Grenzen selbständiger Lebensführung in

Einrichtungen(MuG IV)" München: Infratest Sozialforschung.
Schneider, Werner(1999): "So tot wie nötig – so lebendig wie möglich!" Sterben und Tod in der fortgeschrittenen Moderne. Münster: Lit.
Seale, Clive(1998): Constructing death. Cambridge: Cambridge University Press.
Seitz, Oliver, Seitz, Dieter(2002): Die moderne Hospizbewegung auf dem Weg ins öffentliche Bewusstsein. Herbolzheim: Centaurus.
Statistisches Bundesamt(2014a): Todesursachen in Deutschland. Fachserie 12 Reihe 4 – 2013. Download: https://www.destatis.de/DE/Publikationen/Thematisch/Gesundheit/Todesursachen/Todesursachen.html, Zugriff: 18.4.2015.
Statistisches Bundesamt(2014b): Diagnosedaten der Patienten und Patientinnen in Krankenhäusern(einschl. Sterbe- und Stundenfälle) Fachserie 12 Reihe 6.2.1 – 2013. Download: https://www.destatis.de/DE/Publikationen/Thematisch/Gesundheit/Krankenhaeuser/DiagnosedatenKrankenhaus.html Zugriff: 18.4.2015.
Streckeisen, Ursula(2001): Die Medizin und der Tod. Opladen: Leske und Budrich.
Student, Johann-Christoph(1993): Das Recht auf den eigenen Tod. Düsseldorf: Patmos.
Sudnow, David(1973): Organisiertes Sterben. Frankfurt a.M.: Fischer.
Walter, Tony(1994): The revival of death. London: Routledge.
Wehkamp, Karl-Heinz(1999): "Wer soll das auf sein Gewissen nehmen?" In: Dr. med. Mabuse(24, Heft 119): 47-49.

독일의 현행 임종지원법:
생명보호 관점에서 본 비판적인 존엄성

군나 두트게

마지막 생명단계에서 '올바른', 즉 특히 위태로운 환자에 대한 적절한 조치는 사회윤리적이고 심리적, 그리고 실제로 인간적인 실존하는 생명의 단면을 잘 보여 준다. 법은 여기서 —항상 그랬듯이— 본질적인 의미에서 아무런 필요한 대책을 제시하지 못한다(완화의료와 심리적인 배려와 달리). 법이 하는 일이라고는 명백히도 승인하기 어려운 절차방식에 한계를 정하여 이 과정에 참여하는 사람들의 권한을 일상적인 의료현실(특히 대형병원)에서는 도저히 할 수 없는 것으로 만들어 버렸다. 이 사안은 정당 간의 이익을 초월한 내용이어서 법률은 일방적으로 하나의 정당이 주도한 것이 아니다. 그러나 부분적인 내용에서는 자신의 입법권한을 현존하는 힘의 균형을 맞추기 위하여 그리고 권리들의 보호를 통해 더 나은 청문과 존중을 위한 기회들을 구조적인 중요성(환자)에게 위임해 버리는 문제가 발생했다. 그렇기 때문에 환자를 의료에서 단순한 도구로 삼지 못하게 하는 자기결정권을 오해하고 있다. 이러한 근거에서 환자와 충분히 대화를 해야 한다는 자기결정권은 소위 독일의 '임종지원'[1])을 위한 법률에서는 중요한 역할을 한다

1) 적극적인 죽음 유발의 의미를 회피하고자 더 가치중립적인 개념을 찾기 위해 많은 노력을 했다. 죽는 사람을 임종시기를 앞당기지 않고 돌보아준다는 의미에서 예컨대

고 보기 어렵다.

I. 현행법

1. 환자 '자율성'의 이념과 법적인 의미

모든 사람이 자신의 삶을 근본적으로 결정할 수 있는 개인적인 권리를 가지고 있다는 것은 현대인의 기본적 이해이며 또한 자유롭게 구성된 사회질서의 핵심 내용이다. 이러한 사고의 배경은 개인의 실존이 국가나 다른 사람의 힘에 의해 노예상태에 처하지 않아야 할 때 특히 가치있는 것으로 평가될 수 있다.[2)] 이러한 근본적인 자유권은 독일 헌법에 개인의 기본권으로 구성되어 있으며, 무엇 보다도 기본법 제2조 제1항에 "모든 사람은" 이러한 자유권이 타인의 자유를 침해하지 않는 한 "자신의 인격을 자유롭게 전개할 자유권을 가진다."라고 규정한다. 이 자유권은 그 자체로 천부적인 "인간의 존엄성"(기본법 제1조 제1항)을 가진 모든 법주체로서 인정되는 개인의 권리이다.[3)]

의사-환자 관계에 대한 유럽의 법적인 이해와 같이 독일에서도 오래전부터 환자가 의사의 치료요구를 받아들여야 하는가 내지 자기 스스로 거부할 수 있는 평등한 권리를 가지는가에 대해 논란이 있었다. 1957년 연방대법원 형사부는 다음과 같이 명확하게 선고하고 있다[4)]: "어느 누구도 건강을 회복하기 위하여 자신의 신체적 완전성을 희생

'임종간호'(Sterbebegleitung)와 같은 용어도 고려되었다.

2) 자유주의적인 자율성원칙에 대해서는 Bratu/Nida-Rümelin, Autonomie als politisch-ethisches Prinzip, in: Wiesemann/Simon(Hrsg.), Patientenautonomie, 2013, 263-274.

3) 자기결정권의 법철학적 분석에 대하여는 Duttge, Selbstbestimmung aus juristischer Sicht, ZfPalliativmed 2006, Heft 7, 1, 2 이하.

4) BGHSt 11, 111, 114.

할 것을 이성적으로 판단하는 기준이 무엇인가를 법관에게 물어볼 필요는 없다. … 비록 환자를 치료하는 것이 의사의 진정한 권리이자 본질적인 의무이기는 하지만 이 권리와 의무는 자신의 신체에 대한 자유로운 결정권 안에서 그 한계가 발견된다." 이러한 자유를 강조한 의료윤리적 규범은 경험적으로 고통받고 도움이 절박한 환자들이 '흰 가운을 입은 전문가'의 압도적인 역할에 무기력하게 지배당하고 의료진들의 이성적 우월성에 의해 단순한 객체로 전락해 버리는 것을 막기 위해 주장되었다.[5] 이것은 —오랫동안 논의는 없었지만— 만일 거절한다면 곧바로 사망하는 의료적인 치료요구가 절실한 경우라도 마찬가지이다.[6] 왜냐하면 법적-의료윤리적으로 의사가 아니라 환자에게 최종적인 책임이 있기 때문이다.

히포크라테스 선언의 전통과 무관하게 오늘날은 의사 혼자 책임을 부담하지 않는다.[7] '치료를 받는 파트너'[8]로서 의사-환자 관계[9]라는 기본적인 책임 분담구조가 성립되어 있다. 전통적 선언문은 의학적 진단과 치료를 의학적인 경험에서 선택하는 전문적 의료지식에 대한 의사의 의무만 설명한다. 환자가 요구된 수술과 조치를 자신의 신체에 적용할 것인가와 같은 이성적 결정은 전적으로 환자의 권한이다. 따라서 법체계적으로 의료적-의학적 허용은 두 가지의 독립적인 의료조치

---

5) Woopen, Der Arzt als Heiler und Manager – zur erforderlichen Integration des scheinbar Unvereinbaren, in: Katzenmeier/Bergdolt(Hrsg.), Das Bild des Arztes im 21. Jahrhundert, 181-194.

6) 주 4.

7) 의료에서 의사의 후견주의적 책임성에 대해서는 Maio, Mittelpunkt Mensch: Ethik in der Medizin, 2012, 156 이하. 기본적인 자율성과 배려의 관계에 대해서는 Simon/Nauck, Patientenautonomie in der klinischen Praxis, in: Wiesemann/Simon (Hrsg.), Patientenautonomie, 2013, 174 이하.

8) Peintinger, Therapeutische Partnerschaft. Aufklärung zwischen Patientenautonomie und ärztlicher Selbstbestimmung, 2003.

9) 다양한 의사-환자 관계에 대한 연구로는 Ezekiel/Ezekiel, Four Models of the Physician-Patient Relationship, in: Journal of the American Medical Association 267: 2221-2226.

의 허용/금지 조건에 따른다. 즉 ―'두개의 지주'라고도 하는― 동등성과 승인능력이 있는 환자의 설명을 듣고 내리는 동의(내지 동의무능력자의 경우 동등한 적정성)가 그 조건에 포함되어야 한다.[10] 두 가지 합법성 조건이 충족되지 않는 경우 의료적 조치에 대하여 ―의료조치의 시작 또는 유지와 관련없이― 의료진의 부작위는 위법/처벌가능한 것이 아니다. 오히려 의료행위를 요구하는 것이 문제될 수도 있다.

환자의 결정권과 공동결정권을 보장하는 것은 오늘날 현대 의학에서 실질적으로 중요해지고 있다. 특히 현대의학에 의해 생명유지와 기계적 생명연장 가능성 때문이다. 최근 사람들 사이에서 의료에 대한 불신도 높아진다. 집중의학은 그 의료행위가 ―특히 병원의 경제적인 필요성 때문에만― '의미있는 것'인가에 의심이 제기되고 있다.[11] 오만이라는 바이러스에 의해 감염된 21세기 의학에서 죽음은 모든 의료적 수단을 동원하여 투쟁해야 할 대상으로 여겨진다. 그러나 상태회복의 희망이 없고 단순히 죽음을 연장하기만 하는 경우는 환자에게 그리고 사신의 의지로는 이 상태를 더 이상 오래 끌고 싶지 않을 것이다. 그렇기 때문에 모든 의료적 기술이 현대 의학 기술의 노예가 되고 싶지 않은 환자의 복지를 위해서 사용되어야 하는 것은 아니다. 이러한 배경에서 빈번히 인용되는 '인간의 존엄에 부합하는 죽음'[12]이란 여전

10) Laufs, NJW 2000, 1757, 1760; 의료적 '진단구조'에 대하여는 Lipp, Rechtliche Grundlagen der Entscheidung über den Einsatz lebenserhaltender Maßnahmen, in: Kettler/Simon/Anselm/Lipp/Duttge(Hrsg.), Selbstbestimmung am Lebensende, 2006, 89, 94 이하.

11) 여전히 설명이 더 필요한 '의료적 무익함'(futility) 개념에 대해서는 Duttge, Einseitige('objektive') Begrenzung ärztlicher Lebenserhaltung? – Ein zentrales Kapitel zum Verhältnis von Medizin und Recht, NStZ 2006, 479 이하.

12) 그동안 '자연적' 죽음이 무엇인가에 대해서 논의가 있어 왔다. 기계장치와 약물로 지속되는 생명을 자연적 생명과 구분하여 회복가능한 생명을 유지시키는 것은 '좋은' 의미로 파악하고, 단지 생명만 연장시키는 것은 '나쁜' 의미로 파악하여 '자연성'을 설명하려는 것은 하나의 허구다. 이에 대하여는 Duttge, Menschenwürdiges Sterben, in: Baranzke/Duttge(Hrsg.), Würde und Autonomie als Leitprinzipien der Bioethik, 2013, 339 이하.

히 —또한 언제나— 환자를 그의 운명의 주체로서 이해하고 단순히 '질병 사례'[13])로만 이해하지 말라고 지속적으로 요구한다.

2. 동의무능력 환자의 자기결정권

환자가 의료적 조치에 스스로 책임을 지고 공동결정을 하려면 반드시 치료의 효과에 대해 구체적으로 이해하고 판단할 수 있어야 한다. 근본적인 위험성과 부담, 치료가능성에 대한 의사의 설명은 환자가 의학에 대해 잘 모르더라도 신체적 급박함을 스스로 판단할 수 있기 위해 요구되는 판단에 실질적으로 도움이 되어야 한다(소위 '설명에 의한 동의').[14]) 개별 환자들에게 자기 결정권을 행사하여 실질적으로 동의를 할 수 있다는 사실이 명확하게 전달되어야 한다. 육체적이고 정신적으로 문제가 없는 동의가능한 환자가 가장 좋은 의료적 설명을 듣고 의료행위 직전에 진정으로 성립한 서면 양식에 기재한 결정은 최선의 수단에 기인한 환자의 '자기결정'으로 볼 수 있다. 의료현실에서 집중치료 환자의 경우 중한 질병, 연령에 따른 이해도 감퇴와/또는 약물에 의한 영향력 때문에 이러한 요건이 생략되는 경우가 빈번하다. 법은 본인이 결정할 수 없는 경우에도 의사무능력자가 자기결정권을 포기했다고 보지 않는다.[15]) 그렇기 때문에 환자 의사를 확인할 별도의 형식이 필요하다.

오랫동안 이러한 생각은 환자가 행위능력이 없을 때 다른 사람으로 하여금 대신 그의 의사를 추정하여 그를 위하여 결정할 수 있도록

13) Pöltner, Grundkurs Medizin-Ethik, 2002, 91.

14) Katzenmeier, Ärztliche Aufklärung, in: Wiesemann/Simon(Hrsg.), Patientenautonomie, 2013, 91-105.

15) 명확하게 BGHZ 154, 205 ff.; 또한 헌법적인 관점(헌법 제1조 제2항 제2문)은 BVerfGE 52, 171, 173 f.: "환자와 장애인도 자신의 육체적-정신적 일체사항에 대하여 결정할 권한을 가진다."(Auch der Kranke oder Versehrte hat das volle Selbstbestimmungsrecht über seine leiblich-seelische Integrität.)

했다. 환자의 추정적 의사를 통해 의료행위를 정당화시키는 것은 관습법적으로 인정된다. 문제는 환자를 위하여 누가 어떤 기준으로 결정을 대신 할 것인가이다. 독일법은 급박한 위급상황에서 주변인들을 수소문할 수 없는 경우에만 의사가 이 권한을 행사할 수 있도록 한다. 환자의 의사를 확인할 수 있는 자료가 없을 때, 보통은 그의 생명을 유지시키는 조치에 국한하여 결정한다. 담당 의사에게는 긴급한 상황에서만 이러한 결정권을 인정한다. 왜냐하면 담당의사는 그의 직업적인 의무와 전문직 지위 때문에 업무에 따른 혼란과 '인지적 불협화'[16] 위험이 발생할 수 있기 때문이다.[17] 환자의 자기결정권은 담당의사의 확신이 잘못 구성되는 경우 '비이성적'인 경우보다 훨씬 더 위협받게 되고 결국은 의사에 의해서 포기된다.

그렇기 때문에 독일법은 대리기능을 선발된 사람군에 부여한다. 이에 따라 결정권자를 환자 스스로 미리 정하여 전권을 위임하거나 동의무능력이 개시된 경우 후견법원에 의해서 결정된다(민법 제1896조 제2항 2문 내지 제1901조, 제1901a조 제5항, 제1904조).[18] 건강권을 대리하기 위하여는 권한 행사를 할 때 그 결정이 환자에게 유리할 뿐 아니라 불리할 수도 있다는 사실을 인식해야 한다. 이렇게 환자에 의해서 결정되는 합법성의 구조는 후견인이 이를 결정하는 때 약화된다. 왜냐하면 환자가 선출한 사람이 아니라 후견법원에 의해 정해진 순위에 따라 선출되기 때문이다. 후견권을 통하여 환자에게 후견법원이 개인적인 요구사항을 존중'해 줄 것'이라는 가능성이 생긴다(민법 제1897조 제4

16) '인지적 불협화 이론'에 대하여는 Leon Festinger, 1978(Nachdruck 2012).

17) '인지적 불협화'(kognitive Dissonanz)란 어떤 상황에 처해서 자신의 행동을 지속적으로 정당화시켜 마음의 안정을 찾는 것을 말한다. 이러한 인지적 불협화가 담당의사에게 발생하는 경우 환자를 위한 결정보다는 본인의 심적 안정을 위해 조작될 수 있다는 위험성이 있다[역자].

18) 법적인 측면에서 자의적인 대리권과 법정대리권의 동등성에 관하여는 다른 연구들도 있지만 특히 Lipp, Freiheit und Fürsorge: Der Mensch als Rechtsperson, 2000, 182 이하.

항, 제1901c조). 그러나 여전히 후견법원 또는 환자 자신의 위임에 의하거나 전권을 대리시켜서 책임을 부담시키는 것은 별도의 법적 위임행위가 필요하다. 독일입법자들은 가족들이 법정대리인이 되는 것을 '생물학적' 가족 관계의 부작용 때문에 거부했다. 왜냐하면 가족관계의 특성상 이기적인 이익에 의해 환자에게 불리하게 대리권을 행사할 수 있고 적지 않게 ―이미 강제적인 관련성을 근거로― 이타적인 결정을 하지 못하기 때문이다.

대리인은 담당의사에게 외적인 관계에서 환자의 '연장된 팔'(verlängerter Arm)로서 유효한 결정을 한다. 내부관계에서는 후견인 내지 대리인이 환자의 추정적인 의사에 따라 결정한다.[19] 환자의 추정적 의지를 판단할 때 객관적인 이익상황에 대하여 환자의 주관적 입장을 고려하여 구체화해야 한다는 대리권의 일반적 이해는 오늘날 자기결정권의 관점에서도 타당하다. 연방형사대법원은 소위 '캠트너 사건'[20]에서 객관적인 기준, 즉 '일반적으로 이성적인' 또는 '정상적인' 기준에서 판단은 독자적인 의미를 가질 수 없다고 한다. 오히려 환자의 이전에 구두나 문언으로 작성해 놓거나 그의 종교, 개인적 가치관, 연령에 따른 기대수명, 고통의 정도 등을 감안한 개인적-가설적 의지를 존중하여야 함을 밝히고 있다. 입법자는 연방대법원에 2009년 제3차 후견법원개정법률에서 이러한 입장을 규정하고 있다. 그 중요한 기준의 선정은 부분적으로 규범화되었다. 민법 제1901a조 제2항은 추정적 의사를 파악하기 위해 구체적으로 개인적인 의사표명과 확신을 조사해야만 한다. 반면에 고통의 정도와 기대수명의 고려에 관한 관점은 법률에 포함되지 않았다. 여기서 ―언제나 빈번히― 불명확한 사항이 발생한다. 그래서 의심스러울 때는 언제나 생명연명장치를 적

19) 개념적인 차이점('법적인 가능성'과 '법적인 필요성')에 대해서는 Lipp/Brauer, Patientenvertreter und Patientenvorsorge, in: Wiesemann/Simon(Hrsg.), Patientenautonomie, 2013, 104, 110.

20) BGHSt 40, 257 ff.("Kemptener Fall").

용하게 된다. 왜냐하면 반대의 경우 관련자가 그가 그렇지 않았다면 발생하지 않았을 죽음을 회피할 수도 있었다는 위험을 부담하기 때문이다.[21)]

3. 환자의 사전의료의향서 도입에 관하여

여기서 왜 지난 시기동안 환자의 사전의료의향서를 도입하는 것에 법정책논의가 집중되었는지 이유가 나타난다. 왜냐하면 이 제도는 자기 스스로 자신의 의지를 법적인 절차 없이도 미리 내용을 정하여 자기결정권의 사후 유효화를 실현하기 때문이다. 이전에 판례에서 형성된 입장들과 달리 사전의료의향서 양식에서는 의사가 환자의 추정적인 의사를 문의하여 판단을 내리는 것이 아니라, 모든 관련자들 —특히 담당의사를 위하여— 에게 구속력 있는 결정이 가능해진다. 여기에 두 번째의, 그러나 결코 사소하지 않은 보장책이 마련된다. 법적 안정성을 위한 것이긴 하지만, 의사들과 병원관련자들에게 매우 유리한 보장책이 제공된다. 가능한 한 많은 사람들이 '관료주의적인 장애물' 없이 이러한 유형의 의료적 배려를 요구할 수 있고, 입법자들은 자기 스스로 서명한 것(민법 제126조)[22)] 이외에 특별한 양식이나 절차를 추가로 요구하는 것을 없애 버렸다. 즉, 사전의료의향서의 작성 전 —오스트리아 법률[23)]과 다르게— 공증이나 의사들의 조언, 그리고 효력발생을

---

21) LG Kleve PflegeR 2010, 164 이하.

22) 독일 민법 제126조는 법률로 규정한 공인 서면계약 양식(공증서류)의 효력을 부여하는 규정이다. 독일 민법상 제116조 이하는 의사표시의 형식과 법효력에 관한 규정들이다. "제126조(서면양식) (1) 법률에 서면방식을 규정한 경우 증서의 발행인 내지 공증인의 직접 서명으로 효력을 발생한다. (2) 계약의 경우, 당사자 모두 같은 서류에 서명을 해야 한다. 복수 당사자의 경우 일인이 타인을 위하여 한 서명은 상대방에게 유효하다. (3) 법률에 달리 규정된 바가 없다면, 서면방식은 전자서류로 대체할 수 있다. (4) 공증으로 서면방식을 대체할 수 있다"[역자].

23) 오스트리아 사전의료의향서법(Patientenverfügungs-Gesetz - PatVG) 제5조 내지 제6조, 제7조 제1항; 내용에 관하여는 Duttge, ZfL 2006, 81 이하.

위한 다른 법률 조치가 없어도 유효하도록 만들었다. 다른 말로는 서류를 소지한 사람은 별도의 추가설명 없이도 또는 수년 전 서명한 경우 조차도 서류에 기재된 내용에 대해서 효력을 요구할 수 있다. 법률이 작성자의 동의능력을 요구하기는 하지만(민법 제1901a조 제1항), 서명자가 성년에 도달했는지를 사후적으로 검토할 수 있는 가능성이 별로 없어서 불완전하다.[24] 규정에는 작성일자를 반드시 기재하도록 하지 않았다.

입법자는 환자의 사전의료의향서를 '체크 앤드 밸런스'를 고려하여 담당 의사에게 너무 책임을 부담시키지 않고, 후견인 내지 대리권자에게 더 권한을 주고 있다. 이러한 부담의 분할은 "후견인 의사에 명확성과 효력을 강화"시킬 수 있다(민법 제1901a조 제1항 제2문). 의사는 후견인의 결정에 대해 후견인 권한 행사와 이견이 있는 경우 결정을 후견법원이 심사한다는 규정을 근거로 거부할 수 있다(민법 제1904조 제2항).[25] 그러나 후견인이 제안한 치료방식을 최종적으로 받아들이는 것은 법원의 결정이 고지되고 난 후, 즉 여기에 대한 법적 명령에 대한 숙려기간이 지난 후 효력이 인정된다[가족관계법(FamFG, Gesetz über das Verfahren in Familiensachen und in den Angelegenheiten der freiwilligen Gerichtsbarkeit) 제287조 제3항]. 2주간의 숙려기간 내에 허용 내지 존재하는 것이 무엇인지는 의료실무에서 병세의 진행이 예상과 다르게 이루어져서 예상하기 어렵고, 이러한 불확정성이 어떻게 치유될 것인가에 대해서는 논란의 여지가 많다. 그가 자신의 사전의료의향서를 나중에 번복할 수 있는 경우 환자가 동의능력이 있어야 하는가의 문제에 대해서는 법적으로 확실하지 않다. 법률은 애매한 경우 의향서를 우선

---

24) 미성년자의 동의권에 대한 자세한 설명은 Duttge, Patientenautonomie und Einwilligungsfähigkeit, in: Wiesemann/Simon(Hrsg.), Patientenautonomie, 2013, 77, 79 이하.

25) '인위적인 이견'에 따른 후견법원의 설명필요성에 대하여는 BGH FamRZ 2014, 1909, 1911.

하지 않는다(민법 제1901a조 제1항 제3문). 그러나 현실적인 상황에서 개별적으로 어떻게 할 것인가에 대해서 구체적 규정이 없다. 이 문제는 현실에서는 사소하지 않다.[26] 우리가 ―법논리적으로 봐서― 동의능력 있는 환자가 구체적인 확인을 해줄 것을 요구한다면, 의료현실에서 철회 조건은 의미를 잃게 될 수 있다. 환자들은 자신의 죽음에 대해 충분히 확신하지 못한 경우에도 이전에 의사표시한 의향서에 따라 강제로 결정될 수 있다. 그렇기 때문에 미리 결정한 '자율적인 의사표명'의 철회를 '충분히 명확한 몸동작'[27]을 보일 때로 제한하더라도 급박한 결정을 해야 하는 상황에서는 사전의료의향서가 철회결정으로 받아들여서 포기 될 수도 있다. 결국 추가적으로 환자의 자기결정권을 강화하고 보장하려는 법정책의 전반적인 노력을 포기하는 결과가 된다.[28]

1년 전에 연방대법원[29]은 상세하고 원칙적인 결정에서 생의 마지막 단계에 있는 의사무능력 환자의 유약한 자기결정을 광범위하게 받아들였다. 그에 따라 ―첫째로― 환자의 추정적 의사가 중요한 근거로 받아들여져서 질병의 종류와 임종 단계는 그다지 중요하지 않은 것으로 확정되었다.[30] 특히 추정적인 죽음의 의사는 기본 질병으로 인하여 환자가 '비가역적 죽음의 과정'에 들어서지 않았음에도 인정되었다. 추정적인 의사 입증을 위하여 질병의 정도와 과정을 고려해야 한다는 기존 요구가 고려되지 않았다. 물론 이것은 "치료받는 환자의 의사 확인을 위하여 … 입증가능한 관련자의 법익의 높은 의미에서 ―… 자기결정권과 생명보호 …― 강력한 요구를 고려한 것이다."[31] 둘째로는

26) 비판적인 관점은 Simon/Duttge, ZRP 2015, 176 이하.

27) Nationale Ethikrat, Stellungnahme: Patientenverfügung, 2005, 34.

28) 법적 불안정성을 근거로 한 비판으로는 Duttge, in: Coors/Jox/in der Schmitten (Hrsg.), Advance Care Planning, 2015, 39, 45.

29) 주 25.

30) BGHZ 154, 205 이하.

31) 이 요구에 대한 오해를 비판한 것으로는 Duttge, JZ 2015, 43 이하.

연방대법원은 민법 제1901a조 제2항 제1문의 규범을 고려하여, 법률에 따르면 관련자의 '추정적 의사'와 그의 '치료기대' 간 구분이 있다고 강조한다. 후자에 우선권을 주어야 한다. 그 이유는 후견인 내지 대리인은 '민법 제1901a조 제2항이 아니라, 이미 민법 제1901a조 제3항'에 따라야 하기 때문이다. '치료기대'로서 대법원은 특히 "사전의료의향서로 표현되지 않은 의사표현은 충분하지 않다고 본다. 왜냐하면 이는 서류에 의한 것이 아니고, 미리 예견한 결정과 관련이 없거나, 미성년자에 의해서 구성되었을 수 있기 때문이다." 그러나 사전의료의향서의 유형에는 "현실적인 생명상황과 조치상황에 분명히 일치하는 … 내용을 담을 수 없다."[32] 셋째로 결국 연방대법원은 "관련자가 결정적인 본인의 의사를 이미 유효한 사전의료의향서에 … 기록하고 이 내용이 현재의 구체적인 생명과 치료상황에 일치하는 경우라면" 민법 제1904조 제2항에 따른 후견법원의 생명을 연장시키는 조치의 중단 승인은 별도로 필요없다는 것을 의미한다. 왜냐하면 이 경우 이미 환자의 사전의료의향서는 동의와 비동의에 대해 최종적으로 확인하여 특정 의료행위를 결정하고 있기 때문에 (추가적) 후견법원의 승인 절차에 따라야 하는 후견인 동의는 더 이상 필요없다. "후견인에게는 이 경우 단지 환자의 사전의료의향서에 기재된 관련자의 의사를 명확하게 정할 의무만 있다"(민법 제1901a조 제1항 제2문).[33]

II. 생명보호 관점에서의 비판

1. 자유주의 법질서와 사회질서를 중요시하는 관점을 국가의 통치권이나 전체 또는 전문가들이 아닌, 관련 개인들이 직접 스스로 자

---

32) 주 25. Duttge, JZ 2015, 43 이하.
33) 주 25.

신의 생명과 죽음에 대한 중요 문제를 결정토록 하는 것[34]을 선호한다. 그런데 이러한 해결책은 중요한 법익 ―생명권― 을 심각한 상황에서도 마치 게임을 하듯이 취급하여 보호 자체를 약화시킬 수 있다. 특히 이 관점은 잘못 단순화되고 환원된 '자기결정'에 대한 이해를 근거로 하기 때문에 개인 존재를 위태롭게 하는 생명상황의 복잡성이나 인간 존재의 인류학적인 본질을 가족과 사회적 맥락에서 파악하는 것을 아예 실패하고 있다. 독일법은 모든 환자들(14세 이상)의 '구두 표현'을 의사형성과 결정의 '자유'에 본질적인 것으로 규정한다. 이는 고령의 고통이 심하고 누군가의 도움을 반드시 필요로 하는 환자의 경우에는 어렵고 복잡한 병원 조치를 이해하기 어렵기 때문에 환자보호를 위하여 규범화한 것이다.[35]

전통적인 의사-환자 관계에서는 동의능력 환자에 대하여 이 점은 근본적으로 철저히 인정되었다. 왜냐하면 환자가 사전에 치료와 관련하여 위험성과 부작용에 대해서 미리 알았다면, '설명에 따른 동의'에 따른 권리관계가 형성되기 때문이다.[36] 여기서 환자의 생활세계적인 상황은 매우 제한적으로 알 수 있을 뿐이다. 왜냐하면 이를 위하여 규정된 '자유'가 '객관적'인 의료기록을 위한 정보제공에는 오히려 제한적으로 작용하기 때문이다. 법은 오늘날까지도 의사의 설명의무에 대해 무엇을 충분히 설명해야 하는지에 대해 규정하지 못한다.[37] 그러나 놀라운 것은 생명이 위태로운 환자가 증가하는데도 불구하고, 법은 환자의 절박한 존재론적 주체성을 외부인들에게 판단하고 결정하도록

---

34) 주 2.

35) 개인적이고 현실적인 사태파악의 능력에 관한 평가에 대해서는 Duttge, Selbstbestimmung aus juristischer Sicht, ZfPalliativmed 2006, Heft 7, 1, 4.

36) 주 11.

37) 근본적으로 (자기결정에 따른) 설명과 동의의 문제점에 관하여는 Deutsch/ Spickhoff, Medizinrecht, 2014, 261 이하; 의료법상 "진실" 이해에 대한 연구로는 Duttge, in: Nembach(Hrsg.), Informationes Theologiae Europae 23(2015), 193 이하.

하고 있다는 점이다. 환자는 자신의 희망과 완전히 다르게 평가받을 수도 있다. 연방헌법재판소는 2011년 두 개의 중요한 결정에서 —비록 정신장애 환자의 사건에 대한 결정이지만— 적절하게도 동의능력이 없는 환자의 개인적인 의지는 그의 '복지'를 위하여 외부인의 기준에 따라 결정되면 안 된다는 것을 밝혔다.[38] 오히려 다른 사람의 '인격'존재와 동의 능력이 없는 환자를 특별히 존중해야 한다. 그의 '원래 의사'에 반하는 강제적 조치들은 매우 높은 조건에 따라서 대리인이 동의를 해야만 한다. 의료조치의 비례성이 준수되어야 하고 게다가 강제적인 의료행위는 보충적으로, 특별히 응급한 상황에서만 최후 수단으로 시행되어야 한다. 준수되어야 하는 원칙은 '강제가 아닌 의사소통'이다.[39]

이러한 연방헌법재판소의 가이드라인은 원래 정신질환을 가진 사람들의 경우에 적절하지만 인권을 근거로 그 의미와 효력요구에 따라 일반화될 수 있고 의료적 장치에 연결된 채로 임종에 임박한 다른 의사무능력 환자에게도 적용가능하다. 물론 이러한 인식은 오늘날 독일법에서는 죽음원조의 경우에 적용하지 않는다. 독일법은 그 대신에 대리권[40]에 의한 결정과/또는 이전의, 물론 질병과 상황이 없던 때의 환자의 의사표현으로 결정가능하다고 한다. 의료 현실의 경험은 이것 때문에 환자가 스스로 의견을 표현할 수 있을 때조차도 타인이 —직접적으로 대리행위를 통하건 또는 간접적으로 환자의 사전의료의향서를 '해석'하건 간에(자세히는 3절)— 환자의 운명을 결정해 버릴 수 있는 중대한 위험성이 있다. 환자는 자신의 삶의 마지막 단계에서 '인격

---

38) BVerfG v. 23. 3. 2011 – 2 BvR 882/09 – NJW 2011, 2113 ff.; v. 12. 10. 2011 – BVR 633/11 – NJW 2011, 3571 이하.

39) 위의 글.

40) 전권을 위임받은 대리인의 행위는 이타적이어야 하는 것은 아니다. 그리고 후견인(민법 제1897조 제6항)은 자신의 임무를 충분히 주의깊게 수행하지도 않는다(이에 대해서는 2의 내용 참조).

체'로서의 주체성을 박탈당한다.[41] 그리고 이를 통해 기본적으로 존경('존중')과 인정, 그리고 타인과의 ('관계성으로') 소통을 요구할 권리를 잃게 된다.[42]

2. 다음과 같은 상황이 인식되지도 않고 법적인 허상으로 만들어지고 있다.[43] 즉, 환자의 의사가 오해의 여지가 남은 채로 또는 완전히 오류라는 것을 알면서도 타인에 의해 대리행사된다는 것이다. 현실적으로는 법원에서 선임한 후견인[44] 내지 환자가 임명한 대리인의 설명이 외부적으로는 의사에 대해 전적이고 무조건적인 환자 본인의 의사로 여겨지기는 한다.[45] 반면에 실제 현실에서는 그러한 대리인은 피후견인/피대리인의 개인적 '복지'를 심각하게 고려하지 않고, 후견법원은 대리권자를 신중하게 선발하지 않으며, 환자 스스로도 응급한 시점에 실질적인 대리권을 행사하는 제도의 의미를 신중하게 판단하지도 않는다. 법적인 가이드라인은 후견인 내지 대리인이 환자의 추정적인 의사를 조사하기 위해 환자의 주변인과 신뢰관계인에게 "심각한 지연을 초래하지 않는 한"(민법 제1901b조 제2항) 무엇을 문의해야 하는지에

41) 놀랍게도 현실에서는 의사능력이 있는 환자의 (거부)의사는 의사와 배우자 간의 협력으로 체계적으로 왜곡되기도 한다. 이에 대해서는 Duttge/Schander, Ethik in der Medizin 2010, 341 이하, 345 이하.

42) '존엄성'의 기본 개념에 대해서는 상세하게 Duttge, in: Demko/Seelmann/Becchi(Hrsg.), Würde und Autonomie, Archiv für Rechts- und Sozialphilosophie (Beiheft Nr. 142), 2014, 145 이하.

43) 비판적인 관점은 Duttge, Selbstbestimmung aus juristischer Sicht, ZfPalliativmed 2006, Heft 7, 1, 4; 다수 견해는 이와 달리 의사무능력자의 의료행위에서 그 역할을 수행하는 환자대리인의 '예단'에 반대하는 설명으로는 Lipp, Rechtliche Grundlagen der Entscheidung über den Einsatz lebenserhaltender Maßnahmen", in: Kettler/Simon/Anselm/Lipp/Duttge(Hrsg.), Selbstbestimmung am Lebensende, 2006, 89, 105.

44) 관계인 지정에 대해서는 가족관계법 제278조 내지 제279조(주 25).

45) 연방헌법재판소는 대리인이 '객관적으로 결정'하는 것이 정당하다고 보고 있다. BVerfGE 72, 155, 171.

대해 아무런 내용을 정하지 않는다. 그 이유는 첫째 법적인 조정을 해줄 기구도 없어서 후견인/대리인의 의무를 실제로 보장할 수 있는 방법이 없다. 둘째 대리인이 대리행위의 중요성을 실제로 깨닫고 있다는 보장이 없다. 왜냐하면 이들은 가까운 가족 관계에서 선발되어서 본인의 이익과 충돌할 가능성이 매우 높을 수 있고, 직업적인 후견인의 경우는 법원에서 정한 요구를 형식적으로 수행하여 구체적인 정황에 대해서 알지 못하고/또는 모르면서 대리권을 수행할 수 있기 때문이다.[46] 이러한 문제점들은 실제 후견법원에 신청하여 후견인 지위를 철회시켜야 할 사유이기도 하다.[47] 이러한 생각은 병원과 담당의사들에게 만연된 후견법원의 기능에 대한 중대한 오해이기도 하다. 게다가 이러한 임무에 대해 더 신중하게 생각하는 새로운 후견인으로 현 후견인을 대체시키는 절차가 명확하지 않다.

이를 무시해도 대리인의 행사는 타율적일 수 있는 요소가 여전히 존재한다. 왜냐하면 '추정적 의사'의 조사는 결코 간단하지 않기 때문이다. 독일 입법자들이 그동안 이를 어떻게 규정하고 있었는지 엄격하게 조사하고 정밀하게 판단하여 환자의 가설적 의사에 대한 구체적·개인적 판단기준을 취합하면 어느 정도는 윤곽이 나타날 수 있다(민법 제1901a조 제2항). 이전의 경향은 다양한 '객관적 이익비교'라는 기준으로 환자의 주관적 생각과 다른 결정이 가능했다.[48] 법률적으로 그러한 '보편적 가치관념'[49]에 지향된 문제해결 방식은 단지 구조적으로 기

---

46) 주의사항: 의사무능력자에게 의료적인 조치를 하되 반대로 이혼이나 유언집행의 경우는 이와 같은 대리권 행사를 '위험한 것'으로 파악하여 제한한다.(민법 제1311조 또는 제2247조).

47) 입법적으로는 '체크 앤드 밸런스'를 유지하는 것이 좋다.

48) 예를 들면 Lüderssen, Aktive Sterbehilfe – Rechte und Pflichten, JZ 2006, 689, 692: […] 추정(!)은 환자의 삶을 종료시키려는 주관적인 이익(!) 안에 존재한다.

49) 법역사적인 측면에서 무가치한 생명이란 생각에 대한 적절한 비판은 Schumann, in: Riha(Hrsg.), Die Freigabe der Vernichtung lebensunwerten Lebens, 2005, 35 이하.

본 문제점만 해결할 수 있다. 결국 '인적인 가치판단'과 환자의 '사전적 의사'란 —대체로 부주의하게 조사되어— 이 환자가 자신의 상황에 대해 실제로 어떤 결정을 했을 것인가를 말해주지 못한다. 주의할 점은 경험적으로 볼 때 환자는 병의 결과와 개별적 생활관계에 따라 결정을 달리한다는 사실이다. 소위 '빨대 효과'50)가 발생하여 우선 더 살아야 하는가에 대한 결정이 실존적인 상황을 반영하여 볼 때 별로 의미가 없으면 철회되기 쉽다는 문제도 있다. 인류학적으로는 인간의 결정이란 언제나 이상적인 희망("연명장치는 안 돼", "휠체어는 안 탈거야" 등)과 —두렵지만— 현실인정 간에 오락가락한다. 이러한 인간 의지와 죽음의 역학관계는 대리인에게 환자의 개인적 특성이 잘 이해되고 있어야만 예측할 수 있다. 그렇기 때문에 일반적으로 형성된 가치관념, 종교적 관념, 그리고 이전의 표현에 따르는 것은 '불확실한 개연성'51)을 완전히 없애지 못한다. 실존적으로 생명연장이냐 죽음이냐를 결정하는 데 정말 필요한 필수적인 안전성은 보장할 수 없다.

3. 추정적 의사에 대한 의심이 결국은 해소될 수 있고 최종 결정은 환자와 관련없이 일반적인 의심규칙("의심스러운 때는 생명에 유리하게"와 같은 원칙)만 있으면 가능하다는 생각은 결국 사전의료의향서를 도구화시키는 법정책과 의료윤리적인 갈등을 야기시켰다. 왜냐하면 사전의료의향서는 그 자체로 환자의 의사를 확정할 수 있다고 인정되어 별도의 검증절차 없이도 급박한 결정에 적용될 수 있어서 오히려 환자들에게 자기결정권을 결정적으로 강화시켜 준다고 보기 때문이다. 결국 법률은 미리 정해진 것을 따르게 하는 강제를 관련자들에게 명령하지만, "회복할 수 없는 극심한 고통이 지속되는 단계"(민법 제1901a조

50) 이에 대한 경험적 연구는 Friedrich/Buyx/Schöne-Seifert, Deutsches Ärzteblatt 2009, A-1562 이하.; *Husebø/Klaschik* Palliativmedizin, 4. Aufl. 2006, 316 이하.

51) Beckmann, in: Beckmann, Rainer/Löhr, Mechthild/Schätzle, Julia(Hrsg.), Sterben in Würde. Beiträge zur Debatte über Sterbehilfe, 2004, 205, 212 이하.

제3항에 명백히 반하는 소위 '대략적인 제한'으로)에 대해서는 구체적인 내용을 제시하지 못한다. 이 규정은 법적 안정성을 이상하게 왜곡(Chimäre)할 뿐이다. '확정된 사전의료의향서'는 법문언의 모호성과 애매함 때문에 처음부터 규범적 구속력이 없다. 의료실무에서 이런 '확실성결여'는 사전의료의향서의 근본적인 해석에 대해 고민거리를 만든다. 왜냐하면 환자의 실제 의도를 분명히 해석하려면 사전의료의향서가 아닌 실제 사태를 충분히 보고 결정해야 하기 때문이다.

분명하지 않은 것은 독일 입법자들이 이 문제를 인식하고 있느냐이다. 민법 제1901a조 제1항 제2문은 의료적 후견주의를 방지하기 위해 규정하여 후견인 내지 대리인이 이를 결정하지 않고, 환자가 미리 작성한 사전의료의향서에 의해 결정되도록 하고 있다. 이 규정의 의미는 환자에게 의사능력을 상실할 때 —그가 권한을 위임하지 않았을 때— 여전히 후견인을 정할 수 있도록 하여, 환자가 자신의 권리와 이익을 최대한 지킬 수 있도록 한 것이다. 독일의 의료단체, 연방의사협회는 '환자의 명확한 의사'가 문제될 때는 후견인 선임을 하는 것이 좋겠다는 내용의 「2013년 의료현실에서의 보호위임과 사전의료의향서의 기본안」을 제안했다.[52] "환자가 대리인이 없는 경우, 의사는 통상적으로 … 후견인의 선임을 요구할 수 있다. … 예외는 첫째 긴급할 때와 둘째 환자가 미리 사전의료의향서를 민법 제1901a조 제1항에 따라 작성했을 때이다. 이 경우 의사는 환자의 의사를 사전의료의향서에 따라 확인할 수 있다." 이러한 권고에서 환자 의사를 엄격하게 법적으로 보호하려는 조치를 —'비이성적으로' 보일 때— 은밀하게 벗어날 수 있는 제도적 완화조치도 시도하고 있다. 언어적으로 '명확한'이란 단어는 해석적으로 추가설명이 필요[53]하기 때문이다. 법이론적으로 이에 구속되는 규범수범자가 규범 구속력의 범위를 스스로 정하기 때문에 이상한

52) Deutsches Ärzteblatt(DÄBl.) 2013, A 1580, 1555(헌법에 의해 위반).
53) Duttge, Intensivmedizin und Notfallmedizin 2011, 34 이하.

법제도가 된다.

그래서 적극적으로 입법에 복종하다 보니까 연방의사협회'만' 아니라, 독일 병원의 의료적 현실에서는 반대 결과가 나타난다. 입법자는 2013년 사전의료의향서법[54)]에서 규정된 내용을 독자적으로 규정하였다. 민법 제630d조 제1항 제2문에 따라 의사능력 없는 환자를 위한 대리 동의는 '민법 제1901a조 제1항에 따라 사전의료의향서를 작성하지 아니한 경우'만 요구하게 된다. 사전의료의향서의 내용이 그 자체로는 이해하기가 쉽지 않고 원래의 의도를 벗어날 수 있다는 사실에 대해 입법자들은 간과하고 있다.[55)] 입법에서는 이에 대해 문제성을 확인하기 어렵다. "환자가 … 자신의 사전의료의향서에서 … 정한 바가 있다면, 이를 실행하는 자는 환자가 장래의 생명과 의료적 상황을 충분히 예견하고 의향서를 작성하여 근본적인 문제를 의향서에 기재된 내용에 따라 해결한다는 믿음을 가질 수 있어야 효력이 있다."[56)] 이러한 기대는 민법 제1901a조와는 명백히 모순된다. 게다가 환자의 권리를 강화시키려고 제안된 입법목적의 기본 동기와 맞지 않는다.

연방대법원은 이 문제를 좀 더 발전시켰다. 연방대법원[57)]은 환자의 사전의료의향서를 작성할 때 민법 제1904조 제2항에 따라 정한 후견법원의 통제권을 포기할 수 있다고 결정하였다. 그것 때문에 후견법원에 후견인을 신청해야 할 의무는 급하게 의사가 결정해야 하고 매일 변화되는 환자의 상태에 맞출 수 없어서 절차상의 부담으로 여겨지게 되었다. 그러나 입법자는 변수가 많은 상황을 담당 의사와 후견인/위임대리인이 통제하게 하는 것은 두 그룹이 환자의 (추정적) 의사를 동

54) Gesetz zur Verbesserung der Rechte von Patientinnen und Patienten v. 20.2.2013(BGBl. I, 277).

55) 입법자와 같은 견해로는 Lipp/Brauer, Patientenvertreter und Patientenvorsorge, in: Wiesemann/Simon, Patientenautonomie, 2013, 104, 114 이하.

56) 입법이유서 17/10488, 23.

57) 주 25.

일하게 평가할 때(민법 제1904조 제4항) 뿐이고, 의견이 다른 경우는 두 그룹의 우열을 가릴 수 없기 때문에 강제적으로 다른 영역에 결정을 우선시켜야 했다.[58] 후견법원은 치료 내지 치료중단 결정 전체('삶과 죽음의 지배자'로서)를 책임지는 것은 아니다. 오히려 그 심의능력은 후견 내지 위임대리인에게 요구된 평가가 '올바르게' 내지 더 신뢰할 수 있는가를 평가하는 데 국한된다. 이러한 임무는 —이미 설명했듯이— 환자의 사전의료의향서의 내용을 설명하는 것을 포함한다(민법 제1901a조 제1항 제2문). 왜냐하면 —개별적인 이해에 따라— 매우 다양한 이해관계에 따라 해석될 수 있어서 연방대법원이 적절하게도 긍정적으로 지적하고 있는 '사법적인 영역'이 여전히 필요하기 때문이다. 환자의 사전의료의향서 작성은 의료실무에서 빈번히 갈등을 겪는다. 그에 따라 이러한 경우들에서는 담당의사들과 후견인 간 의견이 다를 때 최종적으로 결정을 내릴 다른 심급이 필요하다. 또한 환자의 사전의료의향서에서 지속적으로 발생하지만 정상적인 상황에서는 적절한 것으로 보이는 객관적 '명확성'의 환상에서 벗어난다면, 환자의 의사표현은 오해될 수 있고 자신의 이익과 상반되게 남용될 수도 있다는 것도 분명히 지적해야 한다. 환자가 원래 가지고 있는 형벌을 통한 자기보호권리를 포기하는 것도 바람직하지 않다. 더욱이 국가권력이 현실적으로 적절한 제도와 절차를 예견하지 못해서 본질적인 개인의 권리를 법을 통해 포기시키고 있다는 문제점이 있다.

여기에 본인이 서면화한 진술은 생의 마지막 단계에서 존중하기 어렵다는 구조적인 문제가 생긴다. 일상적인 의사-환자 관계와 그에 내재된 "치료적 파트너십"[59]을 떠올리기보다는 두 개의 책임 있는 치료결정의 중요한 중심은 —환자 내지 의료적 관련자의 일신전속적인 가치관점은— 사실상 와해되고 만다.[60] 의료적인 이성에 따라 서로 상

58) 주 25.
59) 주 8.

의해서 결정해야 하는 곳에서 그 대화상대자를 찾을 수 없다. 그 때문에 이전에 내린 결정에 의존할 수밖에 없다. 그런데 관련자들과 신뢰관계가 유지되고 양자간에 이성적으로 결정된 선행약속을 유효하게 인정할 수 있는 경우 의학적 이성은 ―어떤 경우든 보통은― 이러한 제도에 반대할 것이다. 왜냐하면 독일법은 ―'설명의무'[61]란 기본원칙을 무시하더라도― 결코 의사가 설명을 해야 할 의무 내지 환자의 자기결정권을 포기할 수 없기 때문이다. 관련자들이 홀로 결정을 내려야 하는 상태이거나 그러한 도움이 '관료적 장애물'로 오해되는 경우는 '환자의 자율성'이란 지도형상은 실무적으로 생명보호와 거리가 먼 '자율성의 플라시보'[62]로 변질되기 쉽다. 여기서 왜 의료실무에서 의사와 의료보조인들이 미리 개인적으로 불분명한 상태에서 작성한 의료의향서를 그대로 따르기 어려운지를 알 수 있다. 의료적 열정을 충만한 의사의 경우 '환자를 회복시키려는 노력'[63]을 하지 못하게 하는 조치를 강제로 따라야 하는 어려움도 있다.[64]

환사의 사선의료의향서는 원래 기대한 효력에서 멀어지고 있다. 이전 의사표시를 잘 확인하여[65] ―불명확하고 열린 개념이기 때문에― 적용을 하는 경우조차도 우연한 상황들 때문에 실제 적용은 그에 맞추기 어렵다. 인간 의지는 많은 부분 확인하기 어렵다. 이전에 내린 의사

60) 이 문제점에 대해서는 이미 Duttge, in: Albers(Hrsg.), Patientenverfügungen, 2008, 185 이하.

61) 주 14.

62) 적절한 지적은 이미 Schreiber/Wachsmuth, Das Dilemma der ärztlichen Aufklärung – Neue Probleme für die Rechtsprechung, in: Neue Juristische Wochenschrift(NJW) 34(1981), 1985-1987.

63) Schreiber, Medizinische Klinik 2005, 429 이하.

64) 이러한 이유로 의료의향서를 작성하기 전 의사의 조언을 의무적으로 들어서 이를 서면으로 기재할 것을 제안하기도 한다. Rieger, FamRZ 2010, 1601, 1605.

65) 최근 판결 CBGH Urteil v.6.7.2016 - XII ZB 61/16 CRZ, 471: "생명 유지를 위한 조치란 불명확하다."

표시를 강제하는 것은 환자의 입장에서는 생명을 걸어야 하는 위협일 수 있다. 게다가 모든 사람에게 사전의료의향서를 미리 작성하라고 요구하는 것은 개별적인 환자들의 요구사항을 초과하여 의료와 현실세계에서는 받아들이기 힘든 개별상황을 일반화시켜 버릴 수도 있다. 의사의 경우 사전의료의향서에서 제시된 형식성을 요구하여 환자 의사를 확인했다는 '방어적 의료'[66] 입증을 위해 요구될 수도 있다. 반면에 당사자 간 신뢰가 형성된 경우는 이런 제도가 필요 없다. 분명한 점은 이 법률로 인해 헌법적인 생명보호원칙이 불명확해지고 비정상적으로 무기력화되고 있다는 점이다.

III. 죽음원조법을 위한 제안

환자의 자기결정권을 더욱 강화해야 한다는 초기 법정책적인 논의는 나름대로 이유가 있긴 했다. 그러나 의사-환자 관계의 전통적인 이해는 의사들의 배려의무를 강조해왔다. 이와 같은 부권주의적인 배려는 —원하는 건강회복을 위해서는 고통이 수반된다고 주장하기 보다— 의료행위는 환자들만이 결정할 수 있다는 사실을 명심해야 한다. 만약 법공동체가 환자의 사전의료의향서에 기재된 의사와/또는 대리적 행위를 통해 의료조치를 바로 포기할 수 있다면, 인간의 생명보호를 위한 기본 이념도 충분히 보장되었을 것이다. 왜냐하면 인간은 생명이라는 선물을 자유롭고 자기 책임 하에 결정할 수 있기 때문이다. 그러나 진정한 자기결정이 가능한 것이 아니라, 실제로는 환자의 자율성과 유사한 판단방식을 문제삼을 때는 이를 자유주의적 법질서나 현

---

66) 다른 연구보다도 Burchardi et al.(Hrsg.), Die Intensivmedizin, 10. Aufl. 2008, 10; Laufs, MedR 1986, 163 이하.; Lown, Die verlorene Kunst des Heilens. Anleitung zum Umdenken, 11. Aufl. 2012(engl. Originalausgabe 1996), 101, 118, 177.

실을 감안하는 실용적 법질서에 맡겨서는 안 된다. 게다가 환자의 자율성에 대한 숭고한 투쟁은 점점 더 일반적인 사회원칙으로 변화되어 죽음 뿐 아니라 이제는 더 이상 삶을 지속할 것을 포기하는 것까지도 정당화하고 있다. 법적으로 환자의 신체적인 완전성에 보호를 위한 형법 규정(독일 형법 제216조) 때문에 의사의 의료행위는 정당화될 필요가 있다.[67] 의사는 생명의 위기에 처한 사람을 응급구조해야 하지만 그 부작위(구조부작위)로 사망하는 경우 정당화되기도 한다. 전체적인 상황은 선택의 문제가 아니다. 핵심은 위법적인 생명의 구조 내지 위법적인 죽음의 방치를 구분해야 나타난다. 현대적 집중의료는 이미 오래 전부터 —자연적 죽음에 굴복할 만한— 어떤 한계를 넘어서 발전했다. 이제 현실적인 결정은 환자의 죽음이 그와 관련없는 공동체 또는 경제적 이익 때문에 내려지지 않게 만드는 것이 중요하다. 그렇기 때문에 환자의 자율성이 무시될 가능성을 주의해야 한다.

모든 환자들이 강제와 조작으로부터 자유롭기만 하면 스스로 '자율적' 결성을 내릴 수 있다는 '자유주의적인 입장'에 따르는 환자의 자율성 이해는 부적절하다. 본질적으로 좋아하는 것을 무한정 한다는 것은 인정될 수 없다. 또한 —이것이 결정적인 문제인데— 환자 자신도 만족하지 못한다. 왜냐하면 그는 자신의 주체적 지위로 인하여 자신에게 가장 좋은 결정을 할 수 있기 위해 제한 없는 도움과 배려를 받을 권리가 있기 때문이다. 특히 부첨과 칠드레스가 정식화한 서구 의료윤리의 기본 관념[68]과 달리 자율성과 배려는 —올바르게 이해한다면— 결코 서로 타협될 대상이 아니다.[69] 오히려 인간의 능력이 원천적으로 한계를 가지고 있기 때문에 의사의 배려를 동의할 능력이 있는 사람은

67) Duttge, in: Prütting(Hrsg.), Fachanwaltskommentar Medizinrecht, 4. Aufl. 2016, § 223 StGB Rn 10 이하.

68) Beauchamp/Childress, Principles of Biomedical Ethics, 6. Aufl., 2009.

69) 이러한 지적에 대하여는 Rehbock, Personsein in Grenzsituationen. Zur Kritik der Ethik menschlichen Handelns, 2005, 312 이하.

물론 강제적으로가 아니라 의료적 도움이 필요하다는 측면에서 요구할 수 있다. 개별 환자들을 독립적 주체로 모든 책임을 지게 하는 것은 '자율적 자가당착'(autonomistischer Fehlschluss)에 불과하다. 좀 더 설명하면, 자율성과 배려는 상호 대립되는 것이 아니라, 상호적으로 중첩되는 것으로 이해되고 법실무적으로 작동될 수 있다. 이것은 독일에서 진행된 "Advance Care Planning" 논의[70]와 같다. 그에 대한 논의는 —사전의료의향서의 일회성 문제와는 별도로— 환자와 담당의사의 공동작업에서 지속되는 관리계획의 구조적인 절차를 의미해서 질병 과정의 변화에 따라 환자의 의사를 다시 묻고 새롭게 그 조치를 적절히 갱신하는 것이 가능해지는 기획이다. 그래서 ACP의 중심에는 집중적 대화과정이 모든 관련자들과 참여자들 간에 포함되고, 의료진과 비의료적 건강 도우미들로부터 전문가적인 조정이 가능하여 지속적으로 새로운 치료방식과 관리방식이 그에 상응하는 기존 문서와 의사소통을 통해 최종 결정시점에도 실제로 고려되도록 한다. 왜냐하면 지금까지는 구조적으로 사전의료의향서 도입의 경우 문제가 있었기 때문이다. 이러한 문제점은 대형병원과 같은 의료현장에서는 현장 책임자가 긴급한 도움을 제공하기 위하여 빈번히 간과하거나 아예 무시하기도 하였다.

ACP의 이념은 근본적으로 '공동 협력'(Shared Position Making) 모델이다.[71] 이는 변화된 대화구조로서 마지막 단계의 환자에 대한 향상된 배려를 의미한다. 특히 대형병원은 매우 견고한 관료적 조직문화와

---

70) 이에 대한 설명은 Coors/Jox/in der Schmitten(2015). 더 나아간 논의는 in der Schmitten/Nauck, Zeitschrift für Palliativmedizin 2016, 177-195.

71) 임종을 맞이한 환자들에 대한 의료적 조치에 관하여 포괄적인 신뢰성 있는 대화 문제에 관하여는 *Duttge*, Disziplinübergreifende Regulierung von Patientenverfügungen: Ausweg aus der strafrechtlichen Zwickmühle?, in: Albers(Hrsg.), Patientenverfügungen, 2008, 194 이하.; 마찬가지로 의사소통을 임종기 환자의 중요한 간병요소로 보는 관점은 Schulz/Schnell, in: Schnell (Hrsg.), Patientenverfügung, 2009, 159 이하.

시스템, 그리고 복잡한 노동분업 체계로 인해 조직적 문제[72]가 있다는 점을 지금까지 너무 간과하고 있었다. 그러나 그를 넘어서 우선 오늘날까지도 '질병'을 의료·생물적 관점에서만 집중하고 있는 의료진들에 대한 기본적인 교육이 필요하기도 하다. 배려는 언제나 타인의 능력을 이해하고 존중하려는 것이 기본이다. 의사와 간호인력들은 마지막 단계에 처한 환자의 자율성 의미를 잘 이해하고 있지 못한다. 윤리적 관점은 물론이고 이에 대한 법적인 범위도 잘 모르고 있다. 이를 해소하기 위한 노력들은 집중의료, 의료윤리, 법의 공동협력 체계를 구성하여 선별된 서적들을 중심으로 한 워크숍뿐 아니라, 진지한 포럼과 학술적인 이론들의 영역에서도 제시하고 있다.[73] 후견법관들은 쾰른대학의 의료법학자인 회플링의 연구결과를 주목할 필요가 있다.[74] 그에 따르면 의료적으로 마지막 단계의 환자와 상황에 대해 우리가 모르는 중요한 사항이 있다. 그 이유로 현행 의료법과 후견법에 개정이 필요하다.[75] 후견법관들은 경험 많은 법관들은 보통 담당하지 않는다. 나른 법원의 감독을 받지 않고 복잡하고 힘든데도 특별한 보상을 받지 못하면서 임무를 '떠맡은' 법관들인 경우가 많다. 이러한 사법행정 구조는 신중하지 않은 결정을 만들기도 한다. 생명보호의 관점에서 후견법원에서 결정을 내리는 법관은 특별히 이 임무에 적합해야 한다. 그의 업무가 단순히 '녹색 책상'[76]에서 수행되는 평범한 일이 아니기 때

---

72) 조직의 구조적인 문제점에 관하여는 Duttge, Festvortrag anlässlich der 47. Jahrestagung der DGIIN 2015, in: Medizinische Klinik 2015(6, 235 이하).

73) 필자는 매 학기 의료전문가를 포함한 의료-생명윤리법 세미나를 개최하고 있다. 여기에는 법전공생들과 의학전공생들이 모여 지속적으로 관련 문제들을 토론하는 모임이다.

74) Höfling/Schäfer, Leben und Sterben in Richterhand? Ergebnisse einer bundesweiten Richterbefragung zu Patientenverfügung und Sterbehilfe, 2006.

75) 연방 사법 및 소비자 보호부(BMJV)는 후견법 설명 브로슈어와 환자 사전의료의향서 작성을 위한 모범양식을 인터넷에 공개하여 매우 유익한 활동을 개시하였다. www.bmjv.de → Formulare, Muster und Vordrucke → Betreuungsrecht.

76) 녹색 책상이란 말은 공직자들의 업무용 책상이 대부분 녹색이었기 때문에 '공

문이다.

더 본질적인 관점은 현대 (특히 TV) 언론에서 항상 부정확하게 다루고 있는 사람들의 집중의료의 가능성과 현행 법제도에 대한 무지다. 법은 21세기 세상에서 언론매체들이 법현상을 어떻게 소개하고 어떤 결과를 보도하는지 이전보다 더 많은 관심을 가져야 한다.[77] 왜냐하면 일반인들은 의료적인 전문저널을 읽는 것에 관심이 없기 때문에 수준 낮은 미디어와 인터넷에 의존하여 의료에 관한 정보를 제공받는다. 오늘날 사람들은 인터넷을 믿고 전문의들에게 직접 설명을 들으려 하지 않는다. 환자 가족들은 늘 두려움과 공포를 경험한다. 장래의 죽음원조법은 가족구성원들이 절차적으로 대리동의권자로 지정될 수 있는 정당성을 인정하여 결국 법률에 포함시키게 될 것이다. 가까운 사람들은 친밀한 환자들의 운명에 개입할 수 있는 강한 법을 원한다. 그렇기 때문에 절차를 만들어 환자 본인의 희망과 요구를 구체적으로 고려하여 보호하고 관련자들이 이를 이기적으로 남용할 가능성을 막는 것이 필요하다. 임종기 환자를 며칠이라도 더 살게 만드는 것이 아니라, 죽음을 맞이하는 그날도 가치 있는 생명을 누릴 수 있도록 모든 관계자들이 배려하는 마음을 갖는 것이 중요하다.

우선은 중병을 앓거나 임종이 예상되는 환자들에게 흔히 발생하는 자살 가능성은 배제해야 한다.[78] 죽음을 바라는 것은 경험많은 의료인에 의해 빈번하게 은밀히 수행될 수 있으므로 그에 참여하는 전문가들과 그룹에게 신중히 주의할 것을 요구해야 한다. 그렇기 때문에 강제적이고 공개적인 의사소통이 두려움과 편견없이 개진될 수 있도

직'을 의미함[역자].

77) 연방 사법 및 소비자보호부와 연방 보건부는 더 나아가 페이스북에 (특히 청소년) 인터넷 사용자들에게 환자를 위한 도움을 줄 수 있는 정치적인 활동을 독려하는 사이트를 운영하기도 한다. www.facebook.de → Bundesministerium der Justiz und für Verbrauchersschutz; www.facebook.de → Bundesministerium für Gesundheit.

78) Erlemeier, Suizidalität und Suizidprävention im Alter, 2002.

록 해야 한다. 독일 연방의회의 '영업적 자살원조' 금지규정(제217조)은 앞으로 의사-환자 대화를 더욱 중요한 것으로 만들 것이다. 독일 의료인들의 다수가 환자의 —구두 또는 몸짓으로 하는— 자살요구를 들어주지 않을 것으로 생각되지만[79], 그래도 환자들이 죽음을 희망하고 자살요구를 하는 것은 본인들을 범죄인으로 몰고 갈 수 있다는 사실을 분명히 알고 있어야 한다.[80] 그 이유는 자살원조기관(디그니타스나 독일 안락사단체)의 활동이 점차 우리 사회에서 더 살고자 하는 희망을 사회심리학적으로 무의미한 것으로 보이게 만들어서(기대억압) 앞으로는 정상적인 '업무'처럼 생각될 수 있고, 결국 이를 막아내야 하는 형법은 그러한 위험성을 (상징적으로도) 제한할 수 없어질 것 같은 걱정이 앞서기 때문이다. 범죄를 예방하기 위해 내린 승인과 적절한 도움, 투명한 근거, 그리고 공개적인 요구들이 분명한 목적과 동기를 구성하는 형벌요구가 부당하게 금기시되고 은밀하게 밀려나게 해서는 안 된다.[81] "고통받는 인간이 마지막으로 바랄 수 있는 마지막 도구는 형법이라는 무사비한 칼이다!"[82]

---

79) 2009년 10월 알렌스바하 여론조사 연구소에서 시행한 의사들 여론조사에 따르면 임종지원에 대해 2/3의 의사들만 찬성하였다. http://www.bundesaerztekam mer.de/downloads/Sterbehilfe.pdf.

80) 이러한 의미에서 입법에 대한 문제는 BT-Drucks. 18/5373.

81) Duttge, medstra(Medizinstrafrecht) 2015, 257, 이 글에서는 자살원조 구성요건에 대한 정당성 문제를 다룬다(자살미수의 처벌불가능성 포함); 또한 Saliger, medstra 2015, 136 이하 내지 Hilgendorf/Rosenau, Stellungnahme deutscher Strafrechtslehrer/ Innen zur geplanten Ausweitung der Strafbarkeit der Sterbehilfe.

82) Duttge, ZfL 2012, 51, 54; Merkel, Stellungnahme zur öffentlichen Anhörung am 23.9.2015 im Ausschuss des Deutschen Bundestages für Recht und Verbraucherschutz, 7(online: http://www.bundestag.de/blob/388404/ad20696aca7464874fd19e2dd93933c1/merkel-data.pdf).

I. 기본법

제1조 (인간 존엄성의 보호)

(1) 인간의 존엄성은 훼손할 수 없다. 인간의 존엄성을 존중하고 보호하는 것은 모든 국가권력의 책무이다.

제2조 (자유로운 인격의 발현)

(1) 모든 사람은 각자, 다른 사람의 권리를 침해하지 않고 헌법 질서나 윤리에 반하지 않는 한, 자유로이 자신의 인격을 발현시킬 권리를 가진다.

II. 형 법

제217조 (영업적 자살관여 금지)

(1) 타인의 자살을 원조할 목적으로 해당 행위를 영업적으로 개시하거나 운영 또는 중개한 자는 3년 이하의 징역 또는 벌금형에 처한다.

(2) 영업을 목적으로 하지 않았거나 제1항의 규정에 해당하는 영업장의 종업원 또는 단순 관계인은 공범으로 처벌하지 아니한다.

III. 민 법

제630d조 (동의)

(1) 신체 또는 건강에 영향을 미치는 의료행위를 하기 전 치료자는 환자의 동의를 얻어야 한다. 만일 환자가 동의할 수 없는 경우 제1901a조 제1항 제1문에 따른 사전의료의향서가 허용 또는 금지하지 아니하는 대리동의가 가능

하다. 다른 법률에서 요구하는 추가적인 요건은 이 규정으로 영향을 받지 아니한다. 만일 지체없이 동의를 얻어야 하는 경우 환자의 추정적 의사를 감안하여 동의 없이 치료할 수 있다.

제1896조 (법적 후견의 전제)

(1) 정신병 또는 신체적, 정신적 또는 심리적 장애를 가진 성년에 달한 자가 자기 스스로 사무를 처리할 수 없는 경우 후견법원은 본인의 신청 또는 청원으로 후견인을 지정한다. 신청은 계약을 작성할 능력이 없는 자에 의해서 직접 수행되어야 한다. 사무를 처리할 수 없는 성년자가 육체적 장애만 가진 경우 후견법원은 본인이 자신의 의사를 이해하지 못하는 경우가 아니라면 본인의 신청만 받아야 한다.

(1a) 후견인은 성년 피후견인의 자유로운 의사에 반하지 못한다.

(2) 후견인은 후견이 필요한 경우 일정한 직무 범위를 정하여 선임될 수 있다. 후견은 성년 피후견인이 제1879조 제3항에 포함되지 아니하는 인물이 아닌 권한 있는 자의 보호를 받는 한 또는 법률대리인으로 후견인 자격으로 선임된 보조인의 보호를 받는 경우에는 필요치 아니하다.

제1901조 (후견 범위, 후견인 의무)

(1) 후견은 피후견인의 필요한 사무를 수행하기 위하여 이하에 규정한 법적 후견업무를 포함한다.

(2) 후견인은 피후견인의 복지를 위하여 후견업무가 시행되도록 주의하여야 한다. 후견을 통한 피후견인의 최선의 이익은 피후견인의 희망과 생각에 따라 삶을 살 수 있도록 후견인의 최선을 다하는 것을 의미한다.

(3) 후견은 피후견인의 요구가 그의 최선의 이익에 반하지 아니하고 후견인에게도 동일하게 기대될 경우 피후견인의 의사에 따라야 한다. 피후견인이 후견인 지정 이전에 표시한 요구도 피후견인의 이익에 반하지 않는 한 마찬가지로 존중해야 한다.

제1901조a조 (환자자기결정)

(1) 성년에 달한 자가 장래 동의무능력을 대비하여 서면으로 자신의 건강상태에 대한 특별한 검사나 치료, 또는 의료적 처우를 거부하는 내용(사전의료의향서)을 미리 작성하는 경우 후견인은 그 결정이 현재의 상태와 치료상황에 적절한지를 검토해야 한다. 후견인은 이 경우 반드시 피후견인의 의사가 후견에 따라 시행되는지를 감독해야 한다. 사전의료의향서는 특별한 양식 없이 언제든 철회될 수 있다.

(2) 사전의료의향서가 없는 경우 또는 사전의료의향서에 따른 결정이 현재의 피후견인의 생명 또는 치료상황에 일치하지 아니하는 경우 후견인은 치료를 고려하여 피후견인의 희망사항을 결정해야 하고 또는 피후견인의 추정적 의사에 따라 결정해야 한다. 이 경우 후견인은 제1항에 따라 의료적 수단을 동의할 것인지 아니면 거부할 것인지를 결정한다. 추정적 의사에 의하여 결정할 때는 구체적으로 이를 확인할 수 있는 근거에 따라야 한다. 특별히 피후견인의 이전의 진술이나 서면, 윤리적 또는 종교적 확신과 기타 가치관을 고려해야 한다.

(3) 제1항과 제2항은 피후견인의 질병의 종류와 단계와 관계없이 적용한다.

(4) 누구도 사전의료의향서를 작성할 의무를 부담하지 않는다. 사전의료의향서의 작성 또는 제출은 계약의 결론으로 할 수 없다.

(5) 제1항 내지 제3항은 법률대리의 경우에도 적용한다.

제1901b조 (환자의사를 결정하는 대화)

(1) 담당 의사는 환자의 전체적 상태와 질병의 예상과정을 고려하여 의료를 결정하여야 한다. 의사와 후견인은 제1901a조에 따른 환자의 결정을 존중하여 이 문제에 대해 상의해야 한다.

(2) 제1901a조 제1항에 따라 환자의 의사를 확인한 경우 또는 제1901a조 제2항에 따라 치료 의사가 있는 경우 또는 추정적 의사가 인정되는 경우 피

후견인의 가까운 친인척과 피후견인이 신뢰하는 사람이 이 절차가 너무 지연되지 아니하는 한에서 그 반대의사를 표명할 수 있는 기회를 제공해야 한다.

(3) 제1항과 제2항은 법률대리의 경우에도 적용한다.

제1904c조 (의료조치에 대한 후견법원의 승인)

(2) 후견인이 피후견인의 건강상태를 확인하여 동의하지 아니하거나 동의를 철회한 치료 또는 의료적 조치는 이 조치가 의료적 수단이고 피후견인의 사망 또는 중대한 위협이 예상되는 경우 후견법원의 승인을 받아야 한다.

(4) 후견인과 담당의사 모두 제1901a조에 따라 피후견인이 승낙, 비승낙, 또는 동의 철회에 대해 확실히 정한 내용에 의한다는 동의가 존재하는 경우 제1항과 제2항의 후견법원의 승낙은 불필요하다.

(5) 제1항 내지 제4항은 법률대리의 경우에도 적용한다.

IV. 가사 및 비송사건 처리에 관한 법률

제287조 (결정의 실효화)

(3) 민법 제1904조 제2항에 따른 승인의 대상이 되는 결정은 후견인 또는 법률대리인과 절차를 담당하는 자에게 그 내용이 알려진 후 2주 후에 효력을 발생한다.

제 2 부

생명 보존 수단 사용의 적절성에 관한 가톨릭 신학의 관점

정 재 우

들어가는 말

전문 지식과 기술, 장비가 고도로 발달된 현대 의료에서, 생명 보존 수단 사용의 적절성에 관한 물음은 하나의 중요한 과제가 되고 있다. 과거에는 기술적으로 불가능했던 의료행위가 가능해지면서, 중대한 선택의 문제와 그에 따른 책임의 문제가 대두된다. 사실, 어떤 의료행위가 기술적으로 가능할지라도, 타당한 판단 없이 그 행위를 한다면, 그것은 무엇보다 환자에게 좋지 않을 것이며, 환자에게 좋지 못한 의료행위를 하는 것은 의사에게도 좋은 일이 아닐 것이다. 적절한 의료 행위를 식별하고 판단하는 일은 환자와 의사 모두를 위해 필요하다고 할 수 있다. 그렇다면, 생명 보존 수단을 적절히 식별하여 사용하기 위한 기준이란 과연 무엇인가?

가톨릭 윤리신학은 중세 때부터 이 물음에 대하여 지속적인 성찰을 해 왔다. 이 글에서 필자는 그 내용을 간략하게 살펴보고, 가톨릭교회가 숙고하고 정리하여 내어놓은 원칙을 소개하고자 한다. 이것은 현대 의료의 생명 보존 수단 사용에 관한 실천적 판단에 도움이 될 것이라 믿는다.

미국의 크로닌(Daniel A. Cronin)은 자신의 신학박사 학위 취득 논문(1958)에서 생명 보존 수단 사용에 관한 통상적-예외적 수단의 신학적 발전 과정을 정리한 바 있다. 필자는 크로닌의 작업을 토대로 하여, 우선 생명 보존 수단 사용에 관한 성찰의 출발점인 생명에 대한 책임의 문제를 가톨릭 윤리신학의 관점에서 고찰하고, 중세 이래로 지금까지 유효하게 전해 내려오는 통상적-예외적 수단이라는 구분 개념을 살펴보며, 가톨릭교회의 공식 문헌에 이것이 반영되면서 새롭게 소개된 균형적-불균형적 수단의 개념을 정리하고자 한다. 그리고 끝으로 비교적 최근에 제안된 종합적 판단의 방법론을 소개하고자 한다.[1]

Ⅰ. 생명에 대한 책임

생명 보존 수단 사용이 중요한 윤리 문제가 되는 이유는, 무엇보다 생명을 보존해야 할 인간의 책임 때문이다. 이 책임은 종종 부정적인 방식으로 표현되는데, 즉 “생명을 파괴하지 말아라”, “살인해서는 안 된다”는 금령이 그것이다. 이 금령은 동서고금을 막론하고, 개인적으로나 사회적으로 인간이 지켜야 할 기본적 의무로 간주되어 왔다.

가톨릭 신학의 전통에서 생명 보존 수단 사용의 문제는 주로 ‘자신의’ 생명을 보존해야 할 각자의 책임에서 시작된다. 자신의 생명과 건강을 돌봐야 할 책임은 일차적으로 본인에게 있다는 것이다. 그리고 의사(醫師) 등 환자를 치료하고 돌보는 사람은, 자신의 생명과 건강을 돌봐야 할 환자 본인의 일차적 책임에 참여·협력하는 이차적인 성격의

1) D.A. Cronin, “Conserving Human Life,” in R.E. Smith(ed.), Conserving Human Life, Pope John XXIII Medical-Moral Research and Educational Center, Braintree (MA), 1989, pp.3-76; M. Calipari, *Curarsi e Farsi Curare: tra abbandono del paziente e accanimento terapeutico*, Edizioni San Paolo, Cinisello Balsamo(MI), 2006. 문헌 열람의 어려움으로 인해, 토마스 아퀴나스의 『신학대전』을 제외하고, 이 글에서 인용하는 중세 신학자들의 본문은 이 두 문헌에서 재인용하여 번역하였다. 그리고 각 신학자의 견해에 대한 해설에 있어서도 많은 부분 이 문헌들의 도움을 받았다.

책임을 갖는다. 그런 이유로 생명 보존 수단 사용에 관한 성찰은 자신의 생명을 보존해야 할 책임에서 시작되고, 그것은 무엇보다 자살에 관한 성찰에서 시작된다.

1. 자살은 정당한가

가톨릭 신학에서 중요한 위치에 있는 '천사적 박사' 토마스 아퀴나스는 『신학대전』 제2부의 2, 제64문제에서, 생명을 파괴하는 행위에 대하여 다루는데, 특별히 제5절에서 "자살은 정당한가"라는 문제를 이야기한다.[2] 우선 토마스 아퀴나스는 자살이 정당한 것처럼 보이는 이유를 다음과 같이 다섯 가지로 이야기한다.

① 살인은 정의를 거스르기 때문에 죄다. 그러나 아리스토텔레스가 말하듯이, 아무도 자신에 대한 정의를 거스를 수 없다. 그러므로 누구든 자기 자신을 죽여도 죄가 되지 않는다.

② 공권력을 가진 사람은 악행을 범한 자를 죽일 권한이 있다. 그런데 때로는 공권력을 가진 자가 바로 악행을 범한 자이다. 그러므로 그는 자기 자신을 죽일 권한이 있다.

③ 몸 전체를 구하기 위해 병든 사지를 절단하는 게 정당하듯이, 더 큰 위험에서 피하기 위해 자발적으로 더 작은 위험에 자신을 노출시키는 것은 정당하다. 그런데 어떤 경우에는 자기 자신을 죽임으로써 더 나쁜 악, 즉 비참한 삶이나 죄의 수치를 모면할 수 있다. 그러므로 어떤 경우에는 자살이 정당하다.

④ 성 바오로가 말하듯이 삼손은 자기 자신을 죽였다. 그러므로 자살은 정당할 수 있다.

⑤ 마카베오기 하권에서 라지스는 "악한들의 손에 넘어가 자기의 고귀한 혈통에 합당하지 않은 치욕을 당하느니 차라리 고귀하

---

2) 참조: Thomas Aquinas, *Summa Theologiae,* II-II, q. 64, a. 5.

게 죽으려"(2마카 14,42) 하였다고 나온다. 고귀하고 용기 있게 행하는 것은 정당하다. 그러므로 자살은 부당하지 않다.

그러나 토마스 아퀴나스는 아우구스티누스의 말을 빌어 이렇게 응답한다. "살인해서는 안 된다는 금령은 인간을 지칭한다. 즉 타인도 자신도 죽이지 말라는 것이다. 사실 자기 자신을 죽이는 자는 다름 아닌 인간을 죽이는 자이다." 그런 뒤에 그는 자살이 절대적으로 부당한 행위인 이유를 세 가지로 이야기한다.

① 모든 존재는 본성적으로 자기 자신을 사랑한다. 이 말은 자기 자신을 보존하려 하고 자신을 파괴할 것에 대하여 가능한 한 저항하려는 타고난 경향을 내포한다. 따라서 자기 자신을 죽이는 행위는 본성적 성향에 어긋나며, 자기 자신을 사랑해야 할 애덕에 위배된다. 그러므로 자살은 언제나 자연법과 애덕에 양립할 수 없는 대죄이다.

② 부분은 본질적으로 전체의 어떤 것이다. 그런데 각 사람은 사회의 부분이며, 본질적으로 공동체의 부분이다. 따라서 아리스토텔레스가 말하듯이, 자기 자신을 죽임으로써 사회에 해악을 끼친다.

③ 생명은 하느님의 선물로서 '살리기도 하고 죽이기도 하는' 분의 권한 안에 있다. 따라서 자기 자신의 생명을 파괴하는 사람은 하느님을 거슬러 죄를 짓는다. 종을 죽이는 자가 그 종의 주인을 거슬러 죄를 짓는 것처럼, 또는 자신에게 사물을 심판할 권한이 없는데도 그렇게 하는 오만을 부리는 경우처럼 말이다. 사실 "나는 죽이기도 하고 살리기도 한다"(신명 32, 39)는 성경의 말씀처럼 삶과 죽음에 대한 판단은 오직 하느님에게만 속한다.

2. 자신을 사랑하는 인간의 본성적 성향

토마스 아퀴나스가 자살을 부당하다고 말하는 첫째 이유를 생각해보자. 위에 언급한 부분 외에도, 그는 『신학대전』에서 자신을 보존하려는 것은 인간의 본성적 성향이자 자연적 법칙, 즉 자연법에 따른 것임을 여러 차례에 걸쳐 언급한다. 예를 들어, 정당방위를 다룬 절에서, 정당방위의 행위로 자신을 공격한 자가 죽더라도 그것이 정당한 이유는, 무엇보다 모든 존재가 자신을 가능한 한 보존하려고 하는 것이 본성에 따른 것이기 때문이라고 말한다.[3] 한편, 무절제(방종)와 비겁함 중에서 무엇이 더 큰 죄인가라는 문제를 다루면서, 토마스 아퀴나스는 생명에 대한 애착에서 죽을 위험을 피하는 것은, 생명 보존을 위하여 미식(美食)이나 성적 쾌락을 찾는 것보다 훨씬 더 타고난 것이라고 말한다. 그래서 그런 쾌락에 대한 욕구보다 죽을 위험에 대한 공포를 이기기가 훨씬 어렵다고 한다.[4] 또한, 죽음과 질병이 인간에게 본성적인가라는 문제에서, 인간에게 본성적인 것은 모두 하느님으로부터 오며 "하느님께서는 죽음을 만들지 않으셨"(지혜 1,13)으므로, 인간의 본성은 생명과 함께 있다고 말한다.[5]

여기서 토마스 아퀴나스를 비롯해 가톨릭 전통에서 말하는 자연법이란, 자연과학에서 다루는 자연의 법칙이 아닌 '자연 윤리법'을 가리킨다. 즉, 인간의 타고난 성향에서 출발하여 실천이성을 통해 행위로 옮겨지는 과정에서 드러나는 본성적인 법칙성, 방향성을 말한다. 자신을 사랑하고 보존하려는 인간의 성향이 종종 '생존본능'이라고 불리지만, 그것은 단순히 생물학적 혹은 심리학적 본능이 아니라, 이성적이고 도덕적인 의미가 담긴 본성적 성향(inclinatio)이라는 것이다. 이 성향은 사람을 선한 행위 —여기서는 자신을 사랑하고 보존하려는

---

3) 참조: *Ibid.*, II-II, q. 64, a. 7.

4) 참조: *Ibid.*, II-II, q. 142, a. 3.

5) 참조: *Ibid.*, I-II, q. 85, a. 6.

행위— 로 이끄는 내적 동력이다. 그 동력이 선한 판단을 통해 선한 행위로 이어질 때, 그 안에는 어떤 법칙성이 있다는 것이다.[6] 따라서 인간이 이 법칙성을 잘 알아듣고 그것에 따라 행동하면, 그것이 자신의 본성적 성향을 발휘하고 실현하며, 자신을 실현하고 통합을 이루는 길이다. 반면에 이런 법칙성을 거슬러 행동한다면, 인간 자신의 본성-판단-행동을 분열시켜 참된 자기실현에서 멀어진다. 즉 이것은 인간의 본연의 모습을 실현하지 못하고 오히려 왜곡하기 때문에, 그것을 하나의 죄라고 말한다.[7]

3. 인간은 생명의 주인이 아니다

자살이 부당한 또 다른 이유는, 인간이 생명의 주인이 아닌데도 마치 주인이 하듯이 생명을 다루기 때문이다. 생명의 주인은 하느님이다. 무엇보다 이것은 구약성경에 표현되어 있는 하느님의 계시[8]이자 인간의 신앙 고백[9]이다. 하느님은 인간을 창조하였고 인간에게 생명을 불어넣었다. 그리고 고난받던 이스라엘 백성을 이집트에서 구출한 뒤 인간에게 생명에 대한 중요한 계명을 준다. "살인해서는 안 된다" (탈출 20, 13). 사람을 죽이지 말라는 이 계명은 타인의 생명에 대해서만

---

6) 그 법칙성의 대표적인 예는 인간이 선을 행하고 악을 피한다는 것이다. 이것이 종종 "선을 행하고 악을 피하라"는 양심의 명령으로 이야기되는데, 그것은 사람의 외부에서 이질적으로 부과된 규범이 아니라, 사람의 내면에서 그의 행동을 인도하는 실천이성의 성향 내지 법칙성이다. 그것을 자연 윤리법이라고 말한다.

7) "두려움은 사랑에서 나오기 때문에, 사랑과 두려움에 동일한 판단이 주어져야 한다. 여기서 말하는 것은 일시적인 악에 대한 사랑에서 유래하는, 그 악에 대한 두려움이다. 그런데 모든 이는 자신의 생명과 생명을 지향하는 것들에 대한 사랑을 타고났는데, 적절한 방식으로만 그러하다. 즉 그것들을 목적으로서가 아니라 궁극적 목적에 도달하기 위한 수단으로서 사랑한다는 말이다. 따라서 이런 사랑의 적절한 정도에서 멀어지면 본성적 성향을 거스르며, 따라서 죄가 된다"(*Ibid.*, II-II, q. 126, a. 1.).

8) "이제 너희는 보아라! 나, 바로 내가 그다. 나 말고는 하느님이 없다. 나는 죽이기도 하고 살리기도 한다."(신명 32, 39)

9) "당신은 생명과 죽음을 주관하시는 권한을 가지신 분, 저승 문으로 내려 보내기도 하시고 끌어올리기도 하십니다."(지혜 16, 13)

이 아니라, 자신의 생명에 대해서도 유효하다. 앞에서 토마스 아퀴나스가 인용한 아우구스티누스의 글에는 다음과 같은 부분이 있다.

> "우리가 영생에 도달하기 위함이든, 어떤 악을 피하거나 벗어나기 위함이든, 성서 경전의 어디에도 우리에게 죽음을 자초하는 행위가 하느님으로부터 명령받거나 허용된 바 결코 없다. 율법서에 나오는 '죽이지 못한다'는 말씀을, 자살이 우리에게 금지되어 있는 뜻으로 알아들어야 할 것이다. 거짓 증언을 금지하면서 '너의 이웃에게 불리한 거짓 증언을 못한다'고 한 말씀과는 달리 이 말씀에는 '너의 이웃'이라는 구절이 첨가되어 있지 않다는 점에서 특히 그렇다. … '죽이지 못한다'는 말씀에 아무것도 첨가되어 있지 않음으로써, 그 누구도, 따라서 계명을 받는 자기 자신도 예외로 간주될 수 없다."[10]

그렇다면 인간은 자기 자신에 대해서 전혀 주인이 아닌 것인가? 토마스 아퀴나스에 따르면, 인간은 자유 의지에 의해서 자기 자신의 주인이며, 따라서 자유 의지의 지배를 받는, 생명에 관한 것들에 대해서는 자기 자신을 합당하게 사용할 수 있다.[11] 그러나 생명 자체에 대해서는 주인이 아니다. 이 점을 후안 데 루고(Juan de Lugo)는 이렇게 설명한다.

> "비록 인간이 자신에게 외적인 것들이나 그와 구별되는 것들에 대한 주권을 받을 수 있다 해도, 그는 자신에 대한 주권을 받을 수는 없다. 왜냐하면 개념과 정의상, 주인이란 가령 아비나 선생과 같은 존재이기 때문이다. 어느 누구도 자기 자신의 아비나 선생이 될 수 없는 것처럼, 자기 자신의 주인이 될 수 없다. 주인이 된다는 것은 언제나 그가 주인이 되는 그것에 대해서 우월성을 나타내는 것이다. 따라서 하느님 자신도 자기 자신의 주인이 될 수

---

10) 아우구스티누스, 『신국론』 제1-10권, 성염 역주, 분도출판사, 2004, 173-175쪽(제1권, 20항).

11) 참조: Thomas Aquinas, *Summa Theologiae*, II-II, q. 64, a. 5.

없다. 비록 하느님이 자신을 가장 완전하게 소유하고 있지만 말이다. 그러므로 인간은 자기 자신의 주인이 될 수 없고, 다만 자기 활동에 대해 주인이 될 수 있을 뿐이다. … 그러므로 인간은 그가 주인인 자신의 활동을 사용할 수 있을 뿐, 그가 주인이 아니고 그럴 수도 없는 그 자신, 그의 생명을 사용할 수는 없다."[12]

인간은 자기 생명의 주인이 아니며, 생명과 죽음에 대한 참된 주권을 가진 분은 하느님이다. 그러므로 인간은 하느님의 주권을 망각한 채 자신과 자신의 생명을 사용하거나 처분할 수 없다.[13]

---

12) J. De Lugo, *Disputationes Scholasticae et Morales*(ed. nova; Parisiis, Vivès, 1868-1869), VI, *De Iustitia et Iure*, Disp. X, Sec. I, n. 9.

13) 토마스 아퀴나스가 자살을 부당하다고 보는 둘째 이유, 즉 사람이 사회의 부분이며 자살을 통해 사회에 해를 끼친다는 말이 전체주의적 의미로 읽힐 수도 있다. 그러나 인간에 대한 토마스 아퀴나스의 관점에서, 인간은 존재론적으로나 가치론적으로 사회라는 유기체의 부속에 불과한 것처럼 간주될 수는 없다. 참조: E. Sgreccia, *Personalist Bioethics*, The National Catholic Bioethics Center, Philadelphia, 2012, p. 125.

한편, 자살이 정당해 보이는 다섯 가지 이유에 대한 토마스 아퀴나스의 응답을 요약하면 다음과 같다. ① 자살은 정의를 거스를 뿐만 아니라, 자신에 대한 애덕을 거스르는 죄다. 그래서 자살은 자기 자신에 대해서도 죄이다. ② 공권력을 가진 사람이 악행을 저지른 자를 죽일 수 있는 것은, 그럴 책무를 가졌기 때문이다. 그러나 누구도 자신의 심판자가 아니다. 다만 그가 타인의 심판에 자신을 내맡길 권한은 있다. ③ 인간은 자유 의지에 의해 자기 자신의 주인이다. 그래서 자유 의지의 지배를 받는, 생명에 관계된 것들에 대하여 자기 자신을 사용할 수 있다. 그러나 지상의 삶보다 더 복된 삶으로 넘어가는 일은 인간의 자유 의지에 달린 것이 아니라, 하느님의 개입에 달린 것이다. 그러므로 비참한 삶에서 벗어나기 위해 자살하는 것은 정당하지 않다. 한편, 저지르지 않은 죄를 피하기 위해 자살하는 것은, 오히려 자신에게 죄를 짓는 것이므로 부당하다. 또한 저지른 죄 때문에 자살하는 것은, 속죄할 여지를 남기지 않기 때문에 가장 위험한 죄이다. ④ 성 아우구스티누스가 말하길, 삼손이 집을 무너뜨려 적들과 함께 묻힌 것은, 성령이 그렇게 내밀하게 명령하여 기적을 일으킨 것이 아니라면 정당화될 수 없다. ⑤ 죄를 짓지 않기 위해 타인이 초래한 죽음을 맞이하는 것은 용기 있는 행위이며, 고통을 피하기 위해 그렇게 하는 것도 용기 있는 모습으로 보일 수 있다. 그래서 라지스 같은 사람들은 자신이 용기 있게 행동한다고 생각하며 자살하였다. 그러나 그것은 참된 용기가 아니다.

4. 생명에 대한 금령과 명령

생명에 대한 인간의 책임에 대한 실천적 원칙은, 생명을 해치는 행위에 대한 금령에서 시작된다. 그 금령은 인간의 행위가 넘지 말아야 할 한계를 나타낸다. 왜냐하면 생명을 해치는 행위는 행위자의 의도나 행위의 결과에 관계없이, 그 자체 안에 인간을 파괴하고, 창조주의 주권을 거스르며, 인간의 자연법에 위배되는 의미를 내재하고 있기 때문이다. 그런 행위가 범해질 때 진리와 선(善)을 지향하는 인간의 본성적 움직임이 훼손된다. 그런 행위는 인간이 추구하는 진리와 선에 양립할 수 없다.[14] 그리하여 "살인해서는 안 된다"라는 금령에는 예외가 인정되지 않는다. 인간이 자기 자신의 생명을 해치는 자살을 범하지 말아야 한다면, 타인의 생명을 해치지 말아야 한다는 것은 말할 것도 없다.

이런 금령은 "생명을 보존하라"는 적극적인 명령과 직접적으로 연결된다. 금령이 생명을 해치는 행위를 금지함으로써 간접적으로 그것을 명한다면, 명령은 생명을 보존하는 적극적인 행위를 해야 할 인간의 책임을 보다 직접적으로 이야기한다.[15] 그런데 적극적인 행위에

---

14) "이성은, 그 본성상 하느님께 '향할 수 없는' 인간 행위의 대상들이 있다는 사실을 입증합니다. 왜냐하면 그러한 대상들은 하느님의 모상으로 창조된 사람의 선과는 근본적으로 반대되기 때문입니다. 이것들을 교회의 윤리적 전통에서는 '내적으로 악한 것'이라고 불러왔습니다. 그것들은 항상 그리고 그 자체로, 다시 말해 그 대상 자체 때문에, 그리고 행위자의 의도나 상황과는 전혀 별개로 악한 것입니다."(요한 바오로 2세, 회칙「진리의 광채」, 1993, 80항); "온갖 살인, 집단 학살, 낙태, 안락사, 고의적인 자살과 같이 생명 자체를 거스르는 모든 행위 … 이는 인간 문명을 부패시키는 한편, 불의를 당하는 사람보다도 그러한 불의를 자행하는 자들을 더 더럽히며, 창조주의 영예를 극도로 모욕하는 것이다."(제2차 바티칸 공의회, 사목헌장「기쁨과 희망」, 1965, 27항)

15) 이런 책임으로부터, 예를 들어 노동과 그에 합당한 보수를 받아야 할 필요성이 나온다. "노동한다는 것은 생활의 다양한 요구, 특히 생계유지에 필요한 것을 마련하기 위하여 노력하는 것이다. … 사실 생명의 보존은 의무이고 이 의무를 소홀히 하는 것은 죄악이므로 아무도 그 의무를 저버릴 수 없다. 여기에서 필연적으로 생계유지를 위한 것을 취득할 권리가 나오며, 가난한 이는 노동으로 취득한 임금을 통해서만 그렇게 할 수 있다. 따라서 노동자와 고용주가 양자 합의로 계약을 체결하고 임금을 분명하게 결

대한 명령은 언제든 어떤 상황에서든, 동일한 수단과 방식으로 실현되는 것은 아니며, 경우에 따라서는 그 명령을 이행하기가 지나치게 어렵거나 불가능할 수도 있다. 그리하여 신학자들은 생명 보존을 위한 수단을 두 가지 범주로 나누어 이야기해 왔다. '통상적 수단'(ordinary means)과 '예외적 수단'(extraordinary means)이 그것이다. 모든 사람은 생명 보존을 위해 통상적 수단을 사용해야 할 의무가 있으며, 반면에 예외적 수단을 사용할 의무는 없으나, 그것이 의무가 되는 경우가 있을 수 있다.

II. 생명 보존 수단 사용의 적절성에 관한 가톨릭 신학의 이해

생명 보존 수단 사용에 관한 가톨릭 신학의 성찰은 16세기 스페인의 살라망카 학파에서 시작되었다. 이 장에서는 통상적 수단과 예외적 수단에 관한 개념 정립에 커다란 영향을 끼친 학자들을 중심으로, 그 개념의 발달 과정을 정리해 본다.

1. 16세기: 통상적-예외적 수단 개념의 형성과 발달

(1) 처음으로 살펴볼 학자는 스페인 살라망카의 도미니코회원인 프란시스코 데 비토리아(Francisco de Vitoria, †1546)이다. 그는 음식을 통해 생명을 보존해야 할 도덕적 의무에 대하여 이야기한다. 사람이 생명을 보존하기 위해 음식을 먹어야 할 도덕적 의무가 있다면, 환자가 음식을 거부할 때, 그것은 어떤 의미가 있는가. 이에 대해 그는 이렇게 말한다.

정하더라도, 쌍방 간의 자유의사를 우선하고 능가하는 기본적인 정의가 항상 반영되어야 한다."(레오 13세, 회칙 「새로운 사태」, 1891, 32항)

"만일 어떤 병자가 삶의 희망을 가지고 음식이나 영양분을 섭취할 수 있다면, 그는 다른 병자에게 먹을 것을 주어야 하듯이 음식을 들어야 한다. … 만일 병자가 마음의 우울함이 너무 크고 식욕을 너무 잃어 대단히 큰 노력을 들여야만 거의 고문을 받듯이 음식을 먹을 수 있다면, 여기에는 어떤 불가능함이 있다고 보아야 하며, 따라서 그는 특히 삶의 희망이 거의 혹은 전혀 없다면 적어도 대죄에서 면제된다."16)

즉, 인간은 생명 보존을 위해 음식을 먹어야 한다. 그러나 ―비토리아에 따르면― 음식에 강한 혐오가 일어나 거의 섭취가 불가능하다고 여겨지는 상황이라면, 특히 환자의 죽음이 임박한 때, 그 의무가 사라지거나 그것을 이행하지 않아도 대죄를 범한 것이 아니다. 반면에, 환자가 어떤 약물을 복용하지 않으면 죽을 것이 확실한데도 그것을 복용하지 않는다면, 그것은 대죄에 해당된다.17)

그렇다면 환자는 지나치게 값비싼 음식이나 약물을 반드시 먹어야 할 의무가 있는가. 비토리아는 이렇게 말한다.

"생명을 연장하지 않는 것과 생명을 파괴하는 것은 다르다. 인간은 언제나 전자의 의무가 있는 것은 아니며 일반적으로 사람이 살 수 있는 것을 행하는 것으로 충분하다. 만일 어떤 병자가 자신의 생계 수단을 전부 들이지 않고는 약물을 복용할 수 없다면, 그가 그럴 의무가 있다고 나는 생각하지 않는다."18)

그는 생명 보존을 위하여 고급스럽고 값비싼 최상의 음식을 먹어야 할 의무는 없으며, 일반적으로 사람들이 먹는 통상적 음식으로 충분하다고 말한다. 반드시 건강에 가장 좋은 곳에 가서 살아야 할 도덕적 의무가 없듯이, 건강에 가장 좋은 음식을 먹어야 할 의무는 없다는

---

16) F. Vitoria, *Relectiones Theologicae*, Lugduni, 1587, *Relectio de Temperantia*, n. 1.
17) 참조: *Ibid.*
18) *Ibid.*, n. 9.

것이다.[19]

"나는 사람이 생명을 보존하기 위해 자신의 유산 전체를 내놓아야 할 의무는 없다고 믿는다. … 따라서 어떤 병자가 삶의 희망이 없다면, 어떤 값비싼 약품이 몇 시간이나 며칠을 살게 해준다 해도, 그는 그것을 구입할 의무가 없고 보통의 수단을 사용하는 것으로 충분하다."[20]

반대로, 지나치게 음식을 줄여 생명을 단축시켜서는 안 된다. 만일 어떤 이가 엄격하게 빵과 물만으로 살려고 하다 생명을 단축시킨다면, 이것은 정당하지 않다. 검소하게 살고자 한다면, 그것은 죽음을 의도하지 않고, 선한 사람이 하는 보통의 방식으로 이루어져야 한다.[21]

비토리아는 생명 보존을 위해 통상적 수단을 사용해야 할 의무가 있지만, 예외적 수단을 사용해야 할 의무는 없다는 기본 원칙으로 후대에 지대한 영향을 끼쳤다. 이 원칙은 음식과 약물 외에, 사지절단이나 신체절개와 같은 외과 수술에도 적용되었다. 당시의 의료 수준에서 사지절단이나 신체절개는 극심한 고통을 유발하였으므로 예외적 수단으로 간주되었다.

(2) 살라망카의 또 다른 도미니코회원인 도밍고 데 소토(Domingo de Soto, †1560)는, 생명 보존을 위해 사지절단이나 신체절개를 받아야 할 의무가 없으므로, 상급자가 하급자에게 그것을 강요할 수도 없다고 말한다.

"고위성직자는 신하가 자신에게 약속한 순명에 의거해, 그가 쉽게 받아들

---

19) 참조: *Ibid.*, n. 12.

20) *Ibid.*, *Relectio de Homicidio*, n. 35.

21) 참조: F. Vitoria, *Comentarios Secunda Secundae de Santo Tomas*, in II-II, q. 64, a. 5.

일 만한 약물을 복용하도록 강제할 수 있을 것이다. 그러나 분명 누구도 사지절단이나 신체절개에서 오는 극심한 고통을 감내하도록 강요받을 수 없다. 왜냐하면 누구도 그런 고문을 견디면서 생명을 보존해야 할 의무가 없기 때문이다. 그는 자살하는 사람으로 간주되지도 말아야 한다."[22]

(3) 영국 출신의 베네딕토회원인 그레고리 사이루스(Gregory Sayrus, †1602)도, 생명 보존을 위하여 고급스런 음식을 먹어야 할 의무는 없다고 말한다.

"비록 사람이 생명을 끊지 말아야 할 의무가 있다고 할지라도, 그는 자신의 생명을 연장하기 위해 정당하고 정교한 모든 수단을 동원해야 할 의무는 없다. 이것은 명백한데, 왜냐하면 어떤 사람이 인도나 다른 도시의 공기가 건강에 더 좋고 순하여, 고향에서보다 거기서 더 오래 살 것을 확실히 안다 해도, 그가 자기 생명을 연장하기 위해 정당하고 정교한 모든 수단을 동원할 의무는 없기 때문이다."[23]

사지절단과 신체절개에 대해서도, 데 소토와 같이, 극심한 고통이 수반되는 외과 수술은 예외적인 것이므로 의무가 아니라고 말한다.

"자연법에 따라, 각자는 자기 신체를 보존하기 위해 편하게 받아들일 수 있는 정당한 수단을 사용해야 할 의무가 있으므로, 극심한 고통의 문제가 없는데도 자신을 죽게 내버려 둔다면, 의심의 여지없이 그는 죄를 범할 것이다. 그러나 그가 사지의 절단이나 신체 절개 등으로 매우 극심한 고통을 겪는다면, 고위성직자라도 자기 신하에게, 아버지라도 자기 아들에게 그것을 강요할 수 없다. 그 이유는 병자가 그런 극심한 고통과 고문을 겪으면서 자기 몸의 생명을 보존해야 할 의무가 없고, 상급자도 정당하고 정직한 모든 것이 아니라, 오직 적당한 것만을 명령할 수 있기 때문이다."[24]

---

22) D. Soto, *Theologia Moralis*, *Tractatus de Justitia et Jure*, Lib. V, q. 2, a. 1.
23) G. Sayrus, *Clavis Regia Casuum Conscientiae*. Lib. VII, Cap, IX, n. 28.

(4) 스페인의 도미니코회원 도밍고 바녜즈(Domingo Báñez, †1604)는, 보다 명시적으로 통상적 수단과 예외적 수단을 언급하며, 예외적 수단을 사용할 의무가 없다고 이야기한다.

> "비록 사람이 자기 생명을 보존할 의무가 있다고 할지라도, 그는 예외적 수단이 아니라 보통의 음식과 의복, 보통의 의료, 통상적인 보통의 고통을 통하여 (그렇게 할) 의무가 있다. 그러나 어떤 예외적이고 끔찍한 고통이나, 그의 신분에 비해 예외적인 비용을 통해서는 그렇지 않다. 가령, 어떤 평민이 어떤 의료행위에 금화 삼천 냥을 지불해야만 건강을 얻을 수 있다면, 그는 그것을 지불해야 할 의무가 없다. 이것으로 논증은 명백한데, 비록 그 수단이 올바른 이성과 균형을 이루고 결과적으로 정당하다 할지라도, 그것은 예외적인 것이다."[25]

2. 17세기 후안 데 루고의 성찰

앞 장에서도 인용한 바 있는, 17세기 스페인의 예수회원 후안 데 루고(Juan de Lugo, †1660) 추기경은, 생명 보존에 관하여 중요한 몇 가지 성찰을 통해 후대에 커다란 영향을 끼쳤다. 그는『정의와 법에 대하여』(De Iustitia et Iure)라는 책에서 "사람이 자신을 죽이거나 훼손하는 것이 정당한가"[26]라는 제목으로 자살, 사지절단, 생명 보존 등에 관하여 풍부한 성찰을 전해준다. 그것을 다음과 같이 세 가지로 정리할 수 있다.

(1) 예외적 수단은 의무가 아니다

데 루고에 따르면, 사람이 자기 생명에 대해 완전한 지배권을 갖

---

24) *Ibid.*, n. 38.

25) D. Báñez, *Scholastica Commentaria in partem Angelici Doctoris S. Thomae*, in II-II, q. 65, a. 1.

26) J. De Lugo, *De Iustitia et Iure*, Disp. X, Sec. I.

지 않듯이, 그는 신체에 대해서도 완전한 권한을 갖지 않는다. 그러므로 다른 방법이 없고 신체적 건강에 필수적이라면 신체절단은 정당하다. 그런데 그것은 의무인가? 데 루고는 신체절단이 필수적이고 극심한 고통을 수반하지 않는다면, 그것은 치료의 수단으로서 의무라고 말한다. 반면에 그것이 매우 극심한 고통을 수반한다면 의무가 아닌데, 왜냐하면 그런 경우 예외적 수단이 되기 때문이다.

> "(그는) 의사가 그것을 필수적이라고 판단하고 극심한 고통이 없이 이루어질 수 있다면 이 치료법을 허용해야 한다. 그러나 만일 그것이 극심한 고통을 수반한다면 그렇지 않다. 왜냐하면 사람은 생명을 보존하기 위해 예외적이고 너무 어려운 수단을 사용해야 할 의무가 없기 때문이다."[27]

이렇게 데 루고는 생명 보존을 위해 예외적 수단을 사용해야 할 의무는 없다는 원칙을 이어받는다. 그러나 예외적 수단이 의무가 되는 경우가 있을 수 있는데, 가령 "공공의 선을 위해 그의 생명을 반드시 보존해야 하는 사람"[28]의 경우이다.

(2) 적극적인 방식과 소극적인 방식

데 루고는 생명 보존의 의무에 반하는 죄를 두 가지 방식으로 설명한다. 하나는 죽음을 초래할 어떤 것을 행하는 적극적인(positive) 방식이고, 다른 하나는 쉽게 죽을 위험에서 벗어날 수 있는데도 그렇게 하지 않는 소극적인(negative) 방식이다.

> "사람이 생명 보존의 의무를 위반하는 죄를 두 가지 방식으로 범할 수 있다. 첫째는 죽음을 초래하는 어떤 것을 적극적으로 행하는 것인데, 가령 칼로 자신을 찌르거나 강물이나 불 속에 뛰어드는 것이다. 둘째는 소극적인 방식으

27) *Ibid.*, n. 21.
28) *Ibid.*

로 죽을 위험에서 도망가지 않는 것인데, 가령 어떤 사람이 사자가 잡아먹으려 달려드는 것을 보면서 쉽게 도망칠 수 있었음에도 움직이지 않고 기다리거나, 화재가 다가올 때 그곳에서 벗어나지 않고 불꽃을 기다리는 경우이다."[29]

데 루고에 따르면, 후자의 경우 통상적이고 쉬운 방식으로 위험을 피할 수 있었는데도 그렇게 하지 않았다면, 그것은 "자신의 생명을 돌봐야 할 보통의 의무에 위배"[30]된다.

그렇다면 어떤 사람이 생명 보존에 필수적인 음식을 거부한다면 어떠할까? "통상적인 수단으로 쉽게 자기 생명을 유지할 수 있을 때, 생명 유지를 위한 필수적 음식을 먹지 않는 것은 첫째 유형의 행위에 해당한다."[31] 만일 통상적 수단을 쉽게 보통의 방법으로 사용할 수 있는데도 그것을 거부한다면, 그것은 자신의 죽음을 초래하는 적극적인 행위를 하는 것과 같다는 것이다.

(3) 죽음의 필연적 원인과 자유로운 원인

데 루고는 죽을 위험을 일으키는 원인을 두 가지 유형으로 구분한다. 첫째 유형은 자연적이고 필연적인 원인으로서, 홍수나 화재가 그것이다. 이런 원인을 만나는 사람은 가능한 한 도망쳐야 한다. 둘째 유형은 자유로운 원인으로서, 가령 누군가 나를 죽이려 하는 경우이다. 이때 나는 반드시 도망쳐야 할 의무가 있는 것은 아니며, 중대한 이유가 있을 때에는 도망치지 않기로 결정할 수도 있다. 즉, 위험에서 도망쳐야 할 의무는 첫째 유형의 경우가 더 크다.[32]

자연적이고 필연적인 원인은 그에 따른 결과가 초래되도록 결정

---

29) *Ibid.*, n. 28.
30) *Ibid.*
31) *Ibid.*
32) 참조: *Ibid.*, n. 29.

되어 있다. 그래서 이런 원인을 바란다면 그 결과도 바란다고 할 수 있다. 만일 어떤 사람이 필연적으로 죽음을 초래하는 어떤 원인을 바란다면, 그는 그 필연적 결과인 자신의 죽음도 바란다고 볼 수 있다. 그리고 쉽게 원인을 저지할 수 있었음에도 그렇게 하지 않았다면, 자신의 죽음을 초래한 것과 같다. 반면에 자유로운 원인의 경우, 결과는 필연적이 아니다. 왜냐하면 그 결과는 사람의 자유의지에 달려 있기 때문이다. 그래서 그런 원인에서 도망치지 않았다고 하여 반드시 그 결과를 원했다고 보기는 어렵다. 다만 그 결과를 용인했다고는 볼 수 있을 것이다. 이런 경우 그는 자기 죽음을 초래했다고 볼 수 없고, 오히려 죽음의 책임은 그를 공격한 자에게 있다.

앞서 언급하였듯이, 생명 보존을 위해 예외적 수단을 사용해야 할 의무는 없으나, 통상적 수단에 대해서는 의무가 있다. 데 루고는 어떤 사람이 생명 보존을 위한 통상적 수단을 사용하지 않는다면 그것은 의무를 중대하게 거스르는 것이며, 자신의 죽음을 초래하는 것과 같다고 말한다. 왜냐하면 통상적 수단을 무시하는 것은 자기 생명을 무시하는 것과 같으며, 자기 생명 보존에 태만한 것이기 때문이다. "생명의 통상적 보존을 위해 자연이 제공해 준 통상적 수단을 사용하지 않는 사람은 도덕적으로 자신의 죽음을 바라는 사람이라고 간주된다."[33]

정리하면, 데 루고는 적극적인 방식으로 자신의 죽음을 초래하는 경우와, 소극적인 방식으로 생명 보존의 수단을 사용하지 않는 경우를 구별한다. 전자는 언제나 부당하며, 후자는 경우에 따라 다르다. 후자의 경우, 통상적인 수단을 사용하지 않는 경우는 부당하며, 예외적인 수단을 사용하지 않는 경우는 그렇지 않다. 예외적인 수단을 사용하지 않는 것은 죽음을 초래한 것이 아니라, 다만 죽음을 용인한 것이 된다. "박사들의 공통된 의견에 따라, 죽음을 피하기 위해 고급스럽고 값비싼 의료를 사용해야 할 의무는 없다."[34] 예외적인 수단을 사용하지 않

33) *Ibid.*

고 다만 사람들이 보통 살아가는 통상적인 수단에 만족하는 것은 죽음을 용인하고 받아들이는 것이다.

3. 18-20세기: 의료의 발전에 따른 새로운 도전

후안 데 루고 이후의 신학자들은 19세기에 이르기까지 생명 보존 수단에 관한 신학의 전통을 계승한다.[35] 그러나 의료 분야에 커다란 변화가 일어나면서, 과연 무엇이 통상적 수단이고 예외적 수단인지를 판단하는 문제가 새롭게 대두되었다.

(1) 가톨릭 윤리신학에서 매우 중요한 알퐁소 데 리구오리(Alfonso M. De' Liguori, †1787)는 신학의 전통을 이어 받아 짧은 언급을 남겼다.

> "… 통상적 수단을 사용하는 것으로 충분하다. … 생명을 보존하기 위해 다리를 절단하는 것과 같이 예외적이고 너무 힘든 수단을 사용해야 할 의무는 없다. 다만 공동선에 그의 (생명이) 반드시 필요한 경우에는 예외이다."[36]

이와 함께 그는 ① 보통 사용되지 않는 값비싼 약품을 사용해야 할 의무는 없다, ② 더 건강에 좋은 기후를 찾아 거주지를 옮겨야 할 의무도 없다, ③ 죽을 위험이 있는 병자가 어떤 약품을 복용하여 건강을

---

34) *Ibid.*, n. 36.

35) 가령, 18세기 살라망카의 가르멜 회원들의 글에는 이런 대목이 있다. "자신의 생명을 보존하기 위하여 가령 진정으로 고급의 의료, 값비싼 음식, 더 건강에 좋은 지역으로 이사하기 등 예외적인 것을 비롯해 가능한 모든 방법을 사용해야 할 의무는 없다. 정당하든 부당하든 타인의 위협으로 인한 죽음을 피하기 위해 자신의 모든 재산을 내주어야 할 의무도 없다. 또한 치유의 희망이 없는 병자가 매우 값비싼 방법을 사용해야 할 의무도 없다. 비록 그런 방법을 통해 그의 생명이 몇 시간, 며칠, 혹은 몇 년까지 연장될 수 있다는 것을 그가 알지라도 말이다."(Salamanticenses, *Cursees Theologia Moralis*, Tom III, Tract. XIII, de restit., Cap. II, Punct. 2, Sect. 2, n. 26.)

36) S. Alfonso De' Liguori, *Theologia Moralis*, Lib. III, tract. IV, cap. 1, nn. 371-372.

회복할 상당한 가능성이 있다면 그 약을 복용하는 것은 그에게 의무가 된다고 이야기한다.[37]

(2) 그런데 19세기에 외과수술에 커다란 변화가 일어난다. 마취법이 개발되어 극심한 고통을 수반하지 않고도 사지절단이나 신체절개 등이 가능해진 것이다. 그렇다면 이제 그런 외과수술은 더 이상 예외적 수단이 아닌 것인가? 이것은 당시 신학자들에게 새로운 과제였다.

프랑스의 예수회원 장 피에르 구리(Jean-Pierre Gury, †1866)는 어떤 수단을 예외적이라고 판단하기 위한 요소로, 심각한 신체적 고통과 과도한 경제적 비용을 이야기한다.[38] 그런데 마취법을 통해 신체적 고통을 경감시킬 수 있다면 어떻게 되는가. 구리는 이 물음에 답하기보다 마취법 자체가 예외적인 것이라고 말한다. "그런 수면 유도가 위험한 것으로 드러난다면, 분명 그것은 예외적 수단이 될 것이다. 이성 사용과 자기 행동에 대한 주권을 일정 시간 동안 상실한다는 것은 예외적인 것으로 간주해야 한다."[39]

당시의 윤리신학자들은 이러한 변화를 직면하면서도, 이에 대하여 즉각적으로 새로운 판단을 내놓지는 않았다. 그 이유는 구리의 글에서 보듯이, 윤리적 판단을 내리기 전에 마취법과 같은 새로운 기술의 안전성을 검토할 필요가 있었고, 이를 위해 충분한 과학적 자료가 필요했기 때문이었다. 그리고 신체절단에 수반되는 심각한 고통 외에 새로운 사항들이 부각되었는데, 예를 들면 수술 뒤에 환자가 절단된 신체를 지니고 살아야 한다는 사실이 그것이다.[40] 이런 새로운 상황 앞에서 당시의 윤리신학자들은 고민하였다. 그 고민은 통상적 수단과 예외적 수단을 구별하는 전통적인 방식으로는 새로운 상황에서 나타

---

37) 참조: *Ibid.*

38) 참조: J. Gury, *Compendium Theologiae Moralis*(ed. 17; Romae, 1866), I, n. 391.

39) J. Gury, A. Ballerini, and D. Palmieri, *Compendium Theologiae Moralis* (ed. 14; Romae, 1907), I, n. 391.

40) 참조: M. Calipari, *Curarsi e farsi curare*, p.73.

나는 문제를 해결하기 어렵다는 점에 대한 것이었다. 이탈리아의 예수회원 발레리니(A. Ballerini)는 이렇게 말한다.

> "신학자들은 신체절단에서 비롯된 극심한 고통을 이야기한다. 그런데 만일 감각이 잠들어 아무런 고통이 없다면 뭐라고 할 것인가? 혹시 훼손된 몸으로 살게 될 커다란 불편이 병자에게, 잠시 동안 겪는 극심한 고통이 그러듯이, 신체절단을 면제해 주지는 않을까? 나는 이 물음을 학자들에게 남겨둔다."[41)]

카펠만(C. Capellmann)도 외과 수술이 위험하다면 그것은 예외적인 것이고, 따라서 도덕적으로 의무가 아니라는 전통적인 가르침에 대하여 이렇게 말한다.

> "그러나 이 문제에 있어, 나는 이런 의견이 현재의 의학과 외과의 상황에서 아마도 덜 적합해 보인다는 점을 인지해야 한다고 생각한다. 왜냐하면 어려운 수술들이 현재는 완전히 다른 상황에서, 대부분 전보다 훨씬 더 성공적으로 이루어지고 있기 때문이다."[42)]

독일의 예수회원 렘쿨(Augustin Lehmkuhl, †1918)은 사지절단 수술이 의무가 아니라는 전통적인 가르침에 대하여, 현재는 이 수술에서 수반되는 극심한 고통이 마취법을 통해 거의 제거될 수 있음을 지적한다. 그러나 그는 이 수술이 여전히 의무가 아니라고 하는데, 그 이유는 이 수술에 대한 환자의 극심한 공포 때문이다.

> "지금도 나는 사지절단에 대한 공포로 인해 그 수술을 거부하는 사람이 대

---

41) A. Ballerini, *Opus Theologicum Morale in* Basenbaum medullam(absolvit et edidit D. Palmieri, Prati, 1899), II, p. 645, n. 868, footnote "b".

42) C. Capellmann, *Medicina Pastoralis*(ed. 13; Aquisgrana, 1901), p. 25.

죄를 범하지 않는다고 생각한다. … 이제는 부분적으로 제거될 수 있는 고통만이 아니라, 커다란 공포를 겪을 수 있다는 이유 때문에 매우 어려운 수술을 거부하는 것이 정당하다는 사실을 간과해서는 안 된다 —물론 나는 가령 손가락과 그 관절을 잘라내는 것을 말하고 있지 않다."[43]

(3) 요제프 우바흐(Joseph Ubach)는 어떤 외과수술을 예외적 수단이라고 판단하기 위한 요소로, 극심한 고통, 죽을 위험, 과도한 비용, 거대한 공포 등을 이야기한다. 이 중에서 신체적 고통은 일반적으로 마취법에 의해 제거되고, 과도한 비용은 외과 수술이 대개 공립병원에서 이루어지므로 종종 발생하지 않으며, 거대한 공포는 종종 일어나지 않거나 일어나더라도 그것이 비합리적인 것이라면 제거하도록 노력해야 한다. 하지만 우바흐는, 만일 수술에 대하여 환자가 극복할 수 없는 공포가 남아 있다면, 그것은 수술 거부의 정당한 이유가 될 수 있다고 말한다. 죽을 위험의 경우, 만일 의술의 진보에도 불구하고 여전히 죽을 위험이 남아 있다면, 그런 위험에 의해 수술은 예외적이라고 판단될 수 있고, 그렇다면 의무가 아니라고 그는 말한다. 즉, 위에 열거한 요소들 중 하나라도 제거되지 않는다면, 외과수술은 의무가 아니라는 것이다.[44]

끝으로, 놀딘(H. Noldin)과 슈미트(A. Schmitt)도 우바흐와 유사한 이야기를 한다. 그들에 따르면, 일반적으로 예외적 수단은 의무가 아닌데, 어떤 것이 예외적 수단인지를 식별하는 일은 사람들의 보통의 판단에 따라 이루어져야 한다. 그 판단의 요소에는 지나친 비용, 극심한 고통, 죽을 위험, 주관적 공포 등이 있다. 가령, 중병에 걸린 환자가 의사의 진료와 충고를 쉽게 받을 수 있고 회복의 희망이 있는데도 그

43) A. Lehmkuhl, *Theologia Moralis*(ed. 10; Friburgi Brisgoviae, Herder, 1902), I, p. 345.

44) 참조: J. Ubach, *Theologia Moralis*(Bonis Auris, Sociedad San Miguel, 1935), I, n. 488.

것을 거부한다면, 그것은 부당한 일이다. 그러나 그에게 너무 값이 비싸거나 고통이 심하고 어려운 것이라면 의무가 아니다. 그런데 의술이 발전하여 고통은 마취법에 의해 제거되었고, 어려운 수술이 전보다 훨씬 성공적으로 이루어지고 있으며, 사지절단 후에도 절단된 사지를 대체할 인공 기구들이 나오고 있다. 놀딘과 슈미트는 이런 상황을 인정하면서, 이전에는 의무가 아니었던 수술들이 이제는 의무라고 말해야 하는 것처럼 보인다는 사실을 인정한다. 다만 그 수술이 의무라고 판단하기 전에 고려할 것은 첫째, 죽을 위험이 없다는 높은 개연성이 있어야 한다는 것과, 둘째, 수술이 환자에게 극도의 주관적 공포를 주지 않아야 한다는 것이다.[45]

Ⅲ. 가톨릭교회의 문헌에 나타난 생명 보존 수단 사용의 적절성

생명 보존 수단에 관하여 지금까지 살펴본 가톨릭 신학의 전통은 가톨릭교회의 공식 문헌에 반영되었다. 가톨릭교회 교도권이 공식 문헌을 통해 생명과 의료에 관한 윤리 문제를 다루기 시작한 것은 1940-50년대 교황 비오 12세로부터 시작되는데, 위에서 살펴본 가톨릭 신학의 전통을 계승하는 동시에, 갈수록 새로워지는 의료 환경에 적합한 가르침을 내놓기 위한 노력이 담겨 있다.[46]

---

45) 참조: H. Noldin－A. Schmitt, *Summa Theologiae Moralis*(ed. 27; Oeniponte/Lipsiae, Rauch, 1940-41), II, p. 308.

46) 아래에서 인용될 가톨릭교회 문헌의 본문들은 공식 번역문을 토대로 하여 필자가 재번역한 것이다.

1. 전통의 반영: 통상적-예외적 수단

교황 비오 12세는 1957년 11월 24일, '그레고리오 멘델 유전학 연구소'가 주최한 의사, 과학자들의 회의 참가자들에게 한 담화에서, 소생술에 관한 몇 가지 중요한 윤리적 물음에 답변을 제시한다.[47] 이때 제기된 물음은 다음과 같다.

① 인공호흡기가 전혀 무익하다는 의사의 판단이 있을 때에도, 그것을 모든 경우에 적용해야 할 의무가 있는가?

② 인공호흡기를 사용한 지 여러 날이 지났어도 깊은 무의식 상태가 호전되지 않는 반면에, 그것을 제거하면 몇 분 안에 혈액 순환이 멈출 것이 예상될 때, 그것을 제거해야 할 의무가 있는가? 이 경우 환자의 가족이 의사에게 인공호흡기를 제거하도록 요구한다면 어떻게 해야 하는가?

③ 중추성 마비로 인해 무의식 상태에 있는 환자의 생명을 —혈액 순환을— 인공호흡기로 유지하고 있지만, 여러 날이 지나도 아무런 호전이 되지 않을 때, 이 환자는 '사실적으로'(de facto) 혹은 '법적으로'(de iure) 죽었다고 간주해야 하는가? 그를 죽었다고 간주하기 위하여 인공호흡기를 사용함에도 불구하고, 혈액 순환이 멈추기를 기다려야 하는 것은 아닌가?

이 물음에 답하기에 앞서 교황은 우선 일반적인 원칙을 언급하는데, 그것은 바로 통상적인 수단에 대한 의무만이 있다는 것이다. 그러나 환자에게 중대한 이유가 있을 때에는 예외적 수단을 사용하는 것도 배제되지 않는다.

---

47) Pio XII, *Discurso del Santo Padre Pio XII sobre tres cuestiones de moral médica relacionadas con la reanimación*(1957-11-24), in http://w2.vatican.va/content/pius-xii/es/speeches/1957/documents/hf_p-xii_spe_19571124_rianimazione.html [2016-02-05].

"자연적 이성과 그리스도교 윤리는, 인간이 중병에 있을 때 생명과 건강을 보존하기 위해 반드시 필요한 치료를 받을 권리와 의무가 있다고 말합니다. … 그러나 일반적으로 (사람과 장소와 시기와 문화에 따른) 통상적 수단, 즉 자신이나 타인에게 예외적인 부담을 지우지 않는 수단에 대한 것 외에는 의무를 지우지 않습니다. 그보다 더 엄격한 의무는 대부분의 사람들에게 너무 무거울 것이며, 보다 중요한 상위의 가치에 도달하기를 너무 어렵게 만들 것입니다. 사실 생명, 건강, 모든 시간적 활동은 영적 목적에 종속됩니다. 그러므로 보다 중대한 의무가 남아 있을 경우에는, 생명과 건강을 보존하기 위해 반드시 필요한 것 이상을 하는 것도 금지되지 않습니다."

이런 원칙을 바탕으로 비오 12세는 위에서 열거한 물음에 답한다. 이 답은 임상적 사례가 지닌 객관적 측면과, 환자와 가족의 주관적 측면을 함께 고려하도록 한다.

"역량 있는 의사가 아무런 희망이 없다고 판단한 경우를 포함해 깊은 무의식 상태인 모든 경우에, 마취과 의사는 가족의 요구에 반해서라도 인공호흡기를 적용할 권리와 의무가 있는가?

통상적인 경우 마취과 의사는 그렇게 행할 권리가 있으나, 그것이 다른 도덕적 의무를 이행하는 유일한 방법이 아니라면 그럴 의무는 없다는 것이 인정될 것입니다. … 여기서 이야기하는 소생 기술은 그 자체로 비윤리적인 것은 없습니다. 따라서 환자는 – 결정을 내릴 능력이 있다면 – 그것을 정당하게 사용할 수 있으며, 따라서 그것에 대해 의사에게 권한을 줄 수 있을 것입니다. 한편, 이런 처치는 의무가 되는 통상적 수단을 넘어서기 때문에, 그것을 사용해야 하고 의사에게 그럴 권한을 주어야 할 의무가 있다고 생각할 수는 없습니다. … 가족의 고유하고 독립적인 의무에 대해서는, 관습적으로 통상적 수단을 사용할 의무 외에는 없습니다. 따라서 소생의 시도가 가족에게 양심 안에서 강요할 수 없는 부담을 지운다면, 가족은 의사에게 그 시도를 중단하도록 정당하게 요구할 수 있으며, 의사는 정당하게 그것을 받아들일 수 있습니다."

2. 새로운 개념의 도입: 균형적-불균형적 수단

교황 비오 12세 이후에 발표된 가톨릭교회의 공식 문헌들은[48] 생명 보존을 위한 통상적 수단이 의무이고, 예외적 수단은 의무가 아니라는 전통적인 원칙을 여전히 유효한 것으로 받아들인다. 그러나 그 개념을 현대의 의료 환경에 적용하기 위해서는 어떤 보완이 필요하다는 것도 인정한다. 그리하여 새롭게 등장한 균형적(proportionate) 수단과 불균형적(disproportionate) 수단이라는 개념을 소개한다.

> "모든 상황에서 가능한 모든 방법을 동원해야 하는가? 지금까지 윤리학자들은 예외적 수단을 사용할 의무가 없다고 답변해 왔다. 그러나 오늘날 이 대답은, 원칙적으로는 언제나 유효하지만, 용어의 모호성과 치료법의 급격한 발전으로 아마도 덜 분명해 보일 수 있다. 그래서 어떤 이들은 균형적 수단과 불균형적 수단이라는 말을 선호한다."[49]

> "본 연구회는 질병 치료에서 사용하는 '통상적 수단'과 '예외적 수단'의 구분에 대하여 연구하였다. 이 표현이 과학적 용어와 의료 행위에서는 낡은 것이 되고 있지만, 신학에서는 여전히 매우 중요한 윤리 문제들을 해결하는 데 가치가 있다. 왜냐하면 '예외적'이라는 말은 사용할 의무가 없는 수단들을 가리키기 때문이다.
>
> 이 구분은 몇 가지 복잡한 현실을 깊이 탐구하게 해주고 어떤 매개 역할을 한다. 시간 속의 생명은 근본 가치이지만 절대 가치는 아니기 때문에, 생명을 보존해야 할 의무의 한계를 찾을 필요가 있다. '통상적' 수단과 '예외적' 수단의 구분은 이 진리를 나타내 주며, 이를 구체적인 사례에 적용할 때 그것을 인도해 준다. 이에 상응하는 용어, 특별히 '균형적 치료'라는 말은 보다

---

48) 발표된 연도순으로, 교황청 신앙교리성, 「안락사에 관한 선언」(1980); 교황청 사회복지평의회, 「중환자와 임종자에 관한 윤리문제」(1981); 「가톨릭교회 교리서」(1992); 교황 요한 바오로 2세, 「생명의 복음」(1995); 교황청 보건사목평의회, 「의료인 헌장」(1995) 등이 있다.

49) 교황청 신앙교리성, 「안락사에 관한 선언」(1980), 4항.

만족스럽게 보이는 방식으로 문제를 표현해 준다."[50]

그리고 통상적-예외적 수단의 정의와 그것을 판별하는 기준을 제시하는데, 여기에도 균형적-불균형적 수단의 개념이 사용된다. 즉 어떤 생명 보존 수단을 사용하면서, 의도하고 기대하는 결과와 수단의 위험성 · 비용 등을 비교하여 '균형'이 있는지 여부를 판단하는 것이다. 그리고 어떤 수단에 대한 판단은 언제나 환자의 실제 상태에 의거하여 내려질 수 있는 것이지, 환자와 무관하게 선험적으로 구분할 수 있는 것은 아니다.

"의료인은 자신이 생명의 주인도, 죽음의 정복자도 아니라는 사실을 의식하고, 수단을 평가할 때 환자에게 관련시켜 합당한 선택을 해야 하고, 환자의 실제 조건에 따라 결정해야 한다."[51]

"어떻든 치료법의 유형, 그 어려움과 위험의 정도, 비용과 적용 가능성 등을 기대할 수 있는 결과와 비교하고, 병자의 상태와 병자의 육체적 · 윤리적 힘을 고려하여 수단들을 잘 평가할 수 있을 것이다."[52]

"수단을 결정할 때, 수단과 추구하는 목적 사이의 균형성을 언제나 정립해야 할 것이다."[53]

"환자의 상태에 의거하여, 사용한 수단과 추구한 목적 사이에 적절한 균형 관계가 있는 치료를 통상적이라고 간주한다. 이런 균형이 없는 경우, 그런 치료를 예외적이라고 간주한다."[54]

---

50) 교황청 사회복지평의회, 「중환자와 임종자에 관한 윤리문제」(1981), 2.4.1항.
51) 교황청 보건사목평의회, 「의료인 헌장」(1995), 120항.
52) 「안락사에 관한 선언」, 4항.
53) 「중환자와 임종자에 관한 윤리문제」, 2.4.2항.
54) 「의료인 헌장」, 64항.

이렇게 볼 때, 교회 문헌에서 균형적 수단은 곧 통상적 수단이며, 불균형적 수단은 곧 예외적 수단에 해당된다. 여기서 불균형적 수단이란, 사용하는 수단과 추구하는 목적 사이에 균형이 없는 수단이다. 사실 이런 경우는 대개 어떤 수단을 사용하여 얻은 결과가 추구하는 목적에 크게 못 미칠 때 발생한다. 그런 수단을 견디기 위해 환자가 들여야 할 노력이나 고통이 기대하는 효과보다 더 큰 경우이다. 그것은 환자에게 좋은 일이 아닌데, 그런데도 불균형적 수단을 고집한다면, 그것은 일종의 집착으로서, 이를 '치료 집착'(accanimento terapeutico)이라고 부른다. 그리하여, 불균형적 수단은 예외적 수단과 마찬가지로 사용해야 할 의무가 없을 뿐더러, 그것이 오히려 환자에게 어려움을 가중시키는 '치료 집착'에 해당될 때에는 사용하지 않는 것이 정당하다고 볼 수 있다. 반면에 환자에게 도움이 되는 균형적 수단의 경우 사용해야 할 의무가 있다.

"기대하는 결과에 비하여 짐스럽고 위험하며, 예외적이고 불균형적인 의료 행위를 중단하는 것은 정당할 수 있다. 그런 경우는 '치료 집착'을 포기하는 것이다. 이렇게 하여 죽음을 바라는 것이 아니라, 그것을 막을 수 없음을 받아들이는 것이다."[55]

"치유가 불가능한 경우에도 의료인은 결코 치료를 포기해서는 안 된다. 그는 모든 '균형적' 치료를 실행할 의무가 있다. 반면에 '불균형적' 치료를 실행할 의무는 없다."[56]

"- 그 결과가 기대에 미치지 못할 때, 그런 수단의 적용을 중단하는 것도 정당하다. 그러나 그런 결정을 내릴 때는 진정으로 유능한 의사의 소견은 물론, 환자와 환자 가족들의 온당한 원의를 고려해야 할 것이다. 의심의 여

55) 「가톨릭교회 교리서」(1992), 2278항.
56) 「의료인 헌장」, 64항.

지없이 그들은 장비와 인력의 투입이 예상되는 결과에 균형적인지, 그리고 사용된 기술이 환자에게 주어질 수 있는 이익보다 더 큰 고통과 불편을 겪게 하는지에 대하여, 다른 누구보다 더 잘 판단할 수 있을 것이다.

– 의료가 제공할 수 있는 보통의 수단에 만족하는 것은 언제나 정당하다. 그러므로 이미 사용되고 있지만 여전히 위험이 없지 않거나, 너무 짐스러운 유형의 치료법을 사용해야 할 의무는 누구에게도 부과할 수 없다. 그것을 거부하는 것은 자살과 같지 않다. 오히려 그것은 인간 조건의 단순한 수용이거나, 희망할 수 있는 결과에 대해 불균형적인 의료 행위를 피하려는 원의이거나, 가족이나 공동체에 과도한 부담을 지우지 않으려는 원의를 뜻한다.

– 사용된 수단에도 불구하고 피할 수 없는 죽음이 임박했을 때, 유사한 경우의 환자에게 제공되어야 할 일반적인 간호는 중단하지 않으면서, 불확실하고 고통스러운 생명 연장만을 가져오는 처치를 포기하는 결정을 양심 안에서 내리는 것은 정당하다. 따라서 의사는 위험 중에 있는 사람을 돕지 못한 것처럼 자책할 이유는 없다."[57]

"안락사와 구별되어야 할 것은, 이른바 '치료 집착', 즉 희망할 수 있는 결과에 대해 불균형적이거나 환자와 가족에게 지나친 부담을 주기 때문에 환자의 실제 상황에 더 이상 적합하지 않은 의료 행위를 포기하는 결정입니다. 이러한 상황에서 죽음이 임박하고 피할 수 없다고 예상될 때, 양심 안에서 '유사한 경우의 환자에게 제공되어야 할 일반적인 간호는 중단하지 않으면서, 불확실하고 고통스러운 생명 연장만을 가져오는 처치를 포기'할 수 있습니다. 물론 자신을 돌보고 돌봄을 받아야 할 의무가 있지만, 이 의무는 구체적인 상황과 함께 고려되어야 합니다. 즉 사용 가능한 치료 수단이, 호전될 가망에 비해 객관적으로 균형적인지를 평가할 필요가 있습니다. 예외적 혹은 불균형적 수단을 포기하는 것은 자살이나 안락사와 같지 않습니다. 그것은 오히려 죽음 앞에서 인간의 조건을 받아들인다는 표현입니다."[58]

---

57) 「안락사에 관한 선언」, 4항.

58) 요한 바오로 2세, 「생명의 복음」(1995), 65항.

"원칙은 예외적 수단을 사용할 도덕적 의무는 없다는 것, 그리고 특히 의사는 그런 수단을 거부하는 환자의 의향 앞에 머리를 숙여야 한다는 것이다."[59]

3. 기본적 돌봄에 대한 의무

이와 함께 교회 문헌이 특별히 강조하는 것은, 균형적 혹은 통상적 수단을 사용해야 할 의무의 수준에서, 영양 · 수분 공급 등의 기본적인 돌봄은 결코 중단되어서는 안 된다는 점이다. 그것이 설사 인공적인 방식으로 이루어진다고 할지라도, 그것은 인간적인 삶을 위한 기본 조건을 충족시키는 행위이지 본래 의미의 의료행위라고 보지 않는다.[60] 만일 이런 수단을 사용하지 않아 환자가 사망한다면, 그것은 환자의 죽음을 초래한 것이라고 말할 수 있다.

"비록 죽음이 임박하였다고 여겨지더라도, 환자에게 제공되어야 할 통상적 치료는 정당하게 중단될 수 없다."[61]

"어떠한 경우에도 이른바 '최소한'의 수단을 적용해야 할 엄격한 의무는 남아 있다. 곧, 정상적이고 관습적인 조건에서 생명의 유지를 위하여 사용되는 수단이다(영양 공급, 수혈, 주사 등). 이것을 중단한다는 것은 사실상 환자의

---

59) 「중환자와 임종자에 관한 윤리문제」, 2.4.3항.

60) 교황 요한 바오로 2세는 식물상태 환자 돌봄에 관하여 열린 국제학술대회 참가자들에게 한 담화에서 이렇게 말한다. "특별히 저는 영양과 수분 공급이 인공적인 방법으로 이루어지더라도, 그것은 언제나 생명 보존의 자연적 수단이지 의료 행위가 아니라는 점을 강조하고자 합니다. 그것은 원칙적으로 통상적이고 균형적인 것으로 보아야 하며, 환자에게 영양을 주고 고통을 경감시킨다는 본연의 목적을 달성하는 한, 도덕적으로 의무입니다. '유사한 경우의 환자에게 제공되어야 할 일반적인 간호는 중단하지 않아야' 할 의무에 영양과 수분 공급도 포함됩니다."(John Paul II, *Address to the participants in the International Congress on 'Life-sustaining Treatments and Vegetative State: Scientific Advances and Ethical Dilemmas'*, 2004-03-20, in http://w2.vatican.va/content/john-paul-ii/en/speeches/2004/march/documents/hf_jp-ii_spe_20040320_congress-fiamc.html[2016-02-05])

61) 「가톨릭교회 교리서」, 2279항.

생명을 끝내려는 것을 뜻할 것이다."[62]

"영양과 수분의 공급은 인공적으로 이루어지더라도, 환자에게 부담이 되지 않을 때에는, 언제나 제공되어야 할 정상적 치료에 속한다. 이들을 무분별하게 중지한다면, 그것은 본래 의미의 안락사를 의미할 수 있다."[63]

4. 생명 보존 수단 사용에 관한 새로운 제안

가톨릭 윤리신학의 전통에서 내려온 통상적-예외적 수단의 구분에 대하여, 오늘날의 성찰은 '사용하는 수단과 추구하는 목적 사이의 균형'이라는 새로운 기준에 의거한 균형적-불균형적 수단이라는 구분을 도입하였음을 보았다. 이 두 가지 구분 방식은 후자가 전자를 보완하는 관계에 있으며, 서로를 배제하지 않는다. 그러나 구분의 기준에 있어, 여전히 모호하고 불분명한 면이 있다. 물론 의료현장에서 환자마다 상태가 다르고, 동일한 환자의 상태도 변하므로, 각각의 사례가 저마다의 특별함을 지니고 있다. 그렇기 때문에 환자의 상태에 비추어 적절한 수단을 판별하는 일반적 기준을 상세하게 정립하기란 어려울 뿐더러, 어느 정도의 추상성은 불가피한 면이 있다. 그럼에도 불구하고, 실제적인 판단을 도와줄 어느 정도의 구체적인 항목이 필요하다는 것도 인정할 만하다.

여기서 판단의 기준을 정리하기 위해 도움이 될 구분법은 객관적-주관적 기준의 구분이다.

"통상적 수단과 예외적 수단을 구별하는 기준은 여러 가지가 있다. 이 기준들은 각기 구체적인 경우에 따라서 적용되어야 한다. 그중의 일부는 객관적 기준이다. 예컨대, 수단의 본성, 비용, 그런 수단 적용의 정당성 등이다. 다른 기준은 주관적 기준이다. 예컨대, 어떤 환자에게는 심리적 충격이나 불안이

62) 「중환자와 임종자에 관한 윤리문제」, 2.4.4항.
63) 「의료인 헌장」, 120항.

나 불편을 주어서는 안 된다는 것 등이다."[64]

의료행위가 의사와 환자의 만남에서 이루어지고, 의사는 환자의 몸에서 일어나는 현상들을 면밀히 관찰하여 진단, 사용할 처치, 예후 등을 판단하기 때문에, 객관적 자료는 의료에서 중요한 부분을 차지한다. 동시에, 질병은 환자가 겪는 체험의 영역에 있기 때문에, 환자 자신의 주관적 측면 역시 의료에서 중요한 부분이다. 그러므로 이 두 가지 측면을 적절히 검토하여 종합적으로 판단할 때, 환자에게 사용할 적절한 수단이 무엇인지를 식별해낼 수 있을 것이다.

이탈리아의 윤리신학자 마우리치오 칼리파리(Maurizio Calipari)[65]는 이런 객관적-주관적 기준에 의거하여 종합적 판단을 위한 새로운 제안을 하는데, 이를 아래와 같이 소개한다.[66]

(1) 제1단계: 객관적 기준

갈리파리가 제안하는 객관적 기준이란 의학적 · 기술적 관점에서 적절성을 판단하는 기준으로서, 어떤 생명 보존 수단의 사용이 환자의 생명과 건강에 관한 구체적인 목적을 달성하는가를 보는 것이다. 그는 이런 기준에 따라 생명 보존 수단을 '균형적-불균형적'으로 구분하자고 제안한다. 그 기준의 항목에는 아래와 같은 것들이 있다.

1) 수단의 구체적인 사용 가능성 어떤 수단이 균형적인 것으로 판단되려면, 무엇보다 지금 여기에서(hic et nunc) 구체적으로 사용 가능하거나, '타당하게' 공급될 수 있어야 한다. 여기서 타당하게 공급

64) 「중환자와 임종자에 관한 윤리문제」, 2.4.2항.

65) M. Calipari, *Curarsi e Farsi Curare: tra abbandono del paziente e accanimento terapeutico*, pp. 151-166. 참조: 졸문, "의료에 관한 가톨릭 생명윤리의 맥락과 연명의료 결정에 관한 성찰," 「가톨릭철학」 21(2013), 20-22쪽.

66) 이 제안은 가톨릭 신학계에서 흥미롭게 받아들여지고 있으나, 가톨릭교회의 공식 입장으로 제시된 것은 아님을 밝혀 둔다.

된다는 것은, 임상적 상황의 중대성이나 응급성과 비교하여, 수단이 공급되기 위하여 들이는 노력(운송의 거리 · 수단 · 시간 등)을 평가한다는 뜻이다. 가령, 어떤 환자의 상태에 비추어 최선이라고 여겨지는 수단이 지금 현장에 갖춰져 있지 못하거나, 그것을 구하는 데 과도한 노력이나 시간이 요구된다면, 그런 수단은 —칼리파리의 제안에 따르면— 불균형적이라고 할 수 있다.

2) 수단을 기술적으로 적절하게 사용할 가능성　　어떤 생명 보존 수단이 현장에 갖춰져 있다면, 다음으로 요구되는 것은 그 수단을 적절한 시기에 충분한 역량으로 사용하는 일이다. 만일 부적절한 방식으로 사용된다면, 그 수단의 효과가 떨어질 뿐만 아니라, 그 자체가 환자에게 위험요인이 될 수도 있다. 이런 경우 그 수단은 불균형적인 것이 될 것이다.

3) 수단 사용이 가져올 현실적인 의학적 효과에 대한 타당한 기대가능성　　위의 두 가지 항목이 충족됨을 전제로 하여, 사용하는 수단이 어떤 특정한 환자에게, 그의 구체적인 임상적 상황에서, 기대하는 의학적 효과를 현실적으로 가져오는가 하는 점을 평가한다. 이런 평가는 처치가 실행되는 동안 지속적으로 이루어져야 하는데, 그 이유는 환자의 상태가 계속해서 변화하기 때문이다. 그런 효과가 있다면, 균형적이라고 말할 수 있다.

4) 수단 사용이 환자에게 끼칠 해로운 부작용의 가능성　　모든 의료행위는 종종 환자에게 부작용을 일으키므로, 사용한 수단이 가져올 효과와 함께 부작용을 고려할 필요가 있다. 이때 효과보다 부작용이 크다면, 불균형적이라고 말할 수 있다.

5) 수단 사용이 환자의 생명과 건강에 끼칠 위험성　　모든 의료행위는 종종 어느 정도의 위험성이 있을 수 있다. 수단의 위험성이 높을수록, 그것이 균형적인 것으로 판단되기 위해서는 그만큼 효과도 커야 할 것이다. 혹은 환자의 중증도나 응급도가 높을 때에는 위험성이

높은 수단이라도 시도해 볼 수 있을 것이다. 이런 점들을 감안하여 수단을 평가하는데, 그것은 언제나 적용하는 질병에 의거하여 의학계에서 통용되는 표준을 바탕으로 해야 할 것이다.

6) 효과가 동등하거나 더 높은 다른 수단의 사용 가능성 사용하려는 수단보다 더 효과가 좋거나 같은 정도의 다른 수단이 있다면, 여기서 열거하는 다른 항목들을 참작하여 전자나 후자의 사용을 고려해 볼 수 있을 것이다.

7) 수단 사용에 소요되는 다른 자원에 대한 평가 현대 의료에서 사용되는 의료 기술이나 장비가 고도로 발달할수록, 이것이 중요한 고려사항이 되고 있다. 특히, 의료비용이 한정되어 있기 때문에, 어떤 수단의 사용에 있어 비용은 중요한 고려사항이 된다. 이때 비용은 환자의 중증도, 응급도 등과 함께 평가될 필요가 있다. 그러나 잊지 말아야 할 것은, 인간 생명의 가치가 경제적으로 환산될 수는 없다는 사실이다. 그래서 칼리파리는 환자의 생명을 구하기 위한 유일한 수단이 위에서 열거한 항목들에 따라 '균형적'이라고 평가된다면, 비용과 무관하게 균형적이라고 판단해야 한다고 말한다.

이상의 기준들에 따라 수단을 평가하는 것은 객관적 자료로서, 다음에 고찰할 주관적 기준에 따른 평가보다 우선적으로 이루어질 필요가 있다. 그래서 칼리파리는 이런 객관적 기준에 따른 '균형적-불균형적' 수단의 평가를 종합적인 판단을 위한 '제1단계'라고 말한다.

(2) 제2단계: 주관적 기준

이것은 생명 보존 수단을 받아들이는 환자의 주관적 측면을 가리킨다. 이것이 주관적 측면인 관계로, 같은 상황에 있더라도 환자에 따라 수단을 평가하는 정도는 다를 것이며, 같은 환자라 할지라도 상태의 변화에 따라 다를 것이라고 생각할 수 있다. 칼리파리는 이 기준에 따라 수단을 '통상적-예외적'으로 구분하자고 제안하며, 이런 평가를 종합적 판단을 위한 '제2단계'라고 말한다.

1) 수단을 사용하기 위해 환자의 지나친 노력을 요하는지 여부 어떤 생명 보존 수단을 사용하기 위해 장소나 사용방식, 시간 등의 측면에서 환자가 얼마나 큰 노력을 들여야 하는가를 평가하는 것이다. 환자에게 특별히 부담이 큰 것이라면, 예외적 수단이라고 볼 수 있을 것이다. 반면에 환자가 받아들일 만하고 견딜 만한 수고를 동반하는 것이라면, 통상적 수단이라고 할 수 있을 것이다.

2) 환자에게 참을 수 없고 충분히 완화시킬 수 없는 신체적 고통을 주는지 여부 현대 의료에서 진통제가 많은 발달을 이루었지만, 어떤 수단이 커다란 신체적 고통을 수반하는 경우가 있을 수 있다. 참을 수 없는 고통이란 매우 주관적인 것이어서, 환자 자신만이 커다란 고통을 겪고 있는지를 평가할 수 있다. 만일 그런 고통을 주는 수단이라면, 그 수단은 그 환자에게 예외적인 것이 될 것이다.

3) 환자나 가족에게 감당할 수 없는 비용이 요구되는지 여부 칼리파리에 따르면, 환자나 그 가족에게 현재와 미래의 생계와 관련하여 감당할 수 없는 비용을 요구한다면, 그것은 예외적 수단이 된다. 이 평가는 각자가 자신의 현실적인 상황에서 판단해야 할 부분이다. 반면에 칼리파리는, 각 환자의 경제적 상황과 무관하게 어떤 획일적인 비용의 '상한선'을 정해 놓고 그것을 넘는 경우를 모두 예외적이라고 판단하는 것은 도덕적으로 지지할 수 없다고 말한다.

4) 환자에게 강한 공포나 혐오를 유발하는지 여부 이것은 환자의 심리적, 정서적, 문화적, 환경적 사정에 따라 다르게 평가될 수 있다. 만일 어떤 환자가 어떤 수단에 대한 두려움이나 혐오감을 충분히 조절하거나 극복할 수 없다면, 그것은 일종의 현실적인 불가능의 상황이라고 볼 수 있으며, 이 경우 그 수단은 그 환자에게 예외적 수단이 될 것이다.

5) 수단의 사용이 환자의 생명이나 건강에 커다란 위험을 끼칠 것인지 여부　　여기서 말하는 위험성은 환자가 스스로 평가하는 주관적 측면을 가리킨다. 우선 제1단계에서 의사가 학계에서 통용되는 자료나 경험에 의거하여 어떤 수단이 환자에게 끼칠 위험성을 평가한다. 그러고 나서 의사는 ―칼리파리에 따르면― 환자에게 필요한 정보를 제공하고, 환자 본인이 자신에게 사용될 수단의 위험성을 수용할 수 있는지를 살펴보아야 한다. 환자가 자신의 생명과 건강에 지나치게 위험성이 크다고 평가한다면, 그것은 그에게 예외적 수단이 될 것이다.

6) 환자의 가치서열에 의거해 수단 사용이 가져올 '전체적 효과'가 높게 평가되는지 여부　　칼리파리에 따르면, 어떤 수단이 의학적 측면에서 환자의 생명이나 건강에 좋은 효과를 가져온다고 할지라도, 그것이 환자의 관점에서 전체적으로 좋은 효과라고 볼 수 있는지를 판단해야 한다. 객관적 관점에서 환자에게 도움이 되더라도 전체적인 관점에서는 그것이 미약하다고 평가될 수 있다는 것이다. 이런 경우 그 수단은 그 환자에게 예외적인 것이 될 것이다.

7) 더욱 중요한 도덕적 의무를 수행하는 데 장애가 되는지 여부　가령, 안정제를 사용해 환자를 부분적으로나 전적으로 무의식 상태에 빠뜨리는 것처럼, 어떤 수단의 작용 방식이나 결과가 환자의 중요한 도덕적 의무(용서, 화해 등)를 완수하지 못하게 하는 경우를 말한다. 이런 경우 그 수단은 환자에게 예외적인 것이 될 수 있다.

(3) 제3단계: 두 기준의 종합

이와 같이 객관적 기준에 의한 균형적·불균형적 수단의 구분과, 주관적 기준에 의한 통상적·예외적 수단의 구분을 조합하면, 다음과 같은 네 가지 경우가 있을 수 있다. 이들을 고려하며 구체적인 의료 행위에 대한 종합적인 실천적 판단을 내리는 것이 칼리파리가 제안하는 '제3단계'에 해당한다.

① 균형적-통상적 수단: 의학적으로 환자에게 도움이 되고, 환자도 받아들일 수 있는 수단.

② 균형적-예외적 수단: 의학적으로 환자에게 도움이 되지만, 환자 편에서는 받아들이기 어려운 수단.

③ 불균형적-통상적 수단: 의학적으로 환자에게 도움이 되지 않지만, 환자는 받아들일 수 있는 수단.

④ 불균형적-예외적 수단: 의학적으로 환자에게 도움이 되지 않고, 환자도 받아들이기 어려운 수단.

그렇다면 이런 수단들을 사용할 도덕적 의무는 어떻게 될까? 여기에도 세 가지 경우가 있을 수 있는데, ㉠ 수단 사용이 정당하고 도덕적으로 의무인 경우, ㉡ 정당하지만 의무는 아닌 경우, ㉢ 도덕적으로 부당한 경우이다.

우선, 위의 기준에 따라 생명 보존을 위한 '균형적 수단'은 환자에게 의학적으로 도움이 되는, 좋은 효과가 있는 수단이므로, 그것의 사용은 부당할 수 없다. 여기서 그 수단이 환자도 받아들일 만한 '통상적 수단'이라면[①] 그것은 의무가 될 것이며[㉠], 반대로 그 수단을 사용하지 않는다면 그것은 환자의 죽음을 초래하는 일이 될 것이다. 반면에 그것이 환자의 편에서는 받아들이기 힘든 '예외적 수단'이라면[②] 그것은 의무가 아니고 사용 여부를 판단할 수 있을 것이며[㉡], 다만 환자가 중대한 도덕적 의무(용서, 화해 등)를 이행해야 할 이유가 있을 때에는 의무가 될 수도 있다.

그렇다면 환자에게 도움이 되지 않는, 의학적으로 부적절한 '불균형적 수단'[③, ④]은 어떻게 봐야 할까? 칼리파리는, 원칙적으로 어떤 수단이 불균형적이라고 판단될 때에는 환자의 주관적 측면과 무관하게 그것의 사용은 도덕적으로 부당하다고 말한다[㉢]. 그에 따르면, 이런 불균형적 수단이 환자에게 주는 효과를 다시 세 가지 경우로 나누어 볼 수 있다. 첫째, 사용한 수단이 환자에게 어떤 도움을 주지만 거기에 수반되는 해로운 부작용이 더 큰 경우, 둘째, 환자에게 아무런 도움을 주지 못하는 경우, 셋째, 환자에게 해로울 뿐인 경우이다. 첫째에서 셋째로 갈수록 불균형적 수단을 사용하는 도덕적 부당함이 더 커진다. 여기서 칼리파리는 적어도 이론적으로는 단 하나의 예외가 있을 수 있다고 말하는데, 그것은 첫째의 경우가(객관적으로 도움이 되지만 해로운 부작용이 더 큰 수단) 환자의 중요한 도덕적 의무(용서, 화해 등) 완수에 유일한 방법일 때이다.

이상의 내용을 정리하면 다음과 같다.

Ⓐ 균형적-통상적 수단을 사용하는 것은 정당하며 도덕적으로 의무이다.

Ⓑ 균형적-예외적 수단을 사용하는 것은 정당하지만 의무는 아니다. 즉 환자의 상태에 따라 사용 여부를 판단할 수 있다. 다만 환자에게 중대한 이유가 있을 때는 의무가 될 수도 있다.

Ⓒ 불균형적 수단을 사용하는 것은 도덕적으로 부당하다. 즉 사용하지 않는 것이 좋다. 다만, 적어도 이론적으로는, 환자에게 중대한 이유가 있을 때는 예외적으로 사용할 수도 있다.

나오는 말

앞서 언급한 것처럼, 질병의 상황은 환자마다 다르고, 같은 환자도 상태가 달라지는 관계로, 환자에게 적절한 의료수단과 행위를 선험적으로나 획일적으로 정할 수는 없다. 그러므로 지금까지 고찰한 생명 보존 수단의 적절성에 관한 일반적 기준들을 바탕으로 하여, 그것을 실제 상황에 적용하며 적절한 판단을 내리는 작업이 필요할 것이다.

여기에 요구되는 점은 크게 두 가지로 보인다. 첫째는, 의료 현장에서 직접 환자를 만나는 의료인의 전문적 · 직무적 소양과 함께, 적절한 의료행위의 윤리적 의미를 생각하는 윤리적 소양이 필요하다는 것이다. 여기서 윤리적 소양이란 단순히 의사의 개인적인 도덕성을 말하는 것이 아니다. 그것은 의료행위가 전문 지식과 기술로만 이루어지지 않으며, 거기에는 윤리적 측면이 언제나 관여된다는 것을 인식하고, 그 의미를 생각할 윤리적 지식과 판단력을 갖춘다는 뜻이다. 이를 위해 윤리적 의료 행위에 관하여 지속적인 교육, 성찰, 토론이 이루어질 필요가 있다.

둘째는, 적절한 생명 보존 수단을 판단하는 데는 언제나 객관적 자료와 주관적 자료가 함께 관여된다는 것을 생각할 때, 의료진과 환자 · 보호자의 대화와 소통이 반드시 필요하다는 것이다. 그런 의미에서, 칼리파리가 제안한 것처럼 객관적 자료를 바탕으로 하여(제1단계), 어떤 수단이 환자에게 객관적으로 도움이 된다는 전제 하에 환자의 주관적 사정을 고려하며(제2단계), 종합적이고 적절한 판단(제3단계)을 내리는 것이 하나의 방법론으로서 연구될 수 있을 것이다.

그렇다면 의료행위에 관한 국가나 의료기관의 정책 · 제도 역시, 이 객관적 측면과 주관적 측면이 적절히 종합되도록 촉진하는 방향으로 마련될 필요가 있다는 점도 생각할 수 있다. 다시 말해, 의료진의 전문적 · 윤리적 소양을 함양하기 위한 각종 교육 프로그램을 활성화하고, 환자와 그 가족을 비롯한 일반인에게도 의료행위의 윤리적 의미와 생명에 관한 교육을 시행하며, 의료진과 환자 · 가족의 대화가 원활히 이루어지기 위한 제도적 · 현실적 여건을 마련하는 것이다. 그렇게 함으로써 의료현장이 단순히 의료적 전문지식과 기술을 구매자에게 제공하는 계약 관계의 장이 아니라, 인간과 인간의 만남, "신뢰와 양심 간의 만남"[67]이 이루어지는 치유와 돌봄의 장이 되도록 하는 일이 필요할 것이다.

---

67) 「의료인 헌장」, 2항.

연명의료 중지결정에 대한 법제정과 현실

김 중 곤

Ⅰ. 서 론

최근 새로운 약제와 수술 등 의료기술의 발달과 첨단의료장비의 개발로 의료환경이 개선되면서 인간의 평균 수명이 급속히 늘어나고 있다. 우리나라 국민들의 평균 수명이 1972년에는 64세였으나 40년이 지난 2012년에는 81세로 증가하였다. 그러나 건강수명은 약 70.7세로 약 10년 이상을 질병으로 고생하거나 와병 상태에서 살아가고 있다. 즉 의학의 발달로 수명은 늘어났지만 반면에 질병의 발생도 증가하고 있어 늘어난 기간의 대부분을 건강하지 못한 채 살아가고 있다.[1] 일례로 나이가 듦에 따라 암 발생률이 증가하여, 81세까지 생존할 경우 암에 걸릴 확률이 37%에 이른다.[2]

또한 의학의 발달과 함께 죽음과 관련된 새로운 의료 상황들이 발생하고 있다. 첫째가 새로운 죽음의 기준이 요구되었다. 최근에 심폐소생술의 발달과 인공호흡기나 체외순환기와 같은 생명 연장 장치의

---

1) 전경숙, 장숙란, 박수잔, “노인의 사회 관계망 및 사회적 지지와 허약의 관계.” J Korean Geriatr Soc 2012, 16(2), 84-94.

2) http://kostat.go.kr/portal/korea/kor_nw/3/index.board?bmode=read&aSeq=271935 참조.

개발로 정지된 호흡 기능이나 심장 박동을 인위적으로 유지하는 것이 가능하게 되었다. 그 결과 심장이나 폐 기능이 정지된 후에도 혈액순환이나 신경조직의 기능이 지속될 수 있게 되어 전통적인 죽음의 정의인 심폐사만이 죽음의 기준이 될 수 없게 되었다. 즉 심폐사 이외에 또 다른 죽음의 결정 기준으로 뇌사가 도입되었다. 둘째로 무의미한 연명의료의 중지가 요구되고 있다. 인공호흡기, 체외순환기와 같은 생명연장 장치와 심폐소생술 등이 급성 질환의 치료율을 향상시켜 평균 수명을 늘리는 데 큰 기여를 하고 있다. 그러나 이런 치료술들이 본래 질환의 치료가 불가능한 상태인 말기 환자나 임종기 환자에서는 심장 박동이나 호흡과 같은 생명현상만을 유지시켜 죽음을 연기하는, 즉 무의미하게 생존 기간만을 연장시켜 환자와 가족들에게 고통의 시간만을 증가시킨다는 평가를 받고 있다. 이러한 치료들을 연명의료라 하며, 무의미하다는 평가도 받고 있다. 나아가 연명의료의 중단은 허용되어야 한다는 요구가 있다.

우리 사회에서 현재 진행되고 있는 연명의료 결정에 대한 법제정의 과정과 문제점을 살펴보고자 한다.

II. 연명의료에 대한 정의와 현실

1. 연명의료의 정의

대법원은 판결[3])에서 의학적으로 환자가 의식의 회복 가능성이 없고, 생명과 관련된 중요한 생체기능의 상실을 회복할 수 없으며 환자의 신체 상태에 비추어 짧은 시간 내에 사망에 이를 수 있음이 명백하고, 회복이 불가능한 사망단계에서 이루어지는 진료행위를 연명의

3) 대법원 2009.5.21.선고 2009다17417 판결.

료라 하였다. 즉 죽음을 초래하는 원인질환은 회복시키지 못하면서 단지 생명현상만을 유지시켜 생존기간만을 연장시키는 의료를 연명의료라 한다.

기계 장치에 전적으로 의존하며 연명하는 '죽음이 임박한 환자'는 결국 신체의 다른 기능마저 상실되어 기계 장치에 의해서도 더 이상 연명할 수 없는 상태에 이르기를 기다리고 있을 뿐이다. 따라서 '죽음이 임박한 환자'에 대한 연명의료는 치료 목적을 상실한 신체침해행위를 계속적으로 하는 것으로, 죽음의 과정이 시작되는 것을 막는 것이 아니라 이미 시작된 죽음의 과정을 인위적으로 연장시키는 것이라 할 수 있다.

연명의료는 일반연명의료와 특수연명의료로 구분한다.[4] 일반연명의료로는 관을 통한 영양공급, 수분공급, 산소공급, 1차 항생제 투여, 진통제 투여, 수혈 등이 있고, 특수연명의료로는 고도의 의료기술이나 의료장비를 필요로 하는 심폐소생술, 인공호흡기, 혈액투석, 심폐순환기, 항암제 투여 등이 있다.

2. 연명의료의 현황

의료기관 이용률이 향상되고 고령화 사회가 되면서 생을 마감하는 장소에도 변화가 나타나고 있다. 지난 10년간 의료기관에서 사망하는 경우가 지속적으로 증가하여 2012년에는 사망자의 70%가 의료기관에서 사망하였다.

우리나라 연명의료 환자 실태에 대한 조사에서 전국 256개 의료기관에 하루 94,900명의 환자가 입원해 있었고, 입원환자의 1.64%에 해당하는 1,555명의 환자가 중환자실에서 질환 말기상태에서 연명의료를 받고 있었다. 이들 연명의료 대상자의 질환상태는 말기암 환자

4) 대한의사협회, 대한의학회, 대한병원협회 연명치료중지에 관한 지침 제정 특별위원회, 『연명치료 중지에 관한 지침』, 대한의사협회, 대한의학회, 대한병원협회, 2009.

(42.4%)가 가장 많았고, 3개월 이상 된 식물상태 환자(18.6%), 뇌졸중 등 뇌질환 환자(12.3%), 말기 호흡부전 환자(10.1%), 뇌사 환자(5%) 순이었다.

2007년 만성질환으로 사망한 182,307명 중 16.5%가 임종과정에서 인공호흡기를 사용하였고, 17.6%에서 심폐소생술이 시행되었다. 질환별로는 암환자에서 인공호흡기가 9.7%에서, 심폐소생술은 8.4%에서 시행되었다. 순환기 환자에서는 인공호흡기가 22.9%에서, 심폐소생술은 28.6%에서 시행되었다.[5)]

사망 1개월 내 중환자실 이용자의 연명의료실태조사에서 인공호흡기는 환자의 56.4%에서, 심폐소생술은 30.3%에서, 혈액투석은 8.3%에서 시행되었다. 환자의 22.8%는 인공호흡기와 심폐소생술을 같이 받았고, 환자의 2.9%는 인공호흡기와 심폐소생술과 혈액투석을 모두 받았다.

사망 질환별 사망 1개월 이내 연명의료 실태조사에서 말기 순환기계나 호흡기계 질환자의 인공호흡기와 심폐소생술 사용률은 말기 암환자보다 높았다. 말기 암환자에서의 항생제 투여(27.6%)는 미국(18.1%)에 비해 높았으나 진통제 사용률(62.7%)은 WHO가 권하는 수준(90%)보다 낮았다.[6)]

---

5) 배종면 외, "전국 의료기관의 연명치료 대상자 입원 현황," 『대한중환자의학회지』, 제25권 제1호, 2010, 16면 이하.

6) 허대석, 『무의미한 연명치료 중단을 위한 사회적 합의안 제시』, 한국보건의료연구원, 2009, 27면.

Ⅲ. 연명의료 중지결정의 법제화 과정

1. 연명의료 중지결정 법제화의 사회적 배경

연명의료가 사회적 관심 속에 법제화의 과정을 가게 되는 데에는 두 가지 큰 사건, 즉 보라매병원 사건과 김 할머니 사건이 계기가 되었다.

(1) 보라매병원 사건

1997년 환자는 사고로 인한 뇌출혈로 응급으로 혈종 제거 수술을 받았다. 이 후 상태가 조금씩 호전 중에 있었고 계속 치료받으면 회복될 가능성은 있었으나 뇌수술에 따른 뇌부종으로 자가호흡이 어려워 인공호흡기를 부착한 채 치료를 받고 있었다. 환자의 부인이 치료비를 부담할 능력이 없다는 이유로 퇴원을 요구하여 의료진은 현 상태에서 환자가 퇴원하면 사망한다고 설명하고 퇴원을 만류하였다. 그러나 부인의 반복적인 퇴원 요구에 의료진은 의학적 충고에 반한 퇴원 각서를 받고 환자를 퇴원시켰다. 인공호흡기를 제거한 환자는 집에 도착한 후 호흡곤란으로 사망하였다. 이후 의료진은 환자에 대한 살인 공동정범으로 기소되었다.

제1심 법원[7]은 의료진에게 치료를 중단한 행위 즉 '부작위에 의한 살인죄의 정범'으로, 제2심 법원[8]은 의료진이 퇴원 조치한 행위 즉 '작위에 의한 살인의 방조범'으로 회복 가능성이 있음을 전제로, 법원은 보호자의 퇴원 요구를 따른 의사에게 유죄판결을 하였다.

이 과정에서 환자의 자기결정권과 의사의 계속적 치료 의무가 관심을 갖게 만들었다.

---

7) 1998.5.15 선고 98고합9 판결.
8) 2002.2.7. 선고 98노1310 판결.

① 환자의 자기 결정권: 보라매병원 사건 판결에서 제1심 법원은 의료행위중지에 대한 환자의 자기 결정권 행사에 대해 판시하였다. 환자의 의사표시는 원칙적으로 본인의 명시적 표시가 있어야 하며, 없는 경우에는 추정적 의사표시로도 행사할 수 있다. 사전에 문서나 구두에 의한 환자의 명시적 의사표시를 추정적 의사표시로 인정할 수 있고, 사전의사표시가 없는 경우는 가족이 환자의 의사를 추정하는 것도 일정한 경우 허용된다고 하였다. 가족이 환자의 자기의사결정권을 행사하기 위해서는 가족은 환자의 의사를 정확히 추정할 수 있는 입장에 있어야 하고, 환자의 병에 대해 의료진(의사)을 통해 충분한 정보와 정확한 인식을 가지고 있어야 한다. 또한 의사 측은 가족과의 대화나 태도 등을 통하여 환자와 가족을 잘 인식, 이해하도록 노력하여야 하고, 이를 바탕으로 환자의 추정적 의사가 있는지 여부를 신중하게 판단하여야 한다. 환자에게 의료행위의 중지를 요구하는 추정적 의사가 있는지 여부가 의심스러운 경우에는 환자의 생명을 보호, 유지하여야 할 의무를 우선시하여야 한다고 하였다.

② 의사의 계속적 치료 의무: 보라매병원 사건 판결에서 중환자를 가족의 퇴원요구에 응하여 퇴원시킨 의사에게 계속적 치료 의무를 수행하지 않았다 하여 유죄판결을 내렸다. 이는 생명을 보호하기 위하여 의료행위를 계속할 의무와 환자의 요구에 따라 환자를 퇴원시킬 의무가 충돌하는 경우에는 전자가 우선한다는 것이다. 일반적으로 환자나 가족들이 치료 중에 퇴원을 요구해 오면 의료진은 치료를 중단하고 퇴원시켰다. 퇴원 후에는 다른 의료기관이나 집에서 지속적으로 치료를 하거나, 상태가 나쁜 환자의 경우에는 사망하기도 한다. 특히 후자의 경우에는 의료진은 퇴원 후의 병의 경과에 대해 설명하며, 퇴원을 만류한다. 그러나 환자나 가족들이 강력히 요청하면 의료진도 어쩔 수 없이 환자의 퇴원을 허락하게 된다. 이를 의학적 충고에 반한 퇴원(discharge against medical advice, DAMA)이라 한다. 이때 “퇴원할 수 있

는 상황이 아니라는 의학적 권고에도 불구하고 퇴원함으로써 환자가 사망할 경우 의료진에게 그 책임을 묻지 않겠다"는 각서를 환자나 가족들로부터 받고 퇴원시켜 왔던 것이 의료계의 오랜 관행이었다. 이것이 연명 치료에 대한 그간 환자, 가족 그리고 의료진 사이의 일종의 합의과정이라고도 할 수 있다.

그러나 이런 관행은 보라매병원 사건의 판결을 통해 의료진에게 계속적 치료 의무를 요구함으로써 더 이상 법적으로 보호를 받지 못하게 되었다. 이 판결은 의료진들로 하여금 방어적 진료를 하게 만들었고, 그 결과 의학적으로 의미가 없다고 판단되는 치료 행위도 지속할 수밖에 없게 되었다.

이러한 판결 이후 또 다른 연명의료와 연관된 사건들이 발생하면서 의료현장은 더욱 혼란스럽고, 경직되었다. 예로 2007년 열 살 때부터 근육이 경직되는 유전성 불치병(진행성 근이영양증)을 앓아 온 1급 지체장애인인 아들(27세)이 넘어지면서 머리를 다친 뒤, 의식불명 상태로 병원에서 인공호흡기 치료를 받아 왔다. 아들이 회복 불가능하다는 판정을 받은 후 의료진의 반대에도 불구하고 인공호흡기를 제거한 뒤 퇴원시켜 자신의 집에서 숨지게 한 혐의로 아버지에게 살인죄가 적용되고, 유죄판결이 내려졌다. 또 다른 예로는 말기 간경변 및 간암 의심 환자(72세)에게서 산소 호흡기를 떼어낸 의사 2명과 환자의 딸(47세)을 아들이 경찰에 고소하였다. 경찰은 환자가 간경화로 인한 합병증으로 숨졌고, 산소공급 호스를 제거한 것이 사망 원인이 아니라는 대한의사협회의 답변을 바탕으로 무혐의 처분하였다. 이 고소는 가족 간의 재산 분배에 대한 불만이 원인으로 알려졌다.

(2) 김 할머니 사건

2008년 환자는 폐종양 조직검사를 받던 중 과다출혈 등으로 인해 심정지가 발생하였고, 이로 인한 저산소증 뇌손상을 입었다. 환자는 혼자서는 거의 숨을 쉴 수 없어 인공호흡기를 부착한 상태로 중환자실에서 항생제와 수액 투여 및 인공영양 공급 등의 치료를 받고 있었다. 환자는 뇌사 상태라고는 할 수 없지만 심한 지속적 식물상태였다.

환자의 가족들은 평소 환자가 무의미한 생명연장을 거부하고 자연스럽게 죽고 싶다고 하였다며 인공호흡기의 제거를 요청하는 '무의미한 연명의료행위중지 등 가처분 신청'을 법원에 제기하였다. 대법원은 죽음의 과정이 시작되었다고 볼 수 있는 회복 불가능한 사망의 단계에 이른 후에, 환자가 인간으로서의 존엄과 가치 및 행복추구권에 기초하여 자기결정권을 행사하는 것으로 인정되는 경우에는 특별한 사정이 없는 한 연명의료의 중단이 허용될 수 있다며 환자의 인공호흡기를 제거하라는 판결을 내렸다.[9]

대법원은 연명의료 중단의 허용 요건에 대해 다음과 같이 구체적으로 판시하였고 이것이 우리나라 최초의 연명의료 중단에 대한 판결이다.

① '회복 불가능한 사망단계'는 의학적으로 환자가 의식의 회복 가능성이 없고, 생명과 관련된 중요한 생체기능의 상실을 회복할 수 없으며, 환자의 신체 상태에 비추어 짧은 시간 내에 사망에 이를 수 있음이 명백한 경우라 하였다. 또한 이 단계에서 이루어지는 진료행위를 '연명의료'라 하였다. 즉 연명의료는 원인이 되는 질병의 호전을 목적으로 하는 것이 아니라, 질병의 호전을 사실상 포기한 상태에서 오로지 현 상태를 유지하기 위하여 이루어지는 치료라고 정의하였다.

② 환자의 자기결정권 행사에 대해서 "의료인은 환자에게 적절하다고 판단되는 진료방법을 선택할 수 있는 상당한 범위의 재량을 가진다. 그러나 수술과 같이 신체를 침해하는 진료행위를 하는 경우에는 질병의 증상, 치료방법의 내용 및 필요성, 발생이 예상되는 위험 등에 관하여 설명하고, 환자가 그 필요성이나 위험성을 충분히 비교해 보고

---

9) 대법원 2009.5.21.선고 2009다17417 판결.

그 진료행위를 받을 것인지의 여부를 선택하도록 함으로써 그 진료행위에 대한 동의를 받아야 한다"고 하였다.

③ 환자가 회복 불가능한 사망의 단계에 이르렀을 경우에 대비하여 미리 의료인에게 자신의 연명의료 거부 내지 중단에 관한 의사를 밝힌 경우를 '사전의료지시'라 하며, 이 사전의료지시에 의한 자기결정권의 행사를 인정하였다. 이 사전의료지시가 진정한 자기결정권 행사의 효력을 갖기 위해서는 "의사결정능력이 있을 때, 환자가 의료인으로부터 직접 의학적 정보를 제공받은 후 구체적인 진료행위에 관한 의사를 결정하여야 한다. 이와 같은 의사결정 과정이 환자 자신이 직접 의료인을 상대하여 작성한 서면이나, 의료인이 환자를 진료하는 과정에서 위와 같은 의사결정 내용을 기재한 진료기록 등에 의하여 진료중단 시점에 명확하게 입증될 수 있어야 한다"고 하였다. 또한 환자의 사전의료지시가 없는 상태에서 회복 불가능한 사망의 단계에 진입한 경우에는 환자의 평소 가치관이나 신념 등에 비추어 연명의료를 중단하는 것이 객관적으로 환자의 최선의 이익에 부합한다고 인정되어 환자에게 자기결정권을 행사할 수 있는 기회가 주어지더라도 연명의료의 중단을 선택하였을 것이라고 추정할 수 있는 경우에는 연명의료를 중단할 수 있다고 하였다.

④ 환자가 회복 불가능한 사망의 단계에 이르렀는지 여부에 관하여는 전문의사 등으로 구성된 위원회 등의 판단을 거치는 것이 바람직하다고 하였다.

이렇게 보라매병원 사건과 김 할머니 사건은 법원판결을 통해 연명의료 중단의 기준, 환자의 진료 거부 또는 중단의 허용성, 자기결정권 행사를 위한 의사표시의 인정범위 등 많은 사안을 우리 사회에 던져 주었다.

2. 연명의료 중지결정의 허용에 대한 법 논리

연명의료 중지에 대한 법률적 논쟁의 중심에는 환자의 입장에서의 자기결정권과 의료진에게는 계속적 치료의무가 놓여 있다. 법률적으로 환자의 진료와 관련된 자기 결정권은 크게 두 가지로 말할 수 있다.[10] 진료의 시작이나 방법을 결정하는 것은 인간의 존엄성을 바탕으로 한 적극적 자기 결정권, 진료의 거부나 중단을 요구하는 것을 생명권을 바탕으로 한 소극적 자기 결정권이라 할 수 있다.

의료인에게는 자신에게 질병치료를 의뢰한 환자에게 자신이 가진 모든 의료지식, 기술을 총동원하여 환자를 진찰, 치료할 의무가 있다. 그러나 환자는 자기 결정권에 의해 자신의 생명과 신체 기능을 어떻게 유지할지를 결정하고 자신에게 제공되는 진료행위를 선택할 수 있고, 의사는 환자의 의사에 반하는 의료행위를 할 수 없다. 실제 진료현장에서는 의료진들이 상당한 재량권을 가지고 진료를 하고 있다.

그러나 수술과 같이 신체를 침해하는 침습적 의료행위의 경우에는 환자 자신이 그 의료행위를 받아들일 것인지 여부를 선택하도록 해야 하며 해당 진료행위에 대한 동의를 받아야 한다. 이는 환자의 적극적 자기결정권 행사에 해당한다.

또한 환자가 특정 진료 행위의 중단을 요구할 경우에 현재의 상태, 필요한 치료의 종류와 효과, 중단 시 초래될 결과 등에 설명하고 의료인은 이를 받아들이고 다른 적절한 진료방법을 강구하여야 한다.[11] 이는 환자의 소극적 자기결정권 행사에 해당한다. 이렇듯 환자의 소극적 자기결정권을 바탕으로 한 환자의 진료 중단 요구는 존중되어야 하지만 자기결정권에는 적극적으로 자기 생명을 처분할 수 있는 권한까

10) 이석배, "연명치료중단의 기준과 절차," 『형사법연구』 제21권 제2호, 2009, 147면 이하 참조.

11) 김성룡, "연명치료중단의 기준에 관한 법적 논의의 쟁점과 과제," 『형사법연구』 제22권 제1호, 2010, 24면 이하 참조.

지는 주어져 있지 않다. 따라서 환자가 치료를 통해 회복이 가능하고 생명을 연장시킬 수 있는 상황임에도 불구하고 자기결정권을 바탕으로 치료를 거부하는 것은 받아들여질 수 없으며 의사는 이를 거절할 수 있어야 한다. 이를 받아들여 치료를 중단한 행위는 형사상 책임을 피할 수 없다.[12)]

이러한 맥락에서 우리 사회는 환자의 자율성은 존중하나 자살이나 안락사와 같이 자기 생명을 처분하는 것은 자기결정권을 벗어나는 것으로 허용되지 않는다. 따라서 생명의 종결과 직결된 진료 거부나 중단은 개인의 자기 결정권으로 인정되지 않는다. 그러나 이러한 자기결정권의 제한을 매우 제한된 범위에서 완화, 인정되는 예외적인 경우가 있다. 즉 회복 불가능한 사망의 단계에 이른 환자의 자기 결정에 따른 생명포기(연명의료중단)는 예외적으로 허용할 수 있다는 것이다.[13)]

3. 연명의료 중지결정에 대한 법제화 경과

이 두 사건에 대한 법적 판결을 보며 의사의 계속적 치료의무와 환자의 자기결정권 사이에 놓이게 된 의료계는 연명의료 중단과 관련하여 이에 대한 의료적 지침이나 법적 제도를 요구하게 되었다.

우리나라에서 연명의료 중단에 관한 논의는 1980년대부터 있었지만, 본격적으로 시작된 것은 보라매병원 사건 이후부터라고 할 수 있다. 1997년의 보라매병원사건은 연명의료중단과 직접 관련된 사건은 아니지만 보호자의 요구에 의해 퇴원시킨 환자의 사망에 대해 의사에게 살인죄를 적용한 판결로 그동안 관행적으로 받아들여졌던 의학적 충고에 반한 퇴원(DAMA) 각서가 법적으로 보호받을 수 없음에 의

12) 박광민, 김웅선, "연명치료중단의 허용기준에 관한 고찰", 『성균관법학』 제22권 제3호, 2010, 77면 이하 참조.

13) 김성룡, "연명치료중단의 기준에 관한 법적 논의의 쟁점과 과제," 『형사법연구』 제22권 제1호, 2010, 24면 이하; 박광민, 김웅선, "연명치료중단의 허용기준에 관한 고찰," 『성균관법학』 제22권 제3호, 2010, 77면 이하 참조.

료계는 술렁였다. 2001년 11월 대한의사협회는 의사윤리지침을 제정하였다.[14] 이 지침에는 생명이 위급한 환자와 관련된 진료 중단과 퇴원 요구 시 유의 사항(28조), 판단이 어려운 경우의 자문(29조), 회복불능환자의 진료중단(30조)에 대한 내용이 포함되었다. 이는 보라매병원 사건을 염두에 둔 것이다. 2002년 5월 의사윤리지침의 '회복불능환자의 진료중단'조항을 구체화하는 의미로 제30차 종합학술대회에서 「임종환자의 연명의료 중단에 대한 의료윤리지침」을 발표하고 공청회를 여는 등 여러 방면으로 의사들의 입장을 관철하려고 시도하였다. 하지만 이러한 대한의사협회의 시도는 여론에 부딪쳐 중단되었다. 2006년 4월 대한의사협회는 의사윤리지침을 전면 개정하였다.[15] 개정 지침에는 말기 환자에 대한 의료의 개입과 중단(16조), 생명이 위험한 환자의 치료 중단 및 퇴원 요구 시 조치 등(17조), 의학적 의미 없는 의료 행위의 중단 등(18조)에 대한 내용을 포함함으로써 단순히 퇴원과정뿐만 아니라 말기 또는 임종기 환자의 치료 중단과 이에 따른 환자의 의사확인 과정이 포함되었다.

2008년 김 할머니 사건으로 알려진 '무의미한 연명치료행위중지 등 가처분 신청'이 국내 최초로 법원에 제기되면서 이른바 말기 환자의 연명의료와 관련된 논의가 시작되었고 의료계에서는 말기환자 연명의료 중지와 관련한 지침을 마련하였고 국회에서는 연명의료 중단 관련 입법안을 제안하였다.

2009년 9월 대한의사협회, 대한의학회, 대한병원협회는 대상환자, 대상치료 및 의사결정 과정에 대한 사항들이 포함되어 있는 「연명치료 중지에 관한 지침」을 발표하였다.[16] 말기, 임종기, 뇌사 및 지속적 식물상태의 환자를 대상으로 특수 연명의료를 시행하지 않거나 중

14) http://blog.naver.com/only4u5/90003123775 참조.

15) http://blog.naver.com/often2000/10013825977 참조.

16) 대한의사협회, 대한의학회, 대한병원협회 연명치료중지에 관한 지침 제정 특별위원회, 『연명치료 중지에 관한 지침』, 대한의사협회, 대한의학회, 대한병원협회, 2009.

지할 수 있으며, 환자의 의사확인 과정으로 환자의 명시적 의사표시 외에 추정적 의사의 인정도 포함되었다.

국회의원 신상진 등은 2009년 2월 「존엄사법안」이라는 이름으로 이에 관한 법률안을 발의하였고 이 안에는 지속적 식물상태에 있는 환자를 대상에 포함시키지 않았다. 2009년 5월 18일에 서울대학교병원은 말기 암환자와 임종기 환자를 대상으로 심폐소생술, 혈액투석, 인공호흡으로 제한한 "말기 암환자의 심폐소생술 및 연명의료 여부에 대한 사전의료지시서"를 공식적으로 시행하기로 하였다.[17]

2009년 10월 한국보건의료연구원에서 무의미한 연명의료의 중단과 관련하여 토론회, 학회/단체 대표자 회의, 연명의료 실태 조사 등을 통하여 회생 가능성이 없는 말기환자와 뇌사상태의 환자를 대상으로 무의미한 연명의료를 중단할 수 있는 절차와 치료 내용 등에 대해 정리, 발표하였다.[18]

2012년 12월부터 국가생명윤리심의위원회는 '무의미한 연명치료 중단관련 안건'에 대한 제도화를 위하여 '무의미한 연명치료 중단 제도화 논의를 위한 특별위원회'를 구성하였고, 이 특별위원회는 2013년 7월에 「연명의료 결정에 관한 권고안」을 제시하였다. 권고안에는 연명의료 결정 대상 환자, 결정 가능한 연명의료의 범위, 환자의 의사 확인 방법 등이 포함되었다. 또한 위원회는 이 안의 법제화와 호스피스-완화의료 제도 확립과 시설 확충, 병원윤리위원회의 활성화, 의료인들의 교육과 의식 개선, 죽음에 대한 일반인의 인식 개선, 임종기 환자에 대한 경제적 지원 등 다각적인 정책으로 환자들이 연명의료에 대하여 올바르게 결정할 수 있도록 사회적, 문화적 토대를 적극적으로 마련할 것을 권고하였다.

---

17) http://www.snuh.org/pub/snuh/sub02/sub01/1177938_3957.jsp 참조.

18) 허대석, 『무의미한 연명치료 중단을 위한 사회적 합의안 제시』, 한국보건의료연구원, 2009.

2013년 7월에 국가생명윤리심의위원회는 환자의 자기결정권의 보장과 의료현장에서 발생하는 혼란을 방지하기 위해 특별위원회가 제출한 「연명의료의 환자결정권 제도화 권고안」을 심의, 의결하였다.[19]

〈국가 생명윤리심의위원회의 「연명의료 결정에 관한 권고」(2013)〉

1. 기본원칙

○ 모든 환자는 헌법 정신에 따라 적절하게 치료를 받으며, 자신이 앓고 있는 상병(傷病)의 상태와 예후 그리고 시행할 의료에 대해서 분명하게 알고 스스로 결정할 권리가 있다.

○ 수없이 많은 생명과 건강에 도움을 준 의학과 의료가 오히려 임종 기간을 연장할 뿐인 사례가 있음을 인정한다. 의료인은 환자에게 적절한 치료와 함께 환자가 임종에 이르는 과정의 자기결정권 행사를 위하여 자세하고 정확한 정보를 제공하고 환자의 정당한 결정을 존중하여야 한다.

○ 환자가 호스피스-완화의료를 선택할 수도 있도록 정부와 사회는 적극적으로 제도를 마련하고 지원하여야 한다.

2. 대상 환자

○ 연명의료에 대한 결정의 대상이 되는 환자란 회생 가능성이 없고, 원인 치료에 반응하지 않으며, 급속도로 악화하는, 즉 임종 과정에 있는 환자(이하 "환자"라 한다)를 의미한다. 환자의 의학적 상태에 관하여는 2인 이상의 의사(해당 분야 전문의 1인을 포함한다)가 판단한다.

19) 보건복지부, 보도자료 『연명의료의 환자 자기결정권, 특별법 제정 권고』 2013-07-31, http://www.mw.go.kr/front_new/al/sal0301vw.jsp?PAR_ MENU_ID=04&MENU_ID=0403&CONT_SEQ=288993&page=1 참조.

3. 대상 의료

○ 결정할 수 있는 연명의료는 전문적인 의학 지식과 기술, 장비가 필요한 특수 연명의료로 제한한다. 예를 들어 심폐소생술, 인공호흡기, 혈액투석, 항암제 투여 등이다. 환자는 호스피스-완화의료를 선택할 수 있다.

4. 환자의 의사(意思) 확인

○ 환자의 명시적인 의사를 존중한다. 환자가 현재 또는 곧 닥칠 상태에 대하여 충분히 정보를 가지고 이성적으로 판단하여 의사와 함께 작성한 연명의료계획서를 권유한다. 더불어 환자가 충분히 정보를 가지고 이성적으로 판단하여 작성한 사전의료의향서(생전유서를 포함한다)는 담당의사(또는 병원윤리위원회)가 확인하면, 환자의 의사로 인정한다.

○ 환자의 명시적 의사는 없지만 예전에 작성한 사전의료의향서가 있거나 가족(배우자, 직계비속, 직계존속에 한한다. 이하 같다.) 2인 이상이 환자의 의사에 대하여 일치하는 진술을 하는 때에는 의사 2인(담당의사가 아닌 해당 분야 전문의 1인 포함한다. 이하 같다.)이 환자의 의사를 추정하여 인정할 수 있다.

○ 환자의 명시적 의사 표시도 없고 환자의 의사를 추정할 수도 없다면, 법정대리인이나 후견인, 성년후견인 등의 적법한 대리인 그리고 가족

〈 환자의 의사(意思) 확인 방법 〉

환자의 의사	확인 방법
명시적 의사	o 연명의료계획서 o 사전의료의향서 + 담당의사의 확인
의사 추정	o 평소 사전의료의향서 + 의사 2 인의 확인 o 가족 2 인 이상의 진술 + 의사 2 인의 확인
의사 미추정	o 적법한 대리인의 결정 + 의사 2 인의 확인 o 가족 전원의 합의 + 의사 2 인의 확인 o (대리인이 없다면) 병원윤리위원회의 결정 ※ 입법화 과정에서 부작용을 방지할 보완책 마련

모두가 합의하여 환자를 위한 최선의 조치를 결정할 수 있다. 환자를 대신한 결정은 의사 2인이 합리적인지를 확인하여야 한다. 환자를 대신할 사람이 없으면 병원윤리위원회가 최선의 조치를 결정할 수 있다. 다만, 가족 등이 결정하는 경우에는 제도화 과정에서 부작용을 최소화할 수 있는 보완책을 마련한다.

5. 연명의료 결정과 관련된 사회적 기반 조성

ㅇ 연명의료 결정과 관련한 제도를 도입하되 단순한 절차뿐 아니라, 호스피스-완화의료 제도 확립과 시설 확충, 병원윤리위원회의 활성화, 의료인들의 교육과 의식 개선, 죽음에 대한 일반인의 인식 개선, 임종 과정 환자에 대한 경제적 지원 등 다각적인 정책으로 환자들이 연명의료에 대하여 올바르게 결정할 수 있도록 사회적, 문화적 토대를 적극적으로 마련하여야 한다.

6. 제도화 방법

ㅇ 연명의료 결정에 관한 제도화로써 입법을 권고한다. 입법의 형태는 특별법을 권고한다.

헌법재판소는 2009년 11월에 「연명치료중단 등에 관한 법률」을 제정하지 않은 것은 위헌이라는 소송에서 원고청구를 각하하는 결정을 내리며,[20] "현재 대법원이 제시한 기준으로 현안들을 해결하고, 국회가 그 필요성을 인정하여 법률을 만들 때까지 기다려야 한다"고 판결하였다.[21]

---

20) 헌재 2009. 11. 26. 2008헌마385, 판례집 21-2하, 647면.

21) 김성룡, 「연명치료중단의 기준에 관한 법적 논의의 쟁점과 과제」, 『형사법연구』 제22권 제1호, 2010, 24면 이하, 참조.

4. 법제화 이전에 해결해야 할 사안

(1) 연명 의료의 무의미함 결정 과정의 미숙

2008년 김 할머니 사건에서 가장 중요한 쟁점은 '인공호흡기 치료가 과연 무의미한 연명의료인가?' 하는 데에 있다. 김 할머니 가족들은 생명 징후만 연장시키는 의학적으로 의미가 없는 인공호흡기를 제거하여 줄 것을 요구하였다. 담당 의사는 환자의 의식회복 가능성이 5% 미만으로라도 남아 있고, 기대여명이 적어도 4개월 이상이라고 판단하였다. 그러나 환자의 진료 기록이나 신체를 감정한 다른 병원 의사들은 의식회복 및 자발 호흡의 가능성이 없으며 회복된다고 하여도 식물인간 상태로의 회복만을 기대할 수 있다고 하였다. 법원은 인공호흡기 부착의 치료 행위는 의학적으로 무의미하다고 판결하였다.

연명의료 중단의 결정에 제일 기본이 되는 것은 연명 의료의 무의미함에 있다. 그러나 치료의 무의미함이 의학적 기준에 의해서 가볍게 판정될 수 있는 것은 아니다.

무의미함은 양적 무의미함과 질적 무의미함으로 구분될 수 있다.[22) ① 양적 무의미함은 치료 결과에 초점을 두는 것이다. 성공 가능성이 1%의 개연성보다 적다면 치료는 무의미하다고 하며, 진료 현장에서는 일반적으로 회복이 불가능한 혹은 사실상 불가능하다고 표현한다. 연명치료 결과의 성공 개연성은 환자의 생물학적 생명의 연장으로 표현하게 된다. 그러나 의학에서 치료 결과의 확실성은 존재하지 않으며, 또한 치료의 결과가 모든 환자에게서 동일하게 나타나지 않는다는 것이 의료의 양적 무의미함을 예측하는 데 한계라고 할 수 있다. ② 질적 무의미함은 환자의 삶의 질에 대한 평가를 기준으로 한다. 즉 연명의료를 함으로서 생명을 연장한다는 이로움이 고통이나 장애와 같은 해로움을 능가하는지를 평가하는 것이다. 그러나 질적 무의미함

22) 김진경, 「연명치료중단 결정에서 의학적 무의미함」, 『한국의료윤리학회지』 제13권 제2호, 2010, 123면 이하 참조.

의 판단은 가치중립적이지 않다. 즉 이로움과 해로움에 대한 판정은 환자의 주관적인 것이다. 환자의 가치관을 존중하여 결정되어야 할 생명과 직결된 사안을 타인이 관여하여 결정하는 것은 환자에 대한 강요 내지는 폭력이라고도 할 수 있다.

그러므로 치료의 무의미함을 판정하는 데에는 의사나 환자 어느 한쪽이 일방적이어서는 안 된다. 의사의 의학적 견해를 바탕으로 환자와 가족들의 가치관이 반영되어야 한다. 따라서 연명의료의 무의미함은 환자, 의사, 가족 간의 공동의사결정 과정을 통해 결정되어야 한다.[23)]

연명의료중단(생명포기)에 대한 결정의 가치 기준이 어디에 있는가는 아직 사회적으로 합의된 사안은 아니다. 생명·신체의 처분에 대한 자기결정권은 헌법에 의해 보장되는 권리이나 자살이나 안락사와 같이 자기 생명을 적극적으로 처분할 수 있는 권한까지 자기결정권으로 인정하지는 않는다. 대법원 판례에 의해 임종기로 제한된 조건이기는 하나 자기결정권을 바탕으로 자신의 생명을 처분할 수 있게 되었다. 그러나 인간의 생명은 인간에 속한 것이 아니라 하느님에게서 온다고 믿는 가톨릭에서는 죽음과 관련하여 인간의 결정보다는 하느님의 절대성에의 참여가 우선한다. 또는 신체는 부모로부터 물려받은 것이라고 믿는 유교에서는 조상의 뜻인 도덕적 생명이 우선한다. 즉 종교계에서는 죽음에 대한 개인의 자기결정은 인정될 수 없다. 그러나 법은 개인의 자기결정을 인정하고 있다. 이로써 환자 그리고 가족들 간에 죽음에 대한 가치의 다양성으로 인해 치료의 무의미함을 판단하는 데 갈등하게 된다.

서구의 경우 의학적으로 무의미한 연명의료 중단에 대한 의사결정과정이 세 단계를 거쳐 발전하여 왔다. 처음에는 임상적 기준에 의

23) 정재우, 「연명의료 결정 제도화에 대한 윤리적 성찰」, 『인격주의 생명윤리』 제14권 제1호, 2014, 57면 이하 참조.

해 정의하였고, 둘째 단계에는 병원윤리위원회를 통하여 결정하였고, 셋째 단계에는 의사소통과 협상에 의해 결정하는 단계 순으로 발전하여 왔다. 현재 우리나라에서의 의사 결정과정은 의사가 제시한 치료 방향에 대해 환자가 결정하기보다는 가족들이 의논하여 결정하는 가족주의 의사결정 모델로 일종의 공동의사결정과정이다. 이 모델은 서구의 의사소통과 협상 단계와 비슷하며, 환자를 가장 잘 이해하고 환자의 이익을 가장 잘 대변해 줄 수 있다는 이점이 있어 보여 한편으로는 더 발전된 것처럼 보일 수 있다. 그러나 실제로는 더 어려운 현실에 있다. 대가족 사회에서 급속한 산업화로 바뀌면서 준비 없이 형성된 핵가족 구조 하에서 가족 구성원들 사이의 의사소통 부재, 협상에 대한 미숙함, 가족 간의 갈등 등이 장애 요인이 되고 있기 때문이다.

이렇듯 연명의료의 무의미함은 지침 또는 법 규정으로 판단될 수 있는 영역이 아님에도 불구하고 김 할머니 사건에서는 공동의사결정 과정에 대한 노력보다는 법에 의해 연명의료의 무의미함이 결정되었다.

환자의 상태가 회복 불가능한 사망의 단계에 있는지 즉 생존 가능성이 없는지를 정확히 판정하는 것이 연명의료 중단의 결정에 또 다른 중요 사안이다. 의학이 객관성과 근거를 중요시하며 발전하여 온 과학 분야이기는 하나 회복이 불가능한 사망의 단계를 정확히 판정한다는 것은 간단한 일이 아니다.

2008년 김 할머니 사건에서 담당 의사는 환자의 기대여명이 적어도 4개월 이상이라고 판단하였고, 환자의 진료 기록이나 신체를 감정한 다른 의사들은 의식회복 및 자발 호흡의 가능성이 없다고 하였다. 그러나 환자는 인공호흡기를 제거하고도 201일을 더 생존하였다. 이와 같이 의학적 전문지식을 가진 의료인 간에도 환자의 예후에 대한 판단이 일치하지 않을 수도 있고 빗나갈 수도 있다.

의학은 진료 현장에서는 항시 불확실성과 불확정성이라는 특성이 도사리고 있고, 아직은 많은 부분에서 주관적 확률에 의존하고 있다.[24] 이는 질병에 영향을 주는 변수들은 매우 많으나 의학은 그중에서 일부분만을 파악하고 있어 의사들이 모든 변수를 고려하여 질병을 정확히 진단, 치료, 예방하는 것은 불가능하다. 이것이 의학의 한계라고 할 수 있다.[25] 그러나 의학이 매우 명료한 과학 분야라고 생각하는 법조인을 포함한 많은 사람들은 의학이 신체의 비가역 시점을 명확히 지적할 수 있다고 확신하고 법정이나 진료 현장에서 의사들에게 이를 요구하고 있다. 그러나 이는 의학과 이를 실천하는 의사의 한계를 고려하지 못한 것이다. 연명의료 중단 결정과정에서 주관적 확률에 의존하는 의료를, 결과를 중시하는 법이 판정함으로써 회복이 불가능한 사망 단계를 명확히 찾아내지 못한 의사는 살인자가 될 수 있는 위험에 처하게 되었다.

김 할머니 사건에서 의학적 전문지식을 가진 의료인 간에도 연명의료의 무의미함에 대한 판단이 엇갈리는 상황에서 법의 이름으로 판단이 이루어졌다는 점에서, 특히 환자의 상태를 제일 잘 알 수 있는 담당의사의 의견에 반하여 무의미함을 판단한 것은 매우 섣부른 결정과정으로 바람직하지 않은 선례를 남겼다고 생각된다.

(2) 호스피스-완화의료의 준비 부족

질환의 말기, 특히 말기 암으로 진단받으면 환자들은 특별한 표준치료법이 없는 의료의 사각지대에 놓이게 되고 죽음의 날만을 막막하게 기다리게 된다. 이 기간은 환자와 가족들에게는 방황과 불안과 고통의 시기라 할 수 있다. 말기 또는 임종기 환자들은 질병으로 인한 고통에서 벗어날 수 있고, 가족들에게 부담을 주지 않으면서, 품위있게 죽음을 맞기를 바란다. 그러나 현재의 병원들은 환자들의 이런 바램을

---

24) 헨릭 울프, 스티그 페데르센, 라벤 로젠베르그 지음. 이호영, 이종찬 옮김, 「의학철학」(초판), 도서출판 아르케, 1999, 130면 이하 참조.

25) 안용항, 김혜정, 「무의미한 연명치료 중단 결정에서 의료의 한계」, 『한국윤리학회지』 제13권 제1호(통권 제25호), 2010, 17면 이하 참조.

충족시킬 수 있는 진료 환경을 제공하지 못하고 있다. 더군다나 지금과 같은 주거환경과 의료제도에서는 집에서 임종을 맞는다는 것이 여의치 않다. 1989년에는 사망자의 77%가 집에서 임종하였으나, 2013년에는 17.7%만이 집에서 임종하였고 71.6%가 병원에서 임종하였다.[26] 불편하고 원하지 않는 분위기이지만 어쩔 수 없이 병원에서 임종을 맞이한 것이다.

그러나 최근에 말기 환자에 대한 돌봄의 의료를 담당하는 의료분야가 생겨났다. 이를 완화의료라 한다. 완화의료는 질환에 대한 근본적인 치료를 하는 것이 아니라 환자의 통증이나 합병증 등을 조절하여 임종을 편안히 맞이할 수 있도록 돌보는 의료분야이다. 특히 임종기에 처한 환자를 집중적으로 돌보는 것을 호스피스라 한다.

호스피스와 완화의료는 표준 치료에서 제외된 임종기 또는 말기 환자에게 의료도 제공하면서 신체적, 정신적, 영적 지지를 해주고, 나아가 가족에 대한 돌봄이 제공된다는 면에서 말기 환자나 임종기 환자에게는 꼭 필요한 분야이다.

우리나라에서의 호스피스 사업은 아시아에서는 처음으로 1965년 강릉의 갈바리 호스피스에서 시작되었고 점차 확장되어 가고 있다. 그러나 현재는 일본, 대만, 싱가포르 등에 비해 뒤처졌다는 평가를 받고 있다. 2008년 제정된 「암관리법」[27]에는 말기 암 환자에 대한 완화의료제도 도입이 명시되어 있으나 제대로 활성화되지 못하고 있다. 국내 호스피스 병상 수는 880개로 필요 병상 수 2,500개의 1/3 수준으로 턱없이 부족하고, 호스피스의 의료보험 수가화가 제대로 되지 않고 있으며, 관련된 법적 절차가 정리되어 있지 않아 연명의료가 문제가 되는 말기 환자와 임종기 환자들이 호스피스와 완화의료 시설을 이용하는

26) http://kostat.go.kr/portal/korea/kor_ko/5/2/index.board?bmode=read&aSeq=311946.

27) 암관리법[법률 제14000호, 2016.2.3. 개정].

데 걸림돌이 되고 있다.

Ⅳ. 결 론

보라매병원 사건과 김 할머니 사건의 처리 과정을 지켜보며 연명의료와 관련된 사안들을 법의 잣대로 해결하기보다는 당사자(환자-보호자-의료진) 간, 나아가 사회적 합의를 이끌어가며 해결하도록 하였으면 하는 아쉬움이 크다. 이제라도 연명의료와 관련된 사안들을 철학적, 종교적, 윤리학적, 심리학적으로 접근하여 풀도록 하여야 하며 법은 이렇게 하여 이루어진 것들이 잘 지켜질 수 있도록 보호하는 역할을 하여야 한다. 먼저, 무의미한 연명의료 중단에 대한 결정을 환자, 보호자(가족)와 의료진 간의 충분한 정보 교환, 소통과 협상을 통해 이룰 수 있어야 한다. 이를 위해 의료인이 충분한 시간 상담할 수 있는 환경, 의료인들에 대한 의사소통방식이나 내용에 대한 교육과 일반인들을 대상으로 한 연명의료에 대한 홍보 등 여건 조성이 선행되어야 하며, 이를 제도화하기보다는 권장사항으로 하는 단계적 접근이 필요하다. 또한 호스피스와 완화의료가 절망 속에 있는 말기 환자와 임종기 환자들이 선택할 수 있는 하나의 의료여건이 될 수 있도록 호스피스-완화의료 제도의 정비 및 활성화가 선행되어야 한다.

따라서 연명의료 결정에 대한 2017년 시행되는 「호스피스 · 완화의료 및 임종과정에 있는 환자의 연명의료결정에 관한 법률」은 매우 신중하게 시행이 추진되어야 할 것이다.

참고문헌

김성룡, 「연명치료중단의 기준에 관한 법적 논의의 쟁점과 과제」, 『형사법연구』제22권 제1호, 2010, 24-44.

김진경, 「연명치료중단 결정에서 의학적 무의미함」, 『한국의료윤리학회지』 제13권 제2호, 2010, 123-136.

대한의사협회, 대한의학회, 대한병원협회 연명치료중지에 관한 지침 제정 특별위원회, 『연명치료 중지에 관한 지침』, 대한의사협회, 대한의학회, 대한병원협회, 2009.

박광민, 김웅선, 「연명치료중단의 허용기준에 관한 고찰」, 『성균관법학』 제22권 제3호, 2010, 77-102.

배종면 외 4인, 「전국 의료기관의 연명치료 대상자 입원 현황」, 『대한중환자의학회지』, 제25권 제1호, 2010, 16-20.

보건복지부, 보도자료 『연명의료의 환자 자기결정권, 특별법 제정 권고』 2013-07-31.

안용항, 김혜정: 「무의미한 연명치료 중단 결정에서 의료의 한계」, 『한국윤리학회지』 제13권 제1호(통권 제25호), 2010, 17-28.

이석배, 「연명치료중단의 기준과 절차」, 『형사법연구』 제21권 제2호, 2009, 147-170.

정재우, 「연명의료 결정 제도화에 대한 윤리적 성찰」, 『인격주의 생명윤리』 제14권 제1호, 2014, 57-79.

허대석, 『무의미한 연명치료 중단을 위한 사회적 합의안 제시』, 한국보건의료연구원, 2009.

헨릭 울프, 스티그 페데르센, 라벤 로젠베르그 지음. 이호영, 이종찬 옮김. 「의학철학」(초판), 도서출판 아르케, 1999.

김 할머니 사건에 대한 대법원 판결: 대법원 2009.5.21.선고 2009다17417 판결.

김 할머니 사건에 대한 헌법재판소 결정: 헌재 2009.11.26. 2008헌마385, 판례집 21-2하, 647.

보라매병원 사건 1심 판결문: 1998.5.15.선고 98고합9 판결.

보라매병원 사건 2심 판결문: 2002.2.7.선고 98노1310 판결.

암관리법[법률 제14000호, 2016.2.3. 개정].

한글 요약

보라매병원 사건과 김 할머니 사건에 대한 법원 판결을 통해 우리 사회는 연명의료에 큰 관심을 갖게 되었고, 정부는 법제화를 추진하고 있다. 그러나 연명의료에 대한 사회적 합의가 충분치 않은 현 상황에서 연명의료와 관련된 사안들을 법의 잣대로 해결하려는 것은 또 다른 생명경시 풍조를 유발할 우려가 있다.

먼저, 무의미한 연명의료 중단에 대한 결정은 가족 회의에서 환자, 보호자(가족)와 의료진 간의 충분한 정보 교환, 소통과 협상을 통해 이룰 수 있어야 한다. 이를 위해 의료인이 충분한 시간 상담할 수 있는 환경, 의료인들에 대한 의사소통방식이나 내용에 대한 교육과 일반인들을 대상으로 한 연명의료에 대한 홍보 등 여건 조성이 선행되어야 한다. 또한 호스피스와 완화의료가 절망 속에 있는 말기 환자와 임종기 환자들에게 자기결정권을 행사하여 선택할 수 있는 하나의 의료여건이 될 수 있도록 호스피스-완화의료 제도의 정비 및 활성화가 선행되어야 한다.

Abstract

Current Situations of Legislation of Decision Making regarding Life-sustaining Treatments in Korea

Kim, Joong Gon
(Seoul National University)

In 2009, Supreme Court of Korea proposed the criteria of withholding or discontinuing life-sustaining treatments. This adjudication of the court aroused a lot of public debate as well as interest about the end-of-life decision making. The legislation for the conditions and process of decision to forgo life-sustaining treatments is being pushed by the government without social consensus, concerning about arising the trend of contempt of life.

The function of family conference at which most of the end-of-life decisions for patients were made should be enhanced. In family conference, opportunities to listen and respond between patient, family members and clinicians is important to make the decision. It is necessary to educate the family members as well as the clinicians about the content and process of communication about end-of-life care.

Patients and family members at the end of life mainly required symptom managements. But end of life care such as hospice care and palliative care was commonly superseded by potentially curative or restorative treatment designed to sustain life but not necessarily to comfort a patient at the time of death because of lack of and inappropriate end-of life care system. It is necessary to promote the end of life care systems including hospice care and palliative care.

Prior to the legislation, it is necessary to improve and innovate the decision making system and end of life care system.

대법원의 2009년 5월 21일자 존엄사 판결에 대한 소회

김 찬 진

Ⅰ. 서 언

'무의미한 연명치료 장치제거' 등에 관한 대법원의 결정은 소위 존엄사에 대해 우리사회의 중요한 규범적 가치평가를 확인해 준 사건이다. 제18대 국회에서 함께 논의되던 존엄사 입법노력들은 이 판결에도 불구하고 일시 중단되었다. 대법원 판결의 위상을 감안하면 존엄사 또는 연명치료중단에 대한 우리사회의 입장은 어떻게든 확정되어야 했다. 그 결과 2016년 다시 법률은 기존의 패턴을 답습하여 통과된다. 언론에서는 존엄사에 대한 새로운 입법을 홍보하고 있다. 마찬가지로 일부 학자들의 모임에서는 꾸준히 존엄사의 필요성을 반복한다. 그럼에도 불구하고 한국사회와 존엄사의 거리감은 좁혀지지 않고 있다. 대법원의 판결은 하나의 헤프닝으로 남을 수 있는 가능성도 있다. 법원의 결정은 해당 사건을 구체적으로 검토하여 내려진다. 하급심 판결들은 실제 사건을 알기 전에는 객관적으로 검토하기 어렵다. 반면에 대법원은 이론적인 검토를 중심으로 한다. 상고심이란 근원적으로 사건에 적용된 법해석을 위한 이론적인 판단을 하는 절차이다. 그렇기 때문에 대법원의 결정은 이후 법해석을 위하여 중요하다. 개별 대법관의 소수 의견도 법이론적으로 중요한 의미로 받아들여진다.

판례 평석이란 대법원의 결정에 개인적 비판을 가하는 것이 아니다. 그보다는 법원결정에 법이론적인 모순이 있을 때 이를 학문적으로 비판하는 작업이다. 통상 대법원의 결정은 기존의 법이론과 모순되기 어렵다. 그만큼 대법관들의 심리 과정은 엄격하고 조직적인 검토과정을 거치기 때문이다. 그럼에도 불구하고 비판이 완전히 불가능한 것도 아니다. 사안이란 마치 살아 있는 '생물' 같아서 이미 생성된 이론으로 판단하기 어려울 수 있다. 문제는 사건을 판단하면서 적용되는 법이론에 대한 불충분한 이해가능성이다. 대법관의 경험이나 학문적 능력을 감안하면 이러한 오해가 발생할 여지가 적기는 하다. 그래도 이 또한 아에 불가능한 것은 아니다. 특히 민감하고 복잡한 사안의 경우 대법원이 충분한 심리를 거쳤다고 해도 다양한 관점에 따라 이견이 생길 가능성은 존재한다. 그중 2009년 5월 21일자 대법원의 판결은 하나의 좋은 예로 볼 수 있다. 학교법인 연세대학교(세브란스 병원)와 의식불명의 환자 보호자 간의 연명치료중단에 대한 허용여부를 두고 내려진 이 결정은 대법원에 의해 상고기각되면서 최종 결정되었다. 결국 서울고등법원의 2009년 2월 10일 판결인 원고 측 환자 보호자가 피고 측 학교법인 연세대학교에 요구한 환자 연명치료 중단이 허용되었다.

주지하듯이 사건의 쟁점은 회복을 기대할 수 없는 연명치료가 환자의 추정적 의사에 따라 중단될 수 있느냐이다. 환자의 추정적 승낙에 의한 연명치료중단이 가능한지에 대한 대법원의 확인이 문의되었다. 법원에서 논의된 쟁점은 언론에서 보도된 것들을 넘어 몇 가지 추가 요소들이 포함되어 있다. 우선 추정적 승낙과 자기결정권, 그리고 의료계약원리와 국가의 생명보호원칙이 상세하게 논의되었다. 필자가 이 사건의 대법원의 최종 결론을 보고 아쉬웠던 점은 첫째 대법원의 결정을 위하여 사용된 개별 논증들은 우선 법원칙들을 적용함에 있어서 다소 혼동이 있지 않았나 하는 점이다. 대법원은 형식 논리나 규범해석에서 해당 원칙들의 적용에 대한 불충분한 논증을 구성하고 있다. 그래서 추측을 통해 생각하면 왜 환자의 의사가 타인에 의해서 추정되는지에 대해 설명이 부족하다는 인상을 받는다. 둘째는 조금 더 구체적으로 우리나라 이론가들이 소극적으로 다루고 있는 형법상 자살관여죄의 존재와 소위 '존엄사'의 법적 관련성이다. 해외의 존엄사와 관련된 각 최고법원의 결정이 주로 형사사건을 대상으로 하고 있는데 반하여, 우리 대법원의 대상은 민사사건이 중심이다. 임종하는 환자의 죽음을 돕는 일은 각 국가의 형사법체계가 안락사를 어떻게 파악하는가에 따라 그 후의 민사적 관계가 결정되는 것이 경험상 맞는 듯하다. 그런데 우리의 경우 세브란스 병원과 환자 보호자 간의 연명치료중단이 환자의 추정적 승낙과 의료법 또는 민사법적 권한쟁의처럼 보게 하고, 더 추상적인 법원칙인 자기결정권으로 최종 결론을 덮어버린 듯한 느낌이다. 어느 경우도 형사법적인 문제들은 검토되지 않았다. 우리 형법은 제252조 제1항에서는 촉탁승낙살인행위, 제2항에서 자살교사와 방조행위를 금지하고 있다. 연명치료를 중단할 것인가를 논의하기 위해서는 이 조항들의 해당 사안에서의 정당화 가능성 문제를 우선적으로 검토해야 하는 것으로 본다. 상식적으로 연명치료 중단이 단지 불필요한 의료행위의 거절문제로 볼 수 있다면 우리가 이 주제를 그토록 오래 논의할 필요성이 없기 때문이다. 그렇기 때문에 이 판결이 소위 '보라매 병원 사건'에 대한 대법원의 태도변화인지 분명하지 않다.

II. 대법원의 판결 요지와 문제점

"환자가 의식의 회복가능성이 없고 생명과 관련된 중요한 신체기능 상실을 회복할 수 없으며 짧은 시간 내에 사망에 이를 수 있음이 명백한 경우 환자의 의사결정을 존중하여 연명치료를 중단하더라도 환자의 인간으로서의 존엄과 가치 및 행복추구권을 보호하는 것이 사회상규에 부합하고 헌법정신에도 어긋나지 아니한다." (대법원 2009.5.21, 전원합의체 2009다17417)

이 주문에서 보이는 주요 근거는 i) 의료적인 회복불가능의 명백성, ii) 환자의 자기결정권 존중, 그리고 iii) 연명치료중단의 인간존엄성 부합성으로 볼 수 있다.

1. 의료감정 결과의 규범적 확인 필요성과 한계

대체로 대법관들은 의료 전문가들은 아니다. 설령 대법관의 전직이 의사일지라도 현장에서 환자들을 직접 대하는 실무의료진들의 전문 지식에는 미치지 못한다. 그리고 이 사건의 전문 감정인들의 감정결과는 법학교과서에서 항상 언급하듯이 '사실적 판단'이다. 법원에서는 사실적 감정결과를 존중할 수는 있지만 이를 규범적으로 받아들이는 것은 별개로 본다. 이미 대법원 1998.7.24, 선고 98다12270 판결에서 법원의 최종 판단은 규범적인 판단이어야 한다는 점을 재확인한다. 전문 감정인들의 감정서는 전문가의 증명서로서 직접 증거가 아니다. 이를 최종판단을 위한 근거로 평가하기에는 부족하다. 그런데 이 사건에 대한 대법원의 입장은 전적으로 전문 감정인의 의학적 사실평가에 의존하는 듯하다.[1)]

대법원은 판결문에서 "원심은 거시 증거를 종합하여 원고에 대한 뇌 자기공명영상 검사에서 뇌가 전반적으로 심한 위축을 보이고 대뇌

---

1) 소수의견으로 안대희 대법관과 양창수 대법관은 이에 대한 반대를 표명했다. 이들의 소수의견을 보면 "원고가 불가능한 사망의 단계에 이르렀다고 보기 어려우며, 연명치료의 중단을 환자의 자기결정권에 의하여 정당화하는 한, 그 추정적 의사란 환자가 현실적으로 가지는 의사가 객관적인 정황으로부터 추단될 수 있는 경우에만 긍정될 수 있다"고 밝히고 있다. 이 소수의견은 가정적 의사와 추정적 의사를 구분하여 이 사안에서는 추정적 의사로 보기 어렵다는 견해를 표명한다.

피질의 요철이 단지 가느다란 띠 형상으로 보일 정도로 심하게 파괴되어 있으며 기저핵 시상(視床)의 구조가 보이지 아니하고 뇌간 및 소뇌도 심한 손상으로 위축되어 있는 사실, 원고의 담당주치의는 원고에게 자발호흡은 없지만 뇌사상태는 아니며 지속적 식물인간상태로서 의식을 회복할 가능성은 매우 낮아 5% 미만이라는 견해를 피력하였으나. 진료기록 감정의는 원고가 자발호흡이 없어 식물인간상태보다 더 심각하여 뇌사상태에 가깝고 회복가능성은 거의 없다고 하고 있으며, 신체감정의들도 모두 원고가 지속적 식물인간상태로서 회생가능성이 희박하다는 취지의 견해를 밝히고 있는 사실"을 각 인정한 후 환자의 회복불가능한 사망의 단계에 진입하였다고 판단했다는 점을 밝히고 있다.

이 개별적인 감정결론들을 보면 환자의 주치의는 식물인간이라고 판단하고 있으나, 기록 감정의는 뇌사상태에 가깝다는 평가를 하고 있다. 뇌사 상태가 아닌 식물인간 상태가 지속되면 「장기 등 이식에 관한 법률」(장기이식법)에서 인정하는 의사사망을 거론할 여지가 별로 없다. 환자는 식물인간 상태의 살아 있는 사람으로 보아야 한다. 그렇기 때문에 형법상 보호되어야 하는 생명주체이다. 환자의 상태에 대한 규범적 이해에 따라 연명치료의 중단은 환자의 자기결정권의 문제로 볼 것이 아니라, 이제 국가의 생명권 보호로 보아야 하지 않았을까?[2)]

다음으로 식물인간 상태에 대한 접근이다. 일부 감정서는 환자에게 자발호흡은 없고, 회복가능성이 5% 미만이라는 견해를 보인다. 진료기록 감정의의 경우 식물인간상태보다 더 심각한 상태라는 견해도 있다. 사실적 의료 상태 감정을 토대로 연명치료 중단을 결정하기 위

2) 이용훈 대법관과 김능환 대법관의 반대의견은 의미 있다. 이들은 소수의견으로 "생명에 직결되는 진료에 있어서 환자의 자기결정권은 소극적으로 그 진료 내지 치료를 거부하는 방법으로는 행사될 수 있어도 이미 환자의 신체에 삽입, 장착되어 있는 인공호흡기 등의 생명유지장치를 제거하는 방법으로 치료를 중단하는 것과 같이 적극적인 방법으로 행사되는 것은 허용되지 아니한다."라고 하여 안락사의 위험성을 제기한다.

하여는 설명이 더 필요했을 것 같다. 아마도 법이론적으로 면책적 소극적 안락사의 요건이 검토되어야 했다. 거기에 추가적으로는 죽음보다 더한 고통이나 환자 자신의 진지한 요구 등이 필요하다. 식물인간 상태에 대해 연명치료 중단을 면책적 소극적 안락사에 포함되는 것에 대한 대법원의 입장은 발견할 수 없었다. 개인적으로 법원이 좀 더 신중하게 평가했으면 하는 사항은 바로 환자의 상태다. 환자가 사망의 단계에 돌입하여 더 이상 연명치료로는 건강이 유지 또는 회복될 수 없다는 사실에 집중했어야 했다. 반면에 이 사건에서 언급된 식물인간 상태란 —의료적으로 어렵기는 하지만— 규범적으로 회복 가능성이 존재한다. 그러므로 식물인간 상태와 사망단계 진입 상태란 전혀 다른 법적 문제이다. 법원은 본 사안에서 환자가 사망의 단계에 이르렀는가를 확인했어야 한다. 요컨대 연명치료 중단을 결정할 조건이 사망의 단계 진입이라는 규범적 인식을 확보했어야 이후의 논증들이 더 설득력 있었을 것이다. 대법원이 이에 대한 확인 없이 식물인간상태를 곧바로 연명치료중단을 인정하는 근거로 해석한 듯한 결정문은 개인적으로 아쉽다.

1992년 제정된 장기이식법에서 규범화한 뇌사판정 기준(제3조 및 제14조 이하)은 소위 회복불가능성이라는 의료-사회적 기준을 적용하여 규범화되었다. 즉 회복불가능성에 대한 구체적 규범기준은 이미 존재한다. 이를 통해 연명치료 중단 결정은 뇌사판정을 위한 구체적 기준에서도 구체화될 수 있다. 그럼에도 불구하고 대법원은 "식물인간 상태=연명치료중단"이라는 새로운 기준을 제시한 것처럼 보인다. 우려되는 점은 역시 '미끄러운 경사길 현상'이다. 장차 식물인간 상태에 빠져 있는 모든 환자들은 연명치료중단의 대상이 될 수 있지 않을까? 더 심각한 것은 식물인간 상태에 빠진 환자의 추정적 승낙구조를 확대시키면 그 위험성은 더욱 증대될 수 있다. 아마도 이 지점에서 헌법재판소의 소극적 입장이 더욱 타당한 것처럼 보인다. 같은 사건의 당사자가 제기한 연명치료 중단을 위한 입법부작위 위헌 소송에서 헌법재판소는 다음과 같이 확인하고 있다. “이 사건 심판대상인 ‘공권력의 부작위’라는 것은 ‘연명치료 중단 등에 관한 법률의 입법 부작위’인바 … 이와 같은 정신적 고통이나 경제적 부담은 간접적, 사실적 이해관계에 그친다고 보는 것이 타당하므로, 연명치료 중인 환자의 자녀들이 제기한 이 사건 입법부작위에 관한 헌법소원은 자신 고유의 침해에 관련되지 아니하여 부적법하다.”라고 하면서 “‘연명치료 중단, 즉 생명단축에 관한 자기결정’은 ‘생명권 보호’의 헌법적 가치와 충돌하므로 ‘연명치료 중단에 관한 자기결정권’의 인정 여부가 문제되는 ‘죽음에 임박한 환자’란 ‘의학적으로 환자가 의식의 회복가능성이 없고 생명과 관련된 중요한 생체기능의 상실을 회복할 수 없으며 환자의 신체상태에 비추어 짧은 시간 내에 사망에 이를 수 있음이 명백한 경우’, 즉 ‘회복불가능한 사망의 단계’에 이른 경우를 의미한다 …”라고 설명한다. (헌재 2009.11.29, 2008헌마385)[3)]

헌법재판소가 확인한 사항은 ‘사망의 단계로 진입’이라는 뇌사 판정 기준보다 조금 더 앞선 연명치료 중단을 위한 준거틀이다. 의료적 감정이란 의료인의 개별적 · 전문적 평가이다. 증가하는 의료사고만 봐도 의료감정의 부정확성은 쉽게 추측된다. 죽음과 관련된 의료적 판단이 특별히 부정확하다는 조사결과는 강조되어야 한다. 경험적으로나 이론적으로도 이러한 예견이 부정확할 수 있는 이유는 기존 의학 자체가 원래 죽음을 대상으로 하는 분야가 아니기 때문이다. 현재 의학 체계에서 죽음에 대한 가장 많은 경험을 가진 의사들은 소수의 호스피스 또는 임종의료 전문의들이다. 생명현상의 마지막을 시기적으로 예견하는 것은 누구에게도 쉽지 않다. 그러므로 이 사안에서 대법

3) 대법원의 결정보다 헌법재판소의 이 각하결정이 나중에 나온 것으로 볼 때 헌법재판소의 결정이 객관적인 법이론적 검토에 의존한 것인가는 분명하지 않다. 5월 21일 대법원의 결정으로 연명장치를 제거한 이후에도 여전히 환자는 생존하고 있었기 때문이다.

원은 의료적 감정결론에 대해서는 신중하게 접근했어야 했다. 그리고 장기이식법과 형법상의 법이론적 면책적 소극적 안락사 기준에 더 접근해서 판단했어야 하는 아쉬움이 남는다. 더욱이 전문 의료진들의 감정내용을 비웃듯 연명장치를 제거한 후에도 무려 9개월을 더 생존한 환자의 생명력은 대법원의 결정을 다시 생각하게 만든다.

2. 추정적 승낙과 자기결정권의 이해

대법원은 "원고가 독실한 기독교 신자로서 15년 전 교통사고로 팔에 상처가 남게된 후로부터는 남에게 보이기 싫어하여 여름에도 긴 팔 옷과 치마를 입고 다닐 정도로 항상 정갈한 모습을 유지하고자 하였던 사실, 텔레비전을 통해 병석에 누워 간호를 받으며 살아가는 사람의 모습을 보고 '나는 저렇게 까지 남에게 누를 끼치며 살고 싶지 않고 깨끗이 이생을 떠나고 싶다'라고 말하였던 사실, 3년 전 남편의 임종 당시 며칠 더 생명을 연장할 수 있는 기관절개술을 거부하고 그대로 임종을 맞게 하면서 '내가 병원에서 안 좋은 일이 생겨 소생하기 힘들 때 호흡기는 끼우지 말라. 기계에 의하여 연명하는 것은 바라지 않는다'고 말한 사실 등을 종합하여 환자에게 연명치료중단의 진실된 의사가 있다"고 추정하였다.

이러한 대법원의 견해는 그동안 존엄사나 조력자살 관련 논의에서 볼 수 있는 자기결정권과 추정적 승낙의 법리의 오해에서 기인한다고 할 수 있다. 자기결정권은 내재적 한계를 가진 법리이다. 자기결정으로 모든 것을 할 수 있다는 원리는 타인과의 공동체 원리를 생각하면 우선 한계가 있다. 사전적으로도 자율성은 자의성과 다르다. 적어도 자살은 미용을 위한 성형수술을 결정하는 것과 동일한 것은 아니다. 우리 법률상 자기결정권을 제한하는 법규정은 자율성을 존중하는 법률만큼이나 많다. 자율적으로 국적을 면탈할 수도 없고, 병역을 기피할 수도 없다. 세금을 자기결정에 의해 안 낼 수는 없으며, 자기 결정에 따라 매매춘행위를 할 수도 없다. 헌법적인 측면에서 자기결정권은 국가나 제3자의 자유 침해를 방어하는 권리로 보는 관점과 자신의 실존을 형성하는 권한으로 보는 관점으로 구분할 수 있다. 그런데 필자가 궁금한 것은 왜 자기결정권은 연명치료중단 논의에서는 오직 자기 생명을 결정하는 권한으로만 절대화되는가 하는 점이다.

추측컨대 존엄사나 연명치료중단을 긍정하는 입장에서는 자기결정권만이 유일하게 그럴듯한 근거이기 때문일 것 같다. 자기결정권이 없다면 무엇으로 존엄사나 연명치료중단을 주장할 수 있을까? 예를 들어 생명의 무가치성, 그에 대한 경제적 낭비, 가족들의 고통, 병원의 부담가중 등이 있을 수 있는데, 누구도 이런 근거로 존엄사나 연명치료중단을 주장하지 않을 듯하다. 그렇기 때문에 자기결정권만이 연명치료중단에 대한 적절한 근거로 보인다. 필자의 개인적 생각엔 이 주장을 계속하려면 적어도 연명치료중단에 대한 자기결정권의 행사와 자살의 차이점에 대해서 먼저 분명하게 설명해야 한다. 자살행위는 오늘날 법적으로 처벌하지 않는다. 중세와 근대에서는 자살행위 자체를 금기시했다. 일부 국가들이 자살관여행위를 처벌하는 것을 포기했지만, 우리나라 형법은 여전히 자살관여 또는 방조행위를 처벌한다. 이론적으로 자살행위가 기존의 윤리에 위반되고, 자살행위를 권고하거나 도와주는 행위 자체가 현행 형법 제252조 제2항에 의해 금지되고 있다. 위에서 언급했듯이 대법원의 결정에서 너무 약하게 다루어진 사항은 해당 사건이 형법 제24조의 촉탁승낙 살인행위가 아닌 이유는 무엇이고, 설령 환자 자신의 결정에 따른 임종이라고 해도 가족들은 제252조 제2항의 자살관여죄와는 왜 아무런 관련이 없느냐는 점이다.

3. 촉탁승낙 살인죄와 자살관여죄

사실상 자살행위와 자율적 연명치료중단은 법현상에서 다르지 않다. 문제는 자살은 스스로 할 수 있지만, 연명치료중단은 자살관여

자가 없이는 불가능하다는 점이다. 독일과 같이 자살관여행위를 처벌하지 않는 국가는 연명치료중단은 의사의 촉탁승낙 살인의 적용여부를 논의한다. 네덜란드의 소위 「안락사법」(Temination of Life on Request and Assited Suicide Act of 2002)은 촉탁 승낙 살인행위인 의사에 의한 '죽음의 도움'(Sterbehilfe)을 정당화시키는 특별법이다. 내 생각에 연명치료중단을 환자의 자기결정권의 권한범위로 보려면, 우선 우리 형법상의 촉탁승낙 살인행위가 자기결정권에 의해 정당화되는 근거를 제시하고, 이와 함께 자살에 관여한 자살방조 또는 교사에 대한 형법 제252조 제2항의 위법성 조각을먼저 설명해야 할 것 같다. 입법을 통해 존엄사 문제를 요구하는 주장의 핵심도 언제나 의료진의 촉탁승낙에 위한 살인행위와 자살관여행위에 대한 전면적 면책 또는 정당화이었다.

촉탁승낙 살인죄의 경우는 촉탁과 승낙이 진지한 본인의 의사에 의할 것이 요구된다. 이 요건이 충족되지 못하면 살인행위가 될 뿐이다. 이 사건처럼 추정적 승낙의 경우 정당화 허용범위는 더 좁다. 문제는 대법원의 이 사건 결정이 민사소송으로서 연명치료중단에 대한 권한여부를 확인하는 소송의 결론이 자동적으로 자살관여죄와 촉탁승낙살인죄의 범죄적 본질을 정당화하는 것까지 포함할 수 있는가이다. 통상적으로 연명치료중단에서 발생할 수 있는 문제는 촉탁승낙 살인죄보다는 자살교사와 방조행위일 가능성이 크다. 요컨대 대법원은 환자의 추정적 승낙을 인정하여 연명치료중단을 요구하는 것의 민사법적인 권한은 인정하였지만, 이는 형법상 촉탁 승낙에 의한 살인죄 또는 자살관여행위에 대한 형법상의 무죄여부를 정작 결정해 준 것은 아니다. 대법원의 실질적인 판단대상은 환자의 자살행위에 관여되는 행위자들의 개별적 정당화 또는 면책의 여부가 실제로 논의되어야 하지 않을까 싶다. 실제로 형사법적인 측면에서 소극적 안락사의 요건은 이 사건의 형상과 달리 필수적으로 환자에게 '극심한 고통'이 수반되어야 한다는 요건이 필요하다. 그 이유는 형법적인 정당화사유는 첫째 환자의 참을 수 없는 고통, 둘째 사망시기의 임박, 셋째 환자의 육체적 고통을 완화하기 위한 다른 방법이 없을 것, 넷째 환자의 동의와 의학적으로 윤리적인 조치일 것이 요구되기 때문이다[横浜地方裁判所 平成 7年(1995년3月28日, 判例時報 1530호 28頁)]. 환자 보호자의 정신적 고통은 형법적 정당화사유가 아니다. 그렇기 때문에 이 사건에서 형법적 정당화요건은 논의되지 않았다고 볼 수 있다.

대법원이 실제로 근거로 들고 있는 추정적 승낙의 법리는 원래 형사법에서 비롯된 것이다. 민사법의 경우는 타인을 위한 대리동의가 비교적 광범위하게 인정된다. 형사법상 추정적 승낙의 법리가 엄격하게 적용되는 이유는 추정적 승낙의 효과가 민사법의 경우 재산적 손실처럼 회복불가능한 것이 아니라, 회복불가능한 치명적인 피해가 발생할 수 있기 때문이다. 영미법과 달리 민사불법과 형사불법을 엄격히 구분하는 대륙법의 정신적 이념이 우리 법률에 남아 있기 때문이기도 하다. 형법적 원리인 추정적 승낙은 반드시 두 가지 조건이 충족되어야 한다. 첫째는 승낙권한을 가진 자의 권리에 도움이 될 것(환자 생명구제를 위한 응급수술)과 둘째 아예 승낙의 권한이나 권한을 행사할 자가 존재치 않을 경우(흠결된 이익원칙, Prinzip des mangelnden Interesses)이다. 필자가 보기에 민사재판으로 제기된 이 사건에서 추정적 승낙 이론을 원용할 근거는 희박하다. 우선 환자의 추정적 승낙이 환자에게 이익이 될지에 대해 의심스럽기 때문이고, 더욱이 흠결된 이익의 원칙으로 보기는 더 어렵다. 결과적으로 대법원의 마지막 근거가 '인간의 존엄성'인 이유는 대법원 스스로도 논증이 미약하였다는 사실을 알고 있었기 때문은 아닌가 조심스럽게 추측해 본다.

4. 헌법상의 인간의 존엄성과 국가의 생명보호원칙

> "생명권이 가장 중요한 기본권이라고 하더라도 인간의 생명 역시 인간으로서의 존엄성이라는 인간 존재의 근원적인 가치에 부합하는 방식으로 보호되어야 할 것이다 … 이미 죽음의 과정이 시작되었다고 볼 수 있는 회복불가능한 사망의 단계에 이른 후에는 … 연명치료를 환자에게 강요하는 것이 오히려 인간의 존엄과 가치를 해하게 되므로 … 환자의 의사결정을 존중하여 환자의 인간으로서의 존엄과 가치 및 행복추구권을 보호하는 것이 사회 상규에 부합되고 헌법정신에도 어긋나지 아니한다고 할 것이다."

객관적으로 이 주장은 모순처럼 들린다. 우선 사안에서 죽음의 단계에 대한 법원의 오해가 존재했고, 연명치료의 강요가 인간의 존엄과 가치를 해한다는 것은 타당할 수 있지만 그로 인해 헌법 제10조의 행복추구권이 인간의 생명권보다 우월하다고 보기는 이론의 여지가 많기 때문이다. 또한 검토된 헌법합치성의 문제는 이 사건의 대상이 처음부터 아니다. 헌법재판소도 이러한 논제에 대해 입법의 영역임을 밝히고 있다. 그럼에도 불구하고 대법원은 원고인 환자 보호자와 피고인 학교법인 연세대학교의 법적 갈등을 해결하는 '방편'으로 헌법합치성을 근거로 든다. 헌법은 국가와 시민의 관계에서 제1차적 효력을 가질 수 있다. 그렇기 때문에 헌법규범은 양 당사자가 시민인 민사법적 관계에서는 근본 근거일 수 있다. 그러나 제3자적 효력이라는 법이론이 말해주듯이 사적 관계에 대한 석용에는 한계가 있다. 환지의 생명권에 우선하는 인간의 존엄과 가치 또는 행복추구권을 직접 적용하여 기본권리관계를 정하는 것에 우리 헌법재판소가 소극적인 이유는 분명하다. 요컨대 기본권의 우열은 대법원이 정할 사항은 아니다.

그런데 대법원은 자신의 최종 결정 근거를 여기서 찾는 듯이 보인다. 법원은 마치 헌법재판소처럼 기본권 간의 우선 적용을 선택하고 있다. 만일 생명권에 대한 제한을 입법화한 '법률'이 인간의 존엄성이나 행복추구권과 갈등구조를 만들고 있다면, 헌법재판소에서 이를 다룰 수 있다. 그러나 이 사안처럼 대법원이 이를 직접 결정하여 개별 사건에 적용하여 해석한다는 것은 각 법원의 권한상 어색하다. 헌법상의 기본권 서열의 결정과 해당 법적용이 헌법과 어떻게 조화되는가는 현재 우리 법체계상 대법원의 판단영역이 아니다. 이론적으로 볼 때 헌법 제10조를 당해 사안의 법률적용을 위해 원용하는 것과 제10조의 인간의 존엄 또는 행복추구권을 근거로 해당 사안을 결정하는 것은 다른 문제다. 어쩌면 이에 대한 선택은 오직 국회에 있다고 보는 것이 타당할 듯하다. 예컨대 제10조를 근거로 교도소 수형자에게 가해지는 징벌적 계구사용을 금지하는 것과 제10조를 근거로 생명권을 제한하는 것은 큰 차이가 있다.

백보를 양보해서 대법원이 이를 다룰 수 있는 권한이 있다고 해도, 대법원의 이와 같은 논증에서 또 다른 오해를 발견할 수 있다. 생명권은 가장 본질적인 권리다. 헌법재판소의 사형제도와 태아의 생명권 보호에 대한 결정에서 보듯이, 일부 제한될 수 있는 여지가 있지만 생명권은 헌법상 최고 규범이다. 또한 헌법 제10조의 인간의 존엄과 가치의 해석은 그 이익을 누리는 자를 위하여 결정해야 한다. 만약 이를 제3자의 이익을 위하여 결정하거나, 국가가 결정한다면 인간의 존엄성은 타인을 위하여 '도구화'될 수 있다. 인간의 존엄성은 침해를 방지하는 것이지 침해를 정당화하는 원리가 아니다. 제2차 세계 대전 당시 나치스와 일본의 비인간적 만행은 불법국가가 시민에 대한 제3자적 헌법의 효력을 남용하여 가능했다. 헌법은 국가에게 인간의 존엄성과 행복추구권을 존중하도록 명령한다. 그 구체적 내용에는 인간의 존엄성에 대한 기준을 제3자 또는 대리인이 대신 결정하여 도구화하지 못하게 하는 것도 포함된다. 헌법과 법률의 모든 세부 규정들은 시민 개개인이 지켜야 하는 것이라기보다는 국가가 스스로 지키고 따라야 한다. 인간의 존엄성 존중은 원칙적으로 타인에 대한 '도구적 판단중지'를 요구한다.

생각컨대 당해 사안에서 환자의 연명치료 중단이 환자의 추정적 승낙으로 볼 수 있는 여지가 있다는 결정으로도 충분히 대법원의 심사 임무는 다한 것이다. 이를 넘어서 연명치료 중단결정을 헌법과 법률에 따른 정당한 법집행처럼 설명한다면, 대법원이 동일한 사안에서 반복될 수 있는 규범효력을 새롭게 창출하는 것과 같아서 이제는 의회의 권한을 침해한 것으로 오해될 수도 있다.

Ⅲ. 결 론

대법원의 2009년 5월 21일 결정은 법원의 결정권 범위와 의료적 사실에 대한 부족한 이해와 자기결정권과 추정적 승낙법리에 대한 아쉬운 내용을 포함한다. 이러한 결정에 대해 사회적 관심이 생각보다 크지 않았던 이유는 결정에 대해 법률전문가들에게조차 복잡했기 때문이다. 나는 법조인 출신 법률가의 한사람으로서 이 판결의 문제점이 언급한 대로 우선 대법원의 연명치료 중단 결정이 지나치게 의료기술적인 지식에 의존하고 있고, 둘째 대법원의 논거 구성에서 헌법상의 기본권을 사인 간의 법적 갈등을 해결하는 데에 직접 근거로 삼고 있다는 점 때문에 새로운 오해를 만들 수 있다고 본다. 반면에 헌법재판소는 이 권한 관계를 대법원 결정 이후에 정리해 준 바 있다. 셋째는 민사법적인 대리동의와 결정권의 유효성문제를 형사법 이론인 추정적 승낙을 근거로 구성하면서 민사불법과 형사불법의 근본적 차이점에 대해서는 설명이 없었다. 마지막으로 이 사건은 민사적인 연명치료중단 결정일 뿐이어서 원고의 형법 제252조 제2항 자살관여 또는 제250조와 관련된 살인죄 또는 촉탁승낙 살인죄의 성립과 제24조에 따른 정당화의 여부는 여전히 미해결인 채로 남아 있다는 사실이다.

국내 학자들이 자주 인용하는 외국의 연명장치 중단에 대한 중요 판결들은 대체로 형사재판이고, 정당화결정을 토대로 이후 민사적 효력을 형성할 것인가의 논의였던 반면에, 이 사건 결정은 대법원 민사부의 결정이다. 우리 법제상 민사재판의 결론이 즉시 형사법상의 정당화를 형성할 수는 없다. 그래서 연명치료중단의 실질적 논의대상인 촉탁승낙 살인죄와 자살관여죄의 정당화 논의는 여전히 남겨져 있다고 볼 수 있다.

인간생명의 절대적 보호는 현실적으로는 불가능하다. 그러나 그 상대적 보호는 역시 우리 헌법가치에 반한다. 이건 어차피 불가능한 일을 최대한 서로 노력하는 문제다. 시민생명의 절대적 보호를 위해 노력하는 것은 국가의 기본 의무이며, 법률의 기본이다. 인간생명보호를 상대화시키는 순간 발생할 규범적 혼란을 생각한다면, 연명치료를 둘러싼 다양한 법현상에 대한 신중한 접근만이 최악의 상황을 막을 수 있을 것이라고 생각한다. 대법원의 결정으로 비롯된 사태가 그나마 제18대 국회의 입법중단으로 일시 중단된 것은 다행이었다. 그러나 제19대 국회는 환자연명의료결정법을 2017년 시행을 조건으로 통과시켰다. 또다시 인간 생명의 도구적 상대화가 재현될 가능성이 시작되었다.

‘연명의료 중단’의 규범적 설명

이 영 애 / 신 동 일

존엄사라는 말은 역사적으로 불완전한 사회 구조에서 등장한다. 언어의 의미는 사회문화적 환경에 의존한다. 그런 측면에서 존엄사의 해석은 시기에 따라 다르다. 우리가 진지하게 생각해 볼 일은 인간의 죽음에 대한 자연적인 이해와 규범적인 이해가 어떻게 다른가이다. 자연적인 이해는 죽음과 관련된 사태만 관찰한다. 반면에 규범적 이해는 그 사태에 대한 평가를 중요하게 여긴다. 죽음은 하나의 현상이다. 존엄사를 긍정하는 입장을 간략하게 정리하면 회복될 수 없는 생물적 쇠락 현상을 연명장치로 유지시키는 것은 의료적 강제로 파악한다.[1] ‘자기결정권’은 여기서 중요한 기능을 한다. 존엄사에 소극적인 입장은 규범적 정당화에 부정적이다.[2]

---

1) 비트겐슈타인(Ludwig Josef Johann Wittgenstein, 1889-1951)은 개념을 맥락 밖에서 사용하는 것과 개념 자체에서 어떤 실재적 형이상학을 기대하는 것은 일종의 ‘만연된 질병’이라고 말한다. 언어적 규칙이 지시하는 ‘실재’가 존재한다는 믿음(질병)을 버리지 못하는 한, 지속적으로 언어적 유희만 즐길 뿐 명제 간의 규칙에서 나타나는 실제 의미를 해석하지 못한다. 자세한 내용은 이하에서 설명한다.

2) Alexy, Begriff und Geltung des Rechts, Alber 2002. 알렉시는 법률실증주의가 단지 언어 또는 기호차원에서 형식논리적으로만 사태를 해결하는 것이 아니라는 주장을 하고 있다. 다만, 137 이하의 설명은 규칙 의존적인 인식을 기반으로 하지 않고 또다시 실재론적인 윤리나 사회적 필요성과 같은 요소를 기반하고 있다고 보인다. 이미 켈젠은 언어와 같은 인지적 규칙과 사태와 같은 현상의 관계를 더 능숙하게 다루고 있

2016년 환자연명의료결정법이 국회를 통과하고 2017년 실천적인 법적용을 기다리는 중이다. 존엄사 내지 연명치료 중단의 정당화는 환자와 의료기관의 양자관계로만 파악되는 게 아니다. 오히려 국가와 환자-의료기관 양자 사이의 공적 의무부담의 적정성과 우리 헌법과 의료법 및 다른 법률과의 규범적 관계가 더 면밀하게 검토되어야 한다. 연명의료중단법은 현행 법체계와 불안하게 결합된다. 그리고 규범적 이해와 달리 자연적 이해에 의존한 규범형성이라는 의심을 갖게 하는 요소들을 발견할 수 있었다.

Ⅰ. 개념의 역사

'존엄사'라는 단어는 18세기의 도시화나 산업화 등과 같은 다양한 문제들과 함께 근대 국가에서 자주 등장한다. 단어의 유래를 추적하는 것은 별로 의미없다. 그러나 이 단어의 형성배경은 흥미롭다. 18세기의 유럽은 과다한 도시인구의 증가와 그에 따른 사회적 안전망의 붕괴, 잦은 전쟁과 기근, 혼란스러운 사이비 과학의 난무 등과 같은 산적한 문제들에 고민한다. 진화론에서 출발한 우생학은 사회경제적 요건에 따른 적자생존을 인간에게까지 무리하게 적용시키는 생각으로 왜곡되기 시작했다. 그 시작은 영국이었다. 허버트 스펜서의 소위 '냉정한 과학'(cold science)이나 공리주의 원리에 대한 오해는 이러한 잘못된 이해를 심화시킨다. 지금까지도 사람들에게 회자되는 맬서스의 인구론은 과다한 인구증가의 위험성을 지적하는 비전문적 주장이다. 그의 생각은 환상을 생산시킨다: 마치 지구가 인간으로 들어차서 더

다. 법의 근대적 성찰이라는 표현은 일상적 자연언어로부터 전문적 논증언어로 성장한 법학을 의미한다. 이에 대한 연구로는 H. Kelsen(변종필/최희수 역), 순수법학, 길안사, 1999.

이상 생존할 수 없을 공간으로 바뀔 것이다. 오해된 공리주의는 최악의 상황을 막기 위하여 다수의 행복을 위한 소수의 양보라는 전체주의적 발상을 은밀하게 후원하기도 했다. 허버트 스펜서의 생각에 원인을 제공한 찰스 다윈은 오히려 그의 생각과 달랐다. 그는 다른 글에서 자연선택은 냉정한 경쟁이 아니라 상호간의 협력과 도움을 통해 이루어진다고 했다. 즉, 다윈의 '자연'은 생물 공동체의 규범적 이해를 반영한다.

중세까지 대부분의 사회에서는 자살금지가 보편화되었다. 자살금지는 모순적이다. '검시관' 제도는 자살에 대해 현재와 다른 현실을 말해준다. 원래 검시관 제도는 국왕의 재산인 시민들 자체를 감시하는 기능을 가졌다. 시민 하나 하나는 국왕과 소수 귀족들의 재산이고, 그들의 공동체 이탈은 재산의 감소를 의미한다. 세금은 단순한 의무가 아니라 숙명이다. 이를 회피하기 위한 자살행위는 국왕에 대한 반역이며, 징수권자에 대한 반항이다. 그 책임을 묻기 위해 자살과 관련한 모든 행위를 금지한다. 원인 제공자를 색출하여 나머지 가족들에게 죽은 자 대신 세금을 걷어들이기 위한 금지이다. 죽어도 세금의무는 사라지지 않는다. 검시관(coroner)은 수사권과 부검권, 조세권, 매장허가권 등을 종합적으로 가지고 있는 고급 관료였다. 역사학 이론에 따르면 주민등록과 여권제도 같은 시민 등록제는 조세와 긴밀하게 연관된다고 한다. 노예제도의 만연과 산업화와 기계화는 이러한 관계를 지속시킨다. 산업화에 따른 도시노동자의 열악한 주거환경은 범죄와 인간의 생물적 특성을 우성과 열성으로 이분화시키는 우생학(eugenics)을 유행시켰다. 열성인자(the unfits)에 대한 자연도태는 우선 스스로 선택하도록 실제로 계도되었다. 이에 따라 자살, 영아살해, 낙태, 존엄사의 문제들이 법적으로 검토되기 시작했고, 일부 법체계는 이를 법제화시켰다. 가장 먼저 제도화된 것은 자살의 면책이다. 뒤르켐(David Émil Durkheim 1858-1917)의 "자살론"은 당시에 만연되고 있던 자살에 대한 소위 "성별-인종-우생적 도태가설"의 문제점을 과학적으로 분석하였다. 요컨대 당시 자살 옹호론은 우생학적인 이해를 강하게 포함한다: 사회적으로 적응할 수 없는 자 또는 공리적 관점에서 더 이상 생산성에 도움이 되지 않는 자는 스스로 죽음을 선택할 수 있다! 뒤르켐은 자살현상을 군집으로 분류하여 사회적 성향과 계급은 자살과 특별한 관련이 없다는 경험적 결과를 제시하였다.

현상적으로 보면 이 시기에 급증한 영아살해도 문제였다. 지금까지도 유지되는 출산으로 인한 스트레스를 근거로 하는 심리적 책임감경설은 사실 허구이다. 실제로는 혼인 외의 자에 대한 폄하와 그 살해 정당화와 은밀히 관련된다. 중세 혼인법은 귀족 중심의 정략적 매매혼이다. 중세부터 혼인은 이슬람 문명권이나 기독교 문명권이나 예외 없이 대가를 조건으로 하는 것이며, 그 상속권 인정과 혼전서약 효력 등은 오늘날과 구조가 달랐다. 혼인은 두 가문 또는 두 국가간의 세력확장을 위한 계약이었으며, 일반인들의 혼인은 세금징수를 목적으로 국가가 관리하였다. 소위 '정략결혼'과 '관리대장'으로 이분화된다. 혼인금지는 신분적 근거를 가진다. 종교적 신분자 이외에도 대학교수나 일부 법관 또는 특정 관료들은 혼인이 금지되었다. 갈릴레오 갈릴레이가 숨겨진 세 자녀들 때문에 종교재판에 회부되었다는 추측[3]은 유명하다. 일부 유럽에서 '대학교수'는 독신이어야 했다. 대학교수들에게 왜 독신을 요구했는지는 분명하지 않다. 영아살해의 책임감면은 혼인에 대한 관념과 금지현상에서 빚어진 비극을 해결하기 위한 궁여지책이다. 사회현상에서 비롯된 주장들은 오늘날의 달라진 규범관으로 볼 때는 격세지감이 있다.

세 번째 우생적 차별화는 낙태였다. 낙태는 보편적이지 않았다. 의학적 방법도 몰랐고 일반적으로는 금지도 허용도 아닌 사건이었다.

---

3) D. Sobel, Galileo's Daughter. A Historical Memoir of Science, Faith, and Love, Bloomsbury 1999.

상속과 관련된 낙태행위는 처벌 대상이었다. 20세기 초반 미국 산부인과의학협회의 발표로 '태동'(quickening) 개념이 생명의 시작이라는 인식이 만들어진 후 태아 생명을 보호할 필요가 생긴다. 미국은 최초로 임신 중 태아를 보호해야 한다는 낙태 금지법률을 만들었다. 문제는 이 법률이 모든 낙태를 예외없이 금지한 것이다. 심지어 임부 생명이 위급한 경우에도 낙태는 불가능했다. 일반 시민들의 현실 인식은 달랐다. 그래서 1972년 '로 앤드 웨이드'(Roe v. Wade) 판결은 엄밀히 말하면 낙태를 자유화한 것이 아니다.[4] 이 판결은 한계상황에서의 낙태 결정은 의사가 아닌 임부가 하는 것이 미국 헌법상 프라이버시 권에 더 적합하다는 연방대법원의 해석이다. 이러한 결정의 취지는 수많은 오해를 만든다. 즉 '낙태의 자유화'는 그렇기 때문에 오해이다.[5] 낙태는 인구 통제 이념과 결합되었다. 특정 인종과 민족을 제한하기 위하여 낙태가 시도되기도 했다. 인간의 수를 통제할 수 있다는 생각은 노동력 확보를 위한 출산장려와 불필요한 장애인 출산금지와 같은 비정상적인 정책을 만든다. 역사적인 예는 나치스의 1933년「유전적 질병예방법」(Gesetz zur Verhütung erbkranken Nachwuches)이다. 이 법률과 같은 시기에 제정된 혼인법을 통해 장애인과 혼인법에 위반한 임신의 경우 강제 낙태와 불임시술이 시행되었다. 이 법률은 17만 장애인과 100만 유대인 학살[6]에 적용 또는 유추적용 되었다. 이러한 우생학적 정책의 끝에는 유대인과 장애인, 집시 등 학살에 동원된 안락사(euthanasia) 또는 존엄사가 놓여 있다.

---

4) Roe v. Wade 사건에 대한 설명은 박수헌, "낙태에 대한 미국 판례법의 경향," 김찬진 등, 초기 인간 생명보호를 위한 제언, 세창출판사, 2012, 199-234.

5) 상세한 설명은 이영애 편, 생명윤리와 법치주의, 열린애드, 2012.

6) 이 숫자는 지속적으로 논쟁의 대상이었다. 유대인의 경우 250만 명이라는 주장과 100만 명이라는 주장이 공존한다. 2005년 아우슈비츠 해방 60주년 기념식에서는 유대인 피해자가 100만 명이라는 공식 발표가 있었다. 전체 피해자 중에는 폴란드계 정치범들과 소련군 장교들, 집시들이 대거 포함되어 있다. 숫자는 중요하지 않다. 이 학살이 제도적이고 법률의 집행처럼 유지되었다는 것이 핵심이다.

안락사의 다양한 방법도 이 시기에 집중적으로 개발되었다. 아우슈비츠에서 유대인 학살에 이용된 '치클론 B'(Zyklon B)는 독일의 발터 헤이트와 브루노 테슈, 게하르트 페터스, 프리츠 하버가 공동으로 개발한 살충제였다. 이 중 하버는 유대인이었다. 그는 후에 암모니아 합성법을 이용한 화학비료를 개발한 것으로도 유명하다. 개발자 중 브루노 테슈는 전쟁 이후 전범재판에서 학살죄로 사형에 처해졌다. 개발회사 회흐스트사(Hoechst AG)는 1999년까지 존속하다 프랑스계 회사에 합병되었다. 안락사에 대한 19세기 법률가들의 우호적인 발언들은 지금까지도 지속적으로 회자되고 있다. 어떤 주장 일부는 현재 존엄사를 주장하는 사람들의 입에서 다시 반복되고 있다. 그중 독일 형법학자 칼 빈딩(Karl Ludwig Lorenz Binding, 1841-1920)도 포함된다. 빈딩은 말년 저작에서 의사 호헤(Alfred Erich Hoche, 1865-1943)[7]와 함께 저술한 글에서 안락사의 형법적 정당화를 옹호한다. 그는 의학적인 생존 가능성이 더 이상 없을 때 시행하는 안락사의 경우 정당할 수 있다고 한다. 이러한 안락사는 환자의 승낙과 동의로 정당화된다. 문제는 이 글이 적극적 안락사를 정당화시키는 근거로 이용되고 있다는 점이다.[8] 나치스 학살이념으로 이용되었다는 빈딩의 글은 일부는 오해되었다.

7) 의사였던 호헤는 빈딩과 함께 나치스에 의한 "T-4 안락사 프로그램"에 이론적인 근거를 제공했다고 알려져 있다. 그럼에도 불구하고 그의 이론은 나치스와 거리감이 있다. 그는 공리적 관점에서 태아와 산모, 둘 중 하나를 선택할 때 산모를 구할 것을 주장한다. 이후 그의 저서는 안락사가 도덕이나 법에 따라 완전히 정당화되는 시기가 올 것이라는 진술이 특히 강조되었다. Binding/Hoche, Die Freigabe der Vernichtung lebensunwerten Lebens. Ihr Maß und ihre Form, BWV-Berliner Wissenschafts-Verlag(1920) 2005. 원래 당시 빈번하던 자살에 대한 규범적 설명을 위하여 기획되었다(3 이하). 그럼에도 불구하고 호헤는 히틀러에 대해 비판적이었으며 유대인 아내를 두고 있다는 이유로 교수직에서 추방되었다. 호헤는 자주 윤리학자 피터 싱어(Peter Singer)와 비교된다. W. Walter, Perter Singer and the Lessons of the German Euthanasia Program, Issues in Integrative Studies 18(2000), 27-43.

8) 20 이하.

빈딩은 자살에 대해서 법적 금지와 개인의 자유로운 선택 간의 규범이해에 대해 설명한다. 그의 문제의식은 "자살을 법에 반하는 것으로 보는 것은 실정법상의 살해금지규범을 통해서만 설명되지만 막상 자살을 형벌로 금지하거나 범죄로 보는 것에는 실체가 없다"(II)고 한다.[9)] 당시 독일 법률은 자살 자체를 처벌하고 있었다. 더 나아가 빈딩은 고통스러운 임종기 환자에게 소극적 안락사를 시도하는 것은 살해금지 규범이 가진 원래의 의미와 다른 해석이 필요하다고 한다.(II, IV) 호헤는 의학적인 관점에서 회복불가능한 임종기 환자가 어떤 고통과 절망감을 가지고 있는가를 설명한다. 그리고 의학적으로 환자에 대한 동정(Mitleid)은 일종의 심리적 허구이며, 회복가능성과는 관계가 없는 죽음에 대한 동질감(Mitgefühl)을 과장한다고 한다. 죽음은 하나의 과학적 현상이며, 법학에서 생각하듯이 우연한 기적이 빈번히 발생하는 사태가 아니다. 이러한 생각은 의료 성인으로 불리던 알버트 슈바이처(Albert Schweizer, 1875-1965)의 조수이기도 했던 나치스 의사이자 군인인 칼 브란트(Karl Brandt, 1904-1948)에 의해 의도적으로 학살 프로그램에 적용된다. 두 가지 중요 평가 요건은 불필요한 생명과 회복불가능성이다.

19세기 말 유럽 지성사회는 자살과 영아살해, 낙태, 그리고 안락사의 문제에 대해 사이비 과학인 우생학과 열악한 사회복지 이념 사이에서 표류하고 있었다. 유용성을 기준으로 생명권을 제한하는 낙태나 안락사 같은 프로그램들은 당시로는 손쉬운 선택이었다. 식민지와 미개인에 대한 인상은 그에 대한 빠른 적용 통로였다. 두 번의 전쟁으로

---

9) 원문은 "Der Beweis der Widerrechtlichkeit der Selbsttötung könnte nur aus dem exakten Nachweis der positivrechtlichen Tötungsnorm geführt werden. Dafür fehlt aber das Material überall, wo die Selbsttötung nicht unter Strafe gestellt oder sonst unzweideutig als Delikt gekennzeichnet ist." 그의 견해는 독일 형법상 자살금지와 자살관여죄를 폐지시키는 데 이용되었다. 자살 자체가 범죄가 아니라면 자살에 기여한 행위는 공범이론상 정범의 불법이 없기 때문에 마찬가지로 공범도 불법이 없다는 이론이다.

모든 인류가 갑자기 현명해졌다고 볼 수는 없다. 미국학자 에드윈 블랙(Edwin Black)과 같은 학자는 기세등등하던 우생학이 빈약한 이론이었다는 것을 깨닫게 된 계기는 1930년의 경제대공황이라고 말한다. 경제대공황 앞에서는 순식간에 우성적 인류와 열성적 인류가 모두 굶어 죽는 가난의 평등이 실현되었기 때문이다. 반면에 1930년대의 대공황의 상황에서 독일은 히틀러의 쿠데타로 나치스의 통치가 시작된다. 연합국은 1945년 이후 우생학이란 단어와 우생적 이념을 공식적으로 금지하는 선언을 발표한다. 그럼에도 불구하고 우생학은 오늘날 '유전학'이라는 이름으로 여전히 살아 남았다. 블랙의 분석에 따르면 오늘날의 유전학은 우생학의 다른 이름일 뿐이다.[10]

인류의 역사에서 언제부터 일반적 생명존중이 규범화되었는지 확실하지 않다. 성평등은 여전히 뜨거운 이슈이며, 선별적인 생명존중도 유지된다. 그렇지만 문명화된 지역에서는 과거의 몰지각한 생명경시는 사라졌다. 제2차 세계대전의 불안한 기억은 1948년 유엔의 보편인권선언을 만들었다. 보편인권선언은 1970년대에 와서 정착된다. 계몽주의 정신은 이처럼 300여 년이 흐르고 나서야 인류의 보편적 정신으로 받아들여진다. 그러나 피상적인 생명경시 현상은 사라진 것처럼 보이지만, 은밀하고 선별적인 생명권의 상대적 차별은 고도화되었다.

II. 자기결정권

자기결정권의 문제에 대해서 그동안 수차례 설명하였다.[11] 다시 간단히 반복하면 자기결정권의 원형은 '선거권'이다. 자기결정권은

10) 신동일, "우생학과 형사정책," 한국형사정책연구원, 2007 참조; 더 상세한 연구는 E.Black, War Against the Weak. Eugenics and America's Campaign to Create A Master Race, Dialog Press 2003.

11) 신동일, "자기결정권과 객관적 규칙에 대하여," 성신법학 제10호(2011), 7-24.

'자유인'에게만 허용된 권한이다. 근대까지 인간을 사고파는 노예제도가 지속되었다. 자유권은 '~할 자유'와 같이 어떤 행위를 할 수 있는 권한을 말한다. 반면에 예속적 인간들은 그 자유가 제한되거나 박탈된다. 노예제도가 폐지되면서 자유인은 비약적으로 늘어났다. 마찬가지로 선거권도 확대되었다. 예속적 전통을 벗어난 인간들은 자율성을 자유권과 동일한 것으로 이해하기 시작했다. 그렇지만 엄격하게 보면 자유권과 자율성은 같은 것은 아니다. 자유의 특정 범위에서 누릴 수 있는 권한이 자율성 또는 자기결정권이라면 자유권은 그 외연이다. 자율적 결정은 자유의 범위에서 허용되지만 자유 때문에 자율적 결정이 곧바로 허용되는 것은 아니다.

원래 자기결정권은 권리 행사에 대한 개입 금지를 전제로 한다. 권리개념은 정당한 권리행사를 하는 경우 타인들은 그 행위를 방해할 행위를 못하도록 하는 부작위 의무를 형성한다. 그래서 자기결정권을 존중하여 연명치료중단을 법적으로 허용한다는 것은 두 가지의 차원에서 검토되어야 한다. 첫째는 개인의 권한범위에 자살권이 포함되는가와 둘째 시민들의 자살을 국가가 법률로 정할 수 있는가이다. 자기결정권은 우선 어떤 권한을 형성하는 게 아니다. 모든 시민이 자유인인 근대 시민사회에서 개인이 결정한다고 무엇이 이루어지지는 않는다. 그러므로 죽을 권리는 이상하다. 논리적으로도 자살권의 사실적 분석과 규범적 분석에서 결론이 달라진다. 사실적으로 자살권이 적극적 권리 형성권이라고 전제해 볼 수 있다. 자살의 욕구와 실행을 금지시킬 수 있는 수단이 없기 때문이다. 그럼에도 불구하고 이 사태는 그냥 사건이지 권리관계로 보기 어렵다. 반면에 규범 문제로 보면 개인의 욕구와 행위만으로는 설명이 안 된다. 그가 속한 규범집단의 '객관화'된 규칙에 따라 행위의 평가가 달라진다. 객관적 규칙은 법철학적으로 논란의 여지가 많지만, 형성된 규칙들의 주관적 이해와 관계하여 설명된다.[12] 자살을 방지하려는 사회집단의 세부 규칙들이 많은 경우

자살권은 소멸된다. 어느 사회도 자살을 권장한 적은 없다. 그렇기 때문에 자살은 규범적으론 금지되며, 그 방지를 위해 공동체가 노력해야 하는 의무도 존재한다.

자살은 사건일 뿐이고 제도적으로 인정할 수 있는 가치 있는 행동은 아니다. 우리가 구체적으로 언급하지 않는 사실 하나는 현재 연명치료 중단과 관련된 논의에서 검토되는 '자기결정권'의 외연적 구조이다. 자기결정권은 법개념이다. 법개념은 독립적으로 의미론을 형성하는 것이 아니라 다른 법제도와 개념적 연관성에서 그 실제 의미가 발견될 수 있다. 예를 들어 대학입학이나 혼인과 같은 개인적 결정권 행사와 집총 거부나 범죄적 결정은 같은 의미론적 맥락에서 다루어지지는 않는다.[13] 자기결정권 역시 맥락의존적이며, 그 맥락은 사용의 역사와 현실, 그리고 규범적 체계성에 따라 정해질 수 있다. 그래서 환자의 자기결정권의 실제 내용을 파악하려면 자기결정권 자체의 의미에서 비롯되는 작용효과를 주장할 것이 아니라, 자기결정권 개념이 어떤 맥락에서 제기되는지를 먼저 검토해야 한다. 환자의 결정이 맥락에 따라 취해진 것이라고 해도 문제는 남는다. 그 결정이 법제도와 체계에 따라 정당한 것이어야 한다.

예를 들어 자살은 해당 사회의 법체계에 따라 결론이 달라질 수 있다. 현대 사회에서는 자살을 명시적으로 금지하지 않는다. 그럼에도 불구하고 자살에 대한 개입에 대해서는 각자 관점과 이해가 다르다.

---

12) 이러한 문제의식을 가장 열정적으로 설명하는 입장은 헤겔(G.W.F. Hegel, 1770-1831)이다. 그의 개념인 시민사회는 자연적 이성에 따른 자연상태가 아니라 시민 간의 준칙을 상호 이해하고 존중하는 변증적 결정에 따라 성찰적 사회가 구성되어야 한다는 개념이다. 그렇기 때문에 죽을 권리란 동물의 세계에서도 인정되기 어려운 무의미한 개념이다.

13) 우리 형법 제252조 제2항의 자살관여죄를 경성 후견주의에 의한 지나친 국가의 개입으로 보고 있는 윤재왕, "자기결정권과 후견주의, 형법상 촉탁살인죄(제252조)의 보호법익에 대한 법윤리학적 성찰," 고려법학 제67권(2012), 115-162는 헌법의 기본원리를 의미론으로 유지하기 위하여 형법 제252조의 국가의 후견주의를 제한적으로 해석한다.

자살관여죄를 명시적으로 금지하는 법체계도 있으며, 자살관여행위는 금지하지 않지만 촉탁 승낙살인죄를 금지하여 조력자살행위를 처벌하는 법체계도 있다. 우리나라의 법체계는 그중 가장 엄격한 태도를 보인다. 자살행위를 처벌하지는 않지만, 그로 인한 법효과에 대해서는 자살에 대한 자기결정을 존중하지 않는 방향으로 해석된다. 자살방지와 예방을 위한 사전개입제도나 형법 제252조 제2항의 자살관여 또는 방조금지, 의료법상의 응급의료의 개시조건과 같은 법규범들은 이를 뒷받침한다. 영미법상 상속자의 피상속인 살해 또는 관여에 따른 상속무효제도는 민법 제1004조에 명문으로 규정되고 있다.

연명치료 중단 논제들은 매우 복잡하다. 우선 죽음과 그 시기에 대한 병증과 병세를 기준으로 환자와 그 가족들의 관계, 그리고 병원과 환자의 관계, 전체 사태를 결정하기 위한 다양한 행위기준들과 문언화된 법률이나 규칙들의 주관적/객관적 해석 등이 고려된다. 이러한 복잡한 요소들을 종합적으로 관찰해서 어떤 결론을 내리는 것은 정답이 아니라 보다 적합한 입장에 수렴해야 한다. 어떤 사태를 언어 규칙에 따라 정확하게 묘사하거나 설명하는 일은 생각보다 어렵고 복잡하다. 문제는 중세와 근대에 비해 현대적 이론들의 태도는 그 사태의 실재 묘사에 대해 관심을 덜 가지고 있다는 점이다. 소송에서는 쉽게 이를 확인할 수 있다. 발생한 사건과 법정에서의 진술의 일치성은 소송에서 다툴 이익이 비교적 많지 않다. 현실적으로는 사건에 대한 진술과 변론을 위한 진술간의 규범 관계를 판단하는 것에 더욱 집중한다. 어떤 측면에서 실제 사건이 존재한다면 그 사건을 표상하는 언어적 진술을 관련시키는 일이 중요할 것이다. 그런데 만약 그 실제 사건이 존재하지 않는다면, 또는 존재하기는 하지만 언어적인 재구성이 불가능하다면, 사건은 오로지 당사자들의 개별 진술들에 따라 구성될 수밖에 없다. 그래서 법이론적으로 형사소송에서 '실체적 진실발견'은 '규범상황에 적합한 진술의 발견'을 의미한다.[14)]

우리가 경험하지 못한 사태를 기존의 이해방식으로 구성하는 문제에 대해서는 솔 크립키(Saul Kripke)가 자신의 책 Wittgenstein on Rule and Private Language에서 제시한 바 있다.[15] 크립키는 어떤 사람이 한 번도 경험해 보지 못한 더하기 연산을 하는 경우 그는 어떻게 정확한 답을 찾을 수 있겠는가에 대해 묻고 있다. 예컨대 1+1=2라는 수학적 지식을 가진 사람이 68+57 계산을 생전 처음 할 때 어떻게 125라는 답을 찾을 수 있는가 하는 식이다. 크립키에 따르면 그가 극단적 회의론자가 아닐 때 현실세계에서 계산에 성공하는 방식은 존재적 사실관계로는 설명이 불가능하다. 그의 견해는 '회의적 해결책'이라고 부르는 철학적 실험이다. 쉽게 말하면 연산은 규칙에 규범적으로 반응하는 문제고, 연산과 수의 존재적 경험과는 관계가 별로 없다. 여기서 규칙은 '존재'하는 것처럼 보인다. 그 이유는 언어 현상을 공유하고, 언어는 공동체의 현실적으로 '있는' 것이지 만들어지는 것은 아니기 때문이다. 크립키는 언어공동체의 '규칙'이 어떻게 확정되는지에 대해서는 설명을 하지 않는다.[16] 규칙형성의 복잡한 과정은 실제 생활에서 발생하는 철학적인 고민과 관련이 없고, 수의 경험이나 연산을 하는 뇌생리적 상태의 차원에 종속되는 다른 영역일 수 있다.

연명치료 중단의 문제는 두 가지 관점에서 다시 정리되어 논의될

14) 변종필, "형사소송에서의 진실개념과 형사소송법," 형사정책연구 제7권 제3호 (1996), 209 이하.

15) S.Kripke(남기창 옮김), 비트겐쉬타인과 사적 언어, 철학과 현실사, 2008, 제3장.

16) 이러한 문제점은 마이클 더밋(Michael Anthony Eardley Dummet, 1925-2011)의 연구로 잘 설명된다. 더밋은 프레게적 언어적 속성을 실재와 단절시키고 비트겐슈타인의 언어용법에 따른 의미해석에 새로운 의미를 부여한다. 크립키가 비경험적 심적 태도에 대해 명확한 설명을 했다면, 더밋은 심적 태도에서 규범적 명제정항과 사실적 명제정항을 구분하면서 데이비슨(Donald Herbert Davidson 1917-2003)과 같은 새로운 실재론에 빠지는 오류를 벗어나고 있다. 저세한 설명은 K.Green(이윤일 옮김), 마이클 더밋의 언어 철학, 북코리아, 2011, 특히 333 이하. 필자가 생각하기에 더밋의 설명은 현대 신경과학의 연구성과와 가장 잘 부합한다. 물론 과학적 환원주의 집착만 제외한다면 그렇다.

수 있다. 첫째, 연명치료 중단이란 존재적 사실이 아니라 진술적 사태이다. 둘째, 진술적 사태를 다루는 방식은 전통적으로 (규범적) 규칙 따르기이다. 연명치료 중단을 둘러싼 논의가 단순히 윤리적 문제라기 보다는 법률을 통한 부당한 합리화와 기존 인식체계와 모순처럼 보이는 원인은 그렇기 때문에 지금까지 논의와 다른 차원에 있다.[17)]

Ⅲ. 존엄사와 연명치료 중단, 그 법제화[18)]

생명현상은 이해하기 어렵다. 또한 생명과 관련된 문제에 대한 윤리적 분석도 쉽지 않다. 더욱이 문제 발견과 대안 구성은 구분되는 작업이다. 인간 사회의 의사소통 원리는 '이성적 대화'이다. 우리는 이성능력을 쉽게 과대평가하는 경향이 있다. 보편적 이성능력은 인간사회를 유지하는 중요한 축이지만, 모든 사람이 동등한 이성능력을 가지고 있다고 보기는 어렵다. 게다가 이성적 판단을 위하여 보장되어야 하는 숙려기간은 경우와 사람에 따라 달라진다. 그러므로 어떤 선택을 위하여 필수적으로 보장되는 고려기간은 사안의 경중과 이해 난이도에 따라 정해질 수밖에 없다. 사안이 중요하고 난이도가 높으면 길어지고, 그 반대는 짧아진다. 그런데 대부분의 생명윤리와 관련되는 사안은 매우 중요하고 이해 난이도도 극단적으로 높거나, 심지어 이해불가능한 사안으로 구성된다. 여기에 기본원칙은 있다. 윤리적 논제는 윤리적 이해틀에서 먼저 검토되어야 한다.

---

17) 절대적 규범성과 같은 주장을 정당화할 수는 없다. 이미 크립키의 해석에서 규범성이란 고정된 것이 아니라 언어공동체에서 변화되는 것으로 이해된다. 이를 수정된 회의적 해결책이라고 한다. 백채영, "크립키의 회의적 해결책에서 언어공동체의 문제. 언어공동체의 새로운 기준과 수정된 회의적 해결책에 대하여," 철학논구 제41집 (2013), 281-314, 특히 309 이하.

18) 3장의 내용은 2016년 4월 가톨릭 생명대학원에서 개최한 국제심포지움 발표내용을 일부 게재한 것임.

효율성과 자유는 이론적으로 양립되지 않는다. '추정의 원리'들[19]은 요컨대 어떤 문제에 대한 합리적 대화와 선택은 정당한 절차 자체를 위한 것이지 그 결과를 정당화시키는 것이 아니다. 예를 들면 의료영역은 처음부터 정보비대칭성 때문에 당사자 간의 이성적 대화가 제한적이고, 그 불균형성을 극복하기 위하여 윤리적 개입이 법으로 '강제된 규범모델'이다.[20] 그렇기 때문에 연명치료의 선택과 중단은 의료적 설명에 의해 결정되기 어렵다. 즉, 의료 외적인 종교적-문화적 가치판단의 영역이다. 또한 연명장치 중단은 당사자 간 합의나 선택의 대상이라고 보기 어렵다. 법학은 알렉시(Robert Alexy)가 지적하듯이 —일정한 기한 내에— 결론을 강요받는 특유한 분야이다.[21] 그리고 법 논증은 이론적으로 성립되는 맥락과 정합성을 존중하지만, 철학-윤리적 논증과 다르게 명제들의 (형식)논리 결과만으로도 어떤 실천적 결론에 도달할 수 있다. 정해진 결정 기한과 형식적 절차의 특성은 법원의 결정에 대해 일반인들이 실망하는 중요 원인이기도 하다. 극단적으로 진짜 살인범도 증거불충분으로 무죄판결을 받을 수 있다.

먼저 입법에서는 빈번하게 반논증적 사실과 반사실적 논증들이 예상치 못하게 결합되는 과정이다. 입법절차에서는 소위 '토론 위임 현상'이 발생한다. 입법자들은 전문가들을 소집하여 전문적 의견을 청문한다. 여기서 빈번하게 정보의 왜곡과 오해가 발생할 수 있다. 위임

19) 대표적으로는 '무죄추정의 원칙'이 있고, 그 외에도 추정적 승낙이나 회피가능성 등의 원리들은 대체로 확정된 진실인식을 반증적으로 일시 부정하는 태도를 규범원칙으로 한 것이다.

20) A.Supiot(박제성/배영란 역), 법률적 인간의 출현: 법의 인류학적 기능에 관한 시론, 글항아리 2015, 34 이하에서는 근대법이 자율 이성보다는 규제적 모델을 선택한 근거를 설명하고 있다. 근대적 민법은 자유방임이라는 자유주의와 거리가 있는 방향으로 발전했다. 노동법을 근대 민법에서 분리시킨 진쯔하이머(Hugo Sinzheimer, 1875-1945)는 궁극적으로 물질적 재산으로 인간을 평가하는 근대 민법을 극복하려는 '사회법 운동'으로 볼 수 있다.

21) R.Alexy, Theorie der juristischen Argumentation: Die Theorie des rationalen Diskurses als Theorie der juristischen Begründung, Suhrkamp 1983.

된 토론을 통해 입법자가 복잡한 사안에 대해 충분히 이해하기란 쉽지 않다. 입법절차도 기한이 정해져 있는 경우가 많기 때문에 실용적 결론을 조속하게 강요할 가능성도 있다. 우리 국회는 전문 입법을 강화하고자 토론과 독회를 지원한다. 국회 내의 전문가 포럼 활동도 활발한 편이다. 그러나 이것만으로 만족할 결론을 얻기 어렵다. 원인과 결과가 불확실한 경우는 더욱 그렇다. 입법을 위한 법문언 선택의 폭은 생각보다 좁다. 언어기술적으로 표현할 수 없는 내용도 있다. 그렇기 때문에 입법만으로 어떤 목적을 달성하기 어렵다.

유사한 현상은 재판에서도 발생한다. 2009년 세브란스 병원 사건에서 대법원은 다음과 같은 결정을 내린다. “환자가 의식의 회복가능성이 없고 생명과 관련된 중요한 신체기능 상실을 회복할 수 없으며 짧은 시간내에 사망에 이를 수 있음이 명백한 경우 환자의 의사결정을 존중하여 연명치료를 중단하더라도 환자의 인간으로서의 존엄과 가치 및 행복추구권을 보호하는 것이 사회상규에 부합하고 헌법정신에도 어긋나지 아니한다.” 우선 ‘인간의 존엄성’이란 명확하게 확정할 수 있는 개념이 아니다. 인간의 존엄이란 ‘기준’으로 보기 어렵다. 어떤 죽음을 ‘존엄하다’라고 할 때 이는 죽음 자체에 대한 평가자의 관점을 통해서 이루어질 것이다. 자신의 죽음의 현상에 ‘존엄하다’는 평가를 내린다는 것은 이상하다. 아마도 죽음에 ‘존엄하다’는 평가를 내리는 것은 외부인들일 것이다.[22] ‘존엄하다’는 외부인의 평가에 의존한다.[23] 행위의 인과성은 여기서 논외이다. 주체의 자율적 죽음과 비자

22) 형식 논리에서 볼 때 평가란 주체가 내릴 수도 있지만, 우리가 ‘평가’적 현상을 말할 때 언제나 외부적 분석과 성향 명제들의 다발을 ‘평가’라고 부른다. ‘이가적 관점’(bivalence)은 실재론자들이나 회의론자들이 모두 선호할 수 있는 방식이지만 현실세계는 이가적이지 않다. 비트겐슈타인 이후로는 별로 의혹을 제기하지 않는 ‘사적 언어의 가능성’의 논의도 이를 잘 말해 준다. 인간의 의식과 판단이 형이상학적으로 구성되기보다는 현실 언어의 규칙에 의존한다는 현대철학의 기본적 이해이다. K.Green(이윤일 옮김), 마이클 더밋의 언어철학, 북코리아 2011, 특히 55 이하와 231 이하.

23) Eibach(신동일 역), “존엄하게 죽는다는 것! 죽음에서 자기결정과 인간의 존엄,” 이

율적 죽음은 죽음 자체를 평가할 때 존엄함과 '양화적'으로 결합되지 못한다. 오히려 현실세계에서 우리는 타인을 위한 죽음에 찬사를 보내는 경우가 많다. 그렇기 때문에 대법원의 근거는 소박해 보인다. 특히 여기서 자기결정 여부는 존엄성 평가와 관련이 없다. 자기결정을 내린 모든 행위가 존엄한 것은 아니기 때문이다. 대법원의 가치판단은 여기서 법률적 판단에 국한되었어야 했다.[24] 대법원은 해당 사건에서 연명치료 중단이 헌법상 국가의 생명권 보호의무와 어떻게 해석되는가와 이 중단행위가 추정적인 승낙 구조를 통해 형법상 자살관여 또는 살인행위를 정당화시키는지,[25] 마지막으로 의료법상의 진료의무의 한계에 대한 법률적 판단에 집중했어야 했다.[26]

헌법은 자유권을 최고의 권리로 보장한다. 의료법에서도 환자의 자율적 선택을 ―비록 우리 의료법에 규정되고 있지는 않지만― 보호한다. 그러나 자율적 결정의 존중이 생명과 같은 중요한 법익과 가치에 대한 공동체의 보호의무를 약화시킨다고 보기 어렵다. 우리 헌법은 기본권 제한에 대한 제37조 제2항에도 불구하고 단서에 "제한하는 경우에도 자유와 권리의 본질적인 내용을 침해할 수 없"도록 규정한다. 생명권이 인간에게 본질적인 권리라는 점에는 의심의 여지가 없다. 빈번하게 발생하는 의료사고에서 환자가 위험한 수술에 대한 동의를 했더라도 의료과실은 성립된다. 법원의 기본적 태도는 의료진이 표준적 진료지침을 따랐는가와 환자의 최선의 이익을 고려했는가를 기준으로 삼는다.[27] 자기결정, 즉 환자의 동의여부는 우리 법에서 부수적 기

책 3 이하.

24) C-L.Montesquieau, De l'esprit des lois, 1748. "법관은 법의 입에 불과하다!"

25) 김찬진, "대법원의 2009년 5월 21일자 존엄사 판결에 대한 소회," 이 책 177 이하.

26) G.Duttge, Das geltende Sterbehilferecht in Deutschland: Kritische Würdigung aus der Perspektive des Lebensschutzes, 6 이하.

27) 대법원 1995.2.10, 선고 93다52402; 1994.4.15, 선고 92다25885; 1995.1.20 선고 94다3421 등. 이를 '진료과실'이라 한다. 대법원 2003.11.27, 선고 2001다20127 등. 자세히는 김기영, 의료책임에 있어서의 의사의 권한과 환자의 권리, 경희법학 제47권

준이다. 그 이유는 아마도 우리 법제도가 서양과 달리 의료행위에서 환자의 동의권보다 진료방식과 적합성을 더욱 고려하기 때문인 것으로 보인다. 일단 의료법에는 환자의 자기결정권 규정이 없다. 몇 번의 의료법 개정 노력에도 불구하고 의사의 설명의무와 환자 동의권 규정은 도입되지 않았다. 설명에 의한 동의권을 처음으로 규정한 법률은 2003년 생명윤리법이다. 이후로 일부 법률들에 환자의 자기결정권이라는 용어가 등장한다. 설명의무가 그동안 우리 의료법에서 인정되지 않았던 이유는 정확하게 알려져 있지 않다. 그리고 의사들이 왜 이 제도를 싫어했는지도 확실하지 않다. 결론적으로 환자의 자율적 동의는 우리나라 의료법에서 제1원칙이 아니다.[28)]

환자의 동의가 특별히 중요하게 인정되는 법제도들은 대부분 '전단적 의료행위'를 범죄시한다. 전단적 의료행위란 동의나 승인을 받지 않은 의료적 행위를 말한다. 전단적 의료행위가 상해 범죄이므로 환자의 치료 동의나 승인이 피해자 승낙과 같은 역할을 한다. 반면에 우리나라 형법은 전단적 의료행위를 범죄시할 수 있는 구조가 아니다.[29)] 형법 제20조의 정당행위 규정에서 이미 의료행위를 '업무로 인한 행위'로 제외한다. 또한 우리 의료법 제15조 제1항은 의료인의 진료거부를 금지한다. 전단적 의료행위의 처벌과 관련하여 생각할 수 있는 사항은 의료법의 기본 정신이다. 우리 의료법제도는 의료 계약행위를 일반 계약원리로 규범화한 역사가 없다. 쉽게 말하면, 민간의료가 공공의료 제도와 갈등한 역사가 없다. 의료행위는 처음부터 공공복리를 근거로 한 '시혜'였다. 현재 의료법은 민사법 영역이라기보다는 복지행

제2호(2012), 145 이하.

28) 강봉석, "설명의무 침해로 인한 책임," 가천법학 제5권 제1호(2012), 69-97; 송영민, "의사의 설명의에 관한 최근 판례의 동향과 그 비판적 고찰," 재산법연구 제23권 제3호(2007), 229-259; 김재윤, 의료분쟁과 법, 율곡출판사 2006, 256 이하.

29) 김나경, "전단적 의료행위의 형법이론구성," 형사법연구 제19권 제2호(2007), 87-110; 이석배, "생명윤리에 대한 형법적 보호의 범위와 한계," 동아법학 제42권(2008), 145 이하.

정법의 영역에 가깝다. 헌법 제34조와 제35조 제1항의 직접적인 의미는 현행 의료법의 구체적 규정들에서 달성된다. 현재 일부 의료 민영화를 도입하자는 주장이 제기되고 있기는 하지만, 여전히 우리 의료체계는 헌법과 법률들이 보장하는 공적 영역이다. 의료민영화 논의가 정책적 이상을 표현할 뿐 우리 법제도의 현실을 반영하지 못하고 겉도는 이유이기도 하다.

여기서 민법의 손해배상 제도의 기본구조도 한번 감안해 볼 수 있다. 우리 민법은 불법행위로 인한 손해배상액을 제한하는 규정을 두고 있다. 그래서 발생된 손해를 전부 배상받기가 때로는 어렵다. 민법 제765조 제1항은 손해배상액 감경청구를 인정한다.[30] 또한 위자료의 상한도 정해져 있다.[31] 우리 법률상 위자료는 통상 1억원을 넘기가 어렵다. 민사법은 위자료 산정에 대해 규정을 두고 있지 않지만 대법원은 각급법원이 이를 재량으로 정할 수 있도록 한다.[32] 법률에 근거를 두

30) 민법 제765조 제1항: 본상의 규정에 의한 배상의무자는 그 손해가 고의 또는 중대한 과실에 의한 것이 아니고 그 배상으로 인하여 배상자의 생계에 중대한 영향을 미치게 될 경우는 법원에 그 배상액의 경감을 청구할 수 있다. 제2항: 법원은 전항의 청구가 있는 때에는 채권자 및 채무자의 경제상태와 손해의 원인 등을 참작하여 배상액을 경감할 수 있다.

31) 민법상의 불법행위와 형법의 범죄가 사실은 근대 법학의 특정 시기에 인위적으로 제시된 사실을 깊이 이해하고 있는 사람들은 드물다. 그 구조에서 현행 법률의 불법행위론이 시작되었다. 최근 나온 연구로 이 문제를 정확하게 설명하고 있는 이창현, 위자료에 관한 연구. 불법행위를 중심으로, 경인문화사, 2011, 28 내지 292 이하. 이창현 교수는 위자료의 본질에 대한 통설은 손해배상설로서 "근대법이 민형사책임의 엄격한 분화를 전제로 하고 있다는 데에 기초하는 것으로 비재산적 손해가 계량적 평가가 불가능하더라도 손해의 전보가 불가능한 것은 아니며, 금전배상을 통하여 피해자의 고통이 감소될 수 있다고 한다."(259) 반면에 사적 형벌설은 가해자에게 일종의 벌을 주는 것으로 이해한다.(382) 역사적으로 민사불법과 형사불법이 구분되던 시기에 벨커와 헵은 민사불법을 '회복가능한 손해'로 형사불법은 '회복불가능한 손해'로 구분하였다. 우리 민법 제249조의 원상회복이 제750조의 불법행위와 어떤 규범적 관계에 있는가를 생각해보면, 위자료는 원상회복불가능한 징벌적 제재를 의미한다고 볼 수 있다. 실무상으로도 형사합의금을 위자료에 편입시켜 산정하는 이유도 여기에 있다(손해배상재판실무편람 제21호 2003, 92).

32) 대법원 1987.5.26 선고 87므5.

는 경우는 국가배상법 제3조 이외에는 없다. 국가배상법은 국가에 의한 손해배상을 산정할 때 위자료 상한을 사망의 경우 2천만원으로 제한한다. 자동차보험사의 내부 규정에 따라 교통사고 사망사건의 경우 위자료는 약 4천5백만원이며, 의료사고의 경우 최근 다소 상향되어 8천만원이다. 우리 민사법 현실에서 1억원이 넘는 위자료의 경우는 과거 민주화사건 피해자들에게 국가배상으로 명령된 7억원이 가장 높은 금액이다. 서양국가들과 다르다. 독일은 전부 배상원칙을 따른다[33](독일 민법 제249조 제1항). 영미법은 전부배상원칙에 덧붙여서 징벌적 손해배상제도를 두고 있다. 그렇기 때문에 우리의 경우 민사소송절차에서 해소되지 못하는 감정적인 앙금을 해소하려고 형사소송을 별도로 전개하는 경우가 있다. 만일 징벌적 민사소송으로 충분한 회복과 손해배상이 가능하다면, 형사소송은 별도로 제기하지 않을 수 있다. 의료사고로 인한 손해의 상한은 이미 법으로 정해져 있다. 그래서 피해자가 납득할 수 있는 손해의 회복은 본인의 예상과 다른 경우가 많다. 오늘날처럼 외국의 천문학적 배상금액을 언론에서 보고 알 수 있는 상황에서는 더욱 그렇다. 제한적인 손해배상액에 실망한 피해자들은 금전배상을 기대하지 않고 형사처벌을 기대한다. 형사소송은 의료사건의 경우 무죄로 결정되는 경우가 많기는 하지만 여전히 현실적으로 의료소송에서는 중요한 기능을 한다.[34] 결국 이는 우리 손해배상제도의 구조적인 문제이다.

마지막으로 자기결정을 의료법의 핵심원칙으로 해석하기 어려운 점은 현대 사회에서 유난히도 자기결정은 '권리의 포기' 절차로 이용되기 때문이다. 연명치료 중단과 같이 치료포기나 임상시험 참가자들의 자율적 위험인수는 주체를 위한 제도라기보다는 그 반대로 이익을

---

33) Alles-oder-Nichts Prinzip이라고 한다.

34) 신현호/백경희, 의료분쟁 조정 · 소송각론, 육법사 2012, 42; 의료과실을 법경제학적 관점에서 고찰한 연구로는 이종인, 불법행위법의 경제학, 한울 2010, 282(주 9) 참조.

얻는 집단에게만 유리하다. 정보통신 분야의 자기결정권 역시 개인정보의 보호해제 또는 이용동의와 같은 사생활권의 포기와 연결된다. 자기결정권의 기본 목표는 '적극적 권한형성 또는 효력주장'이다. 그럼에도 불구하고 자기결정권이 편향되게 행사 주체의 권한 축소와 권리 포기로만 작용하는 것은 우려스럽다. 그 포기의 효과의 범위가 주체의 권한영역을 넘어서 작용하고, 그 포기가 실제로는 외부적 강압에 따라 강요될 수도 있다. 현행법에서 이러한 경우는 법률로 금지되어 처벌되기도 한다. 예컨대 승낙에 의한 살인의 금지이다(형법 제252조 제1항). 제도적으로는 살인금지에서 파생된 이 규정은 승낙의 효과가 피해자의 이익과 상반되는 경우는 자기결정이 어떻게 제한되는지를 말해준다. 자살을 결정한 사람에게 기여하는 어떤 것도 금지된다(형법 제252조 제2항). 개인정보 포기와 정보이용의 포괄적 동의는 필연적으로 사생활권리의 포기로 이어지기 쉽다. 이러한 권리포기가 어떻게 경제적으로 활용되는지에 대해 모두가 걱정하고 있다. 지속적으로 발생하는 개인정보의 포괄적 포기는 개인의 기본 정보와 민감한 의료정보(유전자정보)를 이용한 산업화에 이용되고 있다.[35]

Ⅳ. 환자연명의료결정법의 문제

존엄한 죽음이란 조심스러운 표현이다. 앞에서 언급했듯이 존엄한 죽음이란 외부적 평가의 대상이고, 죽음 그 자체의 성향은 아니다. 그렇기 때문에 주체의 문제라기보다는 남는 자들의 죽는 사람에 대한 심리적 태도라고 할 수 있다. 예를 들어 우리가 존엄한 죽음이라고 부

35) 생물특허의 허용과 관련하여 이 위험성은 급속하게 커지고 있다. 존 무어 소송(John Moore vs the Regent of University of California)에서 확인했듯이 특허제도와 지적재산권 분야는 자율성이라는 제도를 이용하여 새로운 고민을 만들고 있다.

를 수 있는 것은 타인을 위한 죽음과 같이 평가적 측면에 도덕이나 윤리적 성향이 개입되어야 한다. 여기서 실제로는 죽음 자체 또는 죽는 사람에 대한 존경이나 평가 등은 관련자들의 입장과 태도에 따라 구성된다. 그런데 이 법률에서 관심을 가져야 하는 것은 죽음을 맞이하는 주체의 보호이다. 연명치료 중단이나 형식적 절차에 의해 도구화될 수 있는 주체의 권리 보호가 법제화의 실제 대상이다.[36] 김중곤 교수는 의료적 현실에서 소외되는 환자 지위에 대해 깊은 우려를 표한 바 있다.

2015년 11월「호스피스 · 완화의료 및 임종과정에 있는 환자의 연명의료결정에 관한 법률」(환자연명의료결정법)이 국회 보건복지위원회 제12차 회의에서 통과되었다. 이 법률안은 국회법 제51조에 따라 기 제안된 7개의 법안들을 통합한 법률이다. 법률은 기존의 문제점을 그대로 담고 있으며, 2009년 세브란스병원 사건 이후 변화된 의료기술이나 환자에 대한 사회적 인식 등을 구체화하고 있지 못하다. 2016년 1월 8일 국회 본회의를 통과했으며, 유예기간을 거쳐 2017년 8월 4일부터 시행된다.

1. 법률의 목적

법률은 제1조 목적에서 환자의 최선의 이익을 보호하고 자기결정을 존중하는 것으로 규정한다. 이러한 목적은 타당해 보이지만, 자기결정(권)에 대한 기본 오해를 그대로 가지고 있다. 환자 스스로 호스피스 · 완화의료 선택을 하는 경우만 자율적 결정이라는 평가를 할 수 있다. 그러나 연명의료 중단의 경우는 제한적이다. 우선 의식이 명료한 상태에서 결정한 환자의 경우는 규범적으로 가능할 수 있다. 그런데 환자연명의료결정법은 의식이 명료한 환자들의 연명치료 중단을 대

---

36) G.Duttge, Vertrauen durch Recht? In: Steunfath/Wiesemann(Hrsg.), Autonomie und Vertrauen. Ein Grunddilemma der moderenen Medizin, Springer 2016, 239-291.

상으로 하지 않는다. 오히려 의식이 없거나 표현에 장애가 있는 환자의 경우도 연명의료를 중단하기 위해서 입법되었다고 볼 수 있다. 이 경우 환자의 기본 이익의 보호를 위하여 자기결정에 맡기는 것은 규범적으로 부적절하다. 자기결정은 치료의 선택에 대한 문제이고, 치료의 중단이란 경제적 이해관계나 부정확한 정보제공에 따른 오판 등이 개입되는 영역이므로 환자가 잘못된 선택을 하지 않도록 법률이 그 기준을 정해 보호해야 하기 때문이다. 연명의료 결정에 대한 법정책은 그렇기 때문에 자기결정권을 존중하는 것이 아니라 환자의 보호를 위한 것에 집중해야 한다.[37)]

2. 연명의료의 개념

법 제2조 제4호는 연명의료에 대한 개념을 "임종과정에 있는 환자에게 하는 심폐소생술, 혈액투석, 항암제 투여, 인공호흡기 착용 등 의학적 시술"로 개념화한다. 이러한 개념규정은 마치 심폐소생술과 혈액투석 등이 소생 불가능한 환자에 대한 단순 생명연장조치로 보이게 만든다. 그러나 심폐소생술 등은 연명의료일 수도 있지만, 아닐 수도 있다. 즉 그 의미는 구체적인 상황에서 개별적으로 결정되어야 한다. 개방 개념인 연명의료와 그에 대한 의료적 조치를 예시로 정하여 규정하는 경우 예상치 못한 위험을 야기할 수 있다. 법률에서 내용을 열거하는 이유는 보장적인 측면을 강조하기 위한 것이다. 예를 들어 피고인의 자유를 제한하기 위한 형벌권의 조치를 법문언에서 열거하는 경우는 이로 인하여 피해를 볼 수 있는 피고인의 인권을 보장하기 위한 노력의 결과다. 그런데 이 법률에서의 문제는 열거된 조치들은 연명의료와는 관련이 없는 일반 의료의 수단과 겹친다는 점이다. 신장질환으로 증세가 약화된 환자에게 투석장치를 연명의료로 목록화하

37) G.Duttge(신동일 역), "독일의 현행 임종지원법: 생명보호 관점에서 본 비판적인 존엄성," 이 책 80 이하.

고 우선적으로 중단시킬 수 있도록 법제화하는 것은 바람직하지 않다. 일반 연명의료와 특수 연명의료를 구분하여 접근하는 시도도 있지만, 근본적으로는 상태를 유지시키는 연명의료와 상태 개선이 가능한 연명의료를 구분지을 수 있는 명확한 기준이 필요하다. 그래야만 규범적으로 어떻게 구성할지를 논의해 볼 수 있기 때문이다.

3. 위원회와 연성법

법 제8조는 '국가호스피스연명의료위원회'를 설치하도록 하고 있다. 언제부터인가 우리나라의 법률들은 앞다투어 위원회를 난립시키고 있다. 의료윤리분야에서는 대표적으로 '국가생명윤리심의위원회'가 있다. 위원회란 행정편의상으로 법률에서 위임된 사무를 처리하는 데 그 목적이 있다. 그런데 최근 위원회들의 권한은 위임사무의 처리가 아니라 아예 위임입법을 연상시킬 정도로 '백지위임'을 하는 경우도 있다. 그래서 위원회의 난립은 위원회를 통한 법의 보호기능 약화가 걱정스러울 상태이다. 통상적으로 법률의 허용범위에서 위원회는 역할이 정해져야 한다. 그런데 반대로 위원회의 구성에 따라서 법률의 목적과 기능, 그 방향성이 정해질 수 있다.

이는 매우 무책임한 법정책이며, 위원회의 결정에 대해서는 누구도 책임을 지지 않는 특수한 공백을 만들 수 있다. 예컨대 법률의 국가호스피스연명의료위원회는 제7조 종합계획 수립과 실천을 한다. 그런데 제7조 제3항에서 국가생명윤리심의위원회와 이에 대해 협의할 것을 다시 규정하고 있다. 각 위원회의 상하관계는 불분명하다. 만일 국가호스피스 연명의료위원회가 국가생명윤리심의위원회의 권고를 따라야 한다고 해석한다면 국가호스피스연명의료위원회를 별도로 왜 설치하였는지 애매하다. 국가생명윤리심의위원회가 상급기관이 아니라고 할 때는 부처 간의 갈등을 조절할 수 있는 국무조정실과 같은 기능을 하는 위원회를 또다시 설립해야 할 것 같다.

또한 호스피스와 연명의료를 동시에 시행할 수 있는 계획과 정책을 다룬다는 것은 위에서 언급하였듯이 두 개의 상이한 가치를 하나의 위원회에서 검토함으로써 모순되는 역할을 기대하는 것이다. 이런 여건에서 법 제14조의 의료기관윤리위원회의 역할은 실제로 없거나 다른 위원회의 역할과 중복된다. 실제 기능도 없는 위원회를 이중 삼중 만들어서 소위 책임면피를 한 것이라고 비판할 수도 있다. 무엇보다도 우리 법률상 위원회의 기능과 역할은 분명한 한계가 있다. 국민의 중대한 권리관계를 변화시키는 사안의 결정까지 법률이 아닌 위원회 결정에 위임한다는 것은 헌법에서 금지하는 포괄위임일 수 있다.[38] 반드시 재고되어야 하는 입법정책이다.

4. 연명의료결정의 서면화

법 제10조 이하의 연명의료계획서와 사전연명의료의향서는 더욱 문제이다. 법에 구체적인 내용이 정해지지 않고 있다. 계획서의 실질적 내용은 제10조 제7항에서 보건복지부령으로 정하도록 한다. 그렇다면 연명의료계획서와 같이 중대한 문제가 보건복지부 장관의 결정으로 – 통상적으로는 관련 부처의 일부 공무원들의 결정으로 – 구체화되도록 한다. 비교법적으로 독일은 사전연명의료의향서와 같은 중요한 사항에 대해 그 실질적 내용을 법률에 규정하도록 하고 있으며, 이를 결정한 환자에게 다시 48시간 숙고기간과 기 작성된 의향서를 본인의 의사와 관계없이 갱신되도록 기한을 정하고 있다. 그 이유는 환자의 의사를 확인하는 데 보다 신중하기 위한 것이다. 현재 법률에는 이러한 안전장치가 결여되어 있다. 제10조의 제5항은 "환자는 연명의료계획서의 변경 또는 철회를 언제든지 요청할 수 있다. 이 경우 담당의사는 이를 반영한다."라고 규정하고 있지만, 이 규정의 문언은 연명의

---

38) 헌재 2011헌바390; 2005헌바31; 2004헌가29; 2000헌바23; 대법원 2007.7.26 선고 2005두2612 등 판결.

료계획서의 변경 또는 철회가 갖는 법률 효과를 오해하고 있는 듯 보인다. 연명의료계획서의 철회란 곧 부작위에 의한 상해 또는 살인죄를 구성할 수 있는 중대한 법률행위를 구성할 수 있다는 것을 감안하여 구체화시켜야 할 것으로 보인다. 연명의료계획서 작성과 그 과정을 철저하게 관리 · 감독할 수 있는 규정이 필요하다.

특히 제17조 제1항 제1호의 "의료기관에서 작성된 연명의료계획서가 있는 경우 이를 환자의 의사로 본다."는 법이론상 근거가 부족하고 위험스러운 규정이다. 우리나라의 어떤 법률에서 서류만으로 확정적인 법효력을 인정하는 경우가 있는지 의심스럽다. 영수증이 분명히 존재함에도 불구하고 채무불이행에 대한 민사소송이 제기되며, 자필유언이 있음에도 불구하고 살인죄 수사는 개시된다. 환자의 서명과 연명의료계획서의 존재만으로 연명의료 중단을 시행할 수 있게 하는 것은 법체계상 받아들이기 어려울 수 있다. 환자의 의사를 다시 확인할 수 있는 부수절차와 보완규정이 있어야만 한다.

이런 측면에서 제12조의 사전연명의료의향서도 유사한 문제가 있다. 사전연명의료의향서는 실제로 연명의료계획서와 의미가 겹치기 때문에 동일한 지적이 가능하다. 해결책은 연명의료계획서와 사전연명의료의향서에서 모두 '호스피스 선택'을 우선적으로 제외시켜야 한다. 그 이유는 우선 위에서 언급했듯이 호스피스/완화의료는 연명의료 중단과 전혀 다른 법적 문제상황이기 때문이다. 지금 법률처럼 규정하면 '연명의료 중단=호스피스 케어'라는 관계가 성립된다. 현실적으로도 연명의료는 호스피스 케어와 관계없을 수 있다. 호스피스는 환자의 의료결정권을 존중하여 치료를 선택한다.[39] 호스피스 케어를 통해 중한 통증을 완화시키는 과정을 말한다. 반면에 연명의료 중단은 효과 없는 의료조치를 제외시키는 것으로 그 부작위가 환자에게 치명

---

39) Dreßke(신동일 역), "죽는 것의 제도화, 호스피스와 완화적 돌봄의 사회학적 고찰," 이 책 49 이하.

적인 결과를 가져올 수 있는 절차다. 만일 '호스피스 케어=죽음의 단계'로 인식이 굳어지게 되면, 국가가 회복 불가능한 시민의 죽음을 연명의료중단-호스피스/완화의료 절차로 그 과정을 법제화하는 것과 같은 모습이 생긴다. 이러한 법제화는 비인간적일 뿐 아니라, 우리 헌법과 보편적 인권규약과 충돌할 수 있다.

5. 대리동의

가장 큰 문제 중의 하나는 제17조 제1항 제3호에서 "환자가 의사능력이 없는 경우에는 환자의 연명의료에 관한 평소 의사에 환자가족 2명 이상의 일치하는 진술이 있으면 … 이를 환자의 의사로 추정"할 수 있게 한 규정이다. 소위 대리동의권인데, 이 규정은 민법의 기본원칙을 지키지 않을 뿐 아니라, 연명치료 중단에 대한 위험성을 극대화시킬 수 있는 위험성이 있다. 동항 동호에서 "배우자, 직계비속, 직계존속, 형제자매" 등은 환자 가족으로 대리동의를 할 수 있다. 또한 제18조는 제17조와 달리 환자의 의사를 추정할 수도 없을 경우 미성년자의 경우 친권자인 법정대리인, 환자가족(구체적으로 범위가 정해지지 않음)의 전원합의로 환자의 의사를 추정 또는 대리하도록 한다. 현실에서 가족의 본인을 위한 대리권 행사는 신중하게 판단해야 한다. 가족은 이 경우 재산상속과 이해관계가 복잡하게 얽혀 있는 경우가 많다. 이럴 때 환자의 생명은 도구화되어 훼손될 수 있으며, 극단적인 경우 가족들에 의한 합법적인 환자살해를 야기시킬 우려가 있다. 특히 가족간의 상속재산과 이익갈등으로 인한 강력사건이 증가하는 최근의 추세를 감안하면 환자의 의사를 가족들이 대리하여 연명치료 중단을 결정하도록 법으로 규정하는 것은 동의하기 어렵다. 타인의 생명의 박탈을 위원회가 결정할 수는 없다. 법적 권한과 근거가 부족하다.

대리동의는 원칙적으로 인정하지 않는 것이 타당하다. 이에 대해 법제화를 한 외국의 법률도 환자 의사를 추정할 수 있는 경우로 국한하고, 특히 가족들을 대리동의나 그 추정에서 제외하고 있다. 오스트리아나 독일의 경우 후견법원 또는 가정법원 등에서 그 허가를 받도록 한다. 필자에게 아이러니한 것은 2013년 확대 도입한 우리 민법의 성년후견제도[40]가 정작 이 법률에서는 언급조차 되지 않고 있다는 점이다. 우리 민법 제947조의 2에서는 미성년 피후견인의 생명이 관련된 사항에서는 가정법원의 허가를 받도록 하고 있다(독일 민법 제1904c조 제2항). 이 규정은 한정후견이나 특수후견에서도 동일하게 준용된다. 환자의 생명이나 중대한 건강상의 문제에 대한 후견권에는 법원의 허가를 통해 객관화시킨다. 그렇기 때문에 이 법은 기존의 민법관련 규정조차 검토하지 않은 비전문적 입법이며, 단순히 일부집단의 이익만 보호하는 입법이라고 의심할 수 있다. 극단적 경우 환자의 의사를 추정하거나 대리동의를 하여 연명의료 중단을 시행한 경우, 환자 사후 환자 가족이 이의를 제기하는 경우 예상치 못한 중대한 갈등을 만들 수 있다. 추가적으로 환자의 추정적 의사를 확인한 가족들의 심적인 부담감도 고려해야 한다. 일부 법제도에서 연명의료 중단을 위한 법률에 가족들이 환자에 대해 대리동의권을 할 수 없게 만든 이유는 앞에서 언급한 가족 간의 이해대립만은 아니다. 그 외에도 만일 가족의 생명을 대신 결정토록 위임된 가족구성원이 장래에 겪을 수 있는 심리적 부담도 고려해야 한다.

보다 심각한 문제는 이러한 대리권 위임은 국가가 시민들의 생명보호를 포기한 채 그 결과의 책임마저 회피하려는 제도로 보인다는 점이다. 국가는 시민의 생명보호의무를 포기할 수 없다. 그게 국가의 제1 의무이며, 존재근거이다. 그런데 이와 같은 대리권 위임은 기본적인 국가의 의무를 전적으로 환자와 그 가족 구성원들에게 떠맡기는 무책

40) 박호균, “성년후견과 의료: 현행 민법 제947조의2를 중심으로,” 의료법학 제13권 제1호(2012), 125-153; 이현곤, 성년후견제도의 이해. 치매노인과 발달장애인의 신상보호와 재산관리, 법률신문사, 2015.

임한 국가의 모습을 만들 수 있다. 어떤 경우도 환자의 생명은 수단화되어 침해되어서는 안 된다. 영국의 다이엔 프리티 사건에서 보여준 영국대법원과 유럽인권법원, 그리고 세브란스병원 사건에서 보여준 2008년 헌법재판소의 결정은 이를 확인해주고 있다. 국가가 의료비용을 절감하기 위하여 연명의료 중단과 호스피스/완화의료를 제도화한다면, 국가의 의무를 제한적으로 수행할 수밖에 없는 충분한 근거가 설명되어야 한다. 시민의 생명을 지켜주지 못하는 국가에 세금을 내고 시민의 의무를 다할 이유는 없다. 이러한 이유로 이 법률은 그간의 모순을 더욱 확대 강화시켰을 뿐 아니라, 그동안의 논의조차 어색하게 만들고 말았다.

Ⅴ. 결 론

존엄사 개념으로 시작하는 연명의료 중단과 호스피스 또는 완화의료의 문제는 근대적 상황을 해결하기 위한 인류의 지적 혼란 속에서 방황하고 있다. 우리가 이러한 혼란에서 벗어나기 위한 묘책은 아직 발견되지 않았다. 그러나 분명한 것은 일부 국가들이 법률을 통해 확보하려는 안락사는 우리가 동의할 수 없는 그들의 비극적 과거가 투영되어 있다는 사실이다. 불과 60여 년 전 나치스의 유대인과 장애인 학살에 동원된 이론과 생각들이 여전히 연명의료 중단에서도 유효한 것은 아닌지 걱정스럽다. 우생학으로 정리된 이기적 생각들은 아직도 발견된다. 후견주의를 반대하면서 자기결정권을 중심에 놓는 착상은 이미 낙태의 허용을 위하여, 위험한 임상시험을 허용하기 위하여, 그리고 공동체의 책임을 회피하기 위한 많은 시도에서 나타나고 있다. 자기결정권을 강조하면서도 여전한 시민들의 막대한 의무들은 균형을 맞추지 못하고 있다. 스스로 생명은 포기할 수 있지만, 정작 자신들의 운명을 결정할 직업과 국가는 선택할 수 없다. 빈번히 비교되는 매매춘의 자유는 거부되며,[41] 국적이탈 또는 양심적 병역의무 거부는 언제나 엄청난 비난을 받는다. 그럼에도 불구하고 생명포기에 자기결정권이 핵심 원리로 동원되는 것은 이해하기 어렵다.

생명에 대한 논의는 항상 조심스럽다. 가장 큰 이유는 우리가 생명현상에 대해 너무 제한적으로만 알고 있으며, 그 지식이 앞으로도 크게 발전할 수 있을 것 같지 않기 때문이다. 현대사회에서 인간의 생명은 지속적으로 도구화되고 계량화되고 있다. 보호될 생명과 그렇지 않은 생명을 구분하는 것도 현실에서는 흔하게 발생하고 있다. 거대한 의료 시스템에서 환자와 잠재적 환자인 시민들은 소위 전문가 집단에 의해 왜곡되고 자신들의 이익에 맞게 재구성한 이념에 따라 재구성된다. 근대법학은 이러한 현상을 구제하기 위하여 다양한 원칙들을 만들었다. 그런데 유독 의료영역에서는 그 기능이 약화된다. 환자연명의료결정법의 제정논의에서 확인할 수 있는 것은 법치국가적 정형화의 훼손이다. 특히 연성법원리에 따라 각종 위원회들이 형식적 법률의 기능을 약화시키는 현상은 우려할 수준이다. 인간의 존엄성은 어느 시기를 정해 지켜져서는 안 된다. 그리고 연명의료를 통해 유지되는 생명도 존엄한 생명이라는 사실을 잊지 말아야 한다. 그 생명에 대해 유익함을 생각하는 것은 그다지 성숙한 시민의 태도는 아니다.

41) 헌법재판소는 2016년 3월 30일 성매매특별법에 자발적 성매매 금지에 대한 일부 조항의 위헌성 심판에서 6:3으로 처벌규정의 합헌을 결정했다. 자발적 성매매를 위헌으로 본 견해는 단 1명의 재판관에 불과했다.

제 3 부

In Würde sterben!
Selbstbestimmung und Menschenwürde im Sterben

Ulrich Eibach

In Deutschland findet derzeit eine lebhafte Debatte über „aktive Sterbehilfe“ statt. In Nachbarstaaten, den Benelux-Ländern, ist die Tötung auf Verlangen erlaubt und rechtlich geregelt. In der deutschen Diskussion begrenzt man sich jedoch derzeit auf die Forderung nach ausdrücklicher rechtlicher Erlaubnis der Beihilfe zur Selbsttötung.[1)] Die Befürworter meinen, dass damit ein „menschenwürdiges“ Sterben auch für diejenigen Menschen erreicht werde, die ein nach ihrem Ermessen „menschenunwürdiges“ Sterben durchleiden müssen. Um ein würdiges Sterben für alle zu ermöglichen, reiche der Verzicht (Unterlassen) auf lebensverlängernde Maßnahmen und auch das Angebot einer guten palliativmedizinischen Behandlung nicht aus. Jeder müsse für sich selbst entscheiden können, welches Leben für ihn menschenwürdig sei. Damit bekommt das Prädikat „menschenwürdig“ einen stark subjektiven Akzent. Soll es nicht nur mit den subjektiven Vorstellungen der betroffenen Menschen inhaltlich gefüllt werden, sondern auch einen objektivierbaren Gehalt haben, der für andere Menschen nachvollziehbar und überprüfbar ist, so bedarf es einer Klärung

1) Vgl. U. Eibach, Von der Beihilfe zum Suizid zur Tötung auf Verlangen? In: Th. S. Hoffmann/M. Knaup (Hg.): Was heißt: in Würde sterben? Wider die Normalisierung des Tötens, Heidelberg 2015, S. 189-213.

dessen, was man unter einem „menschenwürdigen“ Sterben zu verstehen hat. Der folgende Beitrag geht dieser Frage nach, und zwar auf dem Hintergrund einer über dreißigjährigen Erfahrung als Klinikseelsorger und auf der Basis einer christlichen Anthropologie und Ethik.

Ⅰ. Zum kulturellen Hintergrund der Debatte über Sterbehilfe

Die gegenwärtige Diskussion über Sterbehilfe hat ihren Grund nicht darin, dass die Menschen heute besonders viel unter Krankheiten zu leiden haben, denn zu keiner Zeit mussten Menschen so wenig an physischen Schmerzen leiden wie heute, vor allem dank der Fortschritte der Medizin. Im mittelalterlichen Antoniter-Hospital zu Isenheim, für das *Matthias Grünewald* das Altarbild malte,[2] wurden z.B. die an Mutterkornvergiftung, dem „Antoniusfeuer“, schwer leidenden, geradezu bei lebendigem Leibe „verfaulenden“ Menschen palliativmedizinisch behandelt, gepflegt und seelsorgerlich begleitet. Vor dem Altar wurden medizinische Behandlungen, auch Amputationen zur Leidenslinderung ohne wirksame Narkotika durchgeführt. Der wesentliche Grund für die gegenwärtige Diskussion dürfte in der Individualisierung und Säkularisierung der Lebens- und Wertvorstellungen zu finden sein. Der Mensch, der kein „Jenseits“ dieses „Diesseits“ mehr glaubt, sieht nicht mehr ein, warum er das Leben bis zum bitteren Ende erleiden soll. Und der Mensch, der nicht mehr glaubt, dass er sein Leben Gott verdankt, betrachtet es als seinen Besitz, über den er wie über seine anderen Güter nach seinem Ermessen verfügen darf. Im Zuge dieses Wertewandels wurde die Autonomie zum moralischen und rechtlichen Leitbegriff, ja für viele zum allein maßgeblichen Inhalt der

---

2) Vgl. S. Kettling, Das Evangelium des Malers Matis. Betrachtungen zum Isenheimer Altar, Wuppertal 1985.

Menschenwürde nach Artikel 1 des Grundgesetzes. Daraus wird abgeleitet, dass der Mensch ein uneingeschränktes Verfügungsrecht über sein Leben, also auch ein positives Recht auf Selbsttötung und auch ein Recht habe, dazu die Hilfe anderer in Anspruch zu nehmen, denn nicht mehr der Schutz des Lebens, sondern der Schutz der Autonomie sei oberstes verfassungsrechtliches Gebot, dem der Schutz des Lebens eindeutig unterzuordnen sei. Daraus folgert man, dass man den Menschen —wie in den Benelux-Ländern— rechtlich ermöglichen muss, selbst zu bestimmen, ob ihr Leben durch einen „natürlichen“ Tod oder durch Menschenhand enden soll.

Diese Auffassung von Selbstbestimmung paart sich mit der Vorstellung, dass das Leben möglichst durchgehend gemäß den eigenen Wünschen planbar sein müsse, also einer Fiktion von der „Abschaffung des Schicksals“.[3)] Dem entspricht wiederum eine abnehmende Bereitschaft, ein unerwünschtes schweres Lebensgeschick auch bis zum „natürlichen“ Lebensende zu ertragen. Deshalb drängt sich die Meinung auf: Wenn die Medizin schon keine Besserung mehr „machen“ kann, der Abbau der Lebenskräfte und das Sterben unausweichlich sind und das Leben deshalb angeblich „sinnlos“ wird, dann soll es wenigstens schnell zu Ende gehen, wenn nötig durch Menschenhand. Die Vorstellung von der Planbarkeit des Lebens paart sich also mit der Forderung nach einem Recht auf ein leidfreies Leben, das das Recht auf „Erlösung“ vom Leiden durch Selbsttötung oder Tötung durch andere einschließt, wenn das Leben nicht mehr selbsttätig gestaltbar und mit vielen Leiden verbunden ist. Das Leben im Sterben werde dann zu einem „sinnlosen“ Widerfahrnis, weil es den Menschen zunehmend seiner Autonomie beraubt und der Verfügung der „Natur“ bzw. des „Schicksals“ unterwirft und weil es mit der endgültigen Vernichtung des Lebens verbunden ist.

Fast alle Befürworter eines Rechts auf Selbsttötung rechtfertigen diese

---

3) Vgl. G. Maio (Hg.), Abschaffung des Schicksals? Menschsein zwischen Gegebenheit des Lebens und medizin-technischer Gestaltbarkeit, Freiburg 2011.

Forderung damit, dass Lebenszustände eintreten können, aufgrund derer das eigene Leben nicht mehr zumutbar und nicht mehr wert ist, gelebt zu werden. Daher dürfe man nicht nur solche schon eingetretenen Zustände durch eine Tötung beenden, sondern man dürfe sie auch, wenn sie mit einer bestimmten Wahrscheinlichkeit zu erwarten sind, vorsorglich durch rechtzeitige Tötung vermeiden. Der Mensch habe ein Recht zu beurteilen, ob und wann sein eigenes Leben „menschenunwürdig" sei, und rechtzeitig vorher seinem Leben ein Ende zu setzen.

Friedrich Nietzsche[4)] hat schon vor ca. 150 Jahren die Autonomie und das lebensunwerte Leben zueinander in Verbindung gesetzt. Er zog aus seiner Rede von der Tötung Gottes durch den Menschen und der Behauptung, dass der Mensch deshalb sein eigener Gott sein müsse, die Folgerung: „Stirb zu rechten Zeit!" Die „faulen Äpfel" solle man nicht so lange an den Bäumen hängen lassen, bis der Wind sie herabstößt. Man solle die „dumme physiologische Tatsache des naturbedingten Todes" zur „moralischen Notwendigkeit", zur Tat der Freiheit werden lassen. „Ich lobe mir den *freien Tod*, der kommt, weil *ich* will" und nicht, weil die „Natur" oder ein „Gott" es will. Den Tod solle man sich geben, bevor das Leben seiner Freiheit beraubt und so zum bloßen „Dahinvegetieren" werde. Der amerikanische Ethiker *Joseph Fletcher*[5)] brachte das auf die kurze Formel: „Die Kontrolle des Sterbens (sic. selbstbestimmter Todeszeitpunkt) ist wie die Geburtenkontrolle eine Angelegenheit menschlicher Würde. Ohne sie wird der Mensch zur Marionette der Natur", und das sei des Menschen „unwürdig". Ist also nur das Sterben menschenwürdig, in dem der Mensch selbst das Heft des Handelns bis zum Tod in der Hand behält, er selbst bestimmt, wie lange sein Leben lebenswert ist und wann es beenden werden soll?

---

4) Also sprach Zarathustra. Werke in 3 Bde., hrsg. von K. Schlechta, Bd. II, 1964, S.333 f.

5) The Patient's Right to Die, in: A. B. Downing(Ed.): Euthanasia and the Right to Death. The Case of Voluntary Euthanasia, 1969, S. 61 ff.(Übersetzung vom Verf.)

II. Autonomie und das Sterben als „Schicksal“

Das Verbot der Tötung auf Verlangen erscheint vielen als eines der letzten religiös begründeten Tabus, das die Freiheit des Menschen einschränkt und von dem der Mensch sich endgültig befreien sollte. Entsprechend ist die Vorstellung vom selbstbestimmten Tod bei gesunden und sich autonom wähnenden Menschen weit verbreitet. Es stellt sich allerdings die Frage, ob ein Sterben, in dem der Mensch seine Autonomie im Sinne eines „Herrseins“ über sein Leben bis zum Ende bewährt, nicht ganz überwiegend eine realitätsfremde Fiktion ist.

1. Der Tod als Ende aller aktiven Möglichkeiten!

Gesunde Menschen hört man oft sagen, dass sie keine Angst vor dem Tod, sondern nur vor dem „Wie“ des Sterbens haben. Aber warum hängen dann so viele Menschen so sehr am Leben, dass sie selbst schwer ertragbare, das leidvolle Sterben nur verlängernde Maßnahmen bis zum bitteren Ende ohne wirkliche Aussicht auf Erfolg über sich ergehen lassen?

Der Tod ist eine Ängste auslösende Drohung gänzlicher Verlassenheit und Vernichtung. Diese Ängste gehören zu den tiefsten Ängsten, die Menschen erleben können. Das „Nichts“ des Todes ist die abgründigste Quelle der Angst. Die Angst vor diesen Ängsten führt nicht selten zum verzweifelten Kampf gegen den Tod, zu ohnmächtigen Versuchen, den Tod durch alle Mittel seriöser und wenig seriöser Medizin abzuwehren. Und doch bricht „im Schwindel der Angst“ (*Sören Kierkegaard*) die menschliche Freiheit meist ohnmächtig in sich zusammen. Zu der Zeit, als der Palliativmedizin kaum eine Bedeutung beigemessen wurde, sagte mir ein Mann: „Wenn ich vor Schmerzen nachts nur wach liege, dann schaut mich des ‘Teufels Fratze’ leibhaftig an. Da frage ich mich jeden Abend, aus welcher Kraft ich die Nacht bestehen kann. Ich weiß, es ist nicht meine eigene Kraft, denn gegen den 'Teufel' bin ich ohnmächtig!" Es gehört zum Wesen des Todes, dass er in Tiefen stoßen kann, in denen selbst ein tiefer religiöser Glaube der Anfechtung ausgeliefert wird, weil Gott sich in ihnen scheinbar oder tatsächlich verbirgt und der Mensch deshalb nicht selten auch das Gefühl der Gottverlassenheit durchleiden muss. Alle Versuche, sich angesichts des Todes an sich selbst zu klammern, sind letztlich vergeblich. Der Mensch ist schon durch seine Endlichkeit herausgefordert, sein Leben, ja sich selbst „loszulassen". Doch wohin soll er sich loslassen, wenn er nur auf sich selbst und ins offene Grab schaut, wenn er — mit *Berthold Brecht* gesprochen — „mit allen Tieren" stirbt und „nichts danach" kommt?

Der verzweifelte Kampf gegen den Tod mit allen Mitteln einerseits und die Selbsttötung bzw. die Tötung auf Verlangen andererseits sind überwiegend zwei Seiten derselben Sache. Beide haben ihren tiefsten Grund in Angst und Verzweiflung angesichts der Übermacht des Todes über die menschlichen Möglichkeiten. Dabei spielen auch die konkreten Ängste vor schweren Schmerzen, davor hilfsbedürftig und unwürdig behandelt, anderen eine Last zu werden und zu vereinsamen, eine große Rolle. Hinzu kommt, dass der Mensch nirgends so herausgefordert ist, über sein Leben Rechenschaft zu geben und vor sich selbst ehrlich zu werden wie angesichts des Todes, so dass viele Menschen spüren, dass sie der tieferen Bestimmung ihres Lebens nicht gerecht wurden, sie an sich selbst und anderen schuldig wurden, sie ihr Leben hätten früher „in Ordnung" bringen müssen, sie also vor ihrem eigenen Urteil und auch vor Gott nicht bestehen können. So ringen Menschen mit lebensverlängernden Therapien auch darum, dass ihnen noch Zeit bleibt, ihr Leben in heilsamer Weise zu ordnen, wozu sie unter Therapien aber sehr oft nicht mehr die Zeit und Kraft haben. Es sind meist nicht in erster Linie die körperlichen Beschwerden, sondern diese seelisch-geistigen Belastungen und nicht zuletzt die Angst vor dem Tod selbst, die das Sterben schwer machen können.

Der Tod ist nicht nur der Zeitpunkt des Lebensendes. Er ragt von diesem Ende her als „nichtigende“ Macht ins Leben hinein, oft verbunden mit mehr oder weniger großen körperlichen und seelischen Schmerzen und einer zunehmenden Entmächtigung der Persönlichkeit und ihrer Freiheit. Als solcher ist der Tod etwas rein Zerstörerisches, das in Gottes Schöpfung nicht eingeplant und von Gott nicht gewollt ist, nicht selten verbunden mit Ohnmacht und Verzweiflung. Aus sich heraus ist der Tod also das definitive Ende aller aktiven Möglichkeiten des Menschen, selbst dann, wenn er sich durch die eigene oder die Hand anderer den Tod gibt. Ein solcher Schritt geschieht selten aus Freiheit, sondern meist aus Angst, Verzweiflung und Ohnmacht. Aufgrund von Ängsten kann der Mensch sich verzweifelt ans Leben klammern oder sich den Tod geben, durch die eigene oder anderer Hand.

1. Beispiel: Die Tochter einer Patientin B. (ca. 65 Jahre) bittet mich um ein Gespräch. Sie berichtet, dass ihre Mutter „austherapiert“ ist und nur noch kurze Zeit zu leben hat, sie das jedoch nicht wahrhaben will, dass sie die einzige Angehörige sei, aber in einer entfernten Stadt lebe und berufstätig sei und dass daher Vorsorge getroffen werden müsse, wo die Mutter ihr Leben beenden kann. Ich schlage vor, dass wir den Stationsarzt zu einem Gespräch hinzu bitten. Dieser legt Frau B. nochmals die medizinischen Sachverhalte mit dem Ergebnis dar, dass es keine kurative Therapie mehr für sie gebe. Ich ergänze das dahingehend, dass deshalb ein Weg gefunden werden müsse, wie sie eine gute Betreuung findet, und schlage ihr die Palliativstation eines Krankenhauses in der Nähe ihres Wohnorts vor. Sie sagt daraufhin: „Da gehe ich nicht hin!“ Ich frage: „Warum nicht?“ Sie antwortet: „Da stirbt man nur. Dann kann ich mich gleich umbringen!“ Ich frage: „Wie soll es denn mit ihrem Leben weitergehen, sie können so doch nicht alleine zu Hause leben?“ Sie sagt: „Da muss es doch noch eine Behandlung geben, wenn nicht, bringe ich mich um!“ Der verunsicherte Arzt sagt daraufhin, dass es noch eine Behandlung gebe, die aber belastend sei, und dass der Krebs nur zu 30% auf die Therapie anspricht. Frau B. sagt: „Dann will ich die Therapie haben!" Ich frage, was sie sich davon verspricht. Sie sagt: „Das ich gesund werde." Ich sage: „Frau B., davon hat der Doktor nicht gesprochen, sondern er hat nur gesagt, dass mit einer geringen Wahrscheinlichkeit das Fortschreiten der Krankheit dadurch verlangsamt werden kann. Damit ist für ihre Situation jedoch keine Lösung gefunden." Die Tochter sagt: „Die Palliativstation ist doch eine gute Lösung." Daraufhin Frau B.: „Da gehe ich nicht hin, das wäre das Ende." Ich frage, was denn nun geschehen soll. Daraufhin sagt sie: „Ich will die Therapie. Wann kann ich die beginnen?"

Der Tod schneidet den Menschen meist gegen seinen Willen vom Leben ab. Die Frage stellt sich, ob das des Menschen unwürdig ist oder ob es auch zum Menschsein gehört, dass ihm das Ende aller menschlichen Möglichkeiten aufgezwungen wird. Vor allem dann, wenn das Sterben zur Leistung wird, durch die der Mensch sein von der Autonomie bestimmtes Selbstbild bewähren will, er z.B. nicht wirklich hilfsbedürftig werden darf, vor allem dann kann das Leben im Sterben menschenunwürdig erscheinen. Sicher soll der Mensch im Sterben auch seine Möglichkeiten leben können, aber es sollte frei sein vom Zwang, das Leben zu einem es zu einer Ganzheit vollendenden Abschluss zu bringen. Die Vollendung des Lebens ist — wie schon das irdische Leben selbst — allein Gabe Gottes. Die Bruchstückhaftigkeit und Bedürftigkeit des Lebens wird im Sterben eindeutig ersichtlich. Es macht deutlich, dass der Mensch nicht in erster Linie herausgefordert ist, seine Autonomie zu bewähren sondern sich loszulassen, sich Gott und anderen Menschen anzuvertrauen, ja auch über sich verfügen zu lassen. Wenn ihm das nicht geschenkt ist, dann wird er vom Leben abgeschnitten, selbst dann, wenn das durch seine eigene Hand geschieht.

Dass der Mensch im Sterben seiner Möglichkeiten beraubt wird, ist kein Versagen, sondern es entspricht der Übermacht des Todes über das

Leben in einer unerlösten Welt, aus der heraus der Schrei nach Erlösung des Lebens vom Leiden aufsteigt,[6] die der Mensch sich nicht selbst geben kann, erst recht nicht dadurch, dass er Hand an sich legt. Dies ist, wenn der Mensch selbst vorweg beurteilt, wann sein Leben nach seinen Maßstäben „menschenunwürdig" ist, ohne schon in der konkreten Notsituation zu sein, theologisch gesehen entweder Leugnung dessen, dass es einen Gott gibt, der ihm das Leben als anvertraute Leihgabe gegeben hat, dessen Besitzer er also nicht ist, oder es ist Misstrauen und Unglaube, aus dem heraus der Mensch Gott nicht zutraut, dass er ihm auch in der konkreten Situation schweren Leidens die „tägliche Kraft" schenkt, das Leben zu bestehen. Aus theologischer Sicht sind solche letztgültigen „Vorwegurteile" über den Wert des Lebens also Sünde, weil der Mensch sich selbst zum alleinigen Maßstab seines Lebens macht und auf dieser Grundlage sein Leben letztgültig als „lebensunwert" einstuft und gemäß diesem Urteil über es zum Tode verfügt.

Das kann man nicht ebenso sagen, wenn sich Menschen in schwersten Leidenssituationen befinden, ohne vorweg ihr Leben in ein menschenwürdiges und lebensunwertes Leben unterschieden zu haben, und wenn sie dann aufgrund des bereits eingetretenen Leidens den „Schrei" nach „Erlösung" ausstoßen und es ihnen dabei nicht darum geht, nur nach ihren Maßstäben zu beurteilen, wann ihr Leben noch lebenswert ist. Wenn das Leben in solchen „tragischen" Lebenssituationen von Ohnmacht und Verzweiflung beherrscht wird und die „Seelenfinsternis" es so in Dunkel verhüllt, dass sie vielleicht auch von einer „Gottesfinsternis" begleitet ist, und wenn dann die „Erlösung vom Leben" durch Menschenhand als einziger Ausweg erscheint und vollzogen wird, dann entzieht sich dieser Schritt letztlich der moralischen Beurteilung durch Menschen, dann müssen wir das Urteil Gott überlassen, im Vertrauen darauf, dass auch diese Art des Todes keinen, der in seinem Leben auf Gott vertraut hat, von der „Liebe Gottes" zu scheiden vermag.[7]

---

6) Vgl. Apostel Paulus, Brief an die Römer, 8, 19-39.

2. Bewährung des Glaubens im Sterben?

Die Medizin gibt uns heute viele Mittel an die Hand, auch schwere unheilbare Krankheiten erträglich zu gestalten. Aber das ist nur die eine Seite, die dazu beiträgt, das Sterben zu bestehen. Die andere Seite ist die liebevolle Begleitung durch Menschen und nicht zuletzt die geistliche Seite, die Bestärkung des Glaubens, der vielleicht selbst ein schweres Leiden tragbar werden lassen kann.

Der Psychiater *Victor E. Frankl* bestätigte aufgrund seiner Erfahrungen im Konzentrationslager die These *Friedrich Nietzsches*: „Wer ein Warum zum Leben hat, erträgt fast jedes Wie.“ Die Aussage ist nicht unproblematisch, weil uns die Warum-Frage, die Frage nach dem Sinn des Lebens, im Leiden sehr oft nicht beantwortet wird. Wir können aber sagen: Wer im Leiden nicht nur auf sich selbst zurückgeworfen wird und wer um ein „Wohin“ des Lebens weiß, wer wenigstens mit einem Auge über das Leiden hinaus auf den „geöffneten Himmel“ blicken und so glauben kann, dass nicht das zerstörerische Leiden, sondern Gott das letzte Wort hat, für den kann vielleicht auch schweres Leiden tragbar werden. Er kann dadurch vor einem verzweifelten Kampf gegen den Tod bewahrt werden und auch in einem Leben mit todbringender Krankheit eine Aufgabe und eine Zeit der Bewährung seines Glaubens an Gott sehen. Dem diente das erwähnte Altarbild von *M. Grünewald* im Hospital zu Isenheim.[8] Werktags wurde den Kranken das bekannte Bild des Gekreuzigten vor Augen gestellt, sonntags wurden die Seitenflügel umgeschlagen, so dass das Bild des Gekreuzigten verdeckt und die Auferstehung Christi als Verwandlung des Leidens und Sterbens zum ewigen Leben sichtbar wurde. Der leidende Christus sollte als der gegenwärtige, mit den Kranken mitleidende, sie mit all ihren Sünden und Krankheiten annehmende, als der sich mit ihnen

---

7) Vgl. Apostel Paulus, Brief an die Römer, 8, 35-39; Psalm 73, 23-28; Psalm 139, 5-12.

8) Vgl. Kettling, Fn.1.

identifizierende Gottessohn erfahrbar werden, der ihnen im Leiden ganz nahe kommt und beisteht. Zugleich sollten sie ihr Leiden als Teilhabe am Leiden und Sterben Christi ansehen. Und der Blick auf den Auferstandenen sollte Trost und Hoffnung auf die Überwindung des Todes, die Erlösung und Vollendung des Lebens bei Gott vermitteln. Beide Bilder sollten ihnen helfen, die Anfechtungen des Glaubens angesichts des Todes zu bestehen. Sie sollten gegen die vor Augen liegende zerstörerische Realität des Todes die Gewissheit des Glaubens vermitteln, dass auch der Tod nicht von Gott und der Liebe Gottes zu scheiden vermag, dass der Mensch auch im Sterben und im Tod nicht tiefer als in Gottes Hand fallen kann. Dem sollen auch die Kruzifixe dienen, die bis heute noch in vielen Zimmern von Krankenhäusern und Altenheimen hängen. Sie sollen den Glauben bestärken, dass da, wo der Mensch mit seinen Möglichkeiten an ein Ende kommt, doch schon die den Tod überwindende Macht Gottes in dieses endende Leben hineinscheint und den Blick auf das vollendete Leben bei Gott eröffnet.

2. Beispiel: Bei Frau M., 66 Jahre, besteht der Verdacht auf einen Tumor. Sie bittet um ein Gespräch. Sie erzählt mir von einem Traum. Sie war noch zu Hause, aber schon in ärztlicher Behandlung. Eine klare Diagnose war bis jetzt noch nicht gestellt. „Ich bin über ein Wasser gegangen und drohte zu versinken. Dann kam ein Mann, der hat mich aus dem Wasser gezogen und mich auf seine Schultern genommen und mich über das Wasser ans andere Ufer getragen. Ich glaube, das war Jesus. Ich bin wach geworden und habe das gleich meinem Mann erzählt. Der hat gesagt: ‚Siehst Du, Du brauchst dir keine Gedanken zu machen, es ist nichts Schlimmes!'." Ich frage: „Ist das auch Ihre Meinung?" Sie antwortet: „Nein, deshalb wollte ich mit Ihnen darüber sprechen."

Der Traum war Gegenstand mehrerer Gespräche. Frau M. kam zu der Erkenntnis, dass der Traum ihr von Gott geschenkt wurde, damit sie die schwere Wegstrecke hin zum Tod bestehen und sich von Jesus Christus „ans andere Ufer" des Lebens getragen wissen darf. Ihr Sohn, Oberarzt für Onkologie, vermittelte ihr die nach dem Stand der medizinischen Kenntnisse besten Behandlungen. Mehrmals schrieb sie mir, teilte mit, dass sie wisse, dass sie ihrem Tod entgegengehe, und wie sie der Traum tröste. Sie erfahre, dass sie von Gott getragen sei und dass sie so auch die Behandlungen ertragen könne. Eines Tages schrieb sie, dass ihr Sohn ihr nochmals eine neue Therapie vermitteln wolle, dass sie aber abgelehnt habe, weil sie deutlich spüre, dass sie „bald mit ihrem Retter, Christophorus, am anderen Ufer ankommen werde". Sie schaue dem ohne Angst entgegen und danke Gott für den Traum und mir, dass sie ihn als Hoffnung vermittelnden Trost verstehen konnte. Gut einen Monat später gelangte sie „ans andere Ufer". Ihr war geschenkt, eine Wandlung der Hoffnung vom irdischen Überleben zur Vollendung des Lebens bei Gott zu vollziehen.

Martin Luther hat in seinem „Sermon von der Bereitung zum Sterben" (1519) dargelegt, dass der Mensch im Sterben nicht in erster Linie auf den Tod selbst schauen sollte, sondern auf Christus, der den Tod in der Gottverlassenheit stellvertretend für uns ertragen hat und in dessen Auferweckung der Tod so überwunden ist, dass ihm sein „Stachel", also seine nichtigende, von Gott trennende Tödlichkeit schon in diesem Leben genommen ist.[9] Schaut der todkranke Mensch nur auf seine Möglichkeiten oder den Tod, so wird er unter der Macht des Todes ohnmächtig, kommt in der Angst vor dem Tod um. Das entspricht Luthers Sicht des Glaubens und der Freiheit. Seine Schrift „Von der Freiheit eines Christenmenschen" gipfelt in der Aussage: „Das ist die wahre christliche Freiheit, der Glaube allein",[10] denn im Glauben fährt der Mensch auf zu Gott, wird von seinem Kreisen um sich selbst und seine Möglichkeiten befreit zur Beziehung zu

9) Vgl. Apostel Paulus, 1. Brief an die Korinther, 15, 55; Brief an die Römer 8, 38-39.

10) Luther Deutsch. Die Werke Martin Luthers, hg. von K. Aland, Bd.2, Göttingen 1981, S. 256.

Gott und damit zur wahren Freiheit, die nicht die Freiheit ist, die ich habe, sondern die Freiheit, zu der ich immer neu im Glauben befreit werde und die zugleich Bindung an Gott und den Nächsten ist. Der Glaube vermittelt also angesichts menschlicher Unmöglichkeiten das Vertrauen auf Gottes Möglichkeiten und macht den Menschen so frei. Nirgends wurde dies für Luther und kann es auch für den heutigen Menschen ersichtlicher werden als im Sterben. Dieser Glaube erweist sich zunächst als Befreiung von der Angst, den Weg des Sterbens nicht zu bestehen und unwürdig zu sterben, dann aber auch als Befreiung von der Angst vor der Vernichtung im Tod und der Angst, vor dem Gericht Gottes nicht bestehen zu können, das nicht selten schon im Sterben in Ansätzen erlebt wird.

So wird gerade im Sterben sehr deutlich, was *Sören Kierkegaard*[11)] mit den Worten ausdrückte: „Gottes zu bedürfen ist des Menschen höchste Vollkommenheit", ein Satz, mit dem er sich gegen die aufgeklärte und idealistische Sicht des Menschen wandte, nach der der Mensch aus sich selbst und durch sich selbst leben kann und soll, er angeblich so autonom sein kann, dass er Gottes nicht bedarf. Dagegen betont Kierkegaard, dass der Mensch nur ein „Selbst" ist, wenn er bei einem anderen als sich selbst, bei Gott ist, und dass der Mensch nicht sein eigener Gott und Schöpfer und auch nicht sein eigener Richter und Erlöser sein soll und kann, wie *F. Nietzsche*[12)] es in Vollendung des idealistischen Menschenbildes dargestellt hat. Am Ende dieser idealistischen Sicht steht der Sieg des Todes, weil der Mensch nach Nietzsche Gott getötet hat, es also keinen Gott und damit keine Vollendung des Menschen zur Gottebenbildlichkeit im Leben bei und mit Gott gibt. Wenn es keinen Gott gibt, dessen Beziehung zu seinen Geschöpfen auch im Tod nicht abreisen kann, weil er wahrhaft Gott und daher auch Herr des Todes ist, dann kann der Mensch sich im Sterben auch

---

11) Vier erbauliche Reden (1844), in: Gesammelte Werke 13. u.14 Abt., Düsseldorf 1964, S. 5.

12) Vgl. Fn. 4.

nur an sich selbst halten, muss z.B. erweisen, dass er der zerstörerischen Macht des Todes zuvorkommen und so wenigstens einen „kleinen“ Sieg über den Tod erringen kann, indem er – scheinbar – selbst die letzte Entscheidung über sein Leben fällt. Wie der Mensch sich das Leben nicht selber gegeben hat, es ihm vielmehr von Gott als „Leih-Gabe“ anvertraut wurde, so wird es ihm letztlich auch wieder von Gott genommen, selbst wenn ihm vordergründig betrachtet die Krankheit oder auch er selber sich das Leben nimmt. Und weil es Gott ist, der das Leben gibt und letztlich auch wieder nimmt, fällt das Leben im Tode nicht ins Nichts der Vernichtung, sondern in die Hand des Gottes zurück, der in sich selbst das wahre, das „ewige“ Leben ist.

3. Angewiesensein auf Hilfe im Sterben

Kierkegaards Aussage ist insbesondere angesichts der Kindheit und des Abbaus der Lebenskräfte dahingehend zu ergänzen: „Gottes und des Nächsten zu bedürfen ist des Menschen höchste Vollkommenheit.“ Das entspricht Luthers Aussage, dass der Mensch im Glauben auffährt zu Gott und so zugleich befreit wird, durch die Liebe zum Nächsten herab zu fahren und sein dienstbarer Knecht zu werden. Wenn der Mensch an den Punkt kommt, dass er ganz auf die helfende Liebe anderer angewiesen ist, dann wird sein Leben nicht menschenunwürdig, dann nehmen andere Menschen den Dienst an ihm, dem bedürftigen Nächsten wahr, stellvertretend für Christus, und zwar so, dass sie auch in und hinter der empirisch wahrnehmbaren zerrütteten Persönlichkeit die von Gott geliebte Person sehen, deren Würde durch Krankheiten, Abbau der Lebenskräfte und moralisches Versagen nicht in Verlust geraten kann, weil sie letztlich nicht in menschlichen Fähigkeiten, sondern allein in Gottes unvergänglicher Liebe zum Menschen begründet ist. Diese schon dem irdischen Leben von Gott zugesprochene, aber erst in der Ewigkeit des Lebens bei Gott vollendete Gottebenbildlichkeit, diese „transzendente“ Würde, gilt unverlierbar dem ganzen irdischen Leben von seinem Beginn bis zu seinem Tod. Auch wenn die Persönlichkeit zerrüttet ist, haben wir „in“ und „hinter“ der zerbrochenen Persönlichkeit die von Gott geliebte Person zu sehen und zu achten und sie ihrer unverlierbaren Würde entsprechend zu behandeln. Es gibt mithin kein Menschenleben ohne Würde und daher auch kein „lebensunwertes“ Leben und Sterben.

Im Glauben wie in der Liebe wird deutlich, dass der Mensch nicht aus sich selbst leben kann, dass er aus und in von der Liebe bestimmten Beziehungen lebt, in denen sich das Leben ereignet und ohne die Leben gar nicht sein und erst recht nicht gelingen kann. Die grundlegende Dimension des Lebens, aus der wir leben, finden wir nicht in uns selbst, es ist nicht die Selbstbestimmung, es ist vielmehr die *Liebe*, die uns von anderen geschenkt wird, von Gott und von Menschen. Auf ihrer Basis entwickelt sich nicht nur erst das „Ich“, sondern auf sie bleibt es lebenslang angewiesen, auch wenn das meist nur am Anfang und Ende des Lebens unübersehbar deutlich wird. Als solches ist Leben auf Stellvertretung[13] und Anwaltschaft angewiesen, durch die die unverlierbare und empirisch nicht wahrnehmbare, von Gott geschenkte Würde der *Person* immer wieder gegen den Augenschein der vielleicht schon zerrütteten Persönlichkeit im Glauben erkannt und behauptet werden muss. Abhängigkeit und Hilfsbedürftigkeit entwürdigen den Menschen nicht, sondern stellen die Herausforderung dar, sich die unverlierbare Würde des „leiblichen Selbst“ umso mehr bewusst zu machen und den hilfsbedürftigen Menschen gemäß dieser Würde zu behandeln.

Angst vor Hilfsbedürftigkeit und die Sorge, Angehörigen zur Last zu werden, sind häufige Gründe für Selbsttötungsabsichten. Sie sind insbesondere bei Menschen anzutreffen, die sehr selbstbestimmt gelebt und sich nie auf andere wirklich angewiesen empfunden haben.

---

13) Vgl. D. Bonhoeffer, Ethik , München 1967, S. 238 ff.; U. Eibach, Das Leben als Gabe und Aufgabe. Ethik der Gabe im Kontext einer Ethik der Fürsorge, in: G. Maio (Hg.), Ethik der Gabe. Humane Medizin zwischen Leistungserbringung und Sorge um den Anderen, Freiburg i.Br., S. 232-270.

3. Beispiel: Herr M., General a.D., ist mit einem metastasierten Karzinom in die Klinik eingewiesen worden. Bald nach Beginn des Gesprächs sagt er: „Herr Pfarrer, machen Sie sich keine Mühe, ehe es so weit ist, werde ich in Ehren abtreten!“ Ich sage: „Sie wollen nicht auf die Hilfe anderer angewiesen sein?“ Er: „Genau, das sehen sie richtig. Man darf nicht von anderen abhängig werden!“ Nach einer Weile greife ich zu einer konfrontativen Intervention und sage: „Und ihre Frau, wenn die Krebs hat, die soll auch in Ehren abtreten, bevor sie auf Ihre Hilfe angewiesen ist?“ Herr M. ist sichtlich verunsichert, ringt minutenlang mit sich und antwortet dann: „Ich würde sie schon gerne pflegen!“

Die Antwort macht die Widersprüchlichkeit des Ideals vom selbstbestimmten Tod deutlich. Es ergab sich ein Gespräch, in dem ich zu vermitteln suchte, dass die Angst vor Hilfebedürftigkeit zwar berechtigt ist, der Ausweg einer „Selbsttötung“ aber nicht Ausdruck von Freiheit, sondern von Angst, mithin von Unfreiheit ist, und dass er erst frei sei, wenn er von dieser Angst befreit sei. Ferner verdeutlichte ich ihm, dass das Angewiesensein auf andere Menschen das Leben nicht entwürdigt, zumal er ja selbst seine Frau gerne pflegen und damit nicht „entwürdigen“ wolle. Deshalb könne auch sein Angewiesensein auf die Liebe und Fürsorge seiner Frau und anderer sein Leben nicht entwürdigen, sondern lasse seine Würde durch die liebevolle Pflege geradezu aufscheinen. Wahre Freiheit bewähre sich gerade darin, dass der Mensch von der Angst, seine Würde zu verlieren, befreit wird dazu, sein Leben in die Hand Gottes und auch die Hand anderer Menschen loszulassen, sich der liebenden Fürsorge Gottes und von Menschen anzuvertrauen. Die Herausforderung des Sterbens könne für ihn gerade darin bestehen, diese Liebe anzunehmen, die Autonomie ihr unterzuordnen und so die Angst vor dem Verlust der Würde zu überwinden. Eine Woche nach seiner Entlassung teilte er mit, dass er sich vom Gedanken, „rechtzeitig in Ehren abzutreten“, verabschiedet habe.

Der Mensch wird in erster Linie dadurch in seiner Würde geachtet, dass er in von der Liebe bestimmten Beziehungen leben kann, in denen ihm seine unverlierbare Würde immer wieder neu durch die liebevolle Zuwendung und Hilfe anderer bestätigt wird, insbesondere dadurch, dass er als ganzheitliches Subjekt mit all seinen Fähigkeiten und Bedürfnissen und nicht nur in seiner Autonomie wahrgenommen und entsprechend behandelt wird. Dazu ist es unerlässlich, dass die „Helfer" zu ihm in eine wirkliche Beziehung treten, in der er nicht primär als Objekt von Behandlungen, aber auch nicht nur als vernünftiges und autonomes Subjekt, sondern immer auch oder oft auch vornehmlich als ein bedürftiges Lebewesen wahrgenommen wird, das auf die Achtung und Fürsorge anderer angewiesen ist. Wenn die Würde der gesamten Leiblichkeit zukommt, dann zeigt sich ihre Achtung nicht nur in der Achtung einer bewussten Selbstbestimmung, sondern primär in der Achtung des „leiblichen Selbst",[14] das sich in der ganzen Leiblichkeit darstellt und verwirklicht. Die Achtung der Würde wird daher zunächst im Umgang mit der Leiblichkeit, ihren Fahigkeiten und vor allem ihren Bedürfnissen und damit ihrem Angewiesensein auf andere Menschen konkret, in der medizinischen Behandlung und der Pflege, der Erfüllung der wesentlichen physischen (natürliche Ernährung, Ausscheidung, Bewegungsmöglichkeit) und seelischen Bedürfnisse, vor allem aber dem Bedürfnis nach Zuwendung und Geborgenheit.

Wer aus einer solchen Beziehung heraus stellvertretend für einen bedürftigen Menschen entscheidet und handelt und darin für ihn eine Anwaltschaft wahrnimmt, der handelt nicht paternalistisch, missachtet erst recht nicht die Würde eines Menschen und setzt sich nicht über seinen Willen hinweg, sondern er sorgt dafür, dass der Andere als Subjekt, als Person wahrgenommen und gemäß seinen Bedürfnissen und seinem Willen

---

14) Vgl. B. Waldenfels, Das leibliche Selbst. Vorlesungen zur Phänomenologie des Leibes, hg. v. R. Giuliani, Frankfurt a.M. 2000.

behandelt wird und lässt so sein ganzheitliches Wohlergehen immer neu Leitlinie seiner Hilfen sein.[15] Dies schließt allerdings auch ein, dass keiner von Menschen, die ihm in einer Beziehung der liebenden Fürsorge verbunden sind, etwas verlangen kann, was diese nicht mit ihrem Ethos und ihrem eigenen Gewissen vereinbaren können, z.B. eine Beihilfe zum Suizid.

Es gibt kein menschenunwürdiges Leben, aber doch menschenunwürdige Behandlungen durch andere Menschen und Umstände, die das Leben im Sterben schwer machen. Wir sind herausgefordert, diese Umstände durch palliativmedizinische und pflegerische Mittel, durch mitmenschliche Zuwendung und Stärkung des Glaubens erträglich zu gestalten. Die Hospitäler der Alten Kirche, des Mittelalters und auch noch der Neuzeit haben versucht, diese verschiedenen Aufgaben zu erfüllen. Es kommt heute darauf an, dazu die Rahmenbedingungen zu schaffen, dass möglichst alle Menschen ihr Leben unter würdevollen Umständen in erträglicher Weise beenden können und nicht aus Verzweiflung genötigt werden, Hand an sich zu legen. Der Palliativmedizin stehen dabei heute viel effektivere Mittel als den mittelalterlichen Hospizen zur Verfügung. Der Zugang zu solchen Hilfen für alle Menschen ermöglicht ein Sterben in würdevollen Umständen und macht bis auf ganz wenige normativ ethisch und rechtlich nicht erfassbare und besonders schwerwiegende Grenzfälle den Ausweg des angeblich selbstbestimmten Todes durch Menschenhand überflüssig.[16]

4. Beispiel: Eine ärztliche Leiterin (Onkologin) eines großen ambulanten palliativmedizinischen Dienstes (SAPV) mit langjähriger Erfahrung im Umgang mit todkranken Menschen antwortet mir auf die Frage, wie viele Menschen sie schon um Beihilfe zur Selbsttötung oder Tötung auf Verlangen gebeten haben: „Kein Mensch!“. Auf die Frage, wie sie sich das erkläre, da

15) Vgl. Eibach, Fn. 13.

16) Vgl. Eibach, Fn. 1.

ich als Klinikseelsorger durchaus schon oft mit dieser Frage konfrontiert wurde, sagt sie: „Entweder wenden sich Menschen, die diesen Weg für sich ernsthaft erwägen, nicht an uns oder sie nehmen, wenn sie unseren Dienst in Anspruch nehmen, von diesem Gedanken in dem Maße Abstand, wie sie unsere Hilfe erfahren und unserer Zusage vertrauen, dass wir wirklich bis zum Tod für sie da sind."

4. Hilfe zur Bewährung des Glaubens im Leiden und Sterben

Dietrich Bonhoeffer[17] schrieb in seinen Überlegungen zum Suizid: „Wer nicht leben kann, dem hilft auch der Befehl, dass er leben soll, nicht weiter, sondern allein ein neuer Geist", also das „Angebot eines neuen Lebens". Es kann nicht bestritten werden, dass das Sterben oft mit die Persönlichkeit zerrüttenden Erscheinungen einhergeht, von denen wir sagen dürfen, dass sie von Gott nicht gewollt und geschaffen, sie reine Negation von Gottes Schöpfung sind. Welche „Lebensmittel" hat der christliche Glaube den Menschen anzubieten, die Angst vor einem solchen Leben haben, die es als unwürdig einstufen und die sich dagegen durch ein Recht auf Selbsttötung wie auch „aktive Sterbehilfe" absichern wollen?

Der Isenheimer Altar und die bis in die frühe Neuzeit verbreitete Literatur zur „Kunst des Sterbens" zielten darauf, der Anfechtung des Glaubens und der Verzweiflung zu wehren, die schon aus dem Tod als Endlichkeit, insbesondere aber aus seinem zerstörerischen Charakter aufsteigen, indem sie den Glauben bestärkten, der auch ein Leben angesichts eines leidvollen Sterbens zu bestehen hilft. Die diese Kunst und Literatur bestimmende Leidensmystik ist nicht unkritisch zu betrachten, sofern das Leiden als Nachahmung des Leidens Christi und darin als verdienstliches Werk vor Gott betrachtet wird. Sie hat aber darin Recht, dass der christliche Glaube sich nicht zuletzt als Kraft im Leiden, als Leidensfähigkeit bewährt.[18]

---

17) Ethik , München 1967, S. 180 f.

Der Mathematiker und Philosoph *Blaise Pascal*,[19] der nach Aussagen seiner Schwester seit dem 19.Lebensjahr bis zum Tod mit 39 Jahren keinen Tag ohne mehr oder weniger große Schmerzen war, hat die „Gebete in der Krankheit“ hinterlassen. Pascal lässt keinen Zweifel daran, dass seine Krankheit nicht der letztgültige Wille Gottes ist sondern die Erlösung des Leibes vom Leiden, und dass sie nur tragbar ist, wenn der Mensch Gottes Geist als „Tröster“ empfängt. Deshalb bittet er Gott, den „Schmerzen der Natur nicht ausgeliefert zu sein ohne die Tröstungen Deines Geistes … Ich verlange aber auch nicht eine Fülle des Trostes ohne irgendwelche Leiden, denn das ist das Leben in ewiger Herrlichkeit“ (XI, 72), die verheißen, aber nicht die Wirklichkeit des irdischen Lebens ist. Die Leiden der Natur zu ertragen und „in gleicher Weise die Tröstungen Deines Geistes durch Deine Gnade zu erfahren; ... das ist der wahre Zustand des Christlichen“ in dieser Welt (XI, 72).

Ein Leben ohne Krankheiten und dadurch bedingte mehr oder weniger große physische, seelische und geistige Leiden ist in dieser Welt nicht denkbar. Insofern kann der Mensch auch heute kein Sterben ohne Leiden erwarten und erst recht nicht verlangen. Der Palliativmedizin ist es ganz überwiegend möglich, die physischen Schmerzen erträglich zu gestalten. Das besagt aber nicht, dass das Leben im Sterben damit ohne Leiden ist, und überhaupt nicht, dass auch die seelisch-geistigen Leiden damit voll behoben werden. Der Mensch muss sich meist mit dem Abbau seiner Lebenskräfte, seiner Hilfsbedürftigkeit und nicht zuletzt dem bevorstehenden Tod und daher sehr oft auch mit Todesängsten auseinandersetzen. Er kann versuchen, diese Ängste mehr oder weniger

---

18) Vgl. Apostel Paulus, Brief an die Römer, 5, 2-5; vgl. U. Eibach, Umgang mit schwerer Krankheit: Widerstand, Ergebung, Annahme, in: G. Thomas/I. Karle (Hg.), Krankheitsdeutung in der postsäkularen Gesellschaft. Stuttgart 2009, S. 335 ff.

19) Französisch und deutsche Übersetzung, übersetzt, eingeleitet und erläutert von Paul Wolff, Regensburg 1976 (Zitate gemäß den Nummerierungen und den Seitenangaben in dieser Ausgabe).

erfolgreich oder verzweifelt zu verdrängen (vgl. I.1., 1.Beispiel), wird aber doch immer wieder von ihnen eingeholt werden. Der Suizid, die Beihilfe zum Suizid und die Tötung auf Verlangen drängen sich dann als scheinbar einziger Ausweg aus diesen Zuständen des Lebens auf, insbesondere wenn diese Wege rechtlich erlaubt oder gar offen als frei wählbare Möglichkeiten angeboten werden.

Der christliche Glaube kann und will sich – wie *B. Pascal* es erfahren hat – jedoch als die Kraft erweisen, die davor bewahrt, dass die Kräfte des Leibes und der Seele im Strudel der Angst verschlungen werden, dadurch, dass er die Gewissheit schenkt: „Du kannst nicht tiefer fallen, als nur in Gottes Hand, die er zum Heil uns allen barmherzig ausgespannt.“[20)] So können die Ängste im Sterben ihre alles beherrschende Macht verlieren und annehmbar werden. Dies kann nicht bedeuten, dass schwere Krankheiten nicht mehr zerstörerische Übel oder gar in sich heilsam sind und dass jeder Widerstand gegen sie aufzugeben ist, wohl aber, dass sie nicht mehr nur eine destruktive und das ganze Leben beherrschende und verdunkelnde Rolle haben müssen, dass sie auch tragbar und aushaltbar werden.

5. Beispiel: Bei Herrn M., Unternehmer, 40 Jahre alt, 3 Kinder von 6 bis 12 Jahren, wurde zwei Jahre zuvor ein Tumor entfernt. Jetzt ist der Tumor wieder aufgetreten. Er erzählt, er habe nach der ersten Operation bei der Chemotherapie und gleichzeitigen Strahlentherapie unsäglich gelitten. Am unerträglichsten aber sei die schreckliche Angst gewesen. Eines Abends habe er Gott inständig gebeten, ihn von dieser Angst zu befreien. Als er am nächsten Morgen aufgewacht sei, sei die Angst weg gewesen und nicht wieder gekommen, auch jetzt nicht bei dem erneuten Auftreten des Tumors. Dafür sei er Gott sehr dankbar und das vermittle ihm eine Geborgenheit, obwohl er wisse, dass er an der Krankheit sterben werde. Ihm sei klar geworden, dass er

20) Arno Pötzsch, Evangelisches Gesangbuch, Lied 533, Str. 1. Gedichtet 1941 als Pfarrer in der Marine auf einem U-Boot.

38 Jahre ein gutes Leben hatte, für das er dankbar sein könne. Er wäre — insbesondere um seiner Kinder willen— aber auch dankbar, wenn Gott ihm noch einige Lebenszeit schenke. Deshalb würde er sich vielleicht nochmals einer Chemotherapie unterziehen, aber nur, wenn sie für ihn erträglich sei. Er müsse aber nicht mehr geängstigt auf den Tag blicken, an dem sein irdisches Leben ende.

Diese heilsame Kraft des Glaubens und der Hoffnung auf die Vollendung des Lebens in Gemeinschaft mit Gott zu erschließen, ist die primäre Aufgabe christlicher Seelsorge. Sie bewährt sich als Befreiung von der Angst vor dem Tode und so auch als Befreiung zur Selbstbestimmung im Sterben, z.B. darin, dass der Mensch auf angebotene Maßnahmen der Lebens- und Sterbensverlängerung verzichten kann (vgl. II.2., 2.Beispiel), sich nicht mehr verzweifelt ans Leben klammern muss (vgl.II.1., 1.Beispiel), dass er sein Sterben annehmen und sein Leben in Gottes Hand loslassen kann, und nicht zuletzt darin, dass er darauf vertraut, dass Gott ihm die tägliche Kraft und die Menschen schenkt, die ihm helfen, jeden Tag des Lebens im Sterben zu bestehen, und dass er so darauf verzichten kann, selbst zu bestimmen, wann das Leben zu seinem Ende kommt. Ein solcher Verzicht ist eine Bewährung der im Glauben ermöglichten Freiheit und Selbstbestimmung und zugleich des Vertrauens auf Gott und in die helfende Liebe von Mitmenschen.

6. Beispiel: Frau F., 60 Jahre, wurde ein großer Tumor aus dem Bauchraum entfernt. Es war ein Wunder, dass sie ohne schwere Folgeschäden und sichtbare Metastasen überlebte. Über 3 Jahre später stellt sich ein Rezidiv mit Metastasen ein. Frau F. lehnt eine Chemotherapie ab, was für ihren Mann, der Arzt war, kaum annehmbar war. Frau F. sagt: „Gott hat mir nach der OP noch 3 gute Jahre geschenkt. Ich weiß, dass mein Sterben jetzt nahe ist und vertraue darauf, dass Gott mir auch die Kraft gibt, diesen Weg zum Tode zu bestehen." Der Weg wurde aber so schwer, dass sie nicht bis zum Tode in ihrem Hause bleiben konnte, sondern in die Klinik musste. Der Glaube war für sie ein „tragendes Seil" in dem ganzen Krankheitsprozess. Als ich tags vor ihrem Tod auf die Station komme, sagt die Stationsschwester, dass Frau F. im Koma liege und auf nichts mehr reagiere. Da ich gegenüber solchen Aussagen aus Erfahrung kritisch war, betrete ich das Zimmer, spreche Frau F. an, der meine Stimme sehr vertraut ist, lege eine Hand auf ihre Hand und die andere auf ihre Stirn und sage, dass ich für sie beten will. Ich bete den vertrauten Psalm „Der Herr ist mein Hirte". Ich spüre durch die Bewegung ihrer Hand, dass sie etwas wahrnimmt, dann bete ich das Lied von Fürchtegott Gellert[21]: „Jesus lebt, mit ihm auch ich, Tod wo sind nun deine Schrecken, er, er lebt und wird mich von den Toten auferwecken. Er verklärt mich in sein Licht, das ist meine Zuversicht!" Dabei drückt sie meine Hand und öffnet nach dem Ende des Gebets die Augen und sagt leise, aber ganz verständlich: „Das schaue ich schon!" Nach wenigen Minuten fällt sie wieder ins Koma. Als ich am nächsten Morgen komme, ist sie vor zwei Stunden gestorben, ist aufgebahrt und ihr Gesicht zeigt die Züge der Verklärung.

5. Was heißt „menschenwürdig" sterben?

Die bisherigen Ausführungen zeigen, dass ein „menschenwürdiges" Sterben nicht identisch ist mit einem selbstbestimmten Sterben. Der eindeutigen Vorrangigkeit der Selbstbestimmung entspricht ein individualistisches Menschenbild, in dem die Würde des Menschen hauptsächlich oder gar allein an seiner empirisch feststellbaren Fähigkeit zur Selbstbestimmung (Autonomie) festgemacht wird. Zustände des Lebens, in denen Menschen in ihrem Selbstbewusstsein und damit in ihrer Selbstbestimmung sehr eingeschränkt sind oder sie gar weitgehend oder ganz verloren haben, können dann —im Grunde folgerichtig— als „menschenunwürdiges" und „lebensunwertes" Leben eingestuft werden, das letztlich kein Anrecht mehr

21) Evangelisches Gesangbuch, Lied Nr. 115, 1.Strophe.

auf eine der Menschenwürde entsprechende Behandlung und Pflege habe.[22] Dann liegt sogar die Schlussfolgerung nahe, dass Menschen, die unvorhergesehen in solche Zustände geraten sind und die sich jetzt nicht mehr zu ihrer Behandlung äußern können und die dies auch nicht vorsorglich (z.B. in einer Patientenverfügung) getan haben, wahrscheinlich in solchen Lebenszuständen nicht mehr leben und dass sie ihr Leben durch andere beendet haben wollen, wenn nicht durch eine „aktive" Tötung, so doch durch ein Unterlassen der Befriedigung der Grundbedürfnisse, vor allem der Ernährung, es sei denn, sie haben einen gegenteiligen Willen kund getan.[23] Damit wird die Tür zur Tötung von Leben ohne Einwilligung geöffnet. Diese Schlussfolgerungen sind zumindest unter der Voraussetzung konsequent, dass man die Menschenwürde mit der Autonomie identifiziert und diese als empirisch feststellbare Größe versteht, die durch Unfall, Krankheit, Abbau der Lebenskräfte auch in Verlust geraten kann. Es ist unter diesen Denkvoraussetzungen inkonsequent zu behaupten, dass das Leben nur menschenunwürdig sein könne, wenn die betroffene Person diese Unwürdigkeit selbst konstatiert. Es ist z.B. schwer einsichtig zu machen, dass ein objektivierbarer hirnorganischer Zustand wie das „Wachkoma" („apallisches Syndrom") oder eine weit fortgeschrittene Alzheimer-Demenz im Fall eines nicht vorliegenden Urteils der betroffenen Person menschenwürdig ist und im Fall eines von der betroffenen Person selbst gefällten Urteils menschenunwürdig sein soll. Die entscheidende Weichenstellung wird vollzogen, wenn man die Menschenwürde an empirische Lebensqualitäten bindet, deren Vorhandensein oder Verlust man empirisch feststellen kann, und wenn man dem Menschen ein Recht zubilligt, sein Leben auf dieser Basis in ein menschenwürdiges und ein

22) Vgl. U. Eibach, Autonomie, Menschenwürde und Lebensschutz in der Geriatrie und Psychiatrie, Münster 2005, S. 9 ff.

23) Vgl. z.B. N. Hoerster, Sterbehilfe im säkularen Staat, Frankfurt 1998, S. 70 ff.; *P. Singer*, Leben und Tod. Der Zusammenbruch der traditionellen Ethik, Erlangen 1998.

menschenunwürdiges Leben aufzuteilen.

Betrachtet man die Menschenwürde als eine transempirische, ja eine „transzendente" Würde, die — wenigstens aus jüdisch-christlicher Sicht — dem ganzen irdischen von seinem Beginn bis zu seinem Tod von Gott her zugesprochen und zugeeignet ist,[24)] so kann es, solange der Mensch lebt, keinen Verlust der Würde, mithin auch kein „Würde-loses", kein „menschenunwürdiges" Leben geben. Zudem kommt die Würde dem ganzen individuellen Leben, der Leiblichkeit als ganzer zu (Leib und Seele, Körper und Geist) und nicht nur bestimmten Lebensqualitäten (z.B. Selbstbewusstsein) oder den Organen (fast nur das Gehirn), von denen diese Eigenschaften abhängig sind. Dann wird die Achtung der Würde in erster Linie in der Wahrnehmung des Menschen in seiner ganzen Leiblichkeit, seinem „leiblichen Selbst", seiner ganzheitlich-leiblichen Bedürftigkeit konkret und damit in seinem Angewiesensein auf andere Menschen (vgl. II.3). Dem Menschen muss immer wieder gegen den Augenschein der Zerbrechlichkeit des Lebens und vielleicht auch das eigene Empfinden von den Menschen, auf deren Hilfe er angewiesen ist, durch ein entsprechendes Reden und Verhalten deutlich bestätigt werden, dass die Würde unverlierbar ist und dass die zur Hilfe aufgerufenen Menschen ihn entsprechend achten und behandeln, dass also sein Leben nicht in dem Maße würde- und wertlos wird, in dem er von der Hilfe anderer Menschen abhängig wird (vgl. II.3, 3.Beispiel). Eine menschenwürdige Behandlung zeigt sich in erster Linie daran, dass man dem hilfebedürftigen Menschen die Sorge und Angst nimmt, dass er anderen Menschen nur eine Last ist, dass er nicht mehr gewollt und geliebt ist. Dies ist nur möglich, wenn auf Seiten des hilfebedürftigen und auf Seiten der helfenden Menschen das Bewusstsein lebendig ist, dass der Mensch zutiefst aus Beziehungen zu anderen Menschen lebt, die von Liebe und Fürsorge füreinander bestimmt sind (vgl.

---

24) Vgl. U. Eibach, Medizin und Menschenwürde, Wuppertal 1997, S. 82 ff.; W. Härle, Ethik, Berlin/New York 2011, S.185 ff.

II.3),[25] dass das Angewiesensein auf und die Abhängigkeit von anderen Menschen also die Grunddimension des Menschseins ist, nicht nur in Zuständen der evidenten Hilfebedürftigkeit am Anfang und am Ende des Lebens, sondern bleibend das ganze Leben hindurch.[26] Dieses für das Leben grundlegende Angewiesensein auf andere Menschen und ihre „Fürsorge" haben ihren Grund überwiegend in der Abhängigkeit von den Bedingungen der Natur, also des biologischen Lebens, zu denen vor allem die kreatürliche Endlichkeit und der Tod und mit ihnen nicht zuletzt die Krankheiten und der Abbau der Lebenskräfte gehören. Es ist des Menschen nicht unwürdig, den Tod als Naturereignis, als Schicksal, als Fremdverfügung zu erleiden, wenn er ihn als „ungläubiger" Mensch nicht mehr aus Gottes Hand annehmen kann. Das Erleiden des Sterbens und Todes als unverfügbares Schicksal entwürdigen das Menschenleben nicht,[27] sondern machen uns bewusst, dass wir nicht nur der Liebe anderer Menschen, sondern auch Gottes bedürfen, ja dass in der Annahme dieser Bedürftigkeit und der Liebe, die wir empfangen und die wir anderen zuteilwerden lassen, die „höchste Vollkommenheit" (Kierkegaard) des Menschen besteht.

Unter diesen Voraussetzungen ist alles Leben im Sterben so lange „menschenwürdig", wie für die sterbenden Menschen alles getan wird, was Menschen an medizinischen, pflegerischen und sonstigen Hilfen möglich ist, um ihr Sterben zu erleichtern. Grundlegend dabei ist, dass diese Hilfen in vom Geist der Liebe bestimmte und Vertrauen und Geborgenheit vermittelnde Beziehungen eingebettet sind, die dem sterbenden Menschen immer wieder neu deutlich machen, dass er wirklich in seiner Würde geachtet und den Grenzen menschlicher Möglichkeiten entsprechend

25) Vgl. Eibach, Fn.13; *M. Mühling*, Systematische Theologie: Ethik, Göttingen 2012, S. 245 ff.

26) Vgl. M. Buber, Das dialogische Prinzip, Heidelberg 1973; E. Lévinas, Humanismus des anderen Menschen, Hamburg 1989; P. Ricoeur, Das Selbst als ein Anderer, München 1996; A. McIntyre, Die Anerkennung der Abhängigkeit. Über menschliche Tugenden, Hamburg 2001.

27) Vgl. Kap. I, Fn. 4 und 5.

behandelt wird und dass er selbst bestimmt oder wenigstens mitbestimmt, wie andere ihn behandeln und mit ihm umgehen sollen. Zu diesen Grenzen gehört auch, dass der sterbende Mensch letztlich seinen Weg zum Tod alleine gehen und bestehen muss, dass kein Mensch für den anderen Menschen sterben kann, dass der Mensch aber dennoch nicht in Einsamkeit sterben sollte, dass ihm und seinen Angehörigen Beistand im Sterben und eine seelsorgerliche Begleitung angeboten wird.[28)] Aufgabe der seelsorgerlichen Begleitung ist es nicht zuletzt, dem sterbenden Menschen zu helfen, dass er die Fürsorge anderer annehmen kann, ohne damit zu verbinden, dass sein Leben für ihn selbst und andere nur eine Last ist, und ebenso, dass er sein Sterben auch annehmen kann, ohne zu verzweifeln oder in Schwermut zu versinken, im Vertrauen darauf, dass am Ende des Lebens nicht das Nichts des Todes steht, sondern Gott. Es steht nicht in der Hand des sterbenden Menschen und auch nicht in der Hand derer, die ihm auf diesem Weg helfen und ihm beistehen, das Sterben zu einem harmlosen Geschehen ohne Tiefen und Leiden und auch Anfechtungen des Glaubens zu gestalten. Das Sterben bleibt eine große Herausforderung. Daher ist es des Menschen nicht unwürdig, wenn er an dieser Herausforderung zerbricht und verzweifelt. Niemand muss im Sterben etwas leisten, sich selbst und seinen Angehörigen und anderen und vielleicht auch Gott beweisen, dass er stark, autonom ist und selbstbestimmt stirbt. Der „Tod" ist keine Größe, der der Mensch gewachsen ist, auch nicht dadurch, dass er sich dem „natürlichen Tod" entzieht, indem er sich den Tod durch Menschenhand gibt. Der Tod ist und bleibt letztlich immer Gottes „Sache". Deshalb können wir darauf vertrauen, dass dann, wenn im Geist der Liebe alles Menschen Mögliche getan wird, um das Leben im Sterben tragbar zu gestalten, es der Tötung

---

28) Vgl. Gemeinschaft Evangelischer Kirchen in Europa, Leben hat seine Zeit, Sterben hat seine Zeit. Eine Orientierungshilfe des Rates der GEKE zu lebensverkürzenden Maßnahmen und zur Sorge um Sterbende, Wien 2011; N. Feinendegen u.a. (Hg.), Menschliche Würde und Spiritualität in der Begleitung am Lebensende, Würzburg 2014.

durch Menschenhand nicht bedarf.

III. Gesellschaftliche Aspekte und Aufgaben der Kirchen

Die Kirchen sind in unserer Zeit, die der Vorstellung von einer durchgehenden Planbarkeit des Lebens und damit einer „Abschaffung des Schicksals“ und einer entsprechenden „Machbarkeit“ von Gesundheit und eines leidfreien Lebens verfallen ist,[29] dazu aufgerufen, den Menschen deutlich vor Augen zu stellen, dass das Leben nicht durchgehend nach eigenen Wünschen planbar ist, dass über das Leben nicht zuletzt im Sterben vom „Unverfügbaren“ her verfügt wird, dass es keine Welt ohne Krankheiten und auch kein Sterben ohne Leiden geben wird. Daher muss der Genuss- und Glücksfähigkeit der Menschen auch die *Leidensfähigkeit* entsprechen, wenn das Leben in menschenwürdiger Weise gelingen soll. Wir werden nur menschlich bleiben und Menschen in Krankheiten, Altern und Sterben menschenwürdig behandeln, wenn wir neben den medizinischen Möglichkeiten der Bekämpfung von Krankheiten und der Linderung von Schmerzen auch andere Formen des Umgangs mit Krankheiten haben und einüben, wenn wir auch bereit und fähig sind, Leiden anzunehmen und zu tragen, wenn also auch die Leidensfähigkeit des Menschen gestärkt wird und neben der medizinischen Therapie auch die Pflege und seelsorgerliche Begleitung unheilbarer und dauernder Pflege bedürfender und sterbender Menschen als gleichrangige Aufgaben gefördert werden. Nur dann wird die Angst der Menschen, bei unheilbarer Krankheit und im Sterben nicht menschenwürdig behandelt zu werden, nicht weiter ebenso stetig zunehmen wie die ihr entsprechende Zustimmung zur Selbsttötung, zur Beihilfe zur Selbsttötung und Tötung auf Verlangen und wahrscheinlich in Zukunft auch

29) Vgl. Fn. 3.

ohne Verlangen.

Die Glorifizierung der Gesundheit als höchstes Gut setzt schnell als Gegensatz die Disqualifikation des unheilbaren und dauernd pflegebedürftigen Menschenlebens als „menschenunwürdiges“ oder gar als „lebensunwertes“ Leben aus sich heraus. Ein Menschenbild, dass sich nur an den hohen Fähigkeiten des Menschen, an Gesundheit, Schönheit, Leistungsfähigkeit, Vernünftigkeit und Autonomie orientiert, stellt eine Bedrohung des Lebens der Menschen dar, die über solche Fähigkeiten nie oder nicht mehr verfügen. Es stellt ihre Menschenwürde in Frage. Auch ein Ideal vom Sterben in Würde ohne Schmerzen und Leiden, wie es manchmal vermittelt, aber der Realität des Sterbens der meisten Menschen nicht gerecht wird, steht in der Gefahr, ungewollt den Ruf nach Beihilfe zur Selbsttötung oder Tötung auf Verlangen für die Menschen zu verstärken, deren Leben einem solchen Idealbild des Sterbens nicht entsprechen kann und die ihr Leben noch nicht unter so guten Verhältnissen beenden können, wie sie in den Palliativstationen und Hospizen und unter palliativmedizinischer Betreuung zu Hause gegeben sind. Trotz aller Fortschritte der Medizin werden die Menschen auch in Zukunft nicht an Gesundheit sterben, sondern an Krankheiten, die meist mit mehr oder weniger großen körperlichen und oft auch seelischen Leiden verbunden sind. Das Sterben ist auch nicht der Ort, wo der sterbende Mensch vor sich, anderen und Gott die „Kunst des Sterbens“ erweisen und Leistungen erbringen muss, wo er sein Selbstbild vom „autonomen Menschen“ oder dergleichen aufrechterhalten muss und andere ihm dazu verhelfen müssen, sondern wo Menschen in erster Linie gefragt sind, wie sie mit dem Ende aller aktiven Möglichkeiten und mit der Ohnmacht gegenüber der Übermacht des Todes ohne Verzweiflung umgehen und sie bestehen können. Zum menschlichen Umgang mit dem Sterben gehört daher auch die Bereitschaft, mit der Ohnmacht gegenüber der Übermacht des Todes in demütiger und nur so hilfreicher Weise umzugehen, sie nicht durch einen Aktivismus des „Machens“ zu überspielen. Das gilt nicht nur für Ärzte und Pflegekräfte, sondern für alle am Geschehen des Sterbens beteiligten Menschen, auch die Seelsorger/innen und nicht zuletzt die Angehörigen und die Sterbenden selbst. Sich selbst den Tod zu geben oder geben zu lassen, ist überwiegend mehr Ausdruck eines verzweifelten Aktivismus, mit dem die Ohnmacht gegenüber der Übermacht des Todes überspielt wird, als Ausdruck von Freiheit. Wenn man schon medizintechnisch nichts mehr „machen“ kann, dann kann man, damit es schnell zu Ende geht, doch noch etwas „machen“, nämlich dem Leben ein Ende „machen“.

Unsere Gesellschaft wird in dem Maße menschlich bleiben, wie sie in der Lage ist, Menschen mit unheilbaren Krankheiten Hilfen zum Bestehen ihres Leidensgeschicks anzubieten, ohne auf ein „Machen“ des Lebensendes zurückgreifen zu müssen und die Ohnmacht gegenüber der Übermacht des Todes auf diese Weise zu überspielen. Und dazu gehören nicht nur die medizinischen, pflegerischen und mitmenschlichen Hilfen, sondern gehört auch die Einladung zu einem Glauben, der einerseits dazu befähigt, den Krankheiten und dem Tod Widerstand zu leisten, andererseits aber auch dazu, die Leiden unter Krankheiten und dem Sterben anzunehmen und zu tragen, also einem Glauben, der sich als Hilfe zum Leben gegen die Krankheiten und mit ihnen bewährt, also zum Widerstand gegen Krankheit und Tod und zu ihrer Annahme befähigt, und der so vor einem verzweifelten Kampf gegen den Tod bewahrt.

Ethik in der Intensivmedizin: Was ermöglicht die moderne Medizin? Von der erfolgreichen Behandlung bis zur Sterbehilfe

Hans-Joachim Trappe

I. Einleitung

„Media vita in morte sumus" – mitten im Leben sind wir vom Tod umfangen. Der Tod ist sicheres Los aller Lebenden und allgegenwärtig: In den täglichen Nachrichten, im persönlichen Umfeld, wenn Angehörige oder nahe Menschen sterben (25). Vor der Aufgabe, die eigene Endlichkeit zu erkennen und damit auch den Tod anzunehmen, steht jeder Mensch, vor allem auch jene, die andere Menschen beim Sterben begleiten (26): „So ist also der Tod das schrecklichste Übel, für uns ein Nichts: Solange wir da sind, ist er nicht da, und wenn er da ist, sind wir nicht mehr. Folglich betrifft er weder die Lebenden noch die Gestorbenen, denn wo jene sind, ist er nicht, und diese sind ja überhaupt nicht mehr da", übermittelte uns Epikur von Samos (* um 341 v. Chr. auf Samos; † 271 oder 270 v. Chr. in Athen), ein griechischer Philosoph und Begründer des Epikureismus (28).

In der modernen Medizin sind Ärzte und Pflegepersonal täglich mit

Patienten konfrontiert, die noch im Leben sind, aber häufig bereits an der Schwelle zum Tod stehen. Intensivmedizinische Maßnahmen ermöglichen solchen schwerstkranken Patienten auf der einen Seite, Krankheiten zu heilen oder aufzuhalten, die vor vielen Jahren noch als unheilbar gegolten haben; auf der anderen Seite besteht aber auch die Gefahr, das Leiden und Sterben dieser Patienten wesentlich zu verlängern (15, 31, 38). Für Patienten mit terminaler Herzinsuffizienz oder bei denen zur Herzerkrankung weitere schwere Begleiterkrankungen(Tumorerkrankungen, Schlaganfall) hinzugekommen sind, stellt sich z.B. die Frage, ob eine Deaktivierung von Defibrillatoren „machbar" ist oder als aktive Sterbehilfe angesehen werden muss (2). Bei der Betreuung schwerstkranker Patienten werden, gerade in letzter Zeit, immer wieder Diskussionen über eine aktive Sterbehilfe geführt, besonders in Belgien und den Niederlanden, wo die aktive Sterbehilfe gesetzlich erlaubt ist. Auch in Luxemburg wurde ein Gesetz über Sterbehilfe und assistierten Suizid verabschiedet (1, 8, 12, 40). In diesem Beitrag sollen deshalb die Möglichkeiten und Grenzen der Ethik in der Intensivmedizin besprochen werden, wobei ein besonderer Aspekt der Sterbehilfe aus der Sicht der klinischen Medizin gewidmet sei.

II. Fortschritte in der Medizin: Verlängerung des Lebens oder Fluch für den Menschen?

Der medizinische Fortschritt hat sich in den letzten Jahrzehnten unglaublich entwickelt und besonders die Intensivmedizin, die oft als „Apparatemedizin" bezeichnet wird, hat Großartiges geleistet (9). Viele Menschen haben durch die Intensivmedizin überlebt, auch wenn der Weg bis zur Besserung oder Heilung einer Erkrankung oft schwierig und mühselig war. Wissenschaftliche Erkenntnisse und große Studien zu unterschiedlichsten Themen der Medizin haben zu den großen Erfolgen der Intensivmedizin zweifellos beigetragen. Dennoch können mit den so positiven medizinischen Erfolgen auch Gefahren verbunden sein, und allzu leicht können Ärzte, Pfleger, Angehörige oder Richter zu Herren über Leben und Tod werden. Die Intensivmedizin verhilft Menschen in erstaunlicher Weise zum Überleben und wirft zugleich die schwierige Frage auf, ob es immer notwendig ist, alle therapeutischen Maßnahmen zu ergreifen oder ob es in speziellen Situationen nicht besser ist, auf solche therapeutischen Interventionen zu verzichten. Zum anderen muss diskutiert werden, ob das Leben eines Menschen, der hoffnungslos leidet, „künstlich" beendet werden darf. Darf man überhaupt Hilfe zur Verlängerung des Lebens versagen? Damit bildet sich am Lebensende und/oder in lebensbedrohlichen Situationen oft ein Spannungsfeld um die Sorge eines Patienten und rückt besonders die Frage der Sterbehilfe in den Mittelpunkt des Interesses (38).

III. Möglichkeiten der modernen Medizin: Vom Herzinfarkt bis zum implantierbaren Defibrillator – Spannungsfeld zwischen Intensivmedizin und Sterbehilfe aus klinischer Sicht

Schon immer hat die Wissenschaft die Welt tiefgreifend geprägt, indem sie diese fortlaufend verändert hat. Ihre Leistungsfähigkeit besteht darin, dass sie bisherige Grenzen immer wieder neu in Frage stellt und überschreitet. Die Wissenschaft ist über Jahrhunderte fast ununterbrochen vorangeschritten. Jede neue Entdeckung hat zu neuen Fragestellungen und neuen Lösungsmethoden geführt. Immer wieder hat die Wissenschaft neue Explorationsfelder geschaffen und immer wieder Neuland betreten (3, 24). Trotz aller Fortschritte und Errungenschaften werden auch Probleme wissenschaftlicher Erkenntnisse offenkundig, die gerade in der Intensivmedizin und zu Fragen der Sterbehilfe deutlich werden. Ein klinischer Fall soll diese Problematik aufzeigen.

Fallbericht

Ein 77-jähriger Mann erlitt 2005 einen schweren Hinterwandinfarkt mit Kammerflimmern und linksventrikulärem Pumpversagen. Durch intensivmedizinische Behandlung konnte er nicht nur überleben, sondern die Auswurffraktion (EF) der linken Herzkammer, die initial eine EF von 20% hatte (Normwert > 55%), betrug kurz vor der Entlassung des Patienten bereits 44%. Die Koronarangiographie zeigte eine schwere koronare Dreigefäßerkrankung mit Einengungen von 90% am Ramus interventrikularis anterior(vordere Herzkranzarterie), von 80% im proximalen Drittel der Arteria circumflexa(Beginn der sichtlichen Herzkranzarterie) und einen Verschluss der rechten Koronararterie. Aufgrund dieses Befundes wurde der Patient operiert und erhielt drei Bypässe. Postoperativ wurde er intensivmedizinisch behandelt, es kam zu Nachblutungen, so dass eine Rethorakotomie(ernante Öffnung des Brustkorbes) erforderlich wurde. Erneut führte die intensivmedizinische Behandlung zum Überleben des Patienten, der nach Klinikentlassung und einer 4-wöchigen Rehabilitationsbehandlung ein Leben ohne kardiale Einschränkungen führen konnte. Fünf Jahre später kam es zu einer Leistungseinschränkung der linksventrikulären Pumpfunktion, so dass trotz aller medikamentösen Behandlungsmaßnahmen die Pumpfunktion von 30% nicht verbessert werden konnte. Der Patient erhielt ein biventrikuläres Defibrillatorsystem („cardiac resynchronization therapy", CRT-D). Er litt zu diesem Zeitpunkt an einer schweren Herzinsuffizienz im NYHA-Stadium III auf dem Boden einer ischämischen Kardiomyopathie(Pumpschwäche der linken Herzkammer). In den Jahren 2011-2013 kam es zu insgesamt fünf ICD-Entladungen bei schnellen ventrikulären Tachykardien(Herzrhythmusstörungen), so dass der Patient nur durch technischen Fortschritt der Defibrillatortherapie erneut überlebte (Abb. 1a,b). Im Jahr 2014 kam es zu einer Verschlechterung der Herzinsuffizienz, der Patient war im NYHA-Stadium IV und hatte insgesamt 25 kg an Gewicht verloren. Im Computertomogramm(CT) der Thoraxorgane wurde ein kleinzelliges Bronchialcarcinom nachgewiesen, im Abdomen-CT waren Leber- und Knochenmetastasen sichtbar (Abb. 2,3). Eine operative Entfernung des Tumors in der Lunge und eine nachfolgende Bestrahlung blieben ohne Erfolg. Der Patient, mit dem alle Befunde im Detail besprochen wurden, drückte zu diesem Zeitpunkt aus, dass der Defibrillator ihm das Gefühl der Sicherheit geben würde. Eine Deaktivierung oder eine Sterbehilfe käme für ihn nicht in Frage. Das Leben sei ihm trotz aller Erkrankungen noch sehr viel wert.

IV. Medizinischer Fortschritt und das Spannungsfeld zwischen Medizin, Ethik und Recht

Die Intensivmedizin verhilft Menschen in zunehmendem Maße zum

Überleben, oft in aussichtslosen Situationen. Es ist deshalb häufig, wie auch im beschriebenen Fallbericht, schwierig zu entscheiden, ob man alle therapeutischen Maßnahmen ergreifen soll, auch wenn die Wahrscheinlichkeit besteht, dass nur vegetatives Fortleben(d.h. mit absoluten irreversiblem Bewußtseinsverlust) erhalten bleibt. Zudem muss diskutiert werden, ob man überhaupt Hilfe zur Verlängerung des Lebens versagen darf. Die Defibrillatortherapie ist sicher eine technische Methode, die das Überleben eines Menschen maßgeblich beeinflussen kann, aber dies gilt auch für andere medizinische Maßnahmen, wie Transplantationen aller Art (29, 32, 33, 34). Zunächst einmal muss in diesem Zusammenhang darauf hingewiesen werden, dass ein Patient vor dem Hintergrund der Achtung seiner Selbstbestimmung das Recht hat, auf eine Behandlung zu verzichten. Stirbt der Patient nach Beendigung einer nicht mehr indizierten Therapie, wird der Tod als Folge der zugrundeliegenden Erkrankung angesehen und nicht als Folge der Handlung des Arztes. Allerdings herrschen diesbezüglich oft große Unsicherheiten vor, die zu Kontroversen bei der Therapiefindung führen können (7, 10, 20). Im klinischen Alltag führt die Beendigung einer intensivmedizinischen Therapie, z.B. die Einstellen einer Beatmung oder die Beendigung von Dialyseverfahren, fast immer zu großen Diskussionen. Zahlreiche Untersuchungen zeigen, dass sowohl bei Ärzten als auch bei Juristen die Grenzen zwischen erlaubter Beendigung lebenserhaltender Therapiemaßnahmen und nicht erlaubter Euthanasie vielfach nicht bekannt sind (17, 19).

V. Leiden und Sterben: Wann? Wo? Wie?

Während der Dienst der Begleitung schwerstkranker Menschen und Hilfen im Sterbeprozess über Jahrhunderte hinweg häufig von Einzelnen, von der Familie, von Nachbarn und von der engeren Gemeinschaft geleistet wurden, ist die Bereitschaft und die Möglichkeit dazu in den vergangenen Jahrzehnten deutlich zurückgegangen (16, 18). Seit einigen Jahren wollen sich aber viele Menschen mit der Tabuisierung und Anonymisierung von Sterben, Tod und Trauer nicht mehr abfinden. Sie bemühen sich um eine intensive Begleitung aller Betroffenen in der Familie, im Alten- und Pflegeheim, im Krankenhaus oder in der Gemeinde (27). Viele von ihnen haben dabei Anregungen rasch sich entwickelnder Hospizbewegungen erhalten. Es ist eindeutig festzustellen, dass das Sterben zu Hause im Kreis der Familie und der Angehörigen eher selten geworden ist (16, 18). Viele Menschen sterben in Krankenhäusern oder Hospizeinrichtungen.

VI. Sterbehilfe: Aktiv, passiv oder assistierter Suizid?

Die Diskussion über Sterbehilfe und Sterbebegleitung wird in Deutschland, aber auch in anderen Ländern Europas inzwischen sehr intensiv geführt. Sterbehilfe bedeutet dabei im allgemeinen Sprachgebrauch, den Tod eines Menschen durch Unterlassen lebensverlängernder Maßnahmen nicht hinauszuzögern, ihn durch fachkundige Behandlungen zu erleichtern oder herbeizuführen. Als Sterbehilfe werden vielfach nicht nur Handlungen bezeichnet, die an unheilbar Kranken im Endstadium wie beispielsweise Tumorpatienten vorgenommen werden, sondern auch solche an schwer Behinderten, Menschen im Wachkoma oder Patienten mit Alzheimer-Krankheit im fortgeschrittenen Stadium, die sich nicht selbst zu einem Sterbewunsch geäußert haben. Spricht man von Sterbehilfe, werden heute die Begriffe „aktive Sterbehilfe“, „passive Sterbehilfe“, „indirekte Sterbehilfe“ und „assistierter Suizid“ unterschieden (13). Die verschiedenen Definitionen der Sterbehilfe sollen kurz skizziert und aus der Sicht der klinisch ärztlichen Tätigkeit kommentiert werden.

Aktive Sterbehilfe

Aktive Sterbehilfe ist die gezielte Herbeiführung des Todes durch Handeln auf Grund eines tatsächlichen oder mutmaßlichen Wunsches einer Person. Sie meint die gezielte Tötung eines Menschen, ist in Deutschland gesetzlich verboten (§ 216 des Strafgesetzbuchs/StGB) und wird strafrechtlich verfolgt, und zwar auch dann, wenn sie mit ausdrücklicher Zustimmung des Patienten erfolgt. Aktive Sterbehilfe ist weltweit nur in den Niederlanden, Belgien und Luxemburg erlaubt (35). Die aktive Sterbehilfe erfolgt oft durch Verabreichung einer Überdosis eines Schmerz-, Beruhigungs- und Narkosemittels, Muskelrelaxans, Insulin, Kaliuminjektion oder einer Kombination davon. Eine Tötung ohne Vorliegen einer Willensäußerung des Betroffenen wird allgemein nicht als aktive Sterbehilfe, sondern als Totschlag oder Mord aufgefasst. Aus der Sicht eines Klinikers ist das ärztliche Tun seit den ersten Tagen des Medizinstudiums auf Erhalt des Lebens und Behandlung von Kranken, auch in schwierigen Situationen, ausgelegt. Eine aktive Sterbehilfe ist deshalb völlig inakzeptabel und widerspricht den Grundsätzen ärztlichen Handelns. Schon der griechische Arzt Hippokrates von Kos (* um 460 v. Chr. auf der griechischen Ägäisinsel Kos;

† um 370 v. Chr. in Larisa, Thessalien) sagte vor Jahrhunderten: „Auf zweierlei kommt es nämlich bei jeder Behandlung an: zu nützen – oder wenigstens nicht zu schaden".

Passive Sterbehilfe

Passive Sterbehilfe zielt auf ein menschenwürdiges Sterbenlassen. Es handelt sich bei dieser Form der Sterbehilfe um das Unterlassen oder die Reduktion von eventuell lebensverlängernden Behandlungsmaßnahmen (z.B. Verzicht auf künstliche Ernährung, künstliche Beatmung oder Dialyse, Verabreichung von Antibiotika). Obwohl der Begriff international etabliert ist, halten ihn viele für missverständlich und unglücklich gewählt und meinen, man solle besser und eindeutiger von „Sterbenlassen" sprechen. Die passive Sterbehilfe setzt das Einverständnis des Patienten voraus und ist rechtlich und ethisch zulässig. Im klinischen Alltag gehört die passive Sterbehilfe zum ärztlichen Tun gegenüber einem kritisch Kranken. In aussichtlosen, desolaten Situationen kann die Einschränkung von therapeutischen Maßnahmen für den Menschen und sein Sterben eine große Hilfe bedeuten. Jede Form einer passiven Sterbehilfe muss aber selbstkritisch mit den behandelnden ärztlichen Kollegen und dem Pflegepersonal diskutiert werden, „Pro"- und „Contra"-Aspekte müssen sorgfältig gegeneinander abgewogen werden. Passive Sterbehilfe darf nicht die „einsame Entscheidung" eines Einzelnen sein.

Indirekte Sterbehilfe

Indirekte Sterbehilfe ist die in Kauf genommene Beschleunigung des Todeseintritts als Nebenwirkung einer Medikamentengabe, z.B. einer gezielten Schmerzbekämpfung. Dies erfolgt in Krankenhäusern regelmäßig mit Morphin im Endstadium von Tumorerkrankungen. Es besteht Einigkeit, dass der Arzt in diesen Fällen straffrei bleiben muss. Die überwiegende Ansicht sieht die Handlung des Arztes durch eine Mischung von Notstand (§34 StGB) und (mutmaßlicher) Einwilligung als gerechtfertigt an. Dadurch wird ausgeschlossen, dass sich der Arzt außerhalb der notwendigen Sorgfalt und damit des erlaubten Risikos bewegt. Die indirekte Sterbehilfe wird daher in Abwägung der ärztlichen Doppelpflicht, Leben zu erhalten und Schmerzen zu lindern, für rechtlich und ethisch zulässig gehalten. Es handelt sich in der Regel um ärztlich gut überlegte und indizierte therapeutische Maßnahmen und nicht um Behandlungsstrategien, deren Auswirkungen unerwartet bzw. überraschend auftreten.

Beihilfe zur Selbsttötung („assistierter Suizid" oder „Freitodbegleitung")

Während der Straftatbestand des § 216 StGB die fremdbeherrschte Tötung eines Menschen zum Gegenstand hat, betrifft die straflose Beihilfe zur Selbsttötung („assistierter Suizid") die bloße Assistenz beim selbstbeherrschten und selbstbestimmten Tod. Beihilfe zur Selbsttötung bedeutet dabei, den Suizid mit Hilfe einer Person, die ein Mittel zur Selbsttötung bereitstellt, zu ermöglichen oder zu erleichtern. Eine Selbsttötung liegt aber nur dann vor, wenn der Suizident den letzten Schritt noch selbst beherrscht, also die sogenannte Tatherrschaft über das Geschehen hat. Sofern die andere Person die letzte todbringende Handlung vornimmt, ist kein Suizid mehr gegeben. In Deutschland kommt dann eine Strafbarkeit z.B. wegen § 216 StGB in Betracht. Die Beihilfe zur Selbsttötung ist in Deutschland grundsätzlich nicht strafbar, soweit sie nicht „geschäftsmäßig" erfolgt(§ 217 StGB n.F.): Denn eine strafbare Beihilfe zu einer Tat setzt nach dem Prinzip der limitierten Akzessorietät eine vorsätzliche und rechtswidrige Haupttat voraus. Der Suizid richtet sich nicht gegen eine „andere“ Person und ist mithin kein Tötungsdelikt im Sinne der §§ 211 ff. StGB, sodass auch die Hilfe hierzu keine strafbare Tat darstellt. Sofern für den Suizid Arzneimittel zur Verfügung gestellt werden, kann aber ein Verstoß gegen das Arzneimittelgesetz vorliegen. Aus klinisch ärztlicher Perspektive ist jede Form einer Beihilfe zur Selbsttötung mit ärztlichem Tun nicht vereinbar! Der Arzt soll Leben retten, Kranke heilen oder unheilbar Kranke bis zum „natürlichen“ Tod begleiten. Es gibt zahlreiche Möglichkeiten, dieses für jeden Patienten zu erreichen. Auch die „Beihilfe zur Selbsttötung“ widerspricht den Grundsätzen ärztlichen Handelns und sollte deshalb von Ärzten nicht durchgeführt werden.

VII. Sterbehilfe: Wollen Arzt und Patient immer dasselbe?

Die Gestaltung des Lebens bestimmt bei jedem Patienten auch den Umgang mit dem Sterben. Immer häufiger wird auch in Deutschland die Forderung nach aktiver Sterbehilfe laut. In unserer Gesellschaft werden Wohlstand, steigender Lebensstandard und Vitalität bis ins hohe Alter hinein als programmatische Ziele verkündet. Zudem führen die eindrucksvollen Erfolge der Medizin zu einer zuweilen ins Unermessliche gehenden Hoffnung auf Wiederherstellung der Gesundheit, auf Schmerzbeseitigung oder auf ein Leben mit einem neuen Organ. Viele Vorstellungen und Forderungen hinsichtlich Krankheit, Sterben und Tod lassen sich definieren und herausstellen:

- Jeder Mensch möchte leben und sich im Leben voll entfalten
- Die Hoffnung bei Hilflosigkeit, Not, Leid, Schmerz und Elend bezieht sich zuerst auf den Nächsten, besonders aber auf den Arzt
- Die unvermeidbare natürliche Grenze des endlichen Lebens konnte immer wieder und weiter ausgedehnt werden
- Trotz großartiger Fortschritte in der Medizin rückt der Tod stärker in die Ferne oder erscheint als Tabu. Andererseits wird die Übermacht des jeden ergreifenden Todes deutlich und offenbart die Ohnmacht des Menschen
- Die Übermacht des Todes ist für die Menschen des 21. Jahrhunderts nur schwer zu ertragen. Daher wächst die Versuchung, den Vorgang des Sterbens von außen maßgeblich zu beeinflussen
- Die Würde des Menschen muss in Leben und Sterben erhalten bleiben, der Kranke darf nicht zum Objekt werden, das Vertrauen zwischen Arzt und Patient muss bis zum Tod erhalten bleiben

VIII. Autonomie und Selbstbestimmung

Die Frage der Sterbebegleitung und Sterbehilfe wird immer mehr vom Begriff der Autonomie bzw. der Selbstbestimmung geleitet. Das Handeln eines Menschen soll nicht von beliebigen Antrieben oder externen Autoritäten, sondern von der menschlichen Freiheit und Vernunft bestimmt werden (6, 23). Kein Anspruch soll nicht als verbindlich betrachtet werden, der nicht von der Vernunft als solcher erkannt und anerkannt worden ist. Der Gedanke, dass es die Einsehbarkeit durch Vernunft ist, über die sich alle Verbindlichkeit vermitteln muss, und dass allein diese Vermittlung eine

Norm der subjektiven Willkür und Beliebigkeit entzieht, ist der Kern des Begriffs der Autonomie. In dem Begriff der Autonomie verbinden sich aber einzelne Elemente miteinander, die zunächst einmal erkannt und beurteilt werden müssen. Autonomie heißt auch nicht, dass die menschliche Vernunft und Freiheit allein die Quelle für die Maßstäbe des Handelns ist. Der Mensch ist nicht ein autonomes Wesen, das in vollkommener Selbstständigkeit lebt. Bei aller Freiheit und Selbstbestimmung ist der Mensch auf andere angewiesen, besonders auch in Phasen von Krankheit und lebensgefährlichen Situationen. Die Einwände gegen eine Patientenautonomie, auch im Fallbericht des Defibrillatorpatienten, liegen in einer individualistisch geprägten Patientensicht, nicht im Hinzuziehen anderer Personen mit entsprechenden und notwendigen Erfahrungen im Einzelfall(36). Der Mensch besitzt sich nicht völlig selbst, darum ist er auch nicht einfach der Herr seines Lebens. Dieses ist ein entscheidender Grund, warum es keine aktive Sterbehilfe geben kann und soll. Dieses wird besonders deutlich, wenn man bedenkt, dass der endliche Mensch nicht nur sterblich ist, sondern auch noch leben kann, wenn er die aktuelle Entscheidungsmöglichkeit und auch das erkennbare Bewusstsein verloren hat. Autonomie kommt deshalb nicht nur dem gesunden, entscheidungsfähigen Menschen zu, sondern auch dem Kranken, Schwachen und Entscheidungsunfähigen. Für den wirklich Schwachen bietet jedoch ein rigoroses Autonomie-Konzept keinen Schutz.

IX. Sterbehilfe 2016: Wohin führt der Weg?

Hinter der Forderung nach einer aktiven Sterbehilfe steht sehr oft die verständliche, urmenschliche Angst vor einem leidbelasteten, aussichtslos in die Länge gezogenen oder gar medizinisch-technisch gestreckten Sterben. Für den Defibrillatorpatienten liegen die Ängste in vielen unnützen und schmerzhaften Schockabgaben, die das Sterben nur unnötig verlängern und mit unerträglichen Schmerzen einhergehen würden (39, 41). Es ist gewiss nicht so, dass dem schwerkranken Patienten nur die sinnlose Quälerei und die Auslieferung an medizinische Apparate um jeden Preis übrig bleiben, um das Leben zu erhalten. Die Überzeugung, dass aktive Sterbehilfe nicht akzeptabel ist und dass kein Kranker direkt und gewollt getötet werden darf, heißt nicht, dass der Kranke oder der Arzt verpflichtet sind, jedwedes irgendwie erreichbares Mittel zur Lebensverlängerung eines Sterbenden anzuwenden. Es gibt also durchaus eine Grenze der Verpflichtung, Leben um jeden Preis zu verlängern. Die Gabe von schmerzstillenden Medikamenten im Rahmen einer palliativen Versorgung zu Hause und/oder in der Klinik ist weit akzeptiert und völlig anders zu bewerten als die Verabreichung von Medikamenten, die das Leben beenden(18). Die Palliativversorgung hat in ambulanten wie in stationären Einrichtungen deutlich an Bedeutung gewonnen und erschöpft sich heute nicht mehr ausschließlich in der Behandlung von Patienten am Lebensende, sondern umfasst auch die Betreuung von schwerstkranken Menschen bereits zu erheblich früheren Zeitpunkten ihrer Erkrankung(18). Die Gabe von Medikamenten im Rahmen einer palliativ-medizinischen Behandlung darf aber nicht zum Ziel haben, das Leben vorzeitig und gewollt zu beenden; daran ändert auch die Forderung nichts, ein solches Vorgehen dürfe nur mit Wissen und Willen des Schwerkranken erfolgen. Es ist eindeutig festgelegt, dass die Tötung eines selbstbestimmungsfähigen Patienten auch verboten ist, wenn dieser den Wunsch ausdrücklich und ernsthaft äußert(§ 216 StGB).

Während es eindeutig festgelegt ist und in § 216 StGB auch niedergeschrieben, dass aktive Sterbehilfe in Deutschland nicht akzeptabel und strafbar ist, sind Suizid und Beihilfe zur Selbsttötung —die neue Sondervorschrift zur „Geschäftsmäßigkeit“(§ 217 StGB n.F.) ausgenommen — kein Gegenstand des deutschen Strafgesetzbuches. Nach den Grundsätzen der Bundesärzte- kammer zur ärztlichen Sterbebegleitung von 2011 ist die Mitwirkung des Arztes bei der Selbsttötung „keine ärztliche Aufgabe“ (27). In Deutschland liegen allerdings nur wenige Daten zur ärztlichen Handlungspraxis am Lebensende vor; diese machen aber deutlich, dass es einen erheblichen Diskussionsbedarf innerhalb der Ärzteschaft zu diesem Thema gibt (18).

X. Sterbehilfe und Patientenverfügung aus klinischer Sicht

Der Stellenwert von Patientenverfügungen ist unzweifelhaft sinnvoll und ermöglicht eine enge Kommunikation zwischen Patient und Arzt, besonders auch dann, wenn der Patient sich aktuell dem Arzt nicht mehr mitteilen kann (6). Allerdings wird das Konzept der Patientenverfügung seit Jahren schon sehr kontrovers und leidenschaftlich diskutiert. Der Gesetzgeber hat im § 1901a des Bürgerlichen Gesetzbuches eine Legaldefinition gefunden, die als „Patientenverfügung“ das Schreiben eines einwilligungsfähigen Volljährigen für den Fall seiner Einwilligungsunfähigkeit festlegt. Zudem wird in dieser Patientenverfügung dokumentiert, ob ein Patient in bestimmte Heilbehandlungen oder ärztliche Eingriffe einwilligt oder sie untersagt. Niemand kann allerdings zur Errichtung einer

Patientenverfügung verpflichtet werden. In Patientenverfügungen geht es auch um Orientierungen, die sich auf die Sterbesituation beziehen. Patientenverfügungen können eine große Hilfe für Angehörige, Betreuende sowie für die behandelnden Ärzte sein. Dabei ist auch eine weitere Aufklärung über die Möglichkeiten menschlicher und medizinischer Hilfe sowie über die Formen von ethisch und rechtlich erlaubter ärztlicher Sterbebegleitung sinnvoll und geboten. Nicht jeder einmal geäußerte Wille zur Behandlung im Krankheitsfall ermisst jedoch die volle Tragweite der Entscheidung (4, 6). Der Wille, der niedergeschrieben ist, muss nicht identisch sein mit einem tatsächlichen Willen beim Eintreten des Ernstfalles. Entscheidend ist daher der mutmaßliche Wille des Betroffenen: Was würde der Betroffene selbst wollen? Die Meinung Angehöriger, Bekannter oder Dritter spielt dabei keine Rolle. Auch für die Ärzte sind Patientenverfügungen, besonders im Rahmen des Sterbens, von großer Bedeutung, da diese ethische und rechtliche Komponenten enthalten. Ärzte handeln „kraft Auftrags" aufgrund einer vertraglichen Verbindung. Verweigert ein Patient eine medizinisch notwendige Maßnahme, so endet die Befugnis des Arztes, diese vorzunehmen. Zivil- oder strafrechtliche Auseinandersetzungen können so vermieden werden.

XI. Der unheilbar kranke Defibrillatorpatient: Ist die Deaktivierung des Gerätes aktive Sterbehilfe?

Zu Beginn dieses Beitrages wurde der Fallbericht eines unheilbar kranken Patienten vorgestellt, der einen Defibrillator (ICD) mit kardialer Resynchronisationstherapie (CRT-D) erhalten hatte und bei dem es zu einem metastasierten Bronchialcarcinom gekommen war. Die Frage einer Sterbehilfe mit der Deaktivierung des CRT-D ist sicher nicht unberechtigt und wird auch in der Literatur heftig diskutiert (2, 7, 20). Zunächst einmal muss betont werden, dass die Defibrillatortherapie eine therapeutische Maßnahme zur Behandlung von Kammerflimmern ist (32, 34). Auch ICD-Patienten werden eines Tages sterben. Es ist bekannt, dass die jährliche Sterblichkeit bei 11-17% liegt (30). Die meisten Patienten versterben an einer Herzinsuffizienz, aber auch andere Todesursachen wie Tumorerkrankungen oder Schlaganfälle kommen vor. Eine zuverlässige Bestimmung der Prognose eines Patienten mit implantiertem Defibrillator ist natürlich nicht möglich (5, 30). Viele Patienten mit ICD oder CRT-D haben die Befürchtung, am Lebensende oder in der Sterbephase viele Schocktherapien zu erhalten und damit eine quälende Lebensverlängerung zu erleiden. In einer Zusammenstellung von verstorbenen ICD-Patienten wurde gefunden, dass nur 15/55 Patienten (27%) in der letzten Lebensphase adäquate Schocks erhalten hatten, während 39/55 Patienten (71%) keine Arrhythmien und keine Schocks hatten. Bei einem Patienten (2%) wurden inadäquate ICD-Entladungen beobachtet (11). Trotz aller Ängste und Überlegungen hat ein Patient, auch vor dem Hintergrund der Achtung seiner Selbstbestimmung, das Recht, auf eine Behandlung zu verzichten. Stirbt der Patient nach Beendigung einer nicht mehr indizierten Defibrillator-Therapie, wird der Tod als Folge der zugrundeliegenden Erkrankung gesehen und nicht als Folge der Handlung des Arztes (2). Die Annahme, dass die Deaktivierung eines Defibrillators als aktive Sterbehilfe angesehen werden muss, ist aus ethischer Sicht deshalb falsch. Es handelt sich vielmehr um einen Behandlungsabbruch, der nur im Einklang mit dem Willen des Patienten zulässig ist.

Der Bundesgerichtshof hat das in einem Grundsatzurteil im Jahr 2010 bestätigt (14). Von entscheidender Bedeutung ist dabei die konkrete Einwilligung des selbst entscheidungsfähigen Patienten. Die Entscheidung muss frei von Willensmängeln sein und setzt eine Aufklärung voraus, die dem Patienten die Tragweite seiner Entscheidung ausreichend verdeutlicht. Die Einwilligung muss ausdrücklich erklärt werden und das Abschalten des Defibrillators in einer bestimmten Situation umfassen. Die Einwilligung muss außerdem vor dem Abschalten des ICD erklärt und schriftlich formuliert bzw. dokumentiert werden. Ein Abschalten gegen den Willen eines Patienten darf in keinem Fall erfolgen! Wünscht ein noch entscheidungsfähiger und entsprechend aufgeklärter Patient, seinen Defibrillator aktiviert zu lassen(wie das in unserem Bericht auch der Fall war), so ist dieser Wunsch selbst dann zu respektieren, wenn er medizinisch fragwürdig ist (37). Handelt es sich um einen dauerhaft bewusstlosen oder nicht ansprechbaren Patienten, kann eine Patientenverfügung das Abschalten des Defibrillators ermöglichen (§ 1901a I BGB). Liegt keine Patientenverfügung vor, so ist der mutmaßliche Wille des Patienten zu ermitteln. Dieses Vorgehen setzt ein Gespräch zwischen Arzt und Betreuer/Bevollmächtigten voraus und muss die medizinisch indizierten Maßnahmen unter Berücksichtigung des zuvor ermittelten Patientenwillens zum Inhalt haben (§ 1901b BGB). Die Einbindung eines lokalen Ethikkomitees und/oder das Hinzuziehen juristischer Kompetenz ist sicher sinnvoll und erlaubt auch die Lösung von mitunter zuvor nicht sichtbaren Detailfragen (5, 21, 22).

XII. Schlussfolgerungen

Die Betreuung von schwerstkranken Menschen oder von Sterbenden gehört sicherlich zu den größten Herausforderungen der modernen Zeit. Wenngleich medizinische Fortschritte definitiv zu einer Lebensverlängerung führen, sind Endlichkeit und Sterben für jeden Menschen oft erdrückende und belastende Phänomene. Der Wunsch nach einem plötzlichen, unerwarteten und schmerzfreien Tod ist für viele Menschen heutiger Zeit ein Wunsch für das Lebensende.

Trotz der alten Weisheit, dass jeder Mensch „seinen" Tod stirbt, ist es gut, wenn ein Mensch in einer bedrohlichen Situation seines Lebens sich Gedanken macht, was er möchte und was nicht und dieses auch entsprechend äußert. In solchen Situationen, ebenso wie beim Sterben, ist das Zusammenspiel vieler Menschen in der Umgebung von Schwerstkranken notwendig. Dazu gehören Ärzte, Pflegekräfte, Angehörige und Freunde, Seelsorger und Psychologen, bei denen ein Betroffensein vom Leiden eines Menschen vorhanden sein muss. Man wird zudem, besonders im Blick auf den Arzt, nie das Vertrauen verlieren dürfen, dass er in seinen Möglichkeiten so entscheidet, wie es für das Wohl des Menschen am besten ist, um ihm ein würdiges Sterben zu ermöglichen. Obwohl es viele Möglichkeiten einer guten Betreuung bei unheilbar Kranken und Sterbenden gibt und Palliativmedizin bzw. Hospizbewegungen im Sinn einer menschlichen Sterbebegleitung große Erfolge erreicht haben, wird die Diskussion um Sterbehilfe und Sterbebegleitung weitergehen.

1. Bosshard G, Broeckaert B, Clark D, Materstvedt LJ, Gordijn B, Müller-Busch HC: A role for doctors in assisted dying? An analysis of legal regulations and medical professionals positions in six European countries. J Med Ethics 2008; 34:28-32.
2. Carlsson J, Paul NW, Dann M, Neuzner J, Pfeiffer D: Deaktivierung von implantierbaren Defibrillatoren: Medizinische, ethische, praktische und juristische Aspekte. Dtsch Ärztebl 2012; 109:535-541.
3. De Michaeli A: Cardiology was born with the modern medical science. Arch Cardiol Mex 2015; 85:150-153.
4. Duttge G, Schander M: Kommentar II zum Fall: „Mutßmaßlicher Widerruf einer Patientenverfügung?" Ethik Med 2010; 22:345-346.
5. Epstein AE, DiMarco JP, Ellenbogen KA, Estes NA, Freedman RA, Gettes LS: ACC/AHA/HRS 2008 guidelines for device-based therapy of cardiac rhythm abnormalities. J Am Coll Cardiol 2008; 51:e1-e62.
6. Engelfried U: Vorsorgevollmacht und Patientenverfügung: Wollen Arzt und Patient immer das Gleiche? Frankfurter Forum 2014; 10:28-35.
7. England R, England T, Coggon J: The ethical and legal implications of deactivating an implantable cardioverter-defibrillator in a patient with terminal cancer. J Med Ethics 2007; 33:538-540.
8. Erdek M: Pain medicine and palliative care as an alternative to euthanasia in end-of-life cancer care. Linacre Q 2015; 82:128-134.
9. Fisher C, Karalapillai DK, Bailey M, Glassford NG, Bellomo R, Jones D: Predicting intensive care and hospital outcome with the Dalhousie Clinical Frailty Scale: a pilot assessment. Anaesth Intensive Care 2015; 43:361-368.
10. Fromme EK, Lugliani Steart T, Jeppesen M, Tolle SW: Adverse experiences with implantable defibrillators in Oregon Hospices. Am Hosp Palliat Care 2011; 28:304-309.

11. Goldenberg I, Moss AJ, McNitt S, Zareba W, Andrews ML: Defibrillator discharge at the time of terminal events in Madit II. HRS annual meeting 2007; AB 14-6. www.abstracts2view.com/hrs.php?nu=HRS7L_20075088.
12. Grosse C, Grosse A: Assisted suicide: Models of legal regulation in selected European countries and the law of the European Court of Human Rights. Med Sci Law 2015; 55: 246-258.
13. Höfling W: Recht auf Sterben, Beihilfe zur Selbsttötung, Tötung auf Verlangen: Was steht im Gesetz? Frankfurter Forum 2014; 10:18-27
14. http://juris.bundesgerichtshof.de/cgibin/rechtsprechung/document.py?Gericht=bgh&Art=en&Datum=2010-6&Seite=1&nr=52999&pos=49&anz=313.
15. Monzon Marin JL, Saralegui Reta I, Abizanda I, Campos R: Treatment recommend at the end of the life of the critical patient. Med Intensiva 2008; 32:121-133.
16. Maessen M, Veldink JH, Onwuteaka-Philipsen BD, de Vries JM, Wokke JH, van der Wal G, van den Berg LH: Trends and determinants of end-of-life practices in ALS in the Netherlands. Neurology 2009; 73:954-961.
17. Mueller PS, Swetz KM, Freeman MR, Carter KA, Crowley ME, Severson CJ, Park SJ, Sulmasy DP: Ethical analysis of withdrawing ventricular assist device support. Mayo Clin Proc 2010; 85:791-797.
18. Nauck F, Alt-Epping B, Benze G: Palliativmedizin – Aktueller Stand in Klinik, Forschung und Lehre. Anästhesiol Intensivmed Notfallmed Schmerzther 2015; 50:36-44.
19. Oorschot B, Simon A: Aktive, passive oder indirekte Sterbehilfe? Über subjektive Definitionen und Klassifikationen von Ärzten und Richtern in Entscheidungssituationen am Lebensende. Psychologie & Gesellschaftskritik 2008; 32:39-53.
20. Padeletti L, Arnar DO, Boncinelli L: European Heart Rhythm Association expert consensus statement on the management of cardiovascular electronic devices in patients nearing end of life or

requesting withdrawal of therapy. Europace 2010; 12:1480-1489.

21. Paul NW: Klinische Ethikberatung: Therapieziele, Patientenwille und Entscheidungsprobleme in der modernen Medizin. In: Junginger T, Perneczky A, Vahl CF, Werner C (Hrsg) Grenzsituationen der Intensivmedizin: Entscheidungsgrundlagen. Springer-Verlag, Heidelberg, 2008:19-36.
22. Paul NW: Clinical ethics counseling: therapeutic goals, the patient's will and decision-making problems in moderrn medicine. Formosan Journal of Medical Humanities 2010; 11:19-36.
23. Roser T: „Freundschaft mit dem Tod" ist keine Haltung für Angehörige, Ärzte, Pflegende und Seelsorger. Frankfurter Forum 2015; 11:6-11.
24. Sadahiro T, Yamanaka S, Ieda M: Direct cardiac reprogramming: progress and challenges in basic biology and clinical applications. Circ Res 2015; 116:1378-1391.
25. Sahm S: Selbstbestimmung am Lebensende im Spannungsfeld zwischen Medizin, Ethik und Recht. Etik Med 2004; 16:133-147.
26. Sahm S: Der Streit um den guten Tod. In: Diehl V (Hrsg) Medizin an der Schwelle zum einundzwanzigsten Jahrhundert. Verlag Urban & Schwarzenberg 1999:57-66.
27. Schildmann J, Dahmen B, Vollmann J: End-of-life practices of physicians in Germany. Dtsch Med WSchr 2015; 140:e1-6.
28. Schuster J: Selbstbestimmt leben, in Würde sterben. Die Bedeutung existentieller und spiritueller Fragen in der Sterbebegleitung. Frankfurter Forum 2014; 10:10-17.
29. Sherazi S, Daubert JP, Block RE: Physician's preferences and attitudes about end-of-life care in patients with an implantable cardioverter-defibrillator. Mayo Clin Proc 2008; 83:1139-1141.
30. Thibodeau JB, Pillarisetti J, Khumri TM, Jones PG, Main ML: Mortality rates and clinical predictors of reduced serviva after cardioverter defibrillator implantation. Am J Cardiol 2008; 101:861-864.

31. Treczak S: Der Palliativpatient als Notfallpatient. Med Klin Intensivmed Notfallmed 2015; 110:278-286.
32. Trappe HJ: Dreißig Jahre Defibrillatortherapie in Deutschland(1984-2014). Kardiologe 2014; 8:125-137.
33. Trappe HJ, Gaber W: Stellenwert automatisierter externer Defibrillatoren 2014: Was haben wir erreicht, was nicht? Intensiv- und Notfallbehandlung 2014; 39:109-120.
34. Trappe HJ: Rhythmusstörungen bei Intensivpatienten: Was tun? Medizinische Klinik - Intensivmedizin und Notfallmedizin 2012; 107: 350-355.
35. Van Bruchem-van de Scheur GG, van der Ared AJ, Spreeuwenberg C, Abu-Saad HH, ter Meulen RH: Euthanasia and physician-assisted suicide in the Dutch homecare sector: the role of the district nurse. J Adv Nurs 2007; 58:44-52.
36. Walzik E: Ergebnisse einer repräsentativen Befragung zur Sterbehilfe: Geringes Wissen in der Bevölkerung. Frankfurter Forum 2015; 11:30-35.
37. Westerdahl AK, Sutton R, Frykman V: Defibrillator patients should not be denied a pieceful death. Int J Cardiol 2015; 82:440-446.
38. Wiese CHR, Vagts DA, Kampa U: Palliativpatienten und Patienten am Lebensende in Notfallsituationen. Anaesthesist 2011; 60:161-171.
39. Wu EB: The ethics of implantable devices. J Med Ethics 2007; 33:532-533.
40. Ypma TD, Hoekstra HL: Assessment of euthanasia request by SCEN physicians. Ned Tijdschr Geneeskd 2015; 159:A8135.
41. Zellner RA, Aulisio MP, Lewis WR: Should implantable cardioverter-defibrillators and permanent pacemakers in patients with terminal illness be deactivated? Deactivating permanent pacemakers in patients with terminal illness. Patients asutonomy is paramount. Circ Arrhythmia Electrophysiol 2009; 2:340-344.

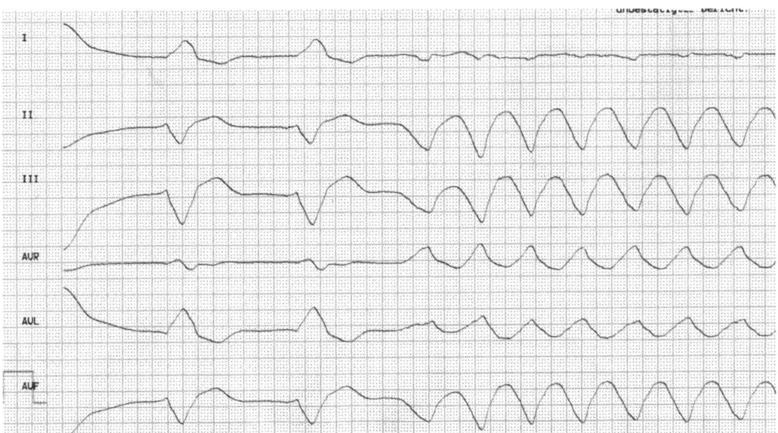

Abb. 1a: Extremitäten-EKG-Ableitungen des Patienten mit implantiertem automatischen Defibrillator (ICD). Man erkennt bei diesem Patienten eine Kammertachykardie (Frequenz 199/min), die ohne Intervention des ICDs zum Tod führen würde.

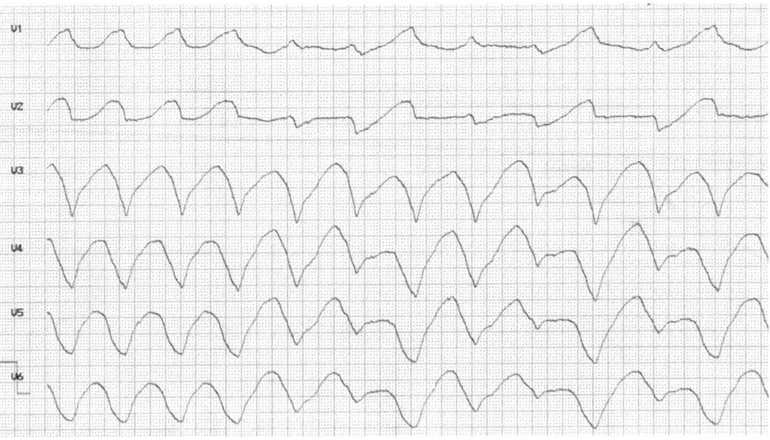

Abb. 1b: Brustwand-EKG-Ableitungen V1-V6 des Patienten mit implantiertem automatischen Defibrillator (ICD) (gleicher Patient wie in Abb. 1a). Man erkennt bei diesem Patienten eine Kammertachykardie (Frequenz 199/min), die ohne Intervention des ICDs zum Tod führen würde.

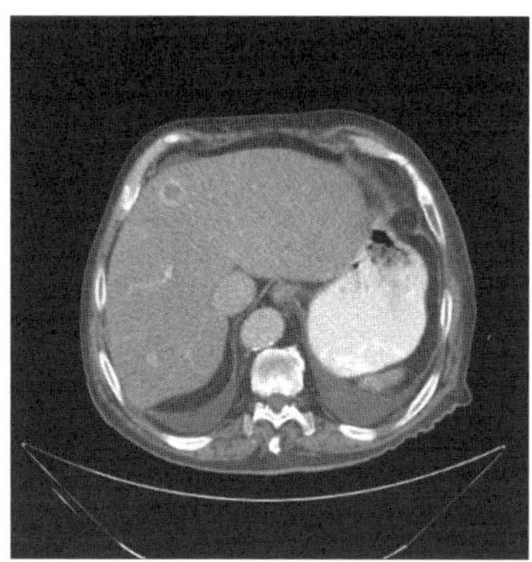

Abb. 2: Computer-Tomographie des Abdomens bei nachgewiesenem primären Bronchialcarcinom. Man erkennt sehr gut eine Lebermetastase im Segment 4 der Leber.

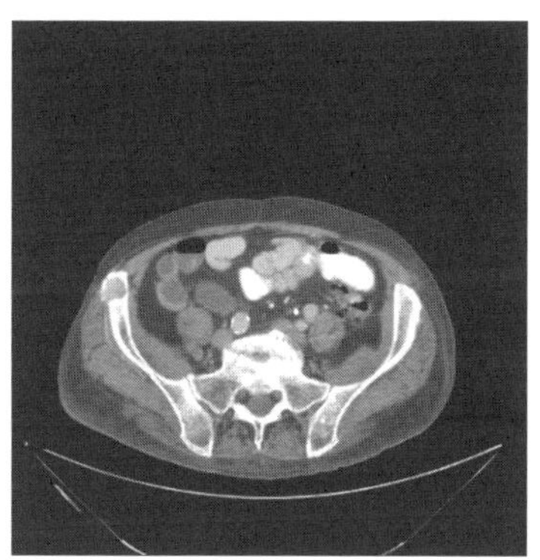

Abb. 3: Computer-Tomographie des Abdomens bei nachgewiesenem primären Bronchialcarcinom. Man erkennt sehr gut eine Knochenmetastase im rechten Os ileum.

Institutionalisierung des Sterbens. Soziologische Betrachtungen zur Hospiz- und Palliativversorgung

Stefan Dreßke

I. Soziologisches zum Sterben und Tod

1. Sterben als Statuspassage

Wenn Menschen sterben, hinterlassen sie Lücken. Ihre Funktionen, Positionen und Rollen müssen kompensiert oder ersetzt werden. Der gesellschaftliche Zusammenhalt muss sich jedenfalls neu organisieren und wird gegebenenfalls erneuert. Der Tod ist also nicht nur die Desintegration bzw. der irreversible Funktionsverlust lebenswichtiger Organe, und Sterben einzelner Menschen nicht nur ein körperlicher Abbauprozess, der zum Tod führt – wie es die biologische Wissenschaft definiert. Als Teil des Lebens unterliegt Sterben gesellschaftlich-historischen Bedingungen und wird als Passage vom Leben zum Tod in sozialen Routinen vermittelt. Diese zielen auf das Lösen sozialer Bindungen in sozial vermittelten Ausgliederungsprozessen, also auf das Schließen von Lücken, die Sterbende im Netz sozialer Zuweisungen und Positionen hinterlassen. Je bedeutsamer das sterbende oder gestorbene Gesellschaftsmitglied ist, desto größer sind die Anstrengungen, um das gesellschaftliche Leben zu restrukturieren. Der Tod ermöglicht aber auch sozialen Wandel, gerade durch die Notwendigkeit von

Erneuerung und sozialer Sukzession. Sterben und Tod werden also in sozialen Verfahren reguliert, gesteuert und formiert, in denen Unsicherheiten minimiert, Erwartungssicherheiten hergestellt sowie Veränderungen und Wandel ermöglicht werden. Die soziale Vermittlung des Sterbens und des Todes geschieht unter anderem in rechtlichen Regelungen, in staatlichen, insbesondere sozialstaatlichen Maßnahmen, in familiären und gemeinschaftlichen Ritualen des Abschiednehmens und der Trauer, in medizinischen und pflegerischen Behandlungen sowie in massenmedialen Darstellungen. Die Soziologie, genauer die Thanatosoziologie, beschäftigt sich mit dem Handeln, das Sterben und Tod zum Gegenstand hat, sowie mit den gesellschaftlichen Deutungen von Sterben und Tod und deren normative Bedeutungen für den sozialen Austausch. Das bezieht sich auf das Sterben an Krankheiten genauso wie auf das Sterben an äußeren Gewalteinwirkungen wie in Umweltkatastrophen, technischen Unfällen, kriegerischen Konflikten sowie durch Tötungen und Selbsttötungen. Sterben und Tod sind also alles andere als eindeutig und werden in konflikthaften Aushandlungen organisiert entsprechend den Interessen der beteiligten Akteure.

Tod und Sterben sind gleichermaßen unerwünscht und unvermeidbar, damit bildet Sterben als soziale Figuration ein heterogenes und widersprüchliches Feld sozialer Steuerungen und Deutungen (vgl. Feldmann 1990, Glaser und Strauss 1968, Seale 1998). Unerwünschtheit des Sterbens korrespondiert mit dem Streben, den Tod zu vermeiden, zumindest ihn hinauszuzögern, und entspricht der höchsten Wertschätzung, die dem menschlichen Leben zugewiesen wird. Sterbeverhinderung ist das dominierende Ziel der Medizin, aber auch jeglicher anderer Vorkehrungen und Risikokontrollen im Kampf gegen den Tod und der Rettung von Leben. Jeder Tod bringt jedoch auch die Aussichtslosigkeit dieses Kampfes zum Ausdruck und muss moderiert werden. Der Zeitpunkt des Todes kann hinausgezögert oder beschleunigt werden. Der Sterbeverlauf kann friedlich, qualvoll oder gewaltsam sein. Mit den Steuerungsnotwendigkeiten sind dann auch Deutungen verbunden, etwa der Tod als „Befreiung", als „Strafe" oder „Unrecht". Das Sterben von Mitgliedern der Gemeinschaft fordert zum Schließen von Lücken in sozialen Netzwerken heraus, etwa wenn sich in Trauerritualen die Hinterbliebenen der gegenseitigen Solidarität versichern. In Übergangsphasen vor und nach dem Tod wird das zerrissene soziale Netz wieder zusammen geknüpft. Rollen, die Verstorbene oder Sterbende innehatten, werden ausgehandelt und wieder vergeben.

2. Geschichte des Sterbens

Das Spannungsverhältnis von Sterbevermeidung und Sterbevorkehrung, von Unerwünschtheit und Unvermeidbarkeit ist historisch variabel, wie es Ariès (1976) für die Entwicklung der Todesvorstellung in Europa nachzeichnet: Bis zum 19. Jahrhundert herrschen Sterbedeutungen der Unausweichlichkeit und Schicksalshaftigkeit vor. Auf den Tod, der zu jeder Zeit und in allen Lebensaltern eintreten konnte, wird sich vorbereitet. Handlungsmotive sind Gefasstheit, Spenden von Trost und Jenseitsorientierung. Sterben ist alltägliches Geschehen, eingebettet in das öffentliche und gemeinschaftliche Leben. Die Vertrautheit mit dem Tod sichert nicht zuletzt die Anerkennung der sozialen und natürlichen Ordnung im Rahmen religiöser Rituale. Der Tod ist allgegenwärtig und auf das Lebensende, das jederzeit eintreten kann, ist sich vorzubereiten. Mit dem 18./19. Jahrhundert setzt zunehmend eine Verweltlichung der Sterbekultur ein. Lebensbilanzierung in Form des Testaments reduziert sich auf die ökonomische Absicherung der Hinterbliebenen, und vom Sterbenden wird immer weniger erwartet, Regisseur seines Sterbens zu sein. Im Sinn des romantischen Ideals der auf Liebe und Vertrauen basierenden Familie wird der Verlust eines signifikanten Familienmitglieds in emotionalisierten Trauer- und Bestattungsritualen inszeniert. Die Trennung von Leben und Tod symbolisierend werden Friedhöfe aus den Stadt- und Dorfkernen in eigens dafür vorgesehene Bereiche in den Randzonen der Wohnbereiche ausgelagert.

Ab dem 20. Jahrhundert wird das Sterben zunehmend kontrolliert. Der Tod ist gewissermaßen gezähmt, wenn er sich zunehmend auf das hohe Alter verschiebt. Sterben ist für das jüngere Alter immer weniger Teil sozialer Erfahrungen, und es besteht kaum die Notwendigkeit für soziale Deutungen des eigenen Sterbens. Auch die medialen Inszenierungen sehen den Tod im jüngeren Alter als vermeidbar, und wenn er dann doch eintritt, als ein Skandal oder Unfall, zumindest als ein zu frühes Ableben. Das Sterben wird ab Mitte des 20. Jahrhunderts zunehmend im Krankenhaus organisiert. Die Institutionalisierung des Sterbens steht im Wechselspiel mit der voranschreitenden Privatisierung, womit dem Tod eine über die Familie hinausgehende gemeinschaftsstiftende Bedeutung abgesprochen wird, da Sterbende aus den wesentlichen öffentlichen Bereichen (vor allem des Arbeitslebens) bereits ausgegliedert sind. Das Sterben wird dem Sterbenden verheimlicht, Emotionen und Störungen der institutionellen Abläufe werden minimiert, ein Innehalten ist in den Lebensroutinen praktisch nicht mehr vorgesehen. Der Tod ist nicht mehr ein Übergang, sondern schlicht das Ende des Lebens (Elias 1982). Ein zentraler Unterschied der historischen Veränderung der Sterbebewältigung ist etwa der Tod von Kindern, der heute mit hohen emotionalen Belastungen verbunden ist. Das moderne Sterben in den höheren Lebensaltern ist zwar eine erwartbare Norm geworden, dennoch (oder vielleicht gerade deshalb) sind die sterbennahen, älteren Jahrgänge nicht auf das Sterben hin sozialisiert, etwa durch eine ars moriendi, wie noch im 19. Jahrhundert. So liegt es nahe, dass auch sie das Sterben ausblenden – selbst, wenn es durch den körperlichen Verfall allzu sichtbar wird.

3. Wandel der Mortalitätsmuster

Die Veränderung der Sterbedeutungen muss vor dem Hintergrund des demographischen Übergangs gesehen werden, d.h. des Wandels der Sozialstruktur infolge eines veränderten Morbiditäts- und Mortalitätsspektrums (Dinkel 1994). Bis zum Beginn des 20. Jahrhunderts dominieren Infektionskrankheiten als Todesursache, verschärft im 18./19. Jahrhundert infolge von Industrialisierung, Verstädterung und Pauperisierung. Die hohe Mortalität betrifft vor allem Säuglinge und Kinder bei einer gleichzeitigen hohen Geburtenrate, während die Sterblichkeit in den Erwachsenenaltern hoch, aber etwa gleichmäßig verteilt ist. Von Ende des 19. bis Mitte des 20. Jahrhunderts verschiebt sich das Todesursachenspektrum auf chronisch- degenerative Krankheiten, die insbesondere die älteren Populationen betreffen. Die Lebenserwartung bei Geburt erhöht sich bei gleichzeitiger Abnahme der Geburten. Ab Ende des 20. Jahrhunderts ergeben sich Zugewinne an Lebenserwartung vor allem im höheren Alter. Aus diesen Entwicklungen folgt eine relative Zunahme der älteren gegenüber der jüngeren Bevölkerung (demographische Alterung), und der Alterstod wird zur normativen Erwartung.

2013 starben in der Bundesrepublik Deutschland 893.825 Menschen (bei einer Gesamtbevölkerung von etwa 81 Millionen Menschen), wovon 754.309 (84, 4 Prozent aller Gestorbenen) über 65 Jahre und 602.580 (67, 4 Prozent aller Gestorbenen) über 75 Jahre alt waren (Statistisches Bundesamt 2014a). Erst in den mittleren Lebensaltern erleben viele Kinder den Tod ihrer Eltern. 46 Prozent der Befragten einer Studie gaben an, noch niemals das Sterben eines nahe stehenden Menschen miterlebt zu haben, unter den 18- bis 30jährigen waren es sogar 71 Prozent(Hahn und Hoffmann 2007). Das frühzeitige Erkennen der Nichtkurierbarkeit, die Absehbarkeit der Krankheitsverläufe sowie die verbesserte medizinische und pflegerische Versorgung bilden den Hintergrund für eine zunehmende Institutionalisierung des Sterbens in den letzten 60 Jahren.

Gestorben wird vorwiegend an chronisch-degenerativen Krankheiten. Die beiden häufigsten Todesursachen sind Krankheiten des Kreislaufsystems, an denen im Jahr 2013 354.493 Menschen (39, 7 Prozent der Gestorbenen) verstarben und Neubildungen, die für 230.840 Menschen (25, 8 Prozent der Gestorbenen) tödlich waren (Statistisches Bundesamt 2014a). Für terminale und häufig auch multimorbide Krankheitsverläufe ist eine Versorgung im Krankenhaus notwendig, in dem 2013 in Deutschland 417.290 Sterbefälle (46,7 Prozent aller Gestorbenen) vorkamen (Statistisches Bundesamt 2014b). Dieser Anteil ist in den letzten 15 Jahren leicht rückläufig und verlagert sich durch den hohen Pflegebedarf im Zusammenhang mit dem ausgedünnten bzw. überforderten familiären Hilfenetz auf Pflege- und Altenheime (Schneekloth 2006). Schätzungen zufolge verbringen dort 20 bis 30 Prozent der Sterbenden ihr Lebensende (George et al. 2014), etwa derselbe Anteil zu Hause (Bickel 1998). 68 Prozent der zumeist weiblichen Heimbewohner sind 80 Jahre und älter bei einem Durchschnittsalter von 82 Jahren. Mit zunehmendem Alter erhöht sich die Wahrscheinlichkeit der Heimaufnahme; so leben in der Altersgruppe der über 79 jährigen 14 Prozent in stationären Pflegeeinrichtungen (Schneekloth 2006).

Ab den 1950er Jahren wurden Sterben und Tod sowohl öffentlich als auch sozialwissenschaftlich unter der Perspektive der Verdrängung und Tabuisierung diskutiert. Tatsächlich gehört Sterben in der modernen Gesellschaft nicht mehr zum unmittelbaren Alltag. Es handelt sich eher um Prozesse sozialer Differenzierung, um die Delegation komplexer Probleme an dafür zuständige professionelle Organisationen sowie um Konsequenzen veränderter demographischer und epidemiologischer Rahmenbedingungen.

II. Hospiz- und Palliativversorgung

1. Kritik am Sterben im Krankenhaus

Die Medizin besitzt inzwischen einen nahezu absoluten Hoheitsanspruch auf das Sterben, das als körperlicher Verfall mit allen zur Verfügung stehenden Mitteln zu bekämpfen ist. Der Tod ist aus ärztlicher Sicht eine Niederlage im Kampf gegen die Krankheit (Glaser und Strauss 1974, Streckeisen 2001, Sudnow 1973). Die Bekämpfung des Todes und die Ausgliederung von Sterbenden aus der Gemeinschaft sind insbesondere im Krankenhaus, der medizinischen Leitinstitution, kaum miteinander vermittelt. Das Krankenhaus bietet zwar Versorgungssicherheit, aber die Kurativorientierung steht strukturell den Bedürfnissen Sterbender entgegen. Sterbevorkehrungen werden erst dann getroffen, wenn „nichts mehr getan werden kann". In dieser für Personal und Patienten ausweglosen Situation wird in einer somatischen Kultur auch zu somatischen Praktiken gegriffen: die Gabe von Schmerz- und Beruhigungsmitteln und häufig auch, wider besseren Wissens, kurative Maßnahmen — gewissermaßen als letzte Hoffnung und zur Beruhigung, wirklich alles getan zu haben. Dies ist ein Befund der 1960er Jahre, aber weithin in deutschen Krankenhäusern der Normalversorgung auch in den letzten Jahren beobachtbar (vgl. George et al. 2013, Dreßke 2008, Göckenjan und Dreßke 2002).

Spätestens in den 1980er Jahren entwickelte sich in Deutschland nach angelsächsischen Vorbildern eine Bewegung zur Sterbeverbesserung und etablierte die auf Sterbende spezialisierte Versorgungsform des Hospizes. In der Institutionen-Landschaft ist das Hospiz verhältnismäßig jung: Das erste Hospiz im modernen Sinne wurde 1967 in London gegründet, das erste Hospiz in Deutschland 1986 in Aachen. Erst seit den letzten fünfzehn bis zwanzig Jahren hat es als spezielle Einrichtung für das „gute Sterben" im

Gesundheitssystem Fuß gefasst. Das Hospiz ist allerdings keine Organisation, die einfach zu erklären wäre, obwohl die Aufgabe, die es zu bewältigen hat, einfach erscheint. Es geht schließlich — funktional zugespitzt — nur um das Sterben, nichts anderes ist zu erledigen. Das ist auch der Grund, warum das Hospiz als eine „unwahrscheinliche" Institution erklärungsbedürftig ist, denn in westlichen Gesellschaften darf, wer noch halbwegs aktiv und gesund ist, nicht sterben. Sterben ist aus dem sozialen Leben weitgehend ausgeklammert, alle Vorkehrungen haben das Gegenteil, ein längeres und gesünderes Leben, zum Ziel. Der Tod ist aufgrund seiner Unvermeidbarkeit höchstens hinzunehmen. Noch problematischer ist das aktive Handeln auf den Tod zu. Am Sterben zu arbeiten, birgt immer auch das Risiko, den Tod herbeizuführen. Insofern muss eine Organisation für Sterbende Vorkehrungen treffen, um nicht dem unentwegten Verdacht auf Tötung ausgesetzt zu sein.

Jedenfalls ist zu beobachten, dass das Hospiz die Idee des guten Sterbens auf sich zog und sich in der öffentlichen Meinung einer hohen Wertschätzung erfreut. Das Hospiz entwickelte sich von einer marginalen Einrichtung zum festen Bestandteil des Gesundheitssystems und wurde sogar Ideengeber und Vorbild für eine medizinische Spezialdisziplin, die Palliativmedizin. Die Genese eines Organisationstyps, der ausschließlich dem Sterben gewidmet ist, hat in der Kritik am Sterben im Krankenhaus der 1960er Jahre — im Kontext einer allgemeinen Medizinkritik (vgl. Illich 1977) — ihren Ursprung. Darin wird die „Einsamkeit der Sterbenden" (Elias 1982) beklagt und zuviel Apparatemedizin bzw. Therapien bis zum Lebensende bemängelt. Beanstandet wird auch ein unzureichendes Schmerzmittelregime, das zwischen Unterversorgung und Überdosierung laviert: Vor der unmittelbaren Finalphase werden Sterbenden Schmerzmittel vorenthalten, und während der Finalphase werden sie in einen komatösen Zustand versetzt. Der Tenor der Kritik richtet sich aber nicht an einzelne medizinische Verfahren, sondern ist allgemeiner auf der Ebene des

Existenziellen angesiedelt. Die Forderung lautet: Dem Sterben müsse wieder Humanität und Würde verliehen, und die Person des Sterbenden und sein Wille müssen anerkannt werden.

2. Hospizidee

Dieser Kritik folgten auf konzeptioneller Ebene Lösungsvorschläge in Form einer Theorie zur Verbesserung des Sterbens, die das medizinische Monopol angreift. Weite Verbreitung findet ab den 1970er Jahren in Nordamerika und ab den 1980er Jahren in Deutschland die psychologische Deutung des Sterbens durch Elisabeth Kübler-Ross (1969): Sterben ist nicht nur physiologisches Versagen, das Sterben der Organe, sondern ein persönlicher Reifungsprozess, in dem die Befindlichkeiten des Sterbenden nachgefragt werden. Die Reife des Sterbens ist dann erlangt, wenn — nach einem Kampf gegen das Sterben — Konflikte gelöst und letzte Dinge erledigt werden, Biographie sinnvoll gebündelt ist, Abschied gesagt wird und der Sterbende friedlich, seinen Tod akzeptierend, entschlafen kann. Die Reifungsvorstellung findet ihren Widerhall im Ersetzen des Sterbegedankens durch den Lebensgedanken. Das neue Motto für den Umgang mit dem Sterben ist nun „Leben bis zuletzt", popularisiert von Cicely Saunders (Saunders und Baines 1983), einer weiteren Pionierin der Sterbeverbesserungsbewegung.

Die Richtung dieser ab den 1960er Jahren formulierten Sterbeverbesserungstheorie ist zunächst sowohl anti-institutionell als auch anti-professionell. Medizinische Zumutungen und Krankenhausroutinen verhindern sowohl Reifungsprozesse als auch ein „Leben bis zuletzt". Am besten lassen sich die neuen Sterbevorstellungen zu Hause im Kreise der Angehörigen verwirklichen, mit der nötigen Zeit und Ruhe zur Einkehr und in einer Umwelt, die weitestmöglich Normalität und Alltag gestattet. Die neuen Sterbevorstellungen wurden in Deutschland während der 1980er

Jahre von Sterbebegleitungsinitiativen ausprobiert, die auf bürgerschaftlichem Engagement beruhten. Diese Hospizinitiativen der Klein- und Mittelstädte, oft unter Leitung von Theologen, führten zu einer institutionellen Transformation: Das Ziel der Einrichtung stationärer Hospize mobilisierte die ehrenamtlichen Mitglieder und die Bewegung für das gute Sterben wurde in Gang gehalten. Aus der ursprünglich institutionsfernen häuslichen Sterbebegleitung entstand ein neuer Institutionstyp: eine Einrichtung nur für das Sterben! Die Sterbekritik treibt in neue Lösungsformen, die am Ende wieder institutionell und damit professionalisierbar sind.

Politik, Krankenhaus- und Wohlfahrtsverbände reagierten allerdings skeptisch bis ablehnend. Sie sahen in den „Sterbekliniken" während der 1970er und 1980er Jahre dunkle Sterbeghettos und einen „Schritt hin zur Euthanasie", wie etwa das Kommissariat der deutschen Bischöfe auf eine Anfrage des Bundesministeriums für Jugend, Familie und Gesundheit im Jahre 1978 reagierte (Seitz und Seitz 2002: 293 ff.). Dass sich dennoch der neue Einrichtungstyp durchsetzte und die Gesundheitspolitik umschwenkte, ist besonders dem Lebensgedanken zuzuschreiben, der die Abgrenzung zur aktiven Sterbehilfe und zur Vorstellung der Aussonderung Sterbender impliziert. Das Hospiz entwickelte sich zu einer krankenhausfernen Alternative, die zunächst nur auf geringem Niveau institutionalisiert war. Hospize wurden von Spendengeldern finanziert und befanden sich bis Anfang der 2000er Jahre außerhalb des Sozialversicherungssystems. Als Großeinrichtung konnten sie sich nie durchsetzen; oft nur mit vier bis sechs Betten ausgestattet, manchmal in Privathäusern oder als Teil von kirchlichen Einrichtungen von Ordensschwestern betrieben, haben sie in der Regel eine Kapazität von 10 bis 16 Betten.

Das Hospiz präsentierte sich damit als ein institutioneller Lösungsvorschlag angesichts der öffentlichen Kritik am Sterben im

Krankenhaus. Das trieb die Ärzteschaft in die Enge und delegitimierte das bisherige ärztliche Vorgehen der Sterbeorganisation, da nun auf eine Alternative verwiesen werden konnte. Einige Ärzte nahmen die Kritik positiv auf und initiierten in den Krankenhäusern nach dem Vorbild der Hospize nur mit wenigen Betten versehene Palliativeinheiten, die zunächst in den 1980er und 1990er Jahren als Modellvorhaben neben der Normalversorgung eingerichtet wurden (Bundesministerium für Gesundheit 1997). Im Zuge dieser praktischen Lösung wurden Hospize in die Versorgungsketten integriert. Der rhetorische Hinweis auf den Hospizgedanken lieferte in der Frühphase der Palliativstationen die ideologische Anbindung an das gute Sterben. Inzwischen ist das Hospiz nicht mehr die einzige Leuchtturmeinrichtung des guten Sterbens, sondern Bestandteil der sich zunehmend ausbreitenden Vernetzung von Einrichtungen der Palliativversorgung unter der Dominanz des Medizinischen.

Für das Jahr 2014 gibt der Deutsche Hospiz- und Palliativverband eine Anzahl von 214 stationären Hospizen für Erwachsene mit insgesamt 2.140 Betten an, in denen etwa 30.000 Menschen versorgt werden. Hinzu kommen 14 stationäre Hospize für Kinder, Jugendliche und junge Erwachsene sowie 1.500 ambulante Hospizdienste. Bis 2013 hatten über 8.200 Mediziner die Zusatzausbildung zum Palliativmediziner absolviert und mehr als 100.000 Menschen engagieren sich ehrenamtlich, bürgerschaftlich und hauptamtlich für die Pflege schwerstkranker und sterbender Patienten. Weiterhin gibt es über 270 Teams der Spezialisierten ambulanten Palliativversorgung (SAPV) (vgl. http://www.dhpv.de/service_hintergruende.html, Zugriff: 22.05.2015). Die Deutsche Gesellschaft für Palliativmedizin gibt für das Jahr 2014 eine Anzahl von 306 Palliativstationen an (vgl. https://www.dgpalliativmedizin.de/images/stories/Entwicklung_Palliativ_und_Hospiz_station%C3%A4r_1996-2014.JPG, Zugriff: 22.05.2015). Hospiz- und Palliativversorgung gehört inzwischen sowohl im ambulanten als auch im stationären Bereich zur Regelversorgung.

Allerdings kann immer noch eine Unterversorgung angenommen werden, wenn davon auszugehen ist, dass über 10 Prozent der Sterbenden (also über 80.000 Personen) spezialisierte palliative Betreuung benötigen.

3. Semantische Konflikte

Die Durchsetzung des Hospizes als Versorgungsform für die Organisation des Sterbens verlief nicht ohne Konflikte und lässt etwa so zusammenfassen: Die Überzeugungsarbeit, die in den 1970er und 1980er Jahren geleistet wurde, bezog sich nicht so sehr darauf, dass die Versorgung Sterbender verbessert werden musste – darin waren sich alle einig. Dominierend ging es um die Aufwertung eines neuen Versorgungstyps.

(1) Aus der „Sterbeklinik" wurde zunächst das „Sterbehospiz", schließlich wurde auf das Sterben in der Bezeichnung gänzlich verzichtet. Rhetorisch wurde immer darauf hingewiesen, das Sterben nicht institutionalisieren zu wollen. Nicht zuletzt aus diesem Grund sind Gründungen stationärer Hospiz immer von ehrenamtlichen Initiativen flankiert und initiiert, mit denen Alltagsnähe hergestellt wird.

(2) „Terminalpflege" war praktisch eine pflegerische Basisversorgung, in der sich der Arzt von der Behandlung zunehmend zurückzog und auf kommunikative Bedürfnisse des Patienten kaum Bezug genommen wurde. Eine umfassende „Palliativpflege" ging dagegen auf die ganzheitlichen Ansprüche des Patienten ein und schloss auch die palliative, also symptomorientierte Medizin ein. Diese galt in Medizinerkreisen bis in die 1970er Jahre als schlechte Medizin, da sie mit dem Paradigma der Ursachenbehandlung bricht und dem Patienten die Hoffnung auf Heilung raubt. Hospize boten den Ort, um Symptomorientierung im Dienst der Lebensqualität eine positive Deutung zu verleihen.

(3) Bei der Linderung von Beschwerden geht es insbesondere um Schmerzbekämpfung. Der Schmerz, im traditionellen medizinischen

Verständnis vom Patienten als Teil der Heilungsanstrengungen hinzunehmen, wird in der Sterbephase als zu therapierende Zumutung angesehen.

(4) Sedierung, als Kampfbegriff schlechter Pflege und medizinischer Vernachlässigung ehemals stigmatisiert, wird anerkannte therapeutische Praxis, um erwünschte Bewusstheit und Schmerzfreiheit zu balancieren. Ihre Extremform der terminalen Sedierung wird aus dem Bereich der Sterbehilfe in den Kontext der Sterbebegleitung gesetzt. Sie stellt das letzte Mittel dar, um bei unerträglichen Qualen wie Schmerzen oder Luftnot zu helfen, wobei sich die nicht intendierte, aber in Kauf genommene Lebensverkürzung an der Leidensfreiheit relativiert.

(5) Ganz wesentlich für die Zustimmung zum Hospiz ist schließlich die Ablehnung der aktiven Sterbehilfe als ideologische Ausrichtung der gesamten Hospizbewegung, womit sowohl die Ärzteschaft als auch Kirchen und Wohlfahrtsverbände als Befürworter gewonnen werden konnten. Hospizpflege ist Beistand, Unterstützung und Begleitung des Sterbenden in seiner letzten Lebensphase, aber nicht das Herbeiführen des Lebensendes.

Mit der Umdeutung von üblichen, aber eben auch stigmatisierten Praktiken und deren Weiterentwicklung konnte sich das Hospiz als Versorgungsinstitution nach einer etwa zehnjährigen Pionierzeit ab Mitte der 1990er Jahre als reguläre, wenn auch alternative Versorgungspraxis etablieren. Das Hospiz und die damit verknüpfte palliative Medizin bildet eine Alternative zum „Nichts-mehr-tun-können", wenn Heilungsanstrengungen nicht mehr als angebracht gelten. Ärzte und Pflegekräfte brauchen nun nicht mehr in einem Graubereich zu arbeiten, es gibt eine klare Terminologie und anerkannte Regeln, vor allem bei der Schmerzbekämpfung. Eine spezialisierte Sterbendenbetreuung reduziert somit Komplexität und entlastet das Krankenhaus, das sich stärker dem kurativen Kerngeschäft widmen kann.

III. Die Praxis der guten Sterbendenversorgung

1. Sterbeverläufe untersuchen

Das Hospiz ist genauso wie andere Sozialisationsinstitutionen zu analysieren. Als zu lösendes Problem ist das Sterben definiert, wofür ein Mitarbeiterstab — Pflegekräfte und Ärzte — zuständig ist, der mit seinen Mitteln und Techniken den Zweck der Einrichtung, das heißt Unterbringung, Behandlung und Pflege bis zum Tod, erfüllt. Hospizpatienten müssen als Sterbende schon etikettiert sein; das übernehmen die vorgeschalteten Behandlungsinstitutionen. Patienten müssen sich an die Rahmenbedingungen gewöhnen, das heißt auch, sie integrieren sich in Organisationsroutinen und übernehmen Organisationsanforderungen. Das Hospiz bringt den Sterbenden als eigenständige Figuration hervor, die sich von anderen ähnlichen Figurationen wie die des Kranken und des Pflegebedürftigen unterscheidet. Der moralische Status des Patienten als Sterbender ist ein Ergebnis fortlaufender Interaktionen, in denen die vom Personal vergebenen Identitäts- und Rollenzuweisungen verhandelt werden. Die Erfüllung der Rolle als Sterbender folgt einem konzertierten Handlungsprogramm von Pflege und Medizin. Da Sterben vornehmlich als eine irreversible körperliche Verschlechterung gilt, beinhalten Zuweisungen an Identität Zuweisungen an den Körper und Deutungen des Körpers. Die Normen des guten Sterbens werden sich demzufolge auch in den Körperpraktiken niederschlagen müssen.

In diesem Abschnitt wird von einer soziologischen Beobachtungsstudie berichtet (vgl. Dreßke 2005). Untersucht wurde die Hospizarbeit durch teilnehmende Beobachtungen in zwei Einrichtungen mit einer Kapazität von 14 bis 16 Betten über jeweils zwei Monate hinweg. In beiden Hospizen arbeiten hauptamtliche Pflegekräfte und eine Sozialarbeiterin sowie ehrenamtliche Begleiterinnen, Zivildienstleistende und Praktikanten. Die medizinische Versorgung wird von niedergelassenen Ärzten mit einer palliativen Spezialisierung gesichert. Die Aufenthaltsdauer der meisten Patienten betrug weniger als zwei Wochen, es wurden aber auch einige Patienten begleitet, die sich über zwei Monate im Hospiz aufhielten, bis sie dort verstarben. Während des Beobachtungszeitraums wurden lediglich vier Patienten nach Hause entlassen. Die Trägerschaft der Einrichtungen (ein Hospiz hat einen kirchlichen Träger, das andere ist eigenständig und nicht konfessionell gebunden) spielte keine Rolle für die Organisation der Sterbeverläufe, zentral ist vielmehr die Verpflichtung des Personals an die durch die Hospizideologie gesicherte Pflegepraxis. Interviews in sechs weiteren Hospizen mit der Leitung und mit Pflegekräften ergaben den Eindruck, dass die kommunikativen und medizinisch-pflegerischen Dimensionen der Hospizversorgung weitgehend ähnlich sind. Die Hospizuntersuchungen wurden durch weitere Beobachtungsstudien in drei Krankenhausstationen der Normalversorgung sowie in vier Palliativstationen flankiert. Im Zentrum der Inhaltsanalyse des erhobenen Materials standen Interaktionen zwischen Personal und Patienten, in deren Verlauf sich die Patientenkarriere während des Aufenthalts im Hospiz konstituiert. Es soll gezeigt werden, wie Pflegende und Ärzte mit dem Ziel arbeiten, das gute Sterben herbeizuführen, und welche Verantwortung den Patienten dabei zufällt.

2. Neue Zuwendungskultur

Im Hospiz wird mit der Einstellung gearbeitet, dass sich eine gute Körperpflege positiv auf die Stimmung und das Wohlergehen der Patienten auswirkt. Waschen, Eincremen und Massieren werden nicht nur unter dem Aspekt der Hygiene und der Hautpflege gesehen, sondern sind Bestandteil der Arbeit am Wohlbefinden des Patienten. In der Atmosphäre von intimisierter Nähe und emotionaler Zugewandheit wird das Befinden des

Patienten gedeutet und entsprechend reagiert. Die Pflegetätigkeiten geben Anlass für Gespräche und es werden die Stimmungen, Launen und Gefühle der Patienten im Pflegeteam kommuniziert. Dabei geht es vor allem um die kleinen alltäglichen Dinge: dass das Essen gut schmeckt, die Sorge um den Haarausfall oder das Rauchen einer Zigarette. Diese Kommunikationsangebote unterstützen Patienten darin, sich als Personen mit eigener Biographie und Identität zu präsentieren (Eschenbruch 2007). Im Idealfall können sie sich so authentisch und für das Personal nachvollziehbar mit ihrem Sterben auseinandersetzen und bringen dafür die geforderte Gefasstheit und Diskretion auf, wenn sie ihre Verluste thematisieren und ihr Leben bilanzieren. Das Arbeitsklima erfordert von den Pflegekräften und den Patienten einen „strukturellen Zwang zur Nähe", indem über die Pflege auch Persönliches angesprochen wird (Pfeffer 2005: 181), der auf diese Weise nicht in der Normalversorgung des Krankenhauses stattfindet. Der Körper ist immer das zentrale Kommunikationsmedium, da die gesundheitlichen Verschlechterungen und die damit einhergehenden Pflegetätigkeiten Todesnähe nur allzu deutlich machen. Qua Pflegearbeit leiht das Personal den Patienten ein „Identitätskorsett", das ihren mentalen und gesundheitlichen Zuständen „angepasst" ist. Schreitet der Sterbeprozess voran, werden Identitätsdimensionen nicht weiter forciert, aber auch nicht aktiv abgewiesen. Die Deutung der Wünsche und Bedürfnisse über den Körper wird vor allem dann wichtig, wenn Patienten immer schwächer werden und sich kaum noch artikulieren können.

3. Friedliches Sterben – ein Fallbeispiel

Ein beispielhafter Sterbeverlauf soll die Normen nachvollziehen, mit denen Sterben organisiert wird, und welche Anstrengungen damit verbunden sind, ein gutes Sterben herbeizuführen: Herr Schumann ist 63 Jahre alt und hat einen Krebs im Rachenbereich.[1] Durch die Sprechkanüle

---

1) Alle Eigennamen wurden anonymisiert.

ist er nur sehr schwer zu verstehen. Er befindet sich schon seit zwei Monaten im Hospiz und es geht ihm zusehend schlechter. Er ist bettlägerig, hat Flüssigkeitsansammlungen in seinem Körper (Ödeme, Wassereinlagerungen), leidet an starken Schmerzen, und die Flüssigkeit in seiner Lunge muss immer wieder abgesaugt werden. Der Arzt meint, dass er nun im Sterben liege. Der Patient hat schon im Vornherein den Wunsch geäußert, bei starken Schmerzen sediert zu werden. Tatsächlich zieht sich der Sterbeverlauf noch über drei weitere Wochen hin. Der Patient ist unruhig und in den Pflegeübergaben wird von Angstattacken berichtet. Deshalb ist immer wieder jemand bei ihm, auch in der Nacht, und er bekommt Beruhigungsmittel und Sauerstoffgaben. Sein Zustand stabilisiert sich zwischendurch auf niedrigem Niveau. Die Angehörigen, seine beiden Brüder und deren Familien, werden immer wieder benachrichtigt, wenn es dem Patienten schlechter geht. Jeder Besuch scheint dann der letzte zu sein. Herr Schumanns letzter Wunsch, noch einmal seinen Hund zu sehen, wird von einem Bruder zunächst nicht ernst genommen. Erst als sich eine Krankenschwester dafür einsetzt, bringt er ihn ins Hospiz mit. Zwei Wochen, nachdem der Arzt das erste Mal seine Sterbeprognose gegeben hat, wird folgendes Ereignis protokolliert:

Herr Schumann bekommt Besuch von seinem Bruder, der sich aber nur kurz im Zimmer aufhält, weil der Patient gerade schläft. Bevor er das Hospiz wieder verlässt, unterhält er sich mit Schwester Sandra auf dem Flur. Sie sagt zu ihm: „Es ist gut, dass er schläft. Er wollte auch schlafen.“ Der Bruder erwidert, er macht sich Sorgen, deshalb kommt er persönlich und fragt nicht telefonisch an. Aufgebracht beschwert er sich jetzt bei Schwester Sandra über den Arzt: „Der Arzt hat gesagt: ‘In 24 Stunden lebt er nicht mehr.’ Jetzt lebt er aber immer noch. Das hat der Arzt schon zehnmal gesagt!“ Schwester Sandra besänftigt ihn: „Herr Schumann hat ein kräftiges Herz. Man kann das nicht wissen.“ Der Bruder beruhigt sich und er berichtet vom gelungenen Besuch mit dem Hund vor zwei Tagen. Herr

Schumann hat sich darüber sehr gefreut, was auch von Schwester Sandra bestätigt wird. Anschließend verabschiedet sich der Besuch von der Schwester.

Die Interaktionssequenz zwischen der Krankenschwester und dem Angehörigen ist sehr erhellend für die Organisation des Sterbeverlaufs. Zunächst legitimiert die Pflegerin den schläfrigen Zustand des Patienten. Dabei aktualisiert sie den Patienten als Akteur, wenn sie hinzusetzt: „Er wollte es so.“ Damit wird vermittelt, dass das Personal nur unterstützend eingreift; über die Gabe von Sedativa, die Schlaf und Ruhe erst ermöglicht, wird nicht gesprochen. „Schlaf“ wird hier zu einer Metapher des Zustandes des Patienten und des Wunschbildes für den Sterbeverlauf. Herr Schumann soll möglichst friedlich dahinscheiden, eben „entschlafen“ können. Er ist geschwächt durch die fortschreitende schleichende Krankheit und sucht nach Ruhe. Herr Schumann wird als Person angesprochen, als an die Episode mit dem Hund erinnert wird. Noch einmal wird ihm ein emotional bedeutendes Erlebnis ermöglicht und biographische Kontinuität hergestellt. Jetzt, da er den Hund gesehen und sich darüber gefreut hat, kann er doch vom Leben „loslassen“, wie es bei anderen Patienten formuliert wird. Er hat selbst einige Tage vorher gesagt, dass er sterben will. Auf diese Weise entfaltet sich eine Geschichte des guten Sterbens, die über die Geschichte des verzögerten Sterbens gelegt wird: Sie ist an die Prüfungen des Patienten gebunden: an das Ertragen der körperlichen Beeinträchtigungen, mit dem Austragen von Hoffnung und mit der gegenseitigen Versicherung von Angehörigem und Pflegekraft, alles für Herrn Schumann getan zu haben – und das bedeutet, alles für ein gutes Sterben getan zu haben.

Das gute und friedliche Sterben ist allerdings nicht einfach zu erreichen. Mit dem Hinweis auf das „kräftige Herz“ beschwichtigt die Krankenschwester den Angehörigen, indem sie ihn auf die prinzipielle Ungewissheit des Sterbeablaufs hinweist. Die Vitalität des „kräftigen

Herzens“ verhindert zwar nicht das Sterben, zögert es aber doch hinaus und verursacht Ungleichzeitigkeiten. Seine körperliche Vitalität widerspricht seiner mentalen und geistigen Schwäche und verhindert die Balance eines wohlgeordneten Ablaufs und produziert sogar Leiden, indem es das Leben verlängert. Die Krankenschwester bringt damit jedoch nicht die gesamte Tragweite der Körperlichkeit des Patienten zum Ausdruck: Weder die Gefahr des Verblutens noch der Krebs oder die Gesichtsschwellungen werden thematisiert. Stattdessen betont sie die realistische Sterbeerwartung von Herrn Schumann. Die Akzentuierung des Patientenwillens und die Ausklammerung der Verfallsprozesse des Körpers gehören zu den Repräsentationsstrategien des Hospizes als einem Expertenmilieu. Selbst bei einem offenen Bewusstheitskontext, also wenn alle Beteiligten darüber informiert sind, dass der Patient bald sterben wird, werden nicht die für einen Laien problematischen Aspekte thematisiert — höchstens angedeutet. Um die Schwierigkeiten der Verlaufsgestaltung für das Personal zu erläutern, muss deshalb näher auf den professionellen Kontext der Pflege eingegangen werden.

4. Die Organisation von Sterbeverläufer

Die Pflegekräfte reagieren auf die zunehmende Verschlechterung des Patienten in der vermuteten Todesnähe, indem sie Pflegetätigkeiten nur noch dann ausführen, wenn es unbedingt erforderlich ist. Stattdessen wird Sitzwache gehalten, Schweiß abgetupft und die Lippen befeuchtet. Hygienische Ansprüche werden zugunsten der Reduzierung von Zumutungen balanciert. Das sukzessive Zurückfahren der Körperpflege stößt jedoch dann an Grenzen, wenn der schwache Zustand des Patienten andauert und der erwartete Tod nicht eintritt. Irgendwann muss der Patient dann doch gründlicher gewaschen, müssen Laken und Windel doch gewechselt und der Patient dabei stärker bewegt werden. Bei Herrn Schumann tritt zusätzlich die Schwierigkeit auf, dass sein Krebsgeschwür am Hals aufbrechen kann und er dadurch verbluten würde. Sein Tod könnte so während der Pflegetätigkeiten herbeigeführt werden, so zumindest befürchtet es eine Pflegekraft: „Ich drehe ihn um und er stirbt."

Der Sterbeverlauf wird in diesem Pflegearrangement dirigiert und der Spielraum möglicher Verlaufsstörungen und Schlamasselsituationen möglichst eingegrenzt. Eine zentrale Unterstützung bietet die Praxis der Sedierung (Nauck et al. 2007). Sie stellt die Kontrolle der körperlichen und mentalen Äußerungen des Patienten sicher: seinen Aktionsradius, seine Körperzeichen mit den Symptomen der Unruhe, der Schmerzen und der Atemnot sowie seine Äußerungen von Angst und Depression. Mit der Sedierung werden sowohl Identitätszuweisungen mit der Verschlechterung des körperlichen Zustands als auch die disparaten Körperäußerungen untereinander verknüpft. Das Risiko, dass der Patient nicht mehr Adressat von Reziprozitäts- und Identitätsgesten sein kann, wird durch die graduelle Anpassung der Dosierung an die Symptomäußerungen verhindert. Mitunter werden sogar Schmerzmitteldosierungen herabgesetzt, wenn das Personal den Eindruck hat, der Patient sei zu schläfrig und auch bei einer geringeren Dosierung symptomfrei. Das erklärte Ziel besteht in der Symptomfreiheit bei gleichzeitiger Bewusstheit. Bei Herrn Schumann fällt die Sedierung insofern leicht, weil er ausdrücklich damit einverstanden war. Im Team wird ganz offen darüber diskutiert, wobei die Wünsche des Patienten advokatorisch aufgenommen werden. Herr Schumann, so wird gesagt, wollte „nichts vom Sterben mitbekommen". Auf diese Weise wird eine vom Patienten ausgehende Legitimation für die Sedierung geschaffen, und es werden gleichzeitig Entschuldigungsgesten gefunden, um Pflegetätigkeiten bei bewusstseinsgetrübtem Zustand auszuführen, Gesten, die den Patienten als Person konstituieren. Vier Tage nach der berichteten Episode mit dem Bruder stirbt Herr Schumann einen schmerzfreien Tod. Anschließend nimmt das Pflegeteam in einer Zeremonie von ihm Abschied – man merkt, dass es für sie nicht einfach war.

Auch wenn das Personal mit Herrn Schumann gelitten hat, so hat es doch robust auf seinen Sterben reagiert: Es arbeitet schließlich in einer Einrichtung, die für Sterbende da ist, und Sterbeumstände können auch bei verzögerten Verläufen gestaltet werden. Das Hospiz ist damit ein aktivitätsorientiertes Milieu: Sterben wird nicht einfach zugelassen, aber es wird vermieden, die Eingriffe als willkürlich, abrupt oder von außen gesteuert aussehen zu lassen und so versucht, den Patienten als „Regisseur seines Sterbens" zu repräsentieren. Der Verlauf von Herrn Schumann zeigt, dass das Sterben einer sehr diffizilen und manchmal gar nicht selbstverständlichen Steuerung anheimgestellt ist, mit der ein friedlicher Verlauf erreicht werden soll. Trotzdem können Spannungen auftreten, hervorgerufen durch Ungleichzeitigkeiten der körperlichen und mentalen Verschlechterungen. Auf einer Krankenhausstation mit palliativer Orientierung wurde beobachtet, dass das Personal versucht, gleichsam mimetisch sich dem körperlichen Verfallsprozess anzunähern und so der Vorstellung von einem natürlichen Tod zu entsprechen (Streckeisen 2001). Auch im Hospiz findet diese Praxis Anwendung, nur, dass zusätzlich neben den körperlichen Vorgängen auch die Sterbebewusstheit des Patienten und seine Ansprüche an die bürgerliche Identität berücksichtigt werden.

Obwohl das Hospiz als Alternative zum Sterben im Krankenhaus und im Pflegeheim gilt, ist es doch kein so medizinfernes Milieu, wie es manchmal scheinen mag. Auch im Hospiz werden Sterbeverläufe medizinisch gesteuert – nicht immer mit Sedierung, aber doch fast immer mit Schmerz- und Beruhigungsmitteln. Die Medizinkritik der 1970er und 1980er Jahre befürchtete ein Sterben an Apparaten. Dies ist nicht eingetreten, zumindest nicht bei chronisch degenerativen Krankheiten. Dennoch wird im Hospiz eine Medikalisierung des Sterbens betrieben – möglicherweise viel stärker, als es im Krankenhaus je der Fall war. Es ist allerdings eine „gute" Medizin, die – vermittelt durch die pflegerische Zuwendung – ein menschenwürdiges Sterben ermöglicht. Beides zusammen, palliative Medizin und eine den Patienten respektierende Pflege, macht dann die Sterbekultur im Hospiz aus.

IV. Sterben als konzertiertes Programm

Das Fallbeispiel zeigt nicht zuletzt, dass Sterben gesteuert wird, und zwar nach den Vorstellungen eines natürlichen Verlaufs, bei dem der körperliche Zustand, Identitätsdimensionen und die sozialen Anbindungen in ihren graduellen und stetigen Abwärtstrends aufeinander verweisen. Vermieden werden plötzliche Verschlechterungen. Entsprechend der Typologie von Sterbevorstellungen nach Walter (1994) lassen sich die einzelnen Dimensionen der Sterbeorganisation als traditionelles, individuelles und medizinisch korrektes Sterben beschreiben.

1. Traditionelles Sterben: Abschied von der Gemeinschaft

Die ideologischen Einstellungen des Hospizes schließen an die Kritik des Sterbens im Krankenhaus der 1950er und 1960er Jahre an, die sich an traditionellen Sterbevorstellungen des 19. Jahrhunderts orientieren (Ariés 1976). Im Zentrum steht die Totenbettszene, in der sich die Familie noch einmal um den Sterbenden versammelt, um Abschied zu feiern. Totenbettszenen und Trauerrituale sind Bestandteil der Hospizarbeit. Angehörige werden zu Besuchen ermuntert und haben die Möglichkeit, im Gäste- oder im Patientenzimmer zu übernachten. Unter Umständen werden Pflegekräfte zu einer zeitlich befristeten Ersatzfamilie, zumindest zu signifikanten Bezugspersonen. Patienten dürfen, wenn es nur irgendwie möglich ist, nicht allein sterben. Besonders gelungen ist das Sterben, wenn ein Angehöriger anwesend ist, ansonsten stellen Pflegekräfte Gemeinschaft um den Sterbenden her. Die Orientierungen auf Transzendenz und Humanität setzen sich in der zeremonialen Ordnung durch, im Abschied am

Totenbett, in den Gästebüchern und den Verabschiedungsritualen im Pflegeteam.

Die Gemeinschaftsorientierung repräsentiert das Hospiz auch als offene und öffentliche Gesamtorganisation: Eingeladen wird zu Eröffnungen von Kunstausstellungen und zu Jahresfeiern. Das Hospiz versteht sich als Bildungseinrichtung, die von Schülern und Auszubildenden besucht wird und in der sich Therapeuten und Pflegekräfte fortbilden. Zentral dabei ist das Selbstverständnis als karitative Einrichtung, die sich dem Dienst an Menschen in einer außergewöhnlichen Problemsituation widmet. Sterben und Versorgung von Sterbenden ist etwas Besonderes, und die Existentialität des Sterbens wird immer betont. Mit solchen öffentlichen Veranstaltungen wird demonstriert, dass die Versorgung Sterbender nicht in einem gesellschaftlichen Sonderbereich stattfindet.

2. Individuelles Sterben: Abschied vom Selbst

Die traditionelle Sterbevorstellung ist ein ideologisches Korsett, in das die Sterbevorstellung des individuellen Sterbens eingebettet ist. Dabei nimmt das Hospiz Identitätsnormen der reflexiven Moderne auf (Beck und Lau 2005, Giddens 1991). Demnach hat sich der Einzelne bis zum Schluss zu behaupten, seine Identität zu definieren und unter Umständen „zu erfinden". Das Hospiz nimmt solche Vorstellungen auf, indem es die Individualität der Patienten betont und in der konkreten Pflegearbeit hervorlockt. Im Hospiz stirbt eine Person mit ihrer eigenen Biographie ihren eigenen Tod, heißt es immer wieder (z.B. Student 1993). Patienten werden in ihren Persönlichkeiten bestärkt, aber nicht nur das: Sie dürfen und sollen ihrer Trauer und Freude, ihren Hoffnungen und Ängsten Ausdruck verleihen. Das Hospiz hat eine eigene Kommunikationskultur entwickelt, in der Gefühle und der moralische Status kontinuierlich beobachtet, abgefragt und gedeutet werden. Das Sterben wird noch einmal als ein letzter und bedeutsamer

Höhepunkt inszeniert und das Leben noch einmal gebündelt.

Verbunden sind diese Vorstellungen insbesondere mit den von der Psychiaterin Elisabeth Kübler-Ross formulierten Sterbephasen (Kübler-Ross 1969). Sterben ist ein persönlicher Entwicklungsprozess hin zu innerer Reife. Die aus dem religiösen Kontext entliehenen Motive der Läuterung und Prüfung werden in esoterische Wissensbereiche integriert. Zentral sind das subjektive Erleben und eigene Deutungen, die zur Akzeptanz des Todes führen. Dafür werden auch Äußerungen des Körpers hinzugezogen. Sterben wird als Phase im Lebenslauf definiert mit dem Entwicklungsziel des letzten großen Selbst-Entwurfs. Vom Leben loslassen ist von den Patienten selbst gesteuert und unterliegt ihrer Souveränität. Allerdings sind die Patienten mit dieser Entwicklungsaufgabe nicht allein gelassen. In der Verpflichtung, ihre Selbstauflösung gleichsam freiwillig zu betreiben, werden Sterbende durch das Hospizpersonal unterstützt.

3. Medizinisch korrektes Sterben: Abschied vom Körper

Die Arbeit, vom „Leben loszulassen", kann der Patient zwar auch im Schlaf oder im Zustand eingetrübter Bewusstheit verrichten (Jonen-Thielemann 1997); für die neuen Sterbenormen ausschlaggebend ist jedoch seine Bewusstheit. Obwohl der Körper mit der zunehmenden Verschlechterung seines Zustands die Ursache für das Sterben ist, darf er nicht vom Sterben ablenken. Das medizinisch angestrebte Ziel ist das symptomfreie Sterben, wofür der Körper des Patienten eng überwacht wird, wenn Ernährung, Ausscheidung, Körpergefühl, Atmung und Kognition kontrolliert werden. Körperäußerungen werden auf das Sterben hin gedeutet, das Sterben wird medikalisiert.

Für die medizinische Organisation des Sterbens zentral ist die Palliativmedizin, die sich aus dem Kontext einer problematisch gewordenen kurativen Normalversorgung heraus professionalisierte. Üblicherweise organisiert die Kurativmedizin die Sterbephase als ein Therapieverzicht, als eine Phase des Abwartens und Nichts-mehr-tun-könnens, was bei einer längeren Sterbedauer regelmäßig zu einer fehlgeleiteten Organisation der Finalphase führt (Dreßke 2008, Glaser und Strauss 1974, Göckenjan und Dreßke 2002, Wehkamp 1999). Mit der Palliativmedizin entstehen neue therapeutische Möglichkeiten durch eine umfangreiche und durchgreifende Basisversorgung, insbesondere mit Beatmungsgeräten, Ernährungssonden und intravenösen Flüssigkeits- und Pharmaka-Gaben. Diese neuen Pflege- und Behandlungschancen in der Verwaltung von Patientenkörpern sind in jedem Pflegeheim und Hospiz anwendbar. Aus einem Therapieverzicht wird ein Therapiewechsel. Aus der internen Sicht der Medizin sichert die Palliativmedizin Behandlungskontinuität, indem sie erlaubt, medizinische Interventionen entsprechend dem Gesundheitszustand „herunterzufahren". Die Palliativmedizin definiert sich auf diese Weise nicht durch den Therapieabbruch kurativer Maßnahmen, über den qua Überweisung aus der Kurativstation in die Palliativversorgung entschieden wird, sondern durch die Vermittlung sanfter Verfahren. Palliativmedizin ist gewissermaßen die ungewöhnliche medizinische Profession des Abwartens auf den Tod und hat das „Nichts-mehr-tun-können" in medizinische Kunst transformiert.

4. Das Hospiz als Lösungsform für das soziale Problem des Sterbens

Sterben wurde zu einem sozialpolitischen Problem, weil die Sterbeverläufe länger und komplexer geworden sind, mit vielfältigen Unwägbarkeiten, und weil zunehmend höhere Erwartungen an das gute Sterben gestellt werden. Die Familien sind damit allein überfordert und die konventionelle kurative Medizin hält dafür keine angemessenen Lösungen bereit. Die Institutionalisierung des Sterbens durch Hospiz und Palliativmedizin ist damit eine typische Lösungsform in der funktional differenzierten modernen Gesellschaft für ein soziales Problem. Das Hospiz ist erfolgreich, weil Idealisierungen des guten Sterbens aufgegriffen und weiterentwickelt worden sind, die dann tatsächlich realisiert werden. Im Zentrum der Sterbevorstellungen steht das natürliche Sterben als Abwärtsentwicklung des körperlichen Zustandes, das um soziale und kommunikative Dimensionen erweitert wird. Damit ist Sterben auf das Leben orientiert und nicht auf den Tod. Sterben ist ausgefüllt mit Aufgaben und Tätigkeiten, mit Rechten und Pflichten. Sterben ist harte Arbeit, gestaltete Zeit und hat Akteure - Sterbende, deren Angehörige und ihre spezialistischen Helfer. Konkret ist Sterben ein Problem der Medizin, Sterbeverläufe an progredient verlaufenden chronischen Krankheiten zu organisieren. Die Ausdehnung des Sterbens, also die Zeit zwischen der Erkenntnis, dass der Patient „austherapiert" ist, und seinem Tod, ist für die Medizin eine Leerstelle gewesen. Palliativmedizin bietet die Chance, diese Leerstelle mit neuen Deutungen und Verfahren zu belegen und professionalisierte Problemlösungskompetenz zu demonstrieren. Sterben wird also weiterhin unter einem medizinischen Regime betrieben und nicht etwa anderen Experten überlassen.

Eine Spezialinstitution für das Sterben bietet weiterhin einen Vorteil im Hinblick auf die Markierung der Grenze von Leben und Tod: Beim zunehmenden Fortschritt der Medizin und bei zunehmend längeren Sterbeverläufen werden diese Grenzen immer weniger deutlich bestimmbar (Lindemann 2002, Schneider 1999). Die Medizin macht die Lebensdauer disponibel, und der Todeszeitpunkt wird zum Artefakt ihrer Interventionen und zum Ergebnis sozialer Aushandlungen und Vereinbarungen. Für die Öffentlichkeit muss diese Grenze jedoch gut konturiert sein, der „richtige" Todeszeitpunkt gewinnt immer mehr an Bedeutung: Weder darf Leben „künstlich" verlängert noch frühzeitig beendet werden. Beides sind Eingriffe in das Naturhafte, ersteres ist zwar hinnehmbar, aber immer weniger akzeptabel, letzteres verstößt gegen das Tötungsverbot. Hospiz und

Palliativmedizin bieten Verfahren, mit denen die medizinischen Eingriffe in einem Deutungsrahmen stattfinden, in dem die Willkürlichkeit der Lebensdauer und des Todeszeitpunktes ausgeblendet wird. In diesem geschützten Kontext kann die Medizin das Notwendige tun, um nicht akzeptierbares Leid beim Sterben zu verringern und dabei hinnehmen, dass Leben unter Umständen verkürzt wird – das juristisch Entscheidende ist nur, dass nicht die Absicht besteht, das Leben zu beenden. Das medizinisch zu bearbeitende Problem beim Sterben ist nicht der Tod, sondern die Qualen seines Verlaufs, der dann im Notfall verkürzt werden darf – dafür hat die Palliativmedizin Lizenz und Mandat. Das Tötungsverbot wird damit de facto in Einzelfällen unterlaufen. Die Beteiligten sind allerdings durch die ideologisch gefestigte Denkfigur des Lebensgedankens und durch die Herstellung des konkreten Sterbens als einen friedlichen Verlauf vor juristischen Risiken geschützt. Im Hospiz werden so die Unsicherheiten des langen Sterbens bearbeitet und gleichzeitig das Tötungsverbot auf gesamtgesellschaftlicher Ebene symbolisch gestärkt.

V. Schlussbemerkungen: Kultur- und Gesellschaftstechniken der Sterbekontrolle

Das Lebensende wird in der Regel nicht ohne das Leben zu denken sein.[2] Beide Themen sollen hier in einem dichotomen Verhältnis verstanden werden, aus dem sich vielfältige Spannungen, Widersprüche und Konflikte ergeben. Diese können auf einer allgemeinen Ebene durch folgende Stichworte charakterisiert werden: Auf der Seite des Lebens

2) Dieser Abschnitt ist die leicht umformulierte Version des Beitrags „Ars moriendi nova – eine Kultur- und Gesellschaftstechnik der Sterbekontrolle" für den Band „Ars moriendi heute? Diskussionen um eine neue Sterbekultur", herausgegeben von Daniel Schäfer, Christof Müller-Busch und Andreas Frewer (vgl. Dreßke 2012). Vielen Dank für die Überlassung der Rechte.

stehen Tötungsverbot und Lebensverlängerung, auf der Seite des Lebensendes das Wissen um diese Endlichkeit und die Notwendigkeit, Lücken im sozialen Netz zu schließen, die durch den Tod von Gesellschaftsmitgliedern gerissen werden. Gesellschaftlichkeit, also Ordnung, Kontinuität und stabile Erwartungen, wird durch den Tod gestört; der Tod selbst ist wiederum eine konstante Erwartung, an der sich gesellschaftliches Miteinander orientiert. Das komplexe Wechselverhältnis von Leben und Lebensende muss deshalb in soziale Praktiken, Diskurse, Rituale und institutionelle Lösungen überführt werden. Zur Debatte stehen die Todeskontrolle und die Verhandlung der Grenze von Leben und Tod.

Notwendig sind daher Kultur- und Gesellschaftstechniken der Konventionalisierung des Sterbens. Die normativen Dimensionen des Sterbens ergeben sich dabei aus den faktischen Bedingungen, unter denen Sterben stattfindet. Zum Schluss werden nun Rahmenbedingungen diskutiert, in denen solche konkreten und kontrovers diskutierte Themen wie Sterbehilfe, Todesstrafe, unheilbare Krankheiten, Friedhofskultur, Abtreibung, Palliativmedizin, Sterbebegleitung, Verkehrsunfälle, Umgang mit dem Leichnam, Ernährungssonden, Sedativa, Vorsorgeuntersuchungen oder Sterbeversicherungen eingehen.

1. Tötungsverbot und Todeskontrolle

Das Tötungsverbot ist die zentrale Rahmenbedingung, die die Reziprozität menschlichen Miteinanders sichert. Nur besondere Umstände und Begründungen setzen das Tötungsverbot außer Kraft, und das auch nur zeitweise und auf bestimmte Personen und Personengruppen begrenzt. Seine illegitime Übertretung wird mit harten Sanktionen bestraft. Im Laufe der zivilisatorischen Entwicklung monopolisiert der Staat das Recht zu töten und übernimmt die Todeskontrolle. In diesem Sinne ist Sterbekunst auch Staatskunst, Kunst der Führung von Menschen und Politik. Keine

Sterbedebatte wird also um Machtverhältnisse und Interessensoptimierung herumkommen. Der moderne demokratische Staat hat die Aufgabe, seine Bürger zu schützen, und zwar im Sinne einer Optimierung des Lebens und einer Ausdehnung der Lebensdauer. Im Bereich der Todeskontrolle sind solche kontroversen Diskussionen wie Abtreibung, Sterbehilfe und Todesdefinitionen angesiedelt. Vermieden werden soll ein durch Menschen herbeigeführter gewaltsamer Tod. Die Todeskontrolle ist weitgehend an die Medizin delegiert und wird durch das Recht sanktioniert.

2. Lebensverlängerung und die Wertschätzung des Lebens

Der Tod wird als nicht willkommen angesehen; alle gesellschaftlichen Anstrengungen richten sich auf Lebenserhalt, Lebensverlängerung und Todesvermeidung — nicht nur als Staatsaufgabe. Leben ist das höchste Gut, und vielfältige Sicherheitsvorkehrungen machen das Überleben von notwendigen Gefährdungen wahrscheinlich. Als Zeichen gesellschaftlichen Fortschritts wird jedenfalls die Ausdehnung der Lebenserwartung gesehen; inzwischen ist der Alterstod zur Normalerwartung geworden. Sterben ist unerwünscht und die Kommunikation mit Sterbenden mit Peinlichkeit behaftet; diese befinden sich in einer negativ bewerteten und marginalisierten Rolle. Daran ändern auch Aufwertungen nicht viel, wie etwa das Motto, dass man von ihnen lernen könne.

Leitwissenschaft der Sicherung des Lebens ist die Medizin, die den Tod in den Kontext von Gesundheit und Krankheit gebracht hat und das Sterben als körperliches Ereignis sieht — als Problem der Körperoptimierung. Mit der Ausdehnung des Lebens dehnt sich auch das Sterben aus, und die Grenze zwischen Leben und Tod wird im Zuge des technologischen Fortschritts unsicher. Sterbeverläufe werden ausgehandelt und zunehmend Gegenstand der Übersetzung zwischen lebensweltlichen Interessen und institutionellen Expertenkalkülen. Dass nicht einfach nur gestorben wird, sondern „sterben gelassen" wird, deutet auf einen intervenierenden Handlungsmodus, der zwar nicht notwendigerweise Leben verlängert, aber immerhin doch Natur zu beherrschen sucht und das Sterben sozialisiert.

3. Wissen um die Endlichkeit des Lebens und konkrete Erfahrungen des Sterbens

Wir stehen zwar auf der Seite des Lebens, das Leben wird aber immer schon von seinem Ende her gedacht. Daraus ergibt sich eine allgemeine Reziprozitätsnorm, sich um Sterbende zu kümmern, denn es ist gewiss, selbst zu sterben und auf Unterstützung angewiesen zu sein. Das Wissen um das Lebensende geht als Hintergrunderwartung in den Alltag und in die Organisation von Lebensläufen ein. Die Erwartung des friedlichen Alterstodes und des Sterbens in generativer Reihenfolge nimmt allerdings zumindest für die Jüngeren die Notwendigkeit, sich um das Lebensende ernsthafte Gedanken zu machen. Sterben ist für sie weitgehend aus dem Alltag ausgeklammert und nicht Gegenstand konkreter sozialer Erfahrungen. Die These von der Verleugnung oder der Verdrängung des Sterbens trifft also nicht das Problem. Problematisch wird die Nichtbeschäftigung mit dem Tod allerdings, wenn die Garantien des Alterstodes und der generativen Reihenfolge des Sterbens nicht erfüllt werden. Insbesondere für den Tod in den jüngeren Lebensaltern gibt es wenig soziale Vorkehrungen, und die starken emotionalen Belastungen müssen die Familienangehörigen weitgehend allein tragen.

Vorkehrungen für das Sterben wird man erst im höheren Alter treffen müssen. Das Wissen um den Tod verliert seine Abstraktheit, wenn es sich durch die eigene Erfahrung von Krankheit und Gebrechlichkeit und durch das Sterben von nahestehenden Personen konkretisiert. Sterbevorbereitung ist Lebensbilanzierung, Nachdenken über die eigene Endlichkeit und

Kontemplation über das „Leben nach dem Tod". Sterbevorbereitungen sind aber auch ganz praktisch Verfügungen, Testamente und Beerdigungsvorbereitungen sowie etwas, das durchaus vergessen wird: Kenntnisse über Experten und Institutionen, die Sterben und Tod zum Gegenstand haben, um Sterbeumstände gegebenenfalls selbst in die Hand nehmen zu können und nicht den Experten allein zu überlassen.

4. Ausgliederung und die Notwendigkeit, Lücken zu schliessen

Menschen, die sterben, hinterlassen eine Lücke im sozialen Netz. Die Vakanz der von ihnen eingenommenen Positionen führt zu Störungen normaler Abläufe. Je größer ihre Bedeutung für das gemeinschaftliche Leben ist und je mehr sie an signifikanten Knotenpunkten gestanden haben, desto problematischer wird das Gemeinschaftsleben, wenn sie nicht mehr da sind. Vorkehrungen für den Todesfall zu treffen, bedeutet dann das Aufrechterhalten von Kontinuität und Ordnung und ein reibungsloser Ablauf gesellschaftlichen Lebens. Auch hier haben moderne Gesellschaften einen Zivilisationsfortschritt gemacht. Der Alterstod macht das Sterben erwartbar, so dass frühzeitig Vorkehrungen für Nachfolgen getroffen werden können und man sich mit dem Tod zurechtfinden kann. Der Tod ist dann nicht mehr eine Störung auf gesamtgesellschaftlicher Ebene, sondern vorwiegend ein emotionales Problem in den Familien. Der Alterstod dämpft aber auch weitgehend emotionale Belastungen, da er häufig mit der Vorstellung der Erlösung von langandauernden Leiden verbunden ist. Der Austritt aus dem Arbeitsleben und der Wegfall aktiver Familienrollen sind dabei die ersten Schritte zur Ausgliederung aus dem aktiven Gesellschaftsleben. Die größte Bedrohung des eigenen Sterbens scheint dann allerdings nicht die vollständige Auslöschung zu sein, also der Tod selbst, sondern das verfrühte soziale Sterben, während man noch lebt, insbesondere in Folge von Krankheit. Sterbevorkehrungen haben also zu balancieren zwischen dem funktionalen Erfordernis, soziale Lücken zu schließen, und der Gefahr der Marginalisierung der Sterbenden. Der Einzelne sieht diese Gefahr für das eigene Sterben, das deshalb möglichst schnell vonstattengehen soll. Beim plötzlichen Sterben können die Hinterbliebenen allerdings nicht vom Sterbenden Abschied nehmen, was für sie starke emotionale Belastungen bedeuten.

Kulturtechniken des Sterbens werden sich an gesellschaftlich vorgegebenen Sterbeszenarien und an den Interessen und Anschauungen der jeweiligen Akteure orientieren. Sterben ist im Wesentlichen institutionell geleitet, Alltags- und Lebenswelt orientieren sich an arbeitsteiligen Expertenlogiken und nicht vice versa. In diesem Sinn ist eine Kunst des Sterbens für den Alltagsmenschen die Kunst des Navigierens in Institutionen, die Kunst des Verhandelns von Zuweisungen sowie die Kunst, mit der eigenen körperlichen Gebrechlichkeit und geistigen Schwäche zurechtzukommen.

Ariès, Philippe (1976): Studien zur Geschichte des Todes im Abendland. München: Hanser.

Beck, Ulrich, Lau, Christoph (2005): Theorie und Empirie reflexiver Modernisierung. In: Soziale Welt (56): 107-135.

Bickel, H. (1998): Das letzte Lebensjahr. In Zeitschrift für Gerontologie und Geriatrie (31): 193-204.

Bundesministerium für Gesundheit (1997): Palliativeinheiten im Modellprogramm zur Verbesserung der Versorgung Krebskranker. Baden-Baden: Nomos.

Dinkel, Reiner, H. (1994): Demographische Alterung. In: Baltes, Paul B., Mittelstraß, Jürgen, Staudinger, Ursula, M. (Hrsg.): Alter und Altern. Berlin: de Gruyter: 62-93.

Dreßke, Stefan (2005): Sterben im Hospiz. Frankfurt a.M.: Campus.

Dreßke, Stefan (2008): Identität und Körper am Lebensende. Die Versorgung Sterbender im Krankenhaus und im Hospiz. In: Psychologie & Gesellschaftskritik(32, Heft 2/3): 109-129.

Dreßke, Stefan (2012): Ars moriendi nova – eine Kultur- und Gesellschaftstechnik der Sterbekontrolle. In: Schäfer, Daniel, Müller-Busch, Christof, Frewer, Andreas (Hrsg) (2012): Ars moriendi heute? Diskussionen um eine neue Sterbekultur. Stuttgart: Franz Steiner: 191-194.

Elias, Norbert (1982): Die Einsamkeit des Sterbenden. Frankfurt a.M.: Suhrkamp.

Eschenbruch, Niklas (2007): Nursing stories. New York: Bergman.

Feldmann, Klaus (1990): Tod und Gesellschaft. Frankfurt a.M.: Lang.

Giddens, Anthony (1991): Modernity and self-identity. Cambridge: Polity Press.

Glaser, Barney G., Strauss, Anselm (1968): Time for dying. Chicago: Aldine.

Glaser, Barney G., Strauss, Anselm (1974): Interaktion mit Sterbenden. Göttingen: Vandenhoeck.

George, Wolfgang (Hrsg.) (2014): Sterben in stationären Pflegeeinrichtungen. Gießen: Psychosozial-Verlag.

George, Wolfgang, Dommer, Eckhard, Szymczak, Viktor R. (Hrsg.) (2013): Sterben im Krankenhaus. Gießen: Psychosozial-Verlag.

Göckenjan, Gerd, Dreßke, Stefan (2002): Wandlungen des Sterbens im Krankenhaus und die Konflikte zwischen Krankenrolle und Sterberolle. In Österreichische Zeitschrift für Soziologie(27, Heft 4): 80-96.

Hahn, Alois, Hoffman Matthias (2007): Einstellungen zu Krankheit und Tod. Vortrag auf der Jahrestagung der Görresgesellschaft am 1.10.2007 in Fulda.

Illich, Ivan (1977): Die Nemesis der Medizin. Reinbek b. H.: Rowohlt.

Jonen-Thielemann, Ingeborg (1997): Die Terminalphase. In: Aulbert, Eberhard, Zech, Detlev (Hrsg.): Lehrbuch der Palliativmedizin. Stuttgart: Schattauer: 678-686.

Kübler-Ross, Elisabeth (1969): On death and dying. New York: Macmillan.

Lindemann, Gesa (2002): Die Grenzen des Sozialen. Zur sozio-technischen Konstruktion von Leben und Tod in der Intensivmedizin. München: Wilhelm Fink.

Nauck, Friedemann, Jaspers, Birgit, Radbruch, Lukas (2007): Terminale bzw. palliative Sedierung. In: Höfling, Wolfram, Brysch, Eugen (Hrsg.): Recht und Ethik der Palliativmedizin, Münster: Lit: 67-74.

Pfeffer, Christine (2005): „Hier wird immer noch besser gestorben als woanders“ Bern: Huber.

Saunders, Cecily, Mary Baines (1983): Living while dying. Oxford: Oxford University Press.

Schneider, Werner (1999): „So tot wie nötig – so lebendig wie möglich!“ Sterben und Tod in der fortgeschrittenen Moderne. Münster: Lit.

Schneekloth, Ulrich (2006): Hilfe- und Pflegebedürftige in Alteneinrichtungen 2005. Schnellbericht zur Repräsentativerhebung im Projekt „Möglichkeiten und Grenzen selbständiger Lebensführung in Einrichtungen (MuG IV)“ München: Infratest Sozialforschung.

Seale, Clive (1998): Constructing death. Cambridge: Cambridge University Press.

Seitz, Oliver, Seitz, Dieter (2002): Die moderne Hospizbewegung auf dem Weg ins öffentliche Bewusstsein. Herbolzheim: Centaurus.

Statistisches Bundesamt (2014a): Todesursachen in Deutschland. Fachserie 12 Reihe 4 – 2013. Download: https://www.destatis.de/DE/Publikationen/Thematisch/Gesundheit/Todesursachen/Todesursachen.html, Zugriff: 18.4.2015.

Statistisches Bundesamt (2014b): Diagnosedaten der Patienten und Patientinnen in Krankenhäusern(einschl. Sterbe- und Stundenfälle) Fachserie 12 Reihe 6.2.1 – 2013. Download: https://www.destatis.de/DE/Publikationen/Thematisch/Gesundheit/Krankenhaeuser/Diagnosedaten Krankenhaus.html Zugriff: 18.4.2015.

Streckeisen, Ursula (2001): Die Medizin und der Tod. Opladen: Leske und Budrich.

Student, Johann-Christoph (1993): Das Recht auf den eigenen Tod. Düsseldorf: Patmos.

Sudnow, David (1973): Organisiertes Sterben. Frankfurt a.M.: Fischer.

Walter, Tony (1994): The revival of death. London: Routledge.

Wehkamp, Karl-Heinz (1999): „Wer soll das auf sein Gewissen nehmen?“ In: Dr. med. Mabuse(24, Heft 119): 47-49.

Das geltende Sterbehilferecht in Deutschland: Kritische Würdigung aus der Perspektive des Lebensschutzes

Gunnar Duttge

Der „richtige", d.h. angemessene Umgang mit besonders vulnerablen Patienten in deren letzter Lebensphase verweist auf sozialethische, psychologische und genuin humane Facetten dieses wahrlich existenziellen Lebensabschnittes. Das Recht hat hier – wie auch sonst – keine im eigentlichen Sinne lebensausfüllende Aufgabe (anders als etwa die palliativmedizinische Versorgung und seelsorgerische Fürsorge); seine Aufgabe erschöpft sich vielmehr darin, eindeutig inakzeptablen Umgangsweisen Grenzen zu ziehen und dazu beizutragen, dass berechtigte Belange aller Beteiligten nicht in den Routinen der alltäglichen klinischen Praxis (insbesondere in den Großkrankenhäusern) untergehen. Als unparteiischer Akteur ergreift das Recht nicht einseitig Partei, sieht sich jedoch im hiesigen Kontext dazu aufgerufen, mit seinem Regelungsinstrumentarium auf vorhandene Machtasymmetrien zu reagieren und dem strukturell Unterlegenen (Patienten) durch Gewähr von Rechten bessere Chancen auf Gehör und Respekt zu verleihen. Deshalb nimmt es nicht wunder, dass der Gedanke hinreichender Mitsprache des Patienten aus Gründen seines „Selbstbestimmungsrechts", damit er nicht zum bloßen Objekt des Geschehens herabgewürdigt wird, innerhalb des deutschen Rechts der sog. „Sterbehilfe"[1] bis heute eine beherrschende Rolle einnimmt.

---

1) In einem weiten und wertneutralen, nicht etwa auf aktive Tötungshandlungen be-

I. Geltendes Recht

1. Idee und rechtliche Ausgestaltung der „Patientenautonomie"

Es zählt zum fundamentalen Selbstverständnis des modernen Menschen wie auch zum Kern einer freiheitlich verfassten Gesellschaftsordnung, dass ein jedes Individuum beanspruchen darf, den eigenen Lebensweg grundsätzlich selbst zu bestimmen. Die werthaltige Hintergrundfolie dieses Grundverständnisses dürfte wohl darin zu sehen sein, dass der einzelne seine Existenz erst dann als besonders wertvoll schätzt, wenn er sich nicht zu einem Sklavendasein unter dem Zwang staatlicher Macht oder anderer Menschen verdammt sehen muss.[2] Dieser fundamentale Freiheitsanspruch hat in der deutschen Rechtsordnung seinen wirkkräftigen Ausdruck in der verfassungsrechtlichen Verbürgung individueller Grundrechte gefunden, vor allem in Art. 2 Abs. 1 GG: „Jeder hat das Recht auf die freie Entfaltung seiner Persönlichkeit", sofern und solange diese — im Ausgangspunkt beliebige — Freiheitsentfaltung nicht die gleiche Freiheit anderer (übermäßig) beeinträchtigt. Basis dieses Freiheitsversprechens ist die Anerkennung eines jeden Einzelnen als Rechtssubjekt mit einer ihm per se anhaftenden, unverlierbaren „Menschenwürde" (Art. 1 Abs. 1 GG).[3]

Für das Arzt-Patienten-Verhältnis ist im deutschen wie europäischen Rechtsverständnis schon seit langem unumstritten, dass der einzelne Patient das ungeschmälerte Recht hat, ärztliche Therapieangebote anzunehmen,

---

zogenen Sinne gemeint, d.h. unter Einbeziehung der sog. Sterbebegleitung, die auf bestmögliche Versorgung des Sterbenden ohne jedwede Einwirkung auf die Lebensdauer gerichtet ist.

2) Für einen vertiefenden Einblick in das liberalistische Autonomieprinzip siehe *Bratu/Nida-Rümelin*, Autonomie als politisch-ethisches Prinzip, in: Wiesemann/ Simon (Hrsg.), Patientenautonomie, 2013, S. 263-274.

3) Vgl. zu den rechtsphilosophischen Grundlagen der Selbstbestimmung *Duttge*, Selbstbestimmung aus juristischer Sicht, ZfPalliativmed 2006, Heft 7, S. 1, 2 f.

aber auch aus beliebigen Gründen abzulehnen. Schon im Jahre 1957 hat der Bundesgerichtshof in Strafsachen unmissverständlich klargestellt: „Niemand darf sich zum Richter in der Frage aufwerfen, unter welchen Umständen ein anderer vernünftigerweise bereit sein sollte, seine körperliche Unversehrtheit zu opfern, um dadurch wieder gesund zu werden. [...] Zwar ist es das vornehmste Recht und die wesentlichste Pflicht des Arztes, den kranken Menschen nach Möglichkeit zu heilen; dieses Recht und diese Pflicht finden aber in dem freien Selbstbestimmungsrecht des Menschen über seinen Körper ihre Grenze".[4] Zu dieser rechtlichen wie medizinethischen Überzeugung hat maßgeblich die Erfahrung beigetragen, dass leidende und hilflose Patienten ansonsten der überlegenen Rolle des „Experten in Weiß" weithin unkontrolliert ausgeliefert und bloß noch Objekt der ärztlichen Vernunfthoheit wären.[5] Dies gilt — auch das ist seit langem unstreitig — selbst dann, wenn das ärztliche Behandlungsangebot vital indiziert, d.h. bei Ablehnung der alsbaldige Tod die sichere Folge ist.[6] Denn hierfür trägt rechtlich wie medizinethisch nicht mehr der Arzt, sondern der Patient die letzte Verantwortung.

Abweichend von der hippokratischen Tradition ist damit heute nicht mehr die ärztliche Alleinverantwortung,[7] sondern eine innerhalb der „therapeutischen Partnerschaft"[8] geteilte Verantwortlichkeit Basis des Arzt-Patienten-Verhältnisses:[9] So sehr es dabei allein Sache der

4) BGHSt 11, 111, 114.

5) Vgl. *Woopen,* Der Arzt als Heiler und Manager – zur erforderlichen Integration des scheinbar Unvereinbaren, in: Katzenmeier/Bergdolt (Hrsg.), Das Bild des Arztes im 21. Jahrhundert, S. 181-194.

6) Siehe Fn. 4.

7) Zu den Formen der ärztlich-paternalistischen Alleinverantwortung vgl. *Maio,* Mittelpunkt Mensch: Ethik in der Medizin, 2012, S. 156 ff. sowie grundlegend zum Verhältnis von Autonomie und Fürsorge *Simon/Nauck,* Patientenautonomie in der klinischen Praxis, in: Wiesemann/Simon (Hrsg.), Patientenautonomie, 2013, S. 174 ff.

8) *Peintinger*, Therapeutische Partnerschaft. Aufklärung zwischen Patientenautonomie und ärztlicher Selbstbestimmung, 2003.

professionellen ärztlichen Erkenntnis ist, über die medizinische Indikation und über die Vorzugswürdigkeit der in Betracht kommenden therapeutischen Optionen nach medizinischer Erfahrung zu befinden, so sehr liegt es in der ausschließlichen, durch keine ärztliche Vernunft ersetzbaren höchstpersönlichen Beurteilungskompetenz des unmittelbar betroffenen Patienten, ob er die angebotenen Heileingriffe und Maßnahmen für seine Person mittragen kann. Rechtssystematisch bildet daher das ärztlich-medizinische Erlaubtsein nur eine von zwei selbständigen Bedingungen für die Zulässigkeit/Gebotenheit eines ärztlichen Heileingriffs, zu der davon unabhängig – gleichsam als „zweiter Säule" – gleichberechtigt noch die informierte Zustimmung des einwilligungsfähigen Patienten (bzw. ein entsprechendes Äquivalent bei Einwilligungsunfähigen) hinzutreten muss:[10] Fehlt es auch nur an einer dieser beiden Legitimationsvoraussetzungen, so ist im Hinblick auf den jeweils in Frage stehenden Eingriff – gleichgültig, ob durch Beginn oder durch Fortführung ärztlicher Behandlung – ein ärztliches Unterlassen nicht etwa rechtswidrig/strafbar, sondern umgekehrt geboten.

Die Gewähr eines solchermaßen echten Mitbestimmungs- und Entscheidungsrechts des Patienten kommt heute angesichts des gesteigerten Potentials der modernen Intensivmedizin zur Lebenserhaltung und -verlängerung eine hohe praktische Bedeutung zu: Längst hat in der Bevölkerung spürbar das Misstrauen um sich gegriffen, dass die Intensivmedizin – neuerdings auch unter dem Druck der Ökonomie – die Grenzen der „Sinnhaftigkeit" ihres Tuns aus den Augen verloren hat.[11] Der

---

9) Zu den verschiedenen Modellen der Arzt-Patienten-Beziehung vgl. *Ezekiel/Ezekiel,* Four Models of the Physician-Patient Relationship, in: Journal of the American Medical Association 267: 2221-2226.

10) Vgl. *Laufs*, NJW 2000, 1757, 1760 m.w.N.; zur „dialogischen Struktur" der medizinischen Behandlung vgl. *Lipp,* Rechtliche Grundlagen der Entscheidung über den Einsatz lebenserhaltender Maßnahmen, in: Kettler/Simon/Anselm/Lipp/Duttge (Hrsg.), Selbstbestimmung am Lebensende, 2006, S. 89, 94 f.

11) Zum nach wie vor klärungsbedürftigen Problem der sog. „futility" vgl. im

Tod gilt einer am Virus der Hybris leidenden Medizin des 21. Jahrhunderts als der Feind schlechthin, den es mit allen Mitteln zu bekämpfen gilt. Eben dies ist aber, wenn die Lage aussichtslos geworden ist und nur noch das Sterben verlängert werden kann, nicht im Sinne des Patienten und meist auch nicht von seinem Willen getragen. Dabei steht alle ärztliche Kunst doch unhintergehbar im Dienste des Wohls eines jeden individuellen Patienten, der sich nicht sklavisch von den technischen Möglichkeiten der modernen Apparatemedizin abhängig sehen will. Vor diesem Hintergrund wird die vielzitierte Forderung nach einem „menschenwürdigen Sterben"[12] stets —jedenfalls auch— im Sinne einer gebotenen Achtung des Patienten als Subjekt seines Lebensschicksals und nicht als bloßer „Krankheits-Fall"[13] verstanden.

2. Selbstbestimmungsrecht bei einwilligungsunfähigen Patienten

Unabdingbare Voraussetzung für ein eigenverantwortliches Mitwirken des Patienten am Behandlungsgeschehen ist freilich das Vorhandensein der nötigen Einsichts- und Urteilsfähigkeit, bezogen auf den je konkret in Aussicht stehenden Heileingriff. Die ärztliche Aufklärung mit den wesentlichen Informationen zu Risiken, Belastungen und erhofftem Nutzen soll dem Patienten trotz seiner medizinischen Laienschaft zur erforderlichen Reflexionsfähigkeit verhelfen, um die höchstpersönliche Akzeptabilität des

---

Überblick *Duttge,* Einseitige („objektive") Begrenzung ärztlicher Lebenserhaltung? – Ein zentrales Kapitel zum Verhältnis von Medizin und Recht, NStZ 2006, 479 ff.

12) Was mitunter noch immer mit einem „natürlichen„ Sterben gleichgesetzt wird. Angesichts der weit reichenden Möglichkeiten maschineller und pharmakologischer Substitution verschiedenster Organfunktionen ist jedoch die Idee der „Natürlichkeit„ und die dabei mitgedachte Grenze zwischen „guter„ (lebens*erhaltender*) und „böser" (bloß lebens*verlängernder*) Therapie längst zur Fiktion geworden: dazu eingehend *Duttge*, Menschenwürdiges Sterben, in: Baranzke/Duttge (Hrsg.), Würde und Autonomie als Leitprinzipien der Bioethik, 2013, S. 339 ff.

13) Dazu *Pöltner*, Grundkurs Medizin-Ethik, 2002, S. 91.

Bevorstehenden eigenständig abschätzen zu können (sog. „informed consent„)[14]. Dies wiederum bedingt erst eine wirksame Einwilligung, in der sich das Selbstbestimmungsrecht des einzelnen Patienten manifestiert. Die Entscheidung eines bestmöglich ärztlich aufgeklärten und auch psychisch wie körperlich uneingeschränkt einwilligungsfähigen Patienten in Form einer authentischen Willensbekundung, zeitnah erklärt vor der jeweiligen ärztlichen Behandlungsmaßnahme, stellt das nach menschlichem Ermessen bestmögliche Maß an „Selbstbestimmung" eines Patienten dar. Insbesondere bei Intensivpatienten wird es daran jedoch in der klinischen Realität häufig fehlen - sei es aufgrund schwerer Erkrankung, altersbedingter Gebrechlichkeit und/oder Wirkung sedierender Medikamente: Die Unmöglichkeit einer höchstpersönlichen — rechtlich wirksamen — Entscheidung führt allerdings nicht dazu, dass das Selbstbestimmungs*recht* des Einwilligungsunfähigen verloren geht;[15] es bedarf jedoch anderer Ausdrucksformen des Patientenwillens.

Seit langem ist der Gedanke tradiert, dass im Falle der Handlungsunfähigkeit des Patienten eine andere Person für ihn nach Maßgabe seines mutmaßlichen Willens die nötige Entscheidung triff. Die Rechtfertigung des ärztlichen Eingriffs durch mutmaßliche Einwilligung ist gewohnheitsrechtlich anerkannt; fraglich ist jedoch, wer dann für den Patienten nach Maßgabe welcher Kriterien zur Entscheidung berufen ist. Dem behandelnden Arzt ist diese Befugnis nach deutschem Recht nur zugestanden, wenn ein akuter Notfall vorliegt und keine Zeit gegeben ist, um nähere Ermittlungen etwa im Angehörigenkreis anzustellen. Dann wird die Entscheidung in aller Regel zugunsten der lebenserhaltenden

14) Grundlegend zu Entwicklung und Umfang der ärztlichen Aufklärungspflichten *Katzenmeier,* Ärztliche Aufklärung, in: Wiesemann/Simon(Hrsg.), Patientenautonomie, 2013, S. 91-105.

15) So ausdrücklich BGHZ 154, 205 ff.; vgl. aus verfassungsrechtlicher Sicht(Art. 2 Abs. 2 S. 1 GG) ebenso BVerfGE 52, 171, 173 f.: „Auch der Kranke oder Versehrte hat das volle Selbstbestimmungsrecht über seine leiblich-seelische Integrität."

Maßnahmen ausfallen, vor allem wenn es an einer hinreichenden Tatsachenbasis für einen eventuell gegenteiligen Patientenwillen fehlt. Dem behandelnden Arzt ist diese Entscheidungsbefugnis aber allein für akute Notfallsituationen eingeräumt, weil im Lichte seiner professionellen Fürsorgepflicht und seines Expertenstatus zwangsläufig die Gefahr einer Rollenkonfusion mitsamt der ihr immanenten „kognitive Dissonanz“[16] besteht. Das Selbstbestimmungsrecht des Patienten droht im Falle abweichender Überzeugungen des behandelnden Arztes leicht als „unvernünftig“ deklariert zu werden und am Ende unterzugehen.

Deshalb weist das deutsche Recht die Stellvertreterfunktion einem ausgewählten Personenkreis zu, wobei die hernach entscheidungsbefugte Person entweder schon durch den Patienten zu Lebzeiten bevollmächtigt worden sein oder bei Eintritt der Einwilligungsunfähigkeit vom Betreuungsgericht bestimmt werden kann (vgl. §§ 1896 Abs. 2 S. 2, 1901, 1901a Abs. 5, 1904 BGB).[17] Die Erteilung einer Gesundheitsvollmacht wird dem Patientenwillen insofern gerecht, als dieser die Auswahl jener Person, die Entscheidungen mit Wirkung für und gegen ihn treffen darf, selbst vornimmt; diese auf den Patienten zurückzuführende Legitimationskette ist bei der Entscheidung durch einen Betreuer schwächer, weil hier nicht einmal die personelle Auswahl von ihm selbst vorgenommen, sondern vom Betreuungsgericht nach einem Anhörungsverfahren getroffen wird. Durch eine Betreuungsverfügung ist es dem Patienten allerdings möglich, in personeller Hinsicht zumindest Wünsche zu formulieren, die das Betreuungsgericht nach Möglichkeit beachten „soll“ (§§ 1897 Abs. 4, 1901c BGB). Stets bedarf es jedoch bei der Überantwortung der Stellvertreterbefugnis eines eigenständigen rechtlichen Übertragungsaktes, sei es durch

---

16) Zur bekannten „Theorie der kognitiven Dissonanz„ siehe grundlegend das gleichnamige Werk von *Leon Festinger*, 1978(Nachdruck 2012).

17) Zur juristischen Gleichwertigkeit der Rechtsstellung von gewillkürten und gesetzlichen Vertretern statt vieler nur *Lipp,* Freiheit und Fürsorge: Der Mensch als Rechtsperson, 2000, S. 182 ff.

das Betreuungsgericht oder durch den Patienten selbst per Vollmachtserteilung; eine automatische Stellvertreterschaft kraft „natürlicher" familiärer Verbundenheit lehnt der deutsche Gesetzgeber hingegen bis heute ab, weil Familienangehörige auch aus egoistischen Interessen zum Nachteil des Patienten handeln könnten und wohl nicht selten – schon aufgrund ihrer zwangsläufigen Mitbetroffenheit – nicht rein altruistisch entscheiden.

Der Stellvertreter ist im Außenverhältnis gegenüber dem behandelnden Arzt gleichsam als „verlängerter Arm" des Patienten zur vollgültigen Entscheidung berufen, im Innenverhältnis zum Betreuten bzw. Vollmachtgeber jedoch an dessen mutmaßlichen Willen gebunden.[18] Die früher vertretene Ansicht, man müsse und dürfe diesen mutmaßlichen Willen nach Maßgabe der objektiven Interessenlage auf Seiten des Patienten konkretisieren, gilt heute im Lichte des Selbstbestimmungsrechts als überholt. Der Bundesgerichtshof in Strafsachen hat in seinem Urteil zum sog. „Kemptener Fall"[19] festgestellt, dass objektive (generalisierende) Kriterien, insbesondere die Beurteilung einer Maßnahme als „gemeinhin vernünftig" oder „normal", keine eigenständige Bedeutung haben; vielmehr sei auf den individuell-hypothetischen Willen des Patienten abzustellen, der unter Berücksichtigung früherer mündlicher oder schriftlicher Äußerungen, seiner religiösen Überzeugung, persönlichen Wertvorstellungen, altersbedingten Lebenserwartung oder dem Erleiden von Schmerzen zu ermitteln sei. Der Gesetzgeber ist dem Bundesgerichtshof mit dem dritten Betreuungsrechtsänderungsgesetz 2009 allerdings in dieser Grundrichtung vollständig, hinsichtlich der Auswahl an relevanten Kriterien allerdings nur teilweise gefolgt: § 1901a Abs. 2 BGB gibt vor, dass der mutmaßliche Wille ausschließlich anhand konkreter individueller Willensbekundungen und

18) Zu dieser begrifflichen Differenzierung („rechtliches *Können*" und „rechtliches *Dürfen*") statt vieler auch *Lipp/Brauer,* Patientenvertreter und Patientenvorsorge, in: Wiesemann/Simon (Hrsg.), Patientenautonomie, 2013, S. 104, 110.

19) BGHSt 40, 257 ff.

Überzeugungen zu ermitteln ist; die Aspekte „Erleiden von Schmerzen" und „Lebenserwartung" sind dagegen nicht in das geltende Recht übernommen worden. Ergibt sich hieraus — wie wohl häufig — keine hinreichende Klarheit, so muss im Zweifel für den Einsatz lebenserhaltender Maßnahmen entschieden werden. Denn im umgekehrten Fall bestünde sonst das Risiko, dass der Betroffene zu einem Zeitpunkt aus dem Leben scheiden müsste, zu dem er dies womöglich noch gar nicht will.[20)]

3. Zum Instrument der Patientenverfügung

Eben hierin zeigt sich der ausschlaggebende Grund, warum die rechtspolitische Debatte des letzten Jahrzehnts zunehmend um das Instrument der Patientenverfügung kreiste: Denn erst diese verheißt den Menschen eine nachhaltige Stärkung ihres Selbstbestimmungsrechts dadurch, dass selbige ihren höchstpersönlichen Willen im Sinne einer inhaltserfüllten Vorgabe nun vermeintlich ohne störende Vermittlungsinstanz direkt in die akute Entscheidungssituation hineinwirken lassen können. Anders als zuvor noch von der Rechtsprechung angenommen, soll die in Form einer Patientenverfügung antizipierte Willensbekundung nicht bloß ein Indiz unter mehreren zur Ermittlung des mutmaßlichen Willens, sondern für alle Beteiligten — insbesondere auch für den behandelnden Arzt — strikt bindend sein. Hiermit verband sich zugleich eine zweite, nicht minder bedeutsame Verheißung: die der Rechtssicherheit, auch und gerade für die Ärzte und Pflegenden. Damit möglichst viele Menschen ohne „bürokratische Hürden" diese Art der Gesundheitsvorsorge in Anspruch nehmen können, verzichtete der Gesetzgeber auf besondere Form- und Verfahrenserfordernisse jenseits der eigenhändigen Unterschrift (vgl. § 126 BGB), d.h. es bedarf vor Abfassung einer Patientenverfügung — im Unterschied etwa zum österreichischen Recht[21)] — weder einer notariellen

20) So ausdrücklich LG Kleve PflegeR 2010, 164 ff.

21) Siehe §§ 5, 6 Abs. 1, 7 Abs. 1 des österreichischen Bundesgesetzes über

Beurkundung noch einer vorherigen ärztlichen Beratung und schließlich auch keiner Aktualisierung.[22] Mit anderen Worten beansprucht somit jedweder Träger von Schriftzeichen gleich welcher Art und welchen äußeren Erscheinungsbildes dieselbe hohe Geltungskraft, selbst wenn das Verfasste unter ungeklärten Umständen bereits viele Jahre zuvor niedergelegt wurde. Das Gesetz verlangt zwar nominell die Einwilligungsfähigkeit des/r Verfassers/In (§ 1901a Abs. 1 BGB), die aber mangels Überprüfungsmöglichkeit ex post ebenso wenig sichergestellt werden kann wie das Volljährigkeitserfordernis[23] – nachdem auch eine Datumsangabe nicht obligatorisch ist.

Die Handhabung der Patientenverfügung hat der Gesetzgeber im Sinne eines Systems von „check and balances" nicht etwa sogleich dem behandelnden Arzt überantwortet, sondern dem Betreuer bzw. Bevollmächtigten; denn dieser soll es sein, der „dem Willen des Betreuten *Ausdruck* und *Geltung* zu verschaffen" hat (§ 1901a Abs. 1 S. 2 BGB). Umgekehrt kann der Arzt aber der Deutung des Betreuers dadurch entgegentreten, dass er sich dessen Anordnung verweigert mit der Folge einer betreuungsgerichtlichen Überprüfung des Betreuerhandelns und letztlich Entscheidung des Dissenses (§ 1904 Abs. 2 BGB).[24] Eine eventuelle Genehmigung der vom Betreuer verlangten Therapiebegrenzung wird allerdings erst zwei Wochen nach Bekanntgabe des Gerichtsbeschlusses, d.h. nach Ablauf der Frist für den hiergegen eröffneten Rechtsbehelf

---

Patientenverfügungen (Patientenverfügungs-Gesetz – PatVG); dazu im Überblick *Duttge*, ZfL 2006, 81 ff.

22) Zur „Versteinerung" des in einer Patientenverfügung Erklärten bereits *Duttge,* Zur rechtlichen Problematik von Patientenverfügungen, Intensiv- und Notfallbehandlung 2005, S. 171 ff.

23) Vertiefend zur Problematik der Einwilligungsunfähigkeit Minderjähriger: *Duttge*, Patientenautonomie und Einwilligungsfähigkeit, in: Wiesemann/Simon (Hrsg.), Patientenautonomie, 2013, S. 77, 79 ff.

24) Nach der jüngsten Rspr. darf das Betreuungsgericht auch durch Herbeiführung eines „künstlichen Dissenses" jederzeit zur Klärung angerufen werden: BGH FamRZ 2014, 1909, 1911.

(Beschwerde), wirksam (§ 287 Abs. 3 FamFG).[25] Was innerhalb dieser Zwei-Wochen-Frist erlaubt ist bzw. zu geschehen hat, ist angesichts des nicht selten dynamisch verlaufenden Krankheitsprozesses in der klinischen Praxis höchst unklar, und wie dieser Unklarheit abgeholfen werden kann, aktuell sehr streitig.[26] Ebenso gibt es bislang keine Rechtssicherheit bzgl. der Frage, ob der Patient noch immer einwilligungsfähig sein muss, wenn er seine Patientenverfügung zu einem späteren Zeitpunkt widerrufen möchte: Das Gesetz verzichtet für diesen actus contrarius auf die Schriftform (vgl. § 1901a Abs. 1 S. 3 BGB), aber auch auf jedwede positive Benennung der Wirksamkeitsvoraussetzungen. Diese Frage ist in der Praxis keineswegs trivial: Forderte man — der juristischen Logik entsprechend — die konkrete Feststellung eines weiterhin einwilligungsfähigen Patienten, so hätte dies unweigerlich die weitreichende Bedeutungslosigkeit der Widerrufsoption im klinischen Alltag zur Folge, so dass die Patienten erbarmungslos an ihren früheren Willensbekundungen festgehalten würden, auch wenn sie hieran im Angesicht ihres Todes womöglich gar nicht mehr festgehalten werden wollen. Beschränkte man sich deshalb aber auf die Feststellung bloß „hinreichend eindeutiger Gesten“[27] in einem Zustand weithin reduzierter „Autonomiebefähigung“, so erhöhte dies die Gefahr, dass die Patientenverfügung in der akuten Entscheidungssituation durch externe Zuschreibung einer Widerrufserklärung unterlaufen werden könnte - und letztlich cum grano salis sämtliche Anstrengungen der jüngeren Rechtspolitik um eine Stärkung und Sicherung des Selbstbestimmungsrechts von Patienten.[28]

Erst unlängst hat der Bundesgerichtshof[29] schließlich in einem

25) Gesetz über das Verfahren in Familiensachen und in den Angelegenheiten der freiwilligen Gerichtsbarkeit.

26) Kritik hierzu bei *Simon/Duttge*, ZRP 2015, 176 ff.

27) So z.B. der *Nationale Ethikrat*, Stellungnahme: Patientenverfügung, 2005, S. 34.

28) Kritisch zu dieser Rechtsunsicherheit u.a. *Duttge*, in: Coors/Jox/in der Schmitten (Hrsg.), Advance Care Planning, 2015, S. 39, 45 m.w.N.

29) Siehe bereits Fn. 24.

ausführlichen Grundsatzbeschluss noch einmal umfassend zur fragilen Selbstbestimmung von einwilligungsunfähigen Patienten am Lebensende Stellung genommen und dabei – *erstens* — in Bezug auf den mutmaßlichen Patientenwillen großen Wert auf die Feststellung gelegt, dass für dessen Verbindlichkeit Art und Stadium der Erkrankung irrelevant seien. Insbesondere hänge die Annahme eines mutmaßlichen Sterbewillens nicht vom Vorliegen einer Grunderkrankung mit einem „irreversibel tödlichen Verlauf" ab.[30] Das Krankheitsstadium sei nicht einmal bedeutsam für die Anforderungen, die für den Nachweis eines mutmaßlichen Sterbewillens zu stellen seien. Freilich ändere dies nichts daran, dass „für die Feststellung des behandlungsbezogenen Patientenwillens [...] beweismäßig strenge Anforderungen [gelten], die der hohen Bedeutung der betroffenen Rechtsgüter –[...] Selbstbestimmungs-recht und Schutz des Lebens [...]– Rechnung tragen".[31] Zum *zweiten* betonte der Bundesgerichtshof unter Verweis auf den Normtext des § 1901a Abs. 2 S. 1 BGB, dass nach dem Gesetz zwischen dem „mutmaßlichen Willen" des Betroffenen sowie seinen „Behandlungswünschen" zu differenzieren sei. Den Letztgenannten komme dabei die Priorität zu, weil der Betreuer bzw. Bevollmächtigte an diese „nicht nur nach § 1901a Abs. 2 BGB, sondern bereits nach § 1901 Abs. 3 BGB gebunden" sei. Als „Behandlungswünsche" in diesem Sinne bezeichnete der Senat insbesondere „Äußerungen [...], die den Anforderungen an eine Patientenverfügung nicht genügen, weil sie nicht schriftlich abgefasst wurden, keine antizipierte Entscheidung treffen oder von einem Minderjährigen verfasst wurden"; einbegriffen sei aber auch jener Typus von Patientenverfügungen, bei denen der Inhalt „nicht sicher auf die aktuelle Lebens- und Behandlungssituation passt [...]".[32] *Drittens* schließlich meint der Bundesgerichtshof, dass es einer betreuungs- gerichtlichen

30) So noch BGHZ 154, 205 ff.

31) Zur Missverständlichkeit dieser Formulierung bereits *Duttge*, JZ 2015, 43 ff.

32) Siehe Fn. 24. Zur Kritik hieran bereits *Duttge*, JZ 2015, 43 ff.

Genehmigung nach § 1904 Abs. 2 BGB für den Abbruch einer lebenserhaltenden Maßnahme dann nicht bedarf, „wenn der Betroffene einen entsprechenden eigenen Willen bereits in einer wirksamen Patientenverfügung [...] niedergelegt hat und diese auf die konkret eingetretene Lebens- und Behandlungssituation zutrifft". Denn in einem solchen Fall enthalte bereits die Patientenverfügung selbst die maßgebliche Entscheidung über die Einwilligung oder Nichteinwilligung in die bestimmte ärztliche Maßnahme, so dass es einer (zusätzlichen) Einwilligung des Betreuers, die dem betreuungsgerichtlichen Genehmigungserfordernis unterfallen würde, gar nicht mehr bedarf: „Dem Betreuer obliegt es in diesem Fall nur noch, dem in der Patientenverfügung niedergelegten Willen des Betroffenen Ausdruck und Geltung zu verschaffen (§ 1901a Abs. 1 S. 2 BGB)".[33)]

II. Kritik aus der Perspektive des Lebensschutzes

1. So sehr aus der Perspektive einer liberalen Rechts- und Gesellschaftsordnung der Ausgangspunkt überzeugt, dass nicht der staatlichen Hoheitsgewalt, einem Kollektiv oder einem Experten, sondern dem unmittelbar betroffenen Individuum selbst die Entscheidung über die in seinem Leben und Sterben wichtigen Fragen überantwortet ist,[34)] weist die vorstehend skizzierte Rechtslage im Lichte des auf dem Spiele stehenden höchstwertigen Rechtsguts – des menschlichen Lebens – gravierende Schwächen auf: So fällt insbesondere von Grund auf ein arg simplifizierendes, reduktionistisches Verständnis von „Selbstbestimmung" ins Auge, das weder der Komplexität der Lebenssituation eines existenziell bedrohten Individuums noch den anthropologischen Gegebenheiten menschlicher

33) Siehe Fn. 24.
34) Vgl. Fn. 2.

Existenz innerhalb seiner Sozialbeziehungen im familiären und gesellschaftlichen Kontext gerecht wird. Das deutsche Recht postuliert im Kern die „Mündigkeit" eines jeden Patienten (ab einem Mindestalter von 14 Jahren) als eine nicht mehr hinterfragbare Selbstverständlichkeit, obgleich die „Freiheit" zur Willensbildung und -entschließung bei einem oftmals betagten, hochgradig leidenden und existenziell auf Hilfe angewiesenen Patienten, noch dazu mit Blick auf die nicht mehr überschaubare Komplexität hochspezialisierter Krankenhauseinrichtungen, alles andere als selbstverständlich ist.[35)]

Im klassischen Arzt-Patienten-Verhältnis wird dies gegenüber einwilligungsfähigen Patienten im Grundsatz durchaus gesehen: Denn von einem „informed consent" geht das Recht hier nur dann aus, wenn der Patient zuvor die nötigen Informationen in Bezug auf den bevorstehenden Heileingriff und dessen Risiken und Nebenwirkungen erhalten hat.[36)] Schon hier tritt die lebensweltliche Situation des Patienten aber nur verkürzt ins Blickfeld, weil dessen „Freiheit" zur reflektierenden Urteilsbildung und Entscheidung sicher weit mehr als die reine Informationsvermittlung über „objektive" Medizinaldaten erfordert – was das Recht zur ärztlichen Aufklärung bis heute zu einem nicht zufriedenstellend geklärten Kernaspekt ärztlicher Tätigkeit macht.[37)] Um so mehr verwundert aber, dass trotz gesteigerter Bedürftigkeit der besonders vulnerablen Patienten am Lebensende deren Subjektivität in einer existenziellen Bedrängnissituation bloß noch Gegenstand externer Beurteilung und Fremdzuschreibung ist,

---

35) Für eine sorgsamere Prüfung der individuell-realistischen Befähigung zur Voraus- und Einsicht bereits *Duttge,* Selbstbestimmung aus juristischer Sicht, ZfPalliativmed 2006, Heft 7, S. 1, 4.

36) Siehe Fn. 11.

37) Grundlegend zu Inhalt, Grenzen und Problemen im Bereich von (Selbstbestimmungs-) Aufklärung und Einwilligung *Deutsch/Spickhoff,* Medizinrecht, 2014, S. 261 ff.; vertiefend zum (Fehl-)Verständnis von „Wahrheit" in medizinrechtlichen Kontexten *Duttge*, in: Nembach (Hrsg.), Informationes Theologiae Europae 23 (2015), S. 193 ff.

durch die der Patient mit seinen höchstpersönlichen Wünschen aber strukturell aus dem Blick zu geraten droht. Dabei hat das Bundesverfassungsgericht mit zwei aufsehenerregenden Entscheidungen aus dem Jahre 2011 — wenn auch in dem andersartigen Kontext der Situation von Psychiatriepatienten — unmissverständlich darauf aufmerksam gemacht, dass auch der höchstpersönliche Wille einwilligungsunfähiger Patienten nicht kraft externer Deutung seines „Wohls" gebeugt werden dürfe.[38] Vielmehr ist die Achtung gegenüber dem „Person"-Sein des Anderen auch und gerade einem einwilligungsunfähigen Patienten gegenüber geschuldet, so dass eine entgegen dessen „natürlichen Willen" vorgenommene Zwangsbehandlung unabhängig von der Zustimmung eines Stellvertreters nur ausnahmsweise gerechtfertigt werden könne. Es muss hiernach insbesondere die Verhältnismäßigkeit des Eingriffs gewahrt bleiben und zudem die Zwangsbehandlung als subsidiäre, nur im äußersten Notfall als ultima ratio vorstellbare Option begriffen werden nach dem Leitprinzip: „Kommunikation vor Zwang"![39]

Diese Vorgaben des Bundesverfassungsgerichts betreffen zwar unmittelbar allein Personen in psychiatrischer Unterbringung; sie sind jedoch auf Grund ihres menschenrechtlichen Fundaments ihrem Sinn und Geltungsanspruch nach generalisier- und auf medizinische Maßnahmen an einwilligungsunfähigen Patienten am Lebensende übertragbar. Diese Erkenntnis ist freilich bis heute im deutschen Recht der Sterbehilfe nicht angekommen, das sich anstelle dessen mit Stellvertreterentscheidungen und/oder mit früheren, freilich krankheits- und situationsfernen Willensbekundungen des Patienten begnügt. Wie die Erfahrungen der klinischen Praxis zeigen, verbindet sich damit das hohe Risiko, dass wiederum Fremde — sei es unmittelbar durch Stellvertreterhandeln[40] oder mittelbar durch

38) BVerfG v. 23. 3. 2011 - 2 BvR 882/09 - NJW 2011, 2113 ff.; v. 12. 10. 2011 - BVR 633/11 - NJW 2011, 3571 ff.

39) Ebd.

„Interpretation" einer Patientenverfügung (dazu näher u. 3.) — über das Schicksal des Patienten befinden, selbst wenn er selbst noch ansprechbar ist.[41] Dagegen gilt: Der Patient verliert auch am Ende seines Lebens nicht seinen Status als „Person"— und daraus resultierend seinen fundamentalen Anspruch auf Respekt („Achtung"), Gehör und mitmenschlicher („interpersonalen") Begegnung.[42]

2. Nicht wahrgenommen und durch juristische Fiktionen überspielt wird insbesondere der Umstand, dass sich der höchstpersönliche Patientenwille auf andere Personen nicht ohne das Risiko des Missverstehens oder gar der bewussten Missdeutung delegieren lässt.[43] De jure gilt aber die Entscheidung des gerichtlich eingesetzten Betreuers bzw. die Erklärung eines privatautonom ermächtigten Gesundheitsbevollmächtigten im Außenverhältnis gegenüber dem behandelnden Arzt als vollgültige und unbedingt respektpflichtige Patientenerklärung, obgleich in der Lebenswirklichkeit weder die rechtliche Bindung eines solchen Stellvertreters an das individuelle „Wohl" des Betreuten/Vertretenen (im

---

40) Bevollmächtigte Vertreter handeln nicht zwingend altruistisch, Berufsbetreuer (§ 1897 Abs. 6 BGB) erfüllen ihre Aufgabe nicht immer hinreichend sorgfältig (dazu auch im Text unter 2.).

41) Abschreckendes Fallbeispiel aus der Praxis, in welchem der (ablehnende) Wille des einwilligungsfähigen Patienten im gemeinsamen Zusammenwirken zwischen Ärzte und Ehefrau systematisch missachtet wurde, berichtet von *Duttge/Schander*, Ethik in der Medizin 2010, 341 ff., 345 ff.

42) Zum Grundverständnis im Lichte des „Würde„-Begriffs näher *Duttge*, in: Demko/Seelmann/Becchi (Hrsg.), Würde und Autonomie, Archiv für Rechts- und Sozialphilosophie (Beiheft Nr. 142), 2014, S. 145 ff.

43) Kritisch bereits *Duttge,* Selbstbestimmung aus juristischer Sicht, ZfPalliativmed 2006, Heft 7, S. 1, 4; anders und ganz im Sinne der h.M. sich gegen eine pauschale „Vorverurteilung" des Patientenvertreters bei seiner Rolle im Rahmen der medizinischen Behandlung von Einwilligungsunfähigen verwahrend: *Lipp,* Rechtliche Grundlagen der Entscheidung über den Einsatz lebenserhaltender Maßnahmen", in: Kettler/Simon/Anselm/Lipp/Duttge (Hrsg.), Selbstbestimmung am Lebensende, 2006, S. 89, 105.

Innenverhältnis) noch eine selbst noch so sorgfältige Auswahl der Stellvertreterperson durch das Betreuungsgericht[44] bzw. durch den Patienten ein tatsächlich zutreffendes Erfassen und Artikulieren des wirklichen Patientenwillens in der akuten Entscheidungssituation zu garantieren vermag.[45] Daran ändert auch die weitere rechtliche Vorgabe nichts, wonach der Betreuer bzw. Gesundheitsbevollmächtigte verpflichtet ist, zur Ermittlung des mutmaßlichen Patientenwillens die (sonstigen) nahen Angehörigen und Vertrauenspersonen des Patienten zu befragen, „sofern dies ohne erhebliche Verzögerungen möglich ist" (§ 1901b Abs. 2 BGB). Denn zum einen gibt es weder eine rechtliche Handhabe noch eine Kontrollinstanz, die sicherstellen kann, dass diese Verpflichtung des Betreuers/Gesundheitsbevollmächtigten auch tatsächlich in bestmöglicher Sorgfalt erfüllt wird; zum anderen sind Zweifel an die Seriosität des Handelns von Stellvertretern schon deshalb angebracht, weil es sich dabei entweder um Personen aus dem nahen familiären Umfeld handelt, die durch die eigene Betroffenheit und eventuell Eigeninteressen nicht unbefangen entscheiden können, oder aber um sog. Berufsbetreuer, die eine Vielzahl von Mandaten übernehmen und in der Praxis häufiger durch Unkenntnis der konkreten Gegebenheiten und/oder durch mangelndes Engagement auffallen.[46] Derartige Missstände lassen sich natürlich durch eine entsprechende Anzeige an das zuständige Betreuungsgericht aufgreifen mit der Folge, dass die Betreuerbestellung widerrufen werden kann. Doch besteht seitens der Krankenhauseinrichtungen und der behandelnden Ärzte bis heute ein erhebliches Misstrauen gegenüber den Betreuungsgerichten

44) Nach mündlicher Anhörung des Betroffenen sowie aller Angehörigen, vgl. §§ 278, 279 FamFG (o. Fn. 25).

45) Das BVerfG betont zu Recht die Möglichkeit einer „Fremdbestimmung durch den Vertreter", vgl. BVerfGE 72, 155, 171.

46) Notabene: Im Gegensatz zu einer (Nicht-)Einwilligung in eine medizinisch indizierte Maßnahme gelten Eheschließung und Testamentserrichtung offenbar als so „risikoträchtig", dass eine Stellvertretung insoweit gänzlich ausgeschlossen ist (vgl. § 1311 bzw. § 2247 BGB).

und wird diese Möglichkeit eher selten ergriffen, ja die eigene Kontrollfunktion[47] mitunter überhaupt nicht wahrgenommen. Zudem ist natürlich auch bei Ersetzen des bisherigen Betreuers durch einen neuen Stellvertreter keineswegs sichergestellt, dass dieser seine Aufgaben seriöser und sachgerechter wahrnimmt.

Davon abgesehen ist dem Wirken von Stellvertretern schon deshalb ein nicht zu beseitigendes Moment der Fremdbestimmung immanent, weil die Ermittlung des „mutmaßlichen Willens" niemals ohne Restzweifel gelingen kann. Dies gilt auch dann, wenn mit größtmöglicher Sorgfalt und höchstem Engagement konkret-individuelle Indizien für den hypothetischen Patientenwillen zusammengetragen werden, wie es der deutsche Gesetzgeber inzwischen ausdrücklich verlangt (vgl. § 1901a Abs. 2 BGB). Damit ist zwar der zuvor bestehenden Tendenz entgegengewirkt, dass unter dem Etikett einer diffusen „objektiven Interessenabwägung" letztlich nach patientenfernen Richtigkeitsvorstellungen entschieden wird.[48] Selbst die gesetzlich gebotene Abkehr von solcher Orientierung an „allgemeinen Wertvorstellungen"[49] kann aber nicht das strukturelle Grundproblem beseitigen, dass letztlich auch der Blick auf „persönliche Wertvorstellungen" und „frühere Äußerungen" des Patienten — sofern überhaupt verlässlich ermittelbar — nichts darüber besagt, wie dieser konkrete Patient in seiner jetzigen Situation tatsächlich entscheiden würde. Beachtung verdient in diesem Zusammenhang nicht zuletzt die empirisch belegte Einsicht, dass der Patientenwille abhängig vom Verlauf des Krankheitsgeschehens und den lebensweltlichen Rahmenbedingungen

---

47) Zum gesetzgeberischen Leitgedanken von „check and balances„ bereits o. im Text.

48) Beispielhaft *Lüderssen,* Aktive Sterbehilfe – Rechte und Pflichten, JZ 2006, S. 689, 692: „[...] die Vermutung (!), dass es im subjektiven Interesse (!) des Patienten liegt, sein Leben zu beenden."

49) Berechtigte Kritik hieran auch unter rechtshistorischem Blickwinkel („lebensunwertes Leben") bei *Schumann*, in: Riha (Hrsg.), Die Freigabe der Vernichtung lebensunwerten Lebens, 2005, S. 35 ff.

variiert und insbesondere der sog. „Strohhalmeffekt“[50] bewirkt, dass zunächst kommunizierte Bedingungen für ein Weiterlebenwollen hernach unter dem Eindruck der existenziellen Entscheidungssituation wieder in Frage gestellt und nicht selten revidiert werden. Anthropologisch scheint das menschliche Entscheiden daher stets zu schwanken zwischen idealisierten Wunschvorstellungen („keine Apparatemedizin“, „auf keinen Fall im Rollstuhl“) und einer — wenngleich nur zögerlichen — Akzeptanz der Realitäten. Diese Dynamik menschlichen Wollens und Strebens kann ein Stellvertreter selbst bei bestmöglicher Kenntnis der höchstpersönlichen Eigenheiten des Patienten nicht antizipieren; die Orientierung an generell bestehenden Wertvorstellungen, religiösen Bindungen und früheren Äußerungen verhilft daher zu nicht mehr als allenfalls zu „unsicheren Wahrscheinlichkeiten“[51] und verbürgt mitnichten die nötige Sicherheit, die eine existenzielle Entscheidung über Weiterleben oder Sterben an sich erfordert.

3. Gerade diese Einsicht, dass ernstliche Zweifel am mutmaßlichen Willen letztlich nicht auflösbar sind und ein Entscheiden somit nur unter Heranziehung einer patientenfernen allgemeinen Zweifelsregelung überhaupt möglich ist (nach vorherrschender Sichtweise: „in dubio pro vita“), hat das Instrument der Patientenverfügung im vergangenen Jahrzehnt zunehmend in den Mittelpunkt der rechtspolitischen wie medizinethischen Debatten gerückt. Denn die Patientenverfügung verheißt den Menschen eine entscheidende Stärkung ihres Selbstbestimmungsrechts dadurch, dass selbige ihren höchstpersönlichen Willen im Sinne einer inhaltserfüllten

---

50) Zu diesem empirisch belegten Effekt näher z.B. *Friedrich/Buyx/Schöne-Seifert* Deutsches Ärzteblatt 2009, A-1562 ff.; *Husebø/Klaschik* Palliativmedizin, 4. Aufl. 2006, S. 316 ff.

51) Treffend *Beckmann*, in: Beckmann, Rainer/Löhr, Mechthild/Schätzle, Julia (Hrsg.), Sterben in Würde. Beiträge zur Debatte über Sterbehilfe, 2004, S. 205, 212 ff.

Weisung nun vermeintlich ohne störende Vermittlungsinstanz direkt in die akute Entscheidungssituation hineinwirken lassen können. Folgerichtig sieht das Gesetz eine für alle Beteiligten strikt bindende Wirkung des so Vorausverfügten vor, und dies ohne inhaltliche Vorabbegrenzung, also nicht bloß für das Stadium eines „irreversibel tödlichen Verlaufs des Grundleidens" (sog. „Reichweitenbeschränkung", hiergegen ausdrücklich § 1901a Abs. 3 BGB). Diese Verheißung ist aber ebenso wie jene weitere der Rechtssicherheit eine bloße Chimäre, weil die Vorstellung von hinreichend „bestimmten Patientenverfügungen" die unvermeidliche Vagheit und Unbestimmtheit gesetzter Sprachzeichen von Grund auf missachtet. In der klinischen Praxis hat diese „Sicherheitslücke" längst einen Wettlauf um die Deutungshoheit über das in einer Patientenverfügung Verfasste ausgelöst, weil derjenige, der den Inhalt des Verfügten interpretieren darf, damit de facto auch das reale Geschehen maßgeblich determiniert.

Es ist ungewiss, ob der deutsche Gesetzgeber sich dieser Problematik wirklich schon bewusst geworden ist: § 1901a Abs. 1 S. 2 BGB sieht zur Abwehr des ärztlichen Paternalismus vor, dass dem Betreuer bzw. Gesundheitsbevollmächtigten nicht erst die Durchsetzung, sondern bereits die Deutung der Patientenverfügung auferlegt ist. Dies impliziert, dass dem Patienten bei Verlust der Einwilligungsfähigkeit — sofern er keine Vollmacht erteilt hat — stets ein Betreuer bestellt werden muss, der seine Rechte und Interessen bestmöglich wahrt. Die verfasste Ärzteschaft in Deutschland, die Bundesärztekammer, sieht hingegen in ihren „Empfehlungen zum Umgang mit Vorsorgevollmacht und Patientenverfügung in der ärztlichen Praxis" (2013) die Bestellung eines Betreuers als entbehrlich an, wenn es sich um eine „eindeutige Patientenverfügung" handelt: „Ist kein Vertreter des Patienten vorhanden, hat *der Arzt* im Regelfall [...] die Bestellung eines Betreuers anzuregen. [...] Ausnahmen kommen zum einen in Notfällen und zum anderen in Betracht, wenn eine Patientenverfügung im Sinne des § 1901a Abs. 1 BGB vorliegt; in diesem Fall hat *der Arzt* den

Patientenwillen anhand der Patientenverfügung festzustellen."[52] Es fällt nicht schwer, darin den leicht durchschaubaren Versuch zu erkennen, eine Hintertüre zu installieren, um sich im Bedarfsfall trotz bestehender juristischer Bindung der eigenen Fesseln an einen — unter Umständen „unvernünftig" erscheinenden — Patientenwillen heimlich entledigen zu können. Denn die Annahme einer sprachlichen „Eindeutigkeit" kann hermeneutisch immer nur das Ergebnis einer Interpretation sein;[53] dass der gebundene Normadressat jedoch die Reichweite seines Gebundenseins selbst bestimmen dürfte, wäre wahrlich ein Novum des Rechts.

Der sich damit aufdrängenden Konsequenz eines eklatanten Gesetzesungehorsams, nicht etwa „nur" der Bundesärztekammer, sondern der wohl noch immer vorherrschenden klinischen Praxis in deutschen Krankenhäusern, steht jedoch entgegen, dass sich der Gesetzgeber jene Sichtweise in seinem Patientenrechtegesetz 2013[54] offenbar inzwischen selbst zu eigen gemacht hat: So verlangt § 630d Abs. 1 S. 2 BGB die Einwilligung eines Stellvertreters des einwilligungsunfähigen Patienten nur, „soweit nicht eine Patientenverfügung nach § 1901a Abs. 1 BGB die Maßnahme gestattet oder untersagt". Dass sich der Inhalt einer Patientenverfügung aber nicht einfach von selbst versteht und aus eigener Kraft exekutiert, scheint der Gesetzgeber übersehen zu haben.[55] In den Gesetzesmaterialien heißt es dazu in grober Verkennung der Problematik: „Hat der Patient [...] Festlegungen [...] in einer Patientenverfügung getroffen, so gelten diese; sofern der Behandler keine Zweifel daran, dass eine wirksame Patientenverfügung vorliegt, die auf die aktuelle Lebens-

52) Siehe Deutsches Ärzteblatt (DÄBl.) 2013, S. A 1580, 1555 (Hervorhebungen durch *Verf.*).

53) Dazu näher *Duttge*, Intensivmedizin und Notfallmedizin 2011, 34 ff.

54) Gesetz zur Verbesserung der Rechte von Patientinnen und Patienten v. 20.2.2013 (BGBl. I, 277).

55) In Übereinstimmung mit dem Gesetzgeber jedoch *Lipp/Brauer,* Patientenvertreter und Patientenvorsorge, in: Wiesemann/Simon, Patientenautonomie, 2013, S. 104, 114 f.

und Behandlungssituation zutrifft, wird er auf ihrer Grundlage entscheiden."[56] Diese Erwägungen stehen klar ersichtlich in direktem Widerspruch zu § 1901a BGB – und überdies natürlich zum Grundmotiv beider Gesetzeswerke, die doch vorgeben, die Patientenrechte stärken zu wollen.

In seiner schon erwähnten jüngsten Entscheidung[57] hat der Bundesgerichtshof die Problematik inzwischen nochmals verschärft: Denn er meint darin, dass bei Vorliegen einer Patientenverfügung auf die nach § 1904 Abs. 2 BGB an sich vorgesehene betreuungsgerichtliche Kontrolle verzichtet werden könne. Dafür ließe sich durchaus anführen, dass die Pflicht zur Anrufung des Betreuungsgerichts zwangsläufig Verfahrensverzögerungen mit sich bringt, die angesichts akuter Zeitknappheit ärztlicher Entscheidungen und eines sich u.U. täglich verändernden Krankheitszustands nicht wünschenswert sein können. Dem Gesetzgeber erschien allerdings die wechselseitige Kontrolle von behandelndem Arzt und Betreuer/Bevollmächtigtem nur dann hinreichend, wenn beide zu derselben Einschätzung des (mutmaßlichen) Patientenwillens gelangen (§ 1904 Abs. 4 BGB), so dass im Falle eines Dissenses wegen der prinzipiellen Gleichrangigkeit der Protagonisten zwangsläufig eine übergeordnete Beurteilungsinstanz die Bühne betreten muss. Das Betreuungsgericht hat dabei nicht etwa die Aufgabe, die Therapie- bzw. Abbruchsentscheidung in toto (gleichsam als „Herr über Leben und Tod") zu verantworten; vielmehr beschränkt sich seine Prüfkompetenz darauf, die „Richtigkeit" bzw. besser Vertretbarkeit der vom Betreuer bzw. Bevollmächtigten vorgenommenen Einschätzung zu überprüfen. Dessen Aufgabe umfasst aber – wie schon ausgeführt – auch die Aufklärung des Inhalts einer Patientenverfügung (vgl. § 1901a Abs. 1 S. 2 BGB). Da sich dieser – je nach Verständnishorizont – zumeist sehr unterschiedlich

56) BT-Drucks. 17/10488, S. 23.

57) Oben Fn. 24.

interpretieren lässt, bedarf es auch insoweit eines „justizförmigen Rahmens", den der Bundesgerichtshof für die sonstigen Konstellationen mit Recht positiv konnotiert hat.[58)] Gerade der Umgang mit Patientenverfügungen führt in der klinischen Praxis häufig zum Konflikt; dementsprechend bedarf es auch und gerade in diesen Fällen einer Instanz, die den Dissens zwischen behandelndem Arzt und Betreuer letztverbindlich entscheidet. Befreit man sich also von der Illusion einer der Patientenverfügung stets oder auch nur im Regelfall zukommenden Qualität gleichsam objektiver „Eindeutigkeit", wird man unweigerlich zugestehen müssen, dass auch Patientenerklärungen missverstanden bzw. zugunsten patientenferner Interessen missbraucht werden können. Es käme daher einer sträflichen Vernachlässigung der hoheitlichen Schutzpflicht zugunsten des betroffenen Patienten und seins Levensrechts gleich, diesen Deutungs- und Durchsetzungsprozess unbesehen der Praxis und der ihr inhärenten Machtstrukturen zu überantworten.

Es kommt hinzu, dass Vorausverfügungen selbstredend an einem letztlich nicht behebbaren strukturellen Mangel leiden: Statt sich das alltägliche Arzt-Patienten-Verhältnis und das ihm immanente Leitbild einer „therapeutischen Partnerschaft"[59)] zum Vorbild zu nehmen, werden die beiden zentralen Bausteine einer verantwortbaren Therapieentscheidung — der höchstpersönliche Wertehorizont des Patienten sowie die medizinische Sachkunde — de facto auseinandergerissen:[60)] Wo die medizinische Vernunft Eingang finden soll, erreicht sie keinen Ansprechpartner mehr vor und tendiert damit notwendig zur Vorherrschaft; dort, wo sie sich hingegen noch mit dem höchstpersönlich Betroffenen vertrauensvoll zusammenfinden und zu einer beiderseits vernünftig erscheinenden Vorgehensweise verständigen könnte, bleibt sie — jedenfalls in der Regel — ausgesperrt.

---

58) Oben Fn. 24.

59) Oben Fn. 8.

60) Zum Folgenden bereits *Duttge*, in: Albers (Hrsg.), Patientenverfügungen, 2008, S. 185 ff.

Denn das deutsche Recht sieht insoweit — abweichend vom Grundprinzip des „informed consent“[61] — keinerlei Pflicht zur Inanspruchnahme einer ärztlichen Aufklärung bzw. Beratung vor Abfassen einer Patientenverfügung vor. Wenn die betroffenen Menschen derart auf sich allein gestellt bleiben und jedwede Hilfestellung als unnütze „bürokratische Hürde“ missverstanden wird, muss das hehre Leitbild der „Patientenautonomie“ in praxi zwangsläufig zu einem lebensfernen „Autonomieplacebo“[62] verkommen. Das in der klinischen Praxis auf Seiten der Ärzte und Pflegekräfte deutlich spürbare Misstrauen gegenüber der Werthaltigkeit privat und unter unbekannten Umständen formulierter Patientenverfügungen lässt sich nach alledem gut verstehen, zumal es nicht dem ärztlichen Ethos entspräche, den fürsorgepflichtigen Arzt zum „Erfüllungsgehilfen eines versteinerten Patientenwillens“[63] zu degradieren.[64]

Bei näherer Betrachtung verspricht das Instrument der Patientenverfügung daher weit mehr, als es tatsächlich einzulösen vermag: Selbst wenn das darin zum Ausdruck Gebrachte einmal nicht von vorneherein — da zu unbestimmt und deutungsoffen („in aussichtsloser Lage keine künstliche Lebensverlängerung“) — anwendungsuntauglich sein sollte, müssen schon einige glückliche Umstände zusammenkommen, damit sich das Geschehen hernach auch wirklich so einstellt wie zuvor erhofft. Aber auch dann bleibt die große Unbekannte die fragile Belastbarkeit des menschlichen Wollens. Der Zwang des Festgehaltenwerdens am einmal Verfügten kann sich wahrlich als eine lebensgefährliche Bedrohung

---

61) Oben Fn. 14.

62) Treffend bereits *Schreiber/Wachsmuth*, Das Dilemma der ärztlichen Aufklärung – Neue Probleme für die Rechtsprechung, in: Neue Juristische Wochenschrift (NJW) 34 (1981), 1985-1987.

63) *Schreiber*, Medizinische Klinik 2005, 429 ff.

64) Aus diesem Grund wird des öfteren die Inanspruchnahme einer ärztlichen Beratung vor Verfassen einer Patientenverfügung samt dahingehender Dokumentation dringend empfohlen, statt vieler nur *Rieger*, FamRZ 2010, 1601, 1605.

erweisen. Zudem geht mit dem allgemeinen Appell an die Bevölkerung, mit Hilfe einer Patientenverfügung Vorsorge zu treffen, zwangsläufig eine Überforderung des einzelnen Patienten einher, der die Vielfalt medizinischer und lebensweltlicher Möglichkeiten meist nicht einmal ansatzweise zu überblicken vermag. Auf Seiten der Ärzteschaft befördert die mit der Patientenverfügung einhergehende Formalisierung und Versteinerung des Patientenwillens vor allem den unheilvollen Trend in Richtung einer bloß noch auf die eigenen forensischen Risiken blickenden „Defensivmedizin",[65] statt in wahrlich ärztlicher Verantwortung zu handeln. Von einem vertrauensvollen Miteinander kann vor diesem Hintergrund beim besten Willen keine Rede sein. Und zudem liegt auf der Hand, dass die Inkaufnahme derart gravierender Unsicherheiten und Dysfunktionalitäten dem verfassungsrechtlich gebotenen Schutz menschlichen Lebens nicht gerecht wird.

III. Vorschläge für ein besseres Recht der Sterbehilfe

Es war ein berechtigtes Anliegen, das sich die jüngere rechtspolitische Debatte auf die Fahnen geschrieben hat: das Selbstbestimmungsrecht der Patienten stärker zur Geltung zu bringen. Das tradierte Verständnis der Arzt-Patienten-Beziehung betonte die ärztliche Fürsorgepflicht und vergaß, dass die Folgen paternalistischer Bevormundung – auch die leidvollen bei Ausbleiben der erhofften Besserung – stets den Patienten höchstpersönlich treffen. Wenn es tatsächlich so wäre, dass sich die Rechtsgemeinschaft auf Willensbekundungen in Patientenverfügungen und/oder auf stellvertretendes Handeln ohne Weiteres verlassen könnte, wäre auch der Leitidee

65) Dazu statt vieler nur *Burchardi* et al. (Hrsg.), Die Intensivmedizin, 10. Aufl. 2008, S. 10; *Laufs*, MedR 1986, 163 ff.; *Lown*, Die verlorene Kunst des Heilens. Anleitung zum Umdenken, 11. Aufl. 2012 (engl. Originalausgabe 1996), S. 101, 118, 177 et passim.

des Schutzes menschlichen Lebens vollkommen Genüge getan: Denn es ist der einzelne Mensch selbst, der berufen ist, das Geschenk seines Lebens in Freiheit und Eigenverantwortung mit Leben zu füllen. Wo allerdings nicht wahrhaft selbstbestimmte Lebensentscheidungen, sondern in Wahrheit nur eine Art von Pseudo-Autonomie des Patienten in Rede steht, handelt es sich weder um eine liberale noch um eine lebensfreundliche Rechtsordnung. Dies gilt umso mehr, als der hehre Kampf um die Patientenautonomie mehr und mehr die generelle Grundhaltung der Gesellschaft dahin verändert hat, dass tendenziell nicht mehr das Sterben, sondern das Weiterlebenwollen rechtfertigungspflichtig wird. Gewiss ist de jure aufgrund des Einwirkens auf die körperliche Unversehrtheit des Patienten der ärztliche Heileingriff einer Rechtfertigung bedürftig;[66] nicht minder rechtfertigungspflichtig ist jedoch wegen des auf dem Spiel stehenden menschlichen Lebens und der grundsätzlichen Rettungspflicht des Arztes auch das todesursächliche Unterlassen (Nicht-Retten), so dass es in toto nicht um ein Entweder/Oder, sondern vielmehr allein um den richtigen Scheitelpunkt gehen kann, der erlaubte von rechtswidriger Lebensrettung bzw. gebotenes von strafbarem Sterbenlassen unterscheiden lässt. Und weil die moderne Intensivmedizin offenbar schon längst nicht mehr über einen — noch dazu überzeugungskräftigen — Maßstab für die Grenzen des eigenen Tuns verfügt und die existenzielle Entscheidung auch nicht von patientenfernen Interessen der Gesamtgesellschaft oder von der Ökonomie abhängen soll, kann es in letzter Konsequenz nur darum gehen, einer echten Patientenautonomie endlich zum Durchbruch zu verhelfen.

Ein anspruchsvolles Verständnis von Patientenautonomie erschöpft sich jedoch nicht in der „liberalen Standardauffassung", wonach ein jeder Patient allein kraft seiner selbst gleichsam per definitionem zu „autonomen" Entscheidungen immer schon dann befähigt ist, wenn dies frei von Zwang

66) Siehe etwa *Duttge*, in: Prütting (Hrsg.), Fachanwaltskommentar Medizinrecht, 4. Aufl. 2016, § 223 StGB Rn. 10 ff. (m.w.N.).

und Manipulation geschieht. Die grenzenlose Beliebigkeit, die daraus in der Sache folgt, kann niemanden zufriedenstellen, auch — und dies ist der entscheidende Punkt — den Patienten selbst nicht. Denn er hat gerade kraft seines Subjektstatus ein unhintergehbares Recht auf Hilfe und Fürsorge, um in seinem Sinne bestmögliche Entscheidungen treffen zu können. Anders als das insbesondere von *Beauchamp* und *Childress* geprägte Verständnis der westlichen Medizinethik meint,[67] stehen Autonomie und Fürsorge — recht verstanden — keineswegs in einem unversöhnlichen Gegensatz zueinander:[68] Vielmehr bedarf schon wegen der naturgegebenen Begrenztheit menschlichen Vermögens auch der Einwilligungsfähige der ärztlichen Fürsorge, freilich nicht im Sinne einer Zwangsaufklärung, sondern eines ärztlichen Hilfsangebotes; dies zu bestreiten und den einzelnen Patienten ganz auf sich allein gestellt zu lassen, kommt einem „autonomistischen Fehlschluss" gleich. Wie in einem besseren Sinne Autonomie und Fürsorge nicht in einem sich gegenseitig ausschließenden, sondern einem wechselseitig inkludierenden Sinne verstanden und rechtspraktisch operationalisiert werden können, ist Gegenstand der erst in jüngster Vergangenheit in Deutschland aufkommenden Debatte zur sog. „Advance Care Planning":[69] Gemeint ist damit — fern des Einmalakts einer Patientenverfügung — ein strukturierter Prozess der fortlaufenden Vorsorgeplanung im Zusammenspiel von Patient und behandelndem Arzt, so dass stets aufs Neue auf Veränderungen des Krankheitsverlaufs ebenso wie der Willensbildung bei Patienten adäquat reagiert werden kann. Im Zentrum von Advance Care Planning steht daher ein qualifizierter Gesprächsprozess zwischen allen Beteiligten und Betroffenen, gegebenenfalls unter Einschaltung professioneller Moderatoren aus den

---

67) Vgl. dazu *Beauchamp/Childress*, Principles of Biomedical Ethics, 6. Aufl., 2009.

68) Zum Folgenden überzeugend *Rehbock*, Personsein in Grenzsituationen. Zur Kritik der Ethik menschlichen Handelns, 2005, S: 312 ff.

69) Dazu jüngst die Beiträge im gleichnamigen Sammelband von *Coors/Jox/in der Schmitten* (2015).

ärztlichen und nichtärztlichen Gesundheitsberufen, die insbesondere sicherstellen, dass die fortlaufend neu erarbeiteten Therapieziele und Vorgehensweisen durch entsprechende Dokumentation und allseitige Kommunikation im Entscheidungszeitpunkt vor Ort auch tatsächlich beachtet werden. Denn genau daran mangelt es bislang strukturell beim Instrument der Patientenverfügung: Diese sind häufig nicht greifbar oder gar nicht bekannt, um im klinischen Alltag eines Großkrankenhauses den vor Ort verantwortlichen Personen realiter die nötige Hilfestellung zu geben.

Das der Idee einer Advance Care Planning zu Grunde liegende Modell des „Shared Position Making" impliziert eine veränderte Gesprächskultur[70] und letztlich nicht weniger als eine qualitativ reformierte Struktur in der Versorgung von Patienten in deren letzter Lebensphase. Insbesondere Großkliniken mit ihren sehr starren hierarchischen Routinen und Algorithmen und den ohnehin aufgrund ihrer komplexen arbeitsteiligen Struktur bestehenden Organisationsproblemen[71] sind darauf bislang denkbar schlecht vorbereitet. Aber es bedarf darüber hinaus nicht zuletzt auch einer grundlegend verbesserten Ausbildung des Medizinalpersonals, das sich bis heute noch immer viel zu sehr auf die medizinisch-biologischen Aspekte des „Krankheitsfalls" konzentriert. Es gilt jedoch: Ein Vorsorgeplan ist immer nur so gut wie das Vermögen der anderen, ihn zu verstehen und auch zu respektieren. Noch immer mangelt es Ärzten und Pflegekräften an hinreichenden Kenntnissen von der Bedeutung der

70) Für einen umfassenden vertrauensvollen Dialog als Basis der medizinischen Behandlung am Lebensende bereits *Duttge*, Disziplinübergreifende Regulierung von Patientenverfügungen: Ausweg aus der strafrechtlichen Zwickmühle?, in: Albers (Hrsg.), Patientenverfügungen, 2008, S. 194 f.; ebenso die Kommunikation als Grundlage der Begleitung am Lebensende in den Vordergrund stellend *Schulz/Schnell,* in: Schnell (Hrsg.), Patientenverfügung, 2009, S. 159 ff.

71) Zur Organisationsverantwortung der Leitungsebene statt vieler nur *Duttge*, Festvortrag anlässlich der 47. Jahrestagung der DGIIN 2015, in: Medizinische Klinik 2016, S. 235 ff.

Patientenautonomie am Lebensende; die ethischen Aspekte sind ebenso wie die rechtlichen Rahmenbedingungen weithin unbekannt. Eine zielführende Abhilfe erfordert nicht zuletzt ein engeres Zusammenwirken von Intensivmedizin, Medizinethik und Recht nicht lediglich auf honorigen Workshops vor ausgewähltem Publikum, sondern in flächendeckend agierenden Foren und schon im Rahmen der Studiengänge der akademischen Lehre.[72] Substantielle Nachhilfe benötigen aber offenbar auch die Betreuungsrichter/Innen, sofern den Ergebnissen einer bundesweiten Erhebungsstudie des Kölner Medizinrechtlers *Höfling* Glauben geschenkt werden darf:[73] Danach herrscht signifikante Unkenntnis über die medizinisch relevanten Zusammenhänge bei Patienten am Lebensende, mitunter aber sogar in Bezug auf das geltende Medizin- und Betreuungsrecht. Dies hat seinen Grund nicht zuletzt auch in dem Umstand, dass — keineswegs nur selten — an Betreuungsgerichten nicht etwa erfahrene Richterinnen und Richter berufen werden, sondern eher solche, die sich an anderen Gerichten nicht bewährt haben und auf diese Weise gleichsam auf dieses komplexe und insofern arbeitsökonomisch undankbare Aufgabengebiet „abgeschoben" werden. Diese Verfahrensweise innerhalb der Justizverwaltung kann nicht anders denn als verantwortungslos genannt werden: Denn es müssen im Lichte des Lebensschutzes die Richterstellen an Betreuungsgerichten gerade umgekehrt mit solchen Richter/Innen besetzt werden, die sich in besonderer Weise für die anspruchsvollen Fragen dieses Aufgabengebietes engagieren und ihre Arbeit nicht bloß am „grünen Schreibtisch" routinemäßig erledigen wollen.

Ein weiterer wesentlicher Gesichtspunkt bildet die eklatante

72) Der Verfasser veranstaltet in jedem Semester in Kooperation mit einem Kollegen aus der klinischen Medizin ein interdisziplinäres Seminar zum Medizin- und Biorecht unter Einbeziehung von Jura- und Medizinstudenten, das sich einer stetig wachsenden Nachfrage erfreut.

73) Zum Folgenden *Höfling/Schäfer*, Leben und Sterben in Richterhand? Ergebnisse einer bundesweiten Richterbefragung zu Patientenverfügung und Sterbehilfe, 2006.

Unwissenheit der Bevölkerung über die Möglichkeiten der modernen Intensivmedizin ebenso wie der geltenden Rechtslage, über die sie über die modernen (vor allem Fernseh-) Medien nicht immer Zutreffendes erfahren. Das Recht hat sich mehr als bisher auch dafür zu interessieren, in welcher Weise und mit welchem Ergebnis die Rechtslage in den sozialen Welten des 21. Jahrhunderts vermittelt und kommuniziert wird.[74] Da nicht zu erwarten ist, dass der gemeine Bürger sich in medizinrechtliche Fachjournale vertieft, muss das Medizinrecht in seriöser Gestalt stärker in den allgemeinen Fernseh- und Internetmedien präsent werden.[75] Dies wird nicht zuletzt auch Rückwirkungen haben auf die Ängste und Sorgen von Familienangehörigen, die sich schon heute vermehrt via Internet informieren und immer weniger den Erläuterungen ihres Hausarztes ohne Hinzuziehung einer Zweitmeinung vertrauen. Für das Sterbehilferecht der Zukunft wird schließlich immer mehr die Frage Bedeutung erlangen, was es eigentlich rechtfertigt, einzelne Personen durch Überantwortung einer Stellvertreterfunktion herauszuheben, die Familie im Ganzen jedoch mehr oder minder zum Objekt des Verfahrens zu degradieren. Nahe Angehörige haben das denkbar stärkste Recht, am Schicksal des ihnen nahestehenden Erkrankten Anteil zu nehmen; die Etablierung eines strukturierten Prozesses der Vorausplanung, der maßgeblich die Wünsche und Bedürfnisse des Patienten berücksichtigt, wird nicht zuletzt auch eine Handhabe bieten, um denkbaren Missbräuchen und Egoismen auf Seiten der Angehörigen

---

74) Das Bundesministerium der Justiz und für Verbraucherschutz (BMJV) geht hier einen ersten Schritt in die richtige Richtung, indem es diverse Aufklärungsbroschüren zum Betreuungsrecht und auch Formulierungshilfen zum Verfassen einer Patientenverfügung im Internet zur Verfügung stellt, siehe www.bmjv.de → Formulare, Muster und Vordrucke → Betreuungsrecht.

75) Das BMJV und das Bundesministerium für Gesundheit verfügen darüber hinaus über eine eigene Seite bei der Internetplattform Facebook, auf der sie die (zumeist jüngere) Internetgemeinde über tagesaktuelle Anliegen ihrer politischen Arbeit informieren sowie Hilfestellungen für Patienten mit Hinweisen auf weiterführende Links geben, siehe www.facebook.de → Bundesministerium der Justiz und für Verbraucherschutz bzw. www.facebook.de → Bundesministerium für Gesundheit.

wirksam entgegenzutreten. Im Ganzen kann es also nur darum gehen, dass alle Beteiligten und Betroffenen für die große Aufgabe sensibilisiert werden, dem Leben des sterbenden Patienten nicht mehr Tage, sondern den letzten Tagen so viel Leben wie möglich zu geben.

Dazu gehört nicht zuletzt auch der achtsame Blick auf eine mögliche Suizidalität, die bei schwerkranken und/oder betagten Patienten des öfteren begegnet.[76)] Dezidierte Todeswünsche werden nach Angaben erfahrener Kliniker keineswegs nur selten mehr oder weniger verhüllt artikuliert und verdienen als Warnsignale hohe Aufmerksamkeit und eine professionelle Reaktion des Behandlungsteams. Dies erfordert allerdings zwingend eine offene und vertrauensvolle Kommunikation hierüber frei von Ängsten und Vorurteilen. Die jüngst vom Deutschen Bundestag verabschiedete Strafvorschrift gegen jedwede „geschäftsmäßige Suizidvermittlung" (§ 217 StGB) könnte das vertrauensvolle Arzt-Patienten-Gespräch in Zukunft jedoch erheblich belasten. Auch wenn die Mehrheit der deutschen Ärzte/Innen nicht bereit ist, einem Suizidverlangen des Patienten durch eigene Unterstützungsleistungen – sei es durch Rat oder Tat – nachzukommen,[77)] werden viele Ärzte es absehbar scheuen, den Todeswünschen und Suizidverlangen ihrer Patienten aus Sorge vor einer eigenen Inkriminierung überhaupt noch Gehör zu schenken. So verständlich die Sorge erscheint, dass durch das Agieren von Suizidhilfeorganisationen (wie „Dignitas" oder „Sterbehilfe Deutschland e.V.") in Zukunft der Eindruck einer regelhaften („normalen") „Dienstleistung" innerhalb der Gesellschaft entstehen könnte mit evtl. sozialpsychologischer Nötigungswirkung auf Menschen, die ungeachtet solcher Angebote weiterleben wollen („Erwartungsdruck"),[78)] so wenig ist das Strafrecht das geeignete Medium, um solchen

---

76) Dazu etwa *Erlemeier*, Suizidalität und Suizidprävention im Alter, 2002.

77) Nach einer Umfrage des Allensbacher Instituts für Demoskopie aus dem Jahr 2009/10 allerdings nur 2/3 der Ärzteschaft, siehe http://www.bundesaerzte kammer.de/ downloads/Sterbehilfe.pdf.

78) In diesem Sinne die Motive des Gesetzgebers, vgl. BT-Drucks. 18/5373.

gemutmaßten Gefahren (symbolisch) entgegenzutreten. Denn Strafandrohungen tabuisieren, drängen zur Heimlichkeit, wo doch vielmehr frühzeitiges Erkennen, rechtzeitige Hilfe, Transparenz und das offene Wort Ziel und Leitmotiv sein sollten:[79] „Und das letzte, was leidende Menschen in ihrer Not benötigen, ist das unbarmherzige Schwert des Strafrechts!".[80]

---

79) Bereits *Duttge*, medstra (Medizinstrafrecht) 2015, 257 f., dort auch zur Legitimationsproblematik eines Suizidbeihilfetatbestandes sui generis (bei Straflosigkeit des auch nur versuchten Suizids); dazu auch *Saliger*, medstra 2015, 136 ff. sowie *Hilgendorf/Rosenau*, Stellungnahme deutscher Strafrechtslehrer/Innen zur geplanten Ausweitung der Strafbarkeit der Sterbehilfe, ebd.

80) *Duttge*, ZfL 2012, 51, 54; zustimmend *Merkel*, Stellungnahme zur öffentlichen Anhörung am 23.9.2015 im Ausschuss des Deutschen Bundestages für Recht und Verbraucherschutz, S. 7 (online: http://www.bundestag.de/blob/388404/ad206 96aca7464874fd 19e2dd93933c1/merkel-data.pdf).

I. Grundgesetz(GG)

Art. 1 (Schutz der Menschenwürde [···])

(1) Die Würde des Menschen ist unantastbar. Sie zu achten und zu schützen ist Verpflichtung aller staatlichen Gewalt.

(···)

Art. 2 (Freie Entfaltung der Persönlichkeit [···])

(1) Jeder hat das Recht auf die freie Entfaltung seiner Persönlichkeit, soweit er nicht die Rechte anderer verletzt [···] .

II. Strafgesetzbuch(StGB)

§ 217 n.F. (Geschäftsmäßige Förderung der Selbsttötung)

(1) Wer in der Absicht, die Selbsttötung eines anderen zu fördern, diesem hierzu geschäftsmäßig die Gelegenheit gewährt, verschafft oder vermittelt, wird mit Freiheitsstrafe bis zu drei Jahren oder mit Geldstrafe bestraft.

(2) Als Teilnehmer bleibt straffrei, wer selbst nicht geschäftsmäßig handelt und entweder Angehöriger des in Absatz 1 genannten anderen ist oder diesem nahe steht.

III. Bürgerliches Gesetzbuch(BGB)

§ 630d (Einwilligung)

(1) Vor Durchführung einer medizinischen Maßnahme, ins- besondere eines Eingriffs in den Körper oder die Gesundheit, ist der Behandelnde verpflichtet, die

Einwilligung des Patienten einzuholen. Ist der Patient einwilligungsunfähig, ist die Ein- willigung eines hierzu Berechtigten einzuholen, soweit nicht eine Patientenverfügung nach § 1901a Absatz 1 Satz 1 die Maßnahme gestattet oder untersagt. Weitergehende Anforderungen an die Einwilligung aus anderen Vorschriften bleiben unberührt. Kann eine Einwilligung für eine unaufschiebbare Maßnahme nicht rechtzeitig eingeholt werden, darf sie ohne Einwilligung durchgeführt werden, wenn sie dem mutmaßlichen Willen des Patienten entspricht.

(…)

§ 1896 (Voraussetzungen [der rechtlichen Betreuung])

(1) Kann ein Volljähriger auf Grund einer psychischen Krankheit oder einer körperlichen, geistigen oder seelischen Behinderung seine Angelegenheiten ganz oder teilweise nicht besorgen, so bestellt das Betreuungsgericht auf seinen Antrag oder von Amts wegen für ihn einen Betreuer. Den Antrag kann auch ein Geschäftsunfähiger stellen. Soweit der Volljährige auf Grund einer körperlichen Behinderung seine Angelegenheiten nicht besorgen kann, darf der Betreuer nur auf Antrag des Volljährigen bestellt werden, es sei denn, dass dieser seinen Willen nicht kundtun kann.

(1a) Gegen den freien Willen des Volljährigen darf ein Betreuer nicht bestellt werden.

(2) Ein Betreuer darf nur für Aufgabenkreise bestellt werden, in denen die Betreuung erforderlich ist. Die Betreuung ist nicht erforderlich, soweit die Angelegenheiten des Volljährigen durch einen Bevollmächtigten, der nicht zu den in § 1897 Abs. 3 bezeichneten Personen gehört, oder durch andere Hilfen, bei denen kein gesetzlicher Vertreter bestellt wird, ebenso gut wie durch einen Betreuer besorgt werden können.

(…)

§ 1901 (Umfang der Betreuung, Pflichten des Betreuers)

(1) Die Betreuung umfasst alle Tätigkeiten, die erforderlich sind, um die Angelegenheiten des Betreuten nach Maßgabe der folgenden Vorschriften rechtlich

zu besorgen.

(2) Der Betreuer hat die Angelegenheiten des Betreuten so zu besorgen, wie es dessen Wohl entspricht. Zum Wohl des Betreuten gehört auch die Möglichkeit, im Rahmen seiner Fähigkeiten sein Leben nach seinen eigenen Wünschen und Vorstellungen zu gestalten.

(3) Der Betreuer hat Wünschen des Betreuten zu entsprechen, soweit dies dessen Wohl nicht zuwiderläuft und dem Betreuer zuzumuten ist. Dies gilt auch für Wünsche, die der Betreute vor der Bestellung des Betreuers geäußert hat, es sei denn, dass er an diesen Wünschen erkennbar nicht festhalten will. Ehe der Betreuer wichtige Angelegenheiten erledigt, bespricht er sie mit dem Betreuten, sofern dies dessen Wohl nicht zuwiderläuft.

(···)

§ 1901a (Patientenverfügung)

(1) Hat ein einwilligungsfähiger Volljähriger für den Fall seiner Einwilligungsunfähigkeit schriftlich festgelegt, ob er in bestimmte, zum Zeitpunkt der Festlegung noch nicht unmittelbar bevorstehende Untersuchungen seines Gesundheitszustands, Heilbehandlungen oder ärztliche Eingriffe einwilligt oder sie untersagt (Patientenverfügung), prüft der Betreuer, ob diese Festlegungen auf die aktuelle Lebens- und Behandlungssituation zutreffen. Ist dies der Fall, hat der Betreuer dem Willen des Betreuten Ausdruck und Geltung zu verschaffen. Eine Patientenverfügung kann jederzeit formlos widerrufen werden.

(2) Liegt keine Patientenverfügung vor oder treffen die Festlegungen einer Patientenverfügung nicht auf die aktuelle Lebens- und Behandlungssituation zu, hat der Betreuer die Behandlungswünsche oder den mutmaßlichen Willen des Betreuten festzustellen und auf dieser Grundlage zu entscheiden, ob er in eine ärztliche Maßnahme nach Absatz 1 einwilligt oder sie untersagt. Der mutmaßliche Wille ist aufgrund konkreter Anhaltspunkte zu ermitteln. Zu berücksichtigen sind insbesondere frühere mündliche oder schriftliche Äußerungen, ethische oder religiöse Überzeugungen und sonstige persönliche Wertvorstellungen des Betreuten.

(3) Die Absätze 1 und 2 gelten unabhängig von Art und Stadium einer

Erkrankung des Betreuten.

(4) Niemand kann zur Errichtung einer Patientenverfügung verpflichtet werden. Die Errichtung oder Vorlage einer Patientenverfügung darf nicht zur Bedingung eines Vertragsschlusses gemacht werden.

(5) Die Absätze 1 bis 3 gelten für Bevollmächtigte entsprechend.

§ 1901b (Gespräche zur Feststellung des Patientenwillens)

(1) Der behandelnde Arzt prüft, welche ärztliche Maßnahme im Hinblick auf den Gesamtzustand und die Prognose des Patienten indiziert ist. Er und der Betreuer erörtern diese Maßnahme unter Berücksichtigung des Patientenwillens als Grundlage für die nach § 1901a zu treffende Entscheidung.

(2) Bei der Feststellung des Patientenwillens nach § 1901a Absatz 1 oder der Behandlungswünsche oder des mutmaßlichen Willens nach § 1901a Absatz 2 soll nahen Angehörigen und sonstigen Vertrauenspersonen des Betreuten Gelegenheit zur Äußerung gegeben werden, sofern dies ohne erhebliche Verzögerung möglich ist.

(3) Die Absätze 1 und 2 gelten für Bevollmächtigte entsprechend.

§ 1904 (Genehmigung des Betreuungsgerichts bei ärztlichen Maßnahmen)

(…)

(2) Die Nichteinwilligung oder der Widerruf der Einwilligung des Betreuers in eine Untersuchung des Gesundheitszustands, eine Heilbehandlung oder einen ärztlichen Eingriff bedarf der Genehmigung des Betreuungsgerichts, wenn die Maßnahme medizinisch angezeigt ist und die begründete Gefahr besteht, dass der Betreute auf Grund des Unterbleibens oder des Abbruchs der Maßnahme stirbt oder einen schweren und länger dauernden gesundheitlichen Schaden erleidet.

(…)

(4) Eine Genehmigung nach den Absätzen 1 und 2 ist nicht erforderlich, wenn zwischen Betreuer und behandelndem Arzt Einvernehmen darüber besteht, dass die Erteilung, die Nichterteilung oder der Widerruf der Einwilligung dem nach § 1901a festgestellten Willen des Betreuten entspricht.

(5) Die Absätze 1 bis 4 gelten auch für einen Bevollmächtigten. [⋯]

IV. Gesetz über das Verfahren in den Familiensachen und in den Angelegenheiten der freiwilligen Gerichtsbarkeit (FamFG)

§ 287 (Wirksamwerden von Beschlüssen)

(⋯)

(3) Ein Beschluss, der die Genehmigung nach § 1904 Absatz 2 des Bürgerlichen Gesetzbuchs zum Gegenstand hat, wird erst zwei Wochen nach Bekanntgabe an den Betreuer oder Bevollmächtigten sowie an den Verfahrenspfleger wirksam.

찾아보기

Index

〈저자 약력〉

울리히 아이바하(Prof.Dr.Ulrich Eibach)
본 대학교 신학대학 조직신학 및 윤리학 교수

한스 요아킴 트라페(Prof.Dr.Hans-Joachim Trappe)
보쿰 루어 대학교 의과대학 교수

스테판 드레스케(Dr.Stefan Dreßke)
켐니츠 공과대학 사회학과

군나 두트게(Prof.Dr.Gunnar Duttge)
괴팅엔 대학교 법과대학 교수
형법 및 의료법 연구소장

정재우(신학박사)
가톨릭대학교 교수
가톨릭대학교 생명대학원장

김중곤(의학박사)
서울대학교 의과대학 교수

김찬진(변호사, 법학박사)
법무법인 바른 대표변호사(전)
법무법인 산지 고문변호사

이영애(변호사, 법학석사)
제18대 국회의원
법무법인 산지 고문변호사

신동일(법학박사)
국립 한경대학교 법학과 교수

생의 마지막 단계에서의 존엄성

초판 1쇄 인쇄 2016년 10월 20일
초판 1쇄 발행 2016년 10월 31일

편 자 | 군나 두트게, 신동일
발행인 | 이방원
발행처 | 세창출판사
신고번호 | 제300-1990-63호
주소 | 서울 서대문구 경기대로 88 냉천빌딩 4층
전화 | (02) 723-8660 팩스 | (02) 720-4579
http://www.sechangpub.co.kr
e-mail: sc1992@empal.com
ISBN 978-89-8411-641-2 93360

값 28,000원

잘못 만들어진 책은 바꾸어 드립니다.

이 도서의 국립중앙도서관 출판시도서목록(CIP)은 e-CIP홈페이지(http://www.nl.go.kr/ecip)와 국가자료공동목록시스템(http://www.nl.go.kr/kolisnet)에서 이용하실 수 있습니다.
(CIP제어번호: CIP2016025111)

Human Dignity at the End of Life